KB185633

창계 임영의 생애와 사상

대동문화연구총서 36

창계 임영의 생애와 사상

滄溪 林泳

진재교 · 이영호 외 지음

성균관대학교 출판부

■ 책머리에

성균관대학교 대동문화연구원은 滄溪 林泳(1649~1696)에 관한 학술대회를 두 번 개최하였다. 『창계집』의 간행과 번역, 그리고 滄溪家 文獻의 기탁을 기념하기 위해서였다.

『창계집』은 崔錫鼎(1646~1715)과 金昌協(1651~1708) 등 당대 명유들에 의해 교정되었으며, 그의 아우인 林淨(1654~1710)에 의해 1708년 淸道에서 판각되었다. 이 초간본은 이후 규장각, 장서각, 국립중앙도서관 등에 소장되었다.

한편 1994년 성균관대학교 대동문화연구원에서 『창계집』을 영인 간행하였는데, 이는 성균관대 명예교수인 林熒澤 소장본을 저본으로 한 것이다. 이 영인본에는 초간본에 더하여 산문과 국문간찰 등이 첨부되었으며, 성균관대 명예교수였던 고 李佑成 선생의 해제가 실려 있다.

이후 한국고전번역원에서 1995년에 규장각본 초간본을 저본으로 한 『창계집』(한국문집총간 159권)을 발간하였고 2020년에 『국역 창계집』을 간행함으로써, 창계 선생의 학문은 세상에 모습을 온전히 드러내게 되었다.

『창계집』의 간행에서 국역에 이르기까지 대동문화연구원은 깊이 관여하였다. 문집의 해제와 영인, 그리고 국역에 이르기까지 본 연구원의 원장에서부터 연구원들이 참여하였기 때문이다. 이에 『창계집』을 완역한 해인 2020년 10월 30일에 이를 기념하여, 창계 가문의 역사적 전개(김학수), 창계의 한시(진재교), 창계의 산문(정우봉), 창계의 학문과 경학(이영호), 창계집 번역 현황(권헌준) 등의 주제로 학술대회를 개최하였다.

2001년 한국학중앙연구원 장서각은 滄溪家 文獻을 입수하여 정리하였는데, 이중 자료적 가치가 높은 것을 선별하여 『고문서집성 67책 – 나주 회진 나주임씨 창계 후손가편』에 수록하였다. 이 책에 수록된 문헌은 敎令類, 疏箚啓狀類, 書簡通告類, 詩文類 등 총 58종 297점으로 전체의 일부에 불과하였다.

이후 창계가 문헌은 성균관대학교 존경각으로 이관되었다. 그 대략의 수량을 조사해 보니, 약 200여 건의 고서와 4000여 건의 고문서로 구성되어 있었다. 성균관대 존경각에서 창계가 문헌에 대한 조사를 마칠 즈음인 2023년 7월 23일에 이 문헌에 대한 검토의 일환으로, 창계의 시문과 학술(심경호), 존경각 기탁 창계자료 개관(장유승), 창계의 소차(송혁기), 창계의 경학(함영대) 등의 주제로 학술대회를 개최하였다.

『창계 임영의 생애와 사상』은 이상의 두 번의 학술대회에서 발표된 논문들을 수합하고, 여기에 임형택 성균관대 명예교수의 「滄溪家文獻의 내력과 의미 서설」을 더하여 엮은 것이다.

성균관대학교 대동문화연구원은 1958년에 설립된 이래, 줄곧 한국의 고전을 영인 출판하였다. 이 작업은 현재에 이르기까지 지속되어 대동문화연구원을 대표하는 하나의 상징이 되었다. 그런데 대동문화연구원의 영인 작업은 두어 가지 특색이 있다.

첫째는 기왕에 저명한 인물, 예컨대 퇴계와 율곡 같은 분들의 문집을 영인하기도 하지만, 한국학에서 중요한 인물임에도 불구하고 그동안 잘 알려지지 않았던 분들의 글을 찾아 세상에 소개하기도 하였다. 『창계집』은 바로 후자에 해당된다고 할 것이다. 『창계집』의 해제를 작성한 고 이우성 선생의 "창계는 17세기 후반 우리나라 명현의 한 분으로 당시 朝野의 淸議를 대표하였고, 그 思想과 理論은 性理學史上 독특한 위치를 지닌 분이다. 그는 27권 14책의 많은 논저를 남겼다. 이 시기 일반 학자들의 문집에 비하여 양적으로 많은 편이지만 더욱 중요한 것은 문집의 내용이다. 이 책은 한 구도자로서 經典의 硏索과 심신 수양에 관해서 진지한 本義探究와 엄숙한 自己省察로 일관하였고 나아가 憂國의 衷情에서 탁월하고도 懇篤한 經世的 의견을 피력한 것으로 꽉 차 있다. 閒漫한 글이라고는 거의 찾아볼 수 없다. 이러한 우리 先哲의 정신 유산이 오늘날 세상에 보급되지 못하고 오직 소수 인사들의 寶藏으로 連綿히 전해 오고 있는 것은 유감스러운 일이다."라는 평가는 이 점을 잘 보여주고 있다.

한편 대동문화연구원의 영인 작업은 단순하게 있는 책을 제본하는 것에 그치는 것이 아니었다. 중요하지만 알려지지 않았던 인물이나 그 학파에 관한 자료를 가능한 대로 수집하여 정리 출판한 다음, 이를 바탕으로 학술대회를 개최하고 그 결과를 연구총서의 형태로 출간하였다. 『창계집』의 영인 출간, 창계가 문헌에 대한 정리와 조사, 그리고 이를 바탕으로 한 두 차례의 학술대회 개최와 연구총서 출간은 바로 이러한 대동문화연구원의 유구한 자료발굴과 연구의 일면을 생생하게 보여주는 예이다.

1994년 『창계집』 간행부터 2024년 『창계 임영의 생애와 사상』에 이르기까지 대동문화연구원과 창계(가)와의 학술적 만남은 30년을 지나가고 있다. 그 30년의 시간 동안 이루어진 만남의 장에서 성과가 적지 않은 것은 아니지만, 어쩌면 창계와 그 가문이 남긴 전적에 대한 본격적인 연구는 지금부터라고 할 수 있다. 그만큼 창계의 학문과 창계가 문헌은 내용면에서 박대정심하고 분량면에서 호한하기 때문이다.

우리에게 남겨진 과거의 유산을 어떻게 보아야 하느냐에 관해서는 논자에 따라 이론이 있을 수도 있다. 그러나 싫든 좋든 현재는 과거와 연속선상에 있음을 부인할 수는 없을 것이다. 남은 문제는 과거의 것에서 지금도 유의미한 내용을 찾아 어떻게 하면 현재 삶의 자양분으로 삼을 것인가 하는 점이다. 창계와 그의 후손이 남긴 학술적 유산도 바로 이 범주에 들어간다고 할 수 있다.

정심한 창계의 학문과 호한한 창계가의 문헌이 한 가문의 범위를 넘어서 우리에게 무엇을 줄 수 있을지에 대한 단서를 이 책에서 찾기를 희망한다. 끝으로 이 책을 만드는데 애를 써준 양영옥 박사에게 감사의 마음을 전한다.

2024년 10월

대동문화연구원장 이영호

차 례

滄溪의 시문과 학술에 대한 일고찰 —— 심경호

滄溪 林泳의 漢詩 硏究 - 自己 省察과 求道의 情感 —— 진재교

滄溪 林泳 자료의 문헌적 검토와 산문 창작의 일면 —— 정우봉

滄溪 林泳의 疏箚 ——— 송혁기

滄溪 林泳의 因文入道論 ——— 이영호

滄溪 林泳의 경학 - 自得과 일상에서의 실천을 중심으로 — 함영대

존경각 기탁 창계 자료 개관-필사본 고서와 고문서를 중심으로 —— 장유승

滄溪 林泳 저술 번역의 현황과 과제 —— 권헌준

滄溪家文獻의 내력과 의미 서설

임형택
성균관대학교 명예교수

• • •

'창계가문헌'은 17세기에 활동했던 滄溪 林泳(1649~1696, 자 德涵)의 가계에서 생산, 보존해 오다가 현재 성균관대학교 동아시아학술원 존경각에 기탁, 수장된 것을 가리킨다. 창계가에 속하는 나로서는 여기에 대해 논하는 일이 여간 조심스럽고 주저되기도 한다. 후손된 입장에서 자기 조상에 대해 논평하는 일은 마땅치 않다는 것이 전통적인 양식이었다. 근대적인 학문의 장에서도 사적인 논의를 벌이는 일은 자제해야 되는 줄로 알고 있다.

그렇긴 하지만, 이 문헌이 한 가문을 떠나 학술정보의 자료로서 공적으로 이용될 수 있게 된 오늘의 시점에 당면해서, 이에 대해 나 자신 사실의 차원에서 설명이 없을 수 없다는 생각을 하게 되었다. 그러나 이에 관련한 나의 지식은 유감스럽게도 극히 제한되어 있다. 내가 태어난 것은 지난 세기의 중반이다. 우리 세대가 대부분 그렇듯 나 역시 근현대의 사회풍토 가운데서 생장하여 교육을 받고 학문을 하였다. 따라서 직접적인 경험으로 접근하는 일은 불가능했으므로 견문이 부족할 수밖에 없다. 이처럼 자기 한계가 분명함에도 나름의 의무감에서 이에 대한 대략의 서설적인 글을 작성해보기로 한 것이다. 중간에 추정적인 진술이 종종 나오는데 이 또한 불가피해서라는 점을 이해해 주시기를 바란다.

새삼스런 느낌이 들면서도 지금 여기에 덧붙여두고 싶은 말이 있다. 창계가문헌은 본디 속성이 조선 사대부문화의 일환, 즉 양반문화의 유산에 속하는 것이다. 양반이란 이미 흘러가버린 과거의 사회제도여서 벌써 해체되고 붕괴된 것이 오늘의 실상이다. 실제로도 망각 · 무시되고 말았는가 하면 무분별하게 혐오의 대상이 되어왔다. 그런 반면에 여전히 양반자랑을 하는 사람이 없지 않는가 하면 일각에서는 양반문화를 미화하는 회고풍이 일어나기도 한다. 양반, 양반문화에 대한 정당한 인식의 방향이 절실히 요망되는 지점이다. 요컨대 유교국가인 조선조 500년은 사대부가 정치를 담당하는 양반사회였기에 양반문화가 특징적으로 발전하게 되었다. 이 지나가 버린 과거를 비판적으로 돌아보고 지혜롭게 극복해 가는 것이 당연하지만, 그렇다고 해서 지워질 수도 없는 엄연한 역사적 사실이다. 앞으로라도 양반문화의 유산을 찬찬히 챙겨서 체계적으로 정리 · 연구하는 학적 작업이 요망된다는 점을 굳이 강조해두고 싶은 것이다.

1. 창계가문헌의 내력

1) 나주 임씨의 본관지 : 會津

먼저 지역적 배경에 대해 소개하는 것이 순서일 것 같다. 회진이란 곳은 나주 임씨의 본관지인데 지금은 나주시 다시면에 속한 마을이지만 고려 때까지는 따로 한 고을이었다. 『고려사』의 지리지에 "회진현은 본디 백제의 豆肹縣으로 신라 경덕왕 때 지금 이름으로 바뀌었으며 고려로 와서도 그대로 있었다"고 나와 있다.

이 지역은 영산강의 하류 연안으로서 독특한 고대문화의 유적이 분포되어 있는데, 회진 마을 뒤편에도 토성이 있고 유물이 발견되기도 하였다. 조선조로 와서 회진은 나주목의 한 마을에 불과했지만 그런대로 명성을 잃지 않았다.

> "회진은 옛 고을이다. 빼어난 산이 옷깃처럼 가려져 있고 아름다운 물이 띠처럼 둘러 흐르는데 풍기가 안온하고 민속이 순후하니 실로 '湖南第一明開(開=村)'이다."

이는 「회진동계서」에 보이는 한 구절인데 백호 임제의 아우인 林懽(1561~1608, 호 習靜)이 지은 글이다. 회진이 명촌으로서 명성을 얻게 된 까닭은 위에 묘사된 대로 자연환경이 미려해서이기도 하지만 인문적 요인에 크게 관계된 바였다. 회진 임씨로 해서 명성이 더해졌다고 말해도 좋을 듯하다. 그런데 16세기 말에 와서 엄청난 재앙을 입게 된다. 임진년의 난리 때 전 국토가 침략을 당한 상황에서 전라도는 침략의 발굽에 짓밟히지 않았다. 그러다가 정유재란에 당해서는 전역이 유린을 당했다. 수륙의 요충지인 회진 역시 예외가 될 수 없었다. 위의 「회진동계서」를 통해서 당시의 실태를 들어 보기로 한다.[1)]

---

1) 「회진동계서」는 임환의 문집인 『習靜遺稿』에 「洞禊序」란 제목으로 실려 있다. 『습정유고』는 필사본으로 전해온 것을 '회진세고'의 하나로서 영인 간행한 바 있다. 여기에 필자가 해제를 작성하였다.(임형택, 『한국고전을 찾아서』, 한길사, 2007)

"정유년(1597) 가을에 시운이 험난하여 왜적이 독기를 발하니 호남 땅의 생령들은 온통 전란의 참화를 입게 된다. 우리 회진은 수륙의 사이에 끼어 더욱 심하게 도륙을 당하여 즐비한 가옥들이 온통 불에 타버렸다. 안타깝다. 나의 일가와 친구들 반 넘어 세상을 떠났으니, 살아남은 사람들도 외롭고 처량해서 내일을 생각하기 어렵게 되었구나!"

이렇듯 초토화된 마당에 삶의 터전을 다시 복구하는 일이 당연한 급무로 제기되었을 터다. 전란의 상흔을 치유하며 공동체적 결속을 다지기 위한 방안으로 동계와 같은 것이 요청되었다. 그래서 '회진동계'를 복원하게 된 것이었다.

16세기 말에 대전란을 겪은 이후, 회진의 향촌 복구사업은 어떻게 되었던가? 전쟁 이전의 성세를 회복할 수 있었을까? 나는 이 의문점에 확실한 답을 하기는 어려우나, 오래지 않아서 옛 모습을 찾을 수 있었던 것 같다. 창계와 친교가 자별했던 南鶴鳴(1654~1722, 남구만의 아들)이 남긴 기록이 있다.

"林德涵(창계의 자)이 이야기하기를 '나주 회진이 예전에는 詩店이란 일컬음을 들었는데 시를 잘하는 분들이 많아서였고, 중고에는 碁店이라고 불렀는데 바둑의 고수가 많아서였고, 오늘날에는 鹽店이라고 부른답니다. 단지 소금 굽기를 일삼으며 시나 바둑은 폐해졌으니 세상 풍속의 오르내림을 점쳐볼 수 있겠지요.' 라고 하였다."(『晦隱集·雜說』)

영산강 하구언이 축조되기 이전에는 바닷물이 강으로 거슬러 올라

와서 회진 앞에서 소금을 만드는 일이 가능했던 모양이다. 회진 마을의 별칭이 '시점'에서 '기점'으로 일컬어지더니 마침내 '염점'으로 불리고 있다한다. 이는 창계 당시이므로 17세기 후반의 상황이다. '시점'이란 고상한 칭호를 얻게 된 것은 충분히 짐작할 수 있으나, 거기서 '기점'으로, 또 다시 세속화로 나아가 '염점'에 이른 경위는 물어볼 곳이 없다. 그런데 분명한 사실은 창계가를 비롯한 근족들이 당시에 상승세를 타고 있었다. 사환을 하는 경우 중앙으로 진출하여 생활근거지도 중앙으로 이동하는 것이 대체적인 경향이었다.

회진 마을 앞에서 소금을 제조하는 일은 오래 지속된 것 같지 않다. 회진은 오늘에 이르기까지 양반마을로서의 위상을 유지하고 있었다. 또한 반남 박씨의 일파가 임씨의 외손으로 들어와서 東村('동말'로 일컬어짐)에 눌러 살았다. 회진마을에는 근세까지 임씨가와 박씨가가 쌍벽을 이루어 세거하였던 것이다.

창계가의 경우 회진 본향을 떠나지 않고 있다가 19세기 중반기에 이르러 다른 고장으로 이주하게 된다. 이와 관련해서는 뒤에 말이 나온다.

2) 문헌의 형성경위 및 변동상

여기 문헌은 역대의 창계가 사람들에 의해 생산되었거나 직접 관련이 된 것들임이 물론이다. 그 주체가 대대로 내려오면서 축적이 되고 변동도 발생한 경위를 진술하고자 한다. 물론 시대적 환경과 무관할 수 없었다. 개인이나 가문이나 시대상황과 무관할 수 없지만, 특히 가문이 중시되던 유교적인 전통사회에 있어서 가계의 성쇠는 이런저런 요인들과 관계되기 마련이었다. 창계가문헌이 형성되고 유지되어 왔던 과정, 그 자세한 경위를 지금 소상히 밝힐 도리는 없지만 대략의 내력을 편의상 세기별로 나누어 서술해 본다. (가계도는 남성위주의 종통을 주축으로 작성하였다. 문호를 지속하는 데는 여성의 몫 또한 들여다 볼 필요가 있다고 여기지만 문헌을 대상으로 간략히 진술하는 자리이기에 언급되지 못한 것이다.)

16세기:

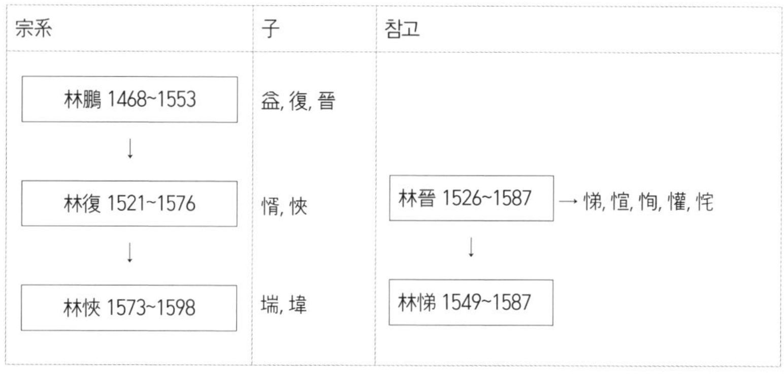

宗系	子	참고
林鵬 1468~1553	益, 復, 晉	
↓		
林復 1521~1576	㥠, 悏	林晉 1526~1587 → 悌, 愃, 恂, 懽, 㤞
↓		↓
林悏 1573~1598	端, 瑋	林悌 1549~1587

회진의 임씨 가문이 굴기한 시기이다. 귀래정 임붕이 문과급제를 하여 중앙정계에 진출하고 바로 다음 대에 임복이 또 문과에 급제한 이래 대를 이어서 명사가 배출되고 사환도 끊이지를 않아서 현저히 부상되기에 이른 것이다. 회진이 '시점'이란 별칭을 얻게 된 것은 바로 이때였을 것으로 추정된다. 또한 주목할 사실은 이 시간대가 호남의 사림층이 두각을 드러낸 지점이었다. 특히 광 · 나주권(광주와 나주 및 그 인근의 능주 · 창평 · 담양 · 장성 등지를 가리킴)이 중심부를 형성하였던바 재지사족들의 동향이 자못 볼만하였다. 향촌의 명망이 높은 인물들이 고을 단위로 향회를 조직하는가 하면 시와 노래로 모임을 갖는 계회 형태를 볼 수 있다. 후자에 대해 나는 '계산풍류'라는

개념을 부여하여 중요시한바 있다.[2] 광주지역의 경우 「星山溪柳濯熱圖」란 제목의 그림이 김성원의 『棲霞堂遺稿』에 실려 전해져서 그 실태를 짐작케 한다. 이 보다 앞 시기에 나주에서는 「錦江十一豪稧會圖」가 만들어진바 후일에 나주목사가 이 고사를 백일장의 시제로 출제한 일이 있었고 오늘날까지도 잊히지 않고 사람들 사이에 추억되고 있다. 「금강11호계회도」는 실전되었으나 참여자 11인의 명단은 전한다. 이 명단 기록에 임붕이 '正字'란 직함으로 올라가 있다. 그가 문과에 급제한 것이 1521년(중종 17)이니, 이후 얼마 지나지 않아서 금강11호계가 결성되어 모임을 가졌을 터이다.[3]

그런데 이 시기 회진의 임씨 가문의 문헌은 전하는 것이 거의 없다. 앞에서 말했듯이 정유재란 당시 온 마을이 초토화되면서 대부분 소실이 된 때문이다. 다만 백호 임제의 작품들은 다행히도 화를 면해서 『백호집』이 17세기 초에 간행될 수 있었으며, 친필유고도 상당부분 전하게 된 것이다. 가문의 사람들은 다수가 배를 타고 피난하여 아주 어렵게 위기를 모면할 수 있었다고 한다. 그 당시 창계가의 직계 조상인 임협은 25세로서 충청도로 피난을 갔다가 홍주에서 역병에 걸려 어린 아들 형제를 남겨놓고 세상을 떠나는 비운을 겪는다.

---

2) 임형택, 「16세기 光·羅州 지역의 사림층과 宋純의 시세계—溪山風流의 발전」, 『한국문학사의 논리와 체계』, 창작과비평사, 2002.

3) 가전의 문서로 겉봉에 「錦江十一豪稧會圖」라고 적힌 것이 있다. 문서 내용에는 名帖이라 하여 11인의 직함과 성명이 나열되어 있으며, 뒤에 그 사적을 전하는 기록이 보인다. "稧會圖, 載入續勝覽, 而肅宗朝御覽而稱賞歎美. 本州牧金振玉, 白日場書題, 題詩稧會圖. 錦城館大屛風十一帖, 以十一豪稧會圖描繪矣. 今皆破裂無徵云."

17세기:

宗系	子
林瑞 1593~1664	一儒, 相儒, 長儒
↓ 林一儒 1611~1684	渙, 淀, 泳, 淨
↓ 林泳 1649~1696	董

이 시간대의 임타 → 임일유 → 임영으로 이어진 가문 3대는 상승세를 타면서 창계가문헌이 본격적으로 형성되기 시작한 지점이다. 정유재란 당시 피난 중에 남겨진 두 아들이 맏이는 5세, 둘째는 2세였다. 맏이는 '호남의 빼어난 선비'("林侯湖南之秀士", 청음 김상헌의 시구)로 일컬음을 듣게 된 몽촌 임타이며, 둘째는 은일학자로 천거를 받은 동리 임위이다. 두 어린 아이가 능히 이처럼 성장할 수 있었던 데는 백부 林惰(1570~1624, 황해감사)의 보살핌과 함께 외가쪽(외조부가 나주목사를 역임한 懷齋 朴光玉) 경제력의 도움이 컸을 것이다. 몽촌의 장자인 한성부 서윤을 지낸 임일유의 제3자가 창계 임영이다. 이 시기에 혼인관계가 호남 지역을 넘어서 국중의 명문들과도 맺어진다. 교유 · 사승의 관계 또한 국중 일류의 명유들과 이루어졌다. 가문의 격이 높아진 셈이다. 김학수 교수는 "창계 가문의 사회적 위상은 임영 대에 절정에 도달"하였음을 지적한바 있다.[4)]

---

4) 김학수, 「羅州林氏 滄溪家門의 가계와 역사적 전개」, '『滄溪集』 완역 기념 학술대회-滄溪 林泳의 생애와 사상', 한국고전번역원 · 대동문화연구원 공동주최 학술대회, 2020.10.30.

17세기의 역사에 명 · 청 교체라는 동아시아 차원에서의 대전환이 있었다. 국내의 정치상황을 돌아보면 전반기에는 당쟁이 초래한 인조반정이 일어나고 정묘 · 병자호란을 불러들였으며, 후반기로 넘어오게 되면 당파적 대립 · 갈등이 끊임없었다. 경신환국(1680년), 기사대출척(1689년), 갑술갱화(1694년)로 정국이 엎치락뒤치락하면서 수많은 희생양을 만들어 낸 것이다. 생애가 전반기에 걸쳐 있었던 임타는 유교적 관점에서 용납하기 어려운 광해군의 국정 운영방식을 되돌리기 위한 반정에 동참하여 공신의 녹권을 받은바 있다. 그가 병자호란의 국치를 겪은 이후로 안동 땅에 일시 우거한 사실이 확인된다. 왜 생소한 고장으로 내려갔는지 의문인데 천하의 질서가 뒤바뀌는 난세를 피하고자 하는 뜻이 있지 않았을까 짐작이 될 따름이다.

창계 임영의 생애는 17세기 후반이었다. 그는 22세로 문과에 급제하여 생을 마친 48세까지 26년 동안에 淸華의 직에 두루 임명되었음에도 실제로 입조한 기간은 통산하여 4년에 불과했다. 그의 기본자세가 학문지향을 우선시했던 데 까닭이 있었지만 당시 요동치는 정국과도 무관하지 않았다. 그런데 거처를 자주 이동했던 것이 이상하다 싶을 정도이다. 26세 때 멀리 강원도의 통천으로 올라가더니 30세 때에 부여의 백마강 가로 내려오며, 37세 때는 진안의 半月村으로 옮겼다가 거기서 또 照林村으로 이거를 한다. 반월촌에서 집이 불에 타는 화재를 입었기 때문이었다. 39세에 드디어 환고향을 하게 되는 것이다. 44세 때에는 회진 마을에다 창계초당을 세우기도 하였다. 중앙정계로의 진출보다는 사대부의 기본자세를 견지하려는 취지로 여겨지는 대목이다. 이우성 선생은 '당시 조야의 청의를 대표'하는 것으로 그 존재를 규정지은 다음, "창계는 故家世族 집안과 세의와 학연으로 가까운 처지에 있었지만 기본적인 입장차이가 있었다. …… 어디까지나

지방의 사대부 출신으로 선비의 본령을 굳게 지키고 있었기 때문이다"고 해명한바 있다.[5)]

여기서 그의 당론적 입장에 관해 언급해둘까 한다. 필자는 선인으로부터 "우리 집은 딱히 내세운 당파가 없었다"는 말씀을 들었다. 이러저런 관계로 인해서 서인 쪽이었다고 볼 수 있겠는데 노소분당의 과정에서 창계는 대립 분열을 피하기 위해 노력하였다. 결과적으로 세상에서 일컫는 '소론8학사'에 속하게 되어 소론으로 지목을 받기에 이르렀다. 이후로 창계가는 지방 사족의 위치에서 선비의 본령을 지켜나간 것이다. 창계가문헌은 이 단계에서 집중적으로 형성되었을 뿐 아니라 비중 역시 압도적이라고 말할 수 있겠다.

18세기:

宗系	子
林董 1687~1722	迪夏, 翊夏
↓	
林迪夏 1708~1757	弘遠　　　*弘遠은 초명이 鴻遠
↓	
林弘遠 1741~1799	正鎭

임동→임적하→임홍원으로 이어진 시간대이다. 지난 세기에 '절정에 도달'했던 가계도는 아들 손자로 대를 이어 내려오면서 현저히 하향곡선을 그린 모양을 이루었다. 선대의 후광으로 말직이나 지방관을 하는데 그치고 있다. 우선 임동이 자못 촉망을 받았으나 35세의 젊은 나이로 서거한 데 직접적인 요인이 있었던 것 같다. 근본적으로 보면

5) 이우성, 「창계집 해제」, 『창계집』, 대동문화연구원, 1994.

호남 땅에 거주하는 지방 사족으로서 선비의 본령을 지키고자 했던 가문의 입장이 초래한 결과가 아니었던가한다. 근족인 임서의 가계와 대비된다. 임서와 임협 양쪽 후손들의 정치적 입장은 서로 비슷했으나 임서 쪽은 경화세족의 위상을 뒤에까지 계속 누릴 수 있었다. 주거지가 중심부에서 충청권을 벗어나지 않았던 점이 한 요인이 되었던 것으로 보인다. (그 종가는 무안 땅의 배뫼[梨山]에 있었는데 이 종가의 권위를 유지하기 위해서 각별히 유의하였다는 말을 들었다.)

18세기의 제3대인 임홍원은 지금 서울의 양천구에 해당하는 양천고을에서 현령 재임시에 죽음을 맞는다. 1799년 1월 3일(음력)이었다. 그의 죽음에 관해서 돌아볼까 한다. 전해 겨울부터 이듬해 봄 사이에 중국서 들어온 괴상한 질병으로 수많은 사망자가 발생했다. 현직 팔도감사 중에 넷이 죽었고, 전 · 현직 정승 6명중에 3명이 죽었다고 한다.[6)] 확증이 있는 것은 아니나, 임홍원 역시 무서운 전염병이 사인일 가능성이 십분 높아 보인다. 창계가문헌에는 양천현의 각종 문서들이 다량 포함되어 있다. 수령이 재임 중에 사망한 경우 운구해 돌아갈 수 있도록 편익을 제공하는 것이 제도로 되어 있는바 그 과정에서 문서류도 함께 싸여온 것으로 추정된다.

이 병명 미상의 전염병이 유행했던 사태는 얼마 전에 우리가 경험한 코로나19에 못지않은 팬데믹이었다. 당초 이 전염병이 중국에서 들어왔거니와 중국의 황제인 건륭제도 이 병으로 사망을 한다. 조선의 국왕 정조는 그 이듬해인 1800년 6월 28일에 세상을 떠난다. 이

6) 당시의 전염병에 관해서는 李玄綺의 『綺里叢話』를 참조하였다. 그 시기의 역사적 상황에 대한 논지는 임형택, 「19세기 사상사의 지도와 박규수」(『환재 박규수 연구』〈실시학사 실학연구총서 14〉, 학자원, 2018)에서 개진한 바 있다.

전염병이 정조의 사인이 되었다고 보기는 어렵다. 지금 우리로서 유의할 바 이런 등등의 현상이 바야흐로 진입하는 19세기가 전환기적 위기임을 알려주는 예고편인 것도 같다.

19세기:

宗系	子
林正鎭 1768~1835	宅洙, 宏洙, 容洙
↓	
林宅洙 1786~1860	胤相, 庚相, 彦相
↓	
林胤相 1814~1886	炳容, 炳泰, 炳一
↓	
林炳容 1831~1891	鎬圭, 成圭, 鏷圭

임정진 → 임택수 → 임윤상 → 임병용으로 이어진 이 시간대는 조선왕조의 체제가 붕궤되면서 서구 주도의 근대세계로 편입되는 과정이었다. 그 역사적 대전환은 전면적 위기로 표출되었으니, '동요의 시대', '불안의 시대' 그것이었다.

이 단계의 전반기에 활동했던 임정진은 지방의 현감을 역임했고, 다음 대의 임택수는 순릉참봉을 지냈다. 창계가의 벼슬길은 거기가 종점이 되었고 이후로는 청빈한 선비의 삶을 지속할 밖에 없었다. 이 단계에서 창계가문헌에 중대한 변동이 일어난다. 창계가가 지금 전라북도 순창군 쌍치면으로 이사를 가게 된 것이다. 쌍치란 땅은 노령산맥이 뻗어가는 아주 깊은 산골이다. 왜 하필 이런 지역으로 이주를 하였을까? 대개 두 측면에서 유추해볼 수 있겠다. 원래 회진은 유서 깊고 환경도 수려하지만 먹고 살기에는 극히 좋지 못한 고장이었다. 홍수와 가뭄에 취약하여 농경사회에서는 생활여건이 불리할 수밖에 없었다. (근래 수리사업으로 이 단점이 해소되었다.) 종래 이거를 자주 했던 것도 이런 점이 주요한 원인이 되지 않았을까 한다. 다른 한 측면은 위기의 시대였던 당시의 불안정한 인정세태이다. 위기는 주로 바다에서 올라오고 있었다. 피난처를 구해 연해지대를 떠나 내륙의 순창지역 같은 산중으로 가는 사람들이 허다했다는 기록이 보인다. 요컨대 위기의 시대에 대응하여 생리도 박한데다가 인심도 좋지 않게 변하는 고토를 떠났던 것으로 여겨진다. 창계가가 회진을 떠날 때 문헌도 함께 이동하는데 책 짐이 회진 마을에서부터 나주성의 서문까지 10리를 연달았다는 전언을 일가 사람으로부터 들은바 있다. 아무래도 과장이 있겠으나 이처럼 부풀려질 정도로 다량이었던 모양이다.

20세기:

宗系	子	참고
林炳容 1831~1891	鎬圭, 成圭, 鏷圭	
↓		
林鎬圭 1853~1912		林鏷圭 1864~1920 → 鐘元, 鐘大
↓		↓
林鐘洛 1893~1951	光澤, 龍澤	林鐘元 1892~1976 → 榮淳, 琫澤, 熒澤
↓		
林光澤 1915~1945	明采	

이 세기는 예전과는 전혀 다른 세상이 눈앞에 펼쳐지는 시간대이다. 그 초기에 왕조국가가 근대국가로서의 자립에 실패하고 식민지로 전락을 하였다. 그 중엽에 식민지배 상태로부터의 해방이 분단체제를

초래하여 21세기의 오늘에 이르고 있다. 나 자신으로 말하자면 온 몸으로 겪고 눈으로 본 시대이기도 하다. 창계가문헌으로 말하자면 가문전통의 틀 속에 있던 마지막 단계이다.

1910년 전후에 국망이 가망으로 연계된 상황이 출현하였다. 바로 나의 할아버지, 나의 아버지가 사시던 때다. 할아버지는 망국의 통한을 이기지 못한 나머지 심리적 공황 상태에서 방황을 하셨던 것 같다. 전에 이사를 가서 살았던 순창의 쌍치를 떠나 인근의 남원, 구례, 임실 등지로 빈번하게 옮겨 다닌 이야기를 선친에게서 종종 들었다. 3 · 1운동이 일어난 이듬해에 할아버지는 전염병으로 돌아가셨다. 이 무렵에 우리 집은 선산하로 찾아들게 되었다. 극도의 고난을 체감한 끝에 결행한 일이었다. 종가는 그보다 먼저 들어갔던 것으로 짐작이 된다. 창계가문헌 또한 先墓 아래 있는 제각에 보관되기에 이르렀다. 그런대로 여기 와서 안착을 한 셈이었다. 6 · 25전쟁에 종가의 사람들이 큰 인적 상해를 입었음에도 문헌은 용케 흩어지지 않았다. 회진 고리를 떠난 이래 글로 다 표현하기 어려운 일을 겪었음에도 문헌은 큰 손실은 면하고 보존되었으니 이나마 천우신조라고 해야 할 것 같다.

이곳은 전라남도 영암군 금정면 운수마을과 학송마을이다. 나의 본적지도 이곳으로 되어 있다. 그런데 전쟁이 일어나기 바로 전해 겨울에 다른 고장으로 이사를 가게 된다. 이때 이사는 분가를 하는 형식이었다. 전적으로 생계를 위한 대책이었는데 대가족으로 유지하기 어려워 부득이 큰형님 쪽이 남고 부모님이 중형과 나를 데리고 옮긴 것이다. 지금 전북 정읍시 산외면 공동이다. 이곳에서 나는 초등 · 중등과정을 이수하였다.

일상으로 거처하지 않는 제각의 한 공간에 쌓여 있었던 창계가문헌을 나 자신이 최초로 대면한 것은 대학 2학년 시절이었다. 전란을 겪고 나서 10여년을 경과한 시점이다. 나는 여름방학과 겨울방학에 내려가서 오래 닫혀 있었던 방문을 열고 들어가 서적과 문서들을 꺼내고 들추고 한 것이다. 쌓인 먼지를 털어내고 너절한 쥐똥을 치우고 하면서 책의 목록이나마 작성해 보려고 하였다. 먼저 어지럽게 흩어진 서책들을 질을 맞추어 목록작업을 시도하였다. 이렇게 책들은 대강 수습을 하였지만 고문서류는 도무지 엄두가 나질 않았다. 書籠 속에 도로 넣어두는 것이 당시 나로서 취할 수 있는 일의 전부였다.

2. 창계가문헌에 대한 관점의 일단

내가 창계가문헌을 처음 대면했을 때 일종의 문화적 충격을 받았던 것 같다. 전부 다 나의 조상들이 남겨 놓으신 것이 아닌가. 그런데 이처럼 방치되고 있다니 하는 마음이 저절로 일어났다. 나 자신도 검은 것은 글자고 흰 것은 종이라는 것 밖에는 모르고 있다는 생각이 들면서 마음이 심각하고 착잡해졌다. 근대교육을 12년 동안 이수해서 대학 과정을 밟고 있는데 말이다. 그때 받았던 충격은 나 자신의 전공을 한문학 쪽으로 정하는 계기가 되었다. 그리고 방치되어 버려지는 저 구시대의 유물을 어떻게 할 것이냐는 우려가 마음 한 구석에서 두고두고 지워지지를 않았다.

한문학은 그 당시 대학의 제도에서 제외되어 있었다. 외롭게 한문학을 공부한다는 것이 힘겹고 막막하기만 하였다. 문학연구의 한 영역으로서 새롭게 정립하는 일이 한문학이 당면한 과제였다. 따라서 문헌학이나 고문서류에 대해서는 관심을 돌리지 못했다. 간혹 집안의 문적들을 들추어 보아서 특히 눈에 포착되는 친필 유고라든지 간찰류를 정리하여 첩의 형태로 만들어 두기도 하였다. 전모에 비추어 극히 작은 부분이었음이 물론이다. 그러는 가운데 더러 살펴보게 되어 나름으로 다소간의 소견이 생기기도 하였다. 다음에 이에 대한 나의 몇 가지 견해를 들어둔다. 비전문가의 사견에 불과한 것이지만 혹간 일득지견이 있다면 다행이겠다.

1) 창계가문헌은 위에서 대략 서술한 바와 같이 17세기에서 20세기에 이르는 동안 형성된 기록문화의 유산이다. 무엇보다도 문자기록을 소중하게 여겼던 숭문주의적 전통의 결과물이다. 중간에 손상과 유실이 아무래도 없을 수 없었다. 책 중에 낙질된 것이 적지 않은 것을 보면 분명하다. 『退溪先生語錄』을 들어 말하면 근래 발굴이 되어 중시되고 있다. 창계 임영이 손수 편찬한 문헌인데 어떻게 본가에서는 실전되었을지 의문이 일어난다. 진안 반월촌에서 화재를 당했을 때 소실된 것이 아니었을까 추정을 해본다. 그리고 또 밝혀둘 것이 있다. 창계 임영이 당대 명유들과 주고받았던 서간 중에서 중요한 것들을 따로 추려서 2권의 큰 첩책으로 만들어 보관해 두었던 것이 있었다. 이 소중한 2권이 6 · 25전쟁으로 혼란스런 가운데 사라져서 종적이 묘연하게 되고 말았다. 나의 선친이 이 일을 두고 지하에 가서 조상을 뵐 면목이 없다고 한탄하곤 하셨던 것이 기억에 생생하다. 비록 이런저런 손실이 적지 않았다 해도 대부분은 남아 있다. 한 가계가 400년 동안 축적, 보존해 왔던 문헌이 이곳으로 이관되기에 이른 것이다. 근대라는 지점에서 일시에 수집 과정을 거쳐서 집적이 된 경우와는 다르다. 한 가계의 역사적 축적물이므로 자체로서 체계를 이루고 있는 사실이 의의를 갖는다고 여겨진다.

2) 이 고문서류는 세대를 거쳐 각 주체들의 삶을 통해 생산된 것이다. 무릇 인간은 너나없이 생노병사를 겪기 마련이다. 그 과정에서 이러저런 기록물이 출현하게 되는바 이 고문서류는 창계가 사람들에 의해 산출되고 집적되어 보존된 것이라는 특성을 지니고 있다. 응당 기록문화로서 인식될 필요가 있는 것임이 물론이다. 생노병사의 통과의례에서 가장 중대시되었던 것이 죽음이었으므로 이와 관련해서 작성된 기록물이 역시 다량이고 종류도 다양하다. 예를 들자면 망자를 애도하는 시와 산문에 만장이란 것이 있었고, 장례 뒤에도 碑誌 행장이며 傳 등이 저작되었다. 한문학에서는 이런 碑誌傳狀類 또한 문학의 형식으로 중시했다. 오늘의 장례문화에 비추어 대단히 번거롭게 여겨지겠지만 당시에도 허례와 과시로 흐른 면이 없지 않았다. 비록 그렇다고 하더라도, 그 자체를 그 시대의 생활양식을 반영한 문화로 이해하고 의미를 부여하며, 챙기고 평가하는 것이 당연한 도리일 터다. 뿐만 아니라 고문서류 전반에 대해서 그 생산 현장에 근접하여 먹고 살아가는 인간의 실제 삶에 즉해서 분석하고 이해하는 작업이 필히 이루어져야 할 학문의 방도이다. 오늘날 기능주의적 발전논리의 비문화적 문제점을 성찰하는 계기로 삼아볼 수도 있을 것이다. 이 모두 나 자신의 평소 지론이기도 하다.

3) 친필간찰은 창계가문헌에서 양적 비중이 가장 크고 나름으로 고유한 의미를 지닌 것들이다. 간찰이란 곧 편지인데, 종래 한문학에서 요긴한 양식으로 書와 尺牘이 있었다. 오늘날의 세상처럼 상호 소통의 수단이 발달하지 못했던 옛날 세상에는 오직 종이에 쓰는 편지가 일상으로 폭넓게 이용되었다. 서로 소식을 전달하고 정회를 표현하는데 쓰였을 뿐 아니라, 정론 교환이나 학술 토론에도 간찰의 방식

을 이용하는 경우가 허다했다. 신하가 임금에게 올리는 상소 역시 따지고 보면 간찰에 해당한다. 친필간찰은 그 주체의 지식 및 문필의 수준이나 활동상에 따라서 천차만별일 수밖에 없는 것이다. 보통의 간찰류는 개인적인 소통의 수단이어서 버려지는 것처럼 취급되기 쉬웠으며, 남아 있더라도 학적 자료로서 관심의 대상이 되지 못했다. 나는 이에 대한 생각이 다르다. 한 세상을 살았던 사람들 저마다 일상에 대처한 내용이라는 측면에서 보면 제각각 의미를 가질 수 있다. 오히려 별것 아니라고 버려지는 데서 일상현실의 생생한 면모를 짚어낼 수도 있지 않을까 본다. 간찰 역시 한문으로 써진 것이 대부분인데 언찰, 즉 국문간찰이 포함되어 있다. 위로 17세기 전반기의 『叢巖公手墨內簡』(발신자: 林一儒)과 『林滄溪先生墨寶國字內簡』이 있으며, 이밖에 국문간찰들이 상당량 미정리 상태이다. 국문기록이란 점이 각별하게 여겨지는 것임이 물론이다.

4) 학문 저작이나 시문창작의 초고 자료들이 적지 않게 남아 있다. 그리고 문집의 편찬과정에서 취합, 작성이 된 원 문서들이 거의 고스란히 남아 있다. 후자는 필사본 책자의 형태이다. 수많은 초고 가운데서 수습 · 存拔 · 교정 · 판각 등 각 단계를 거친 최후의 결과물이 『창계집』 27권 14책이다. 일반적으로 말하면 이 간행본으로 충분하다. 하지만 학문연구의 입장에서 말하면, 원 초고 자료나 간행되기 이전 여러 단계의 필사본들이 긴요한 연구 자료로 활용될 수 있는 것임이 물론이다. 문헌학이 학문의 기초로서 중시되는 까닭이다. 비록 모든 자료들이 빠짐없이 다 남아 있는 것은 아니로되, 이런 정도로 전하는 경우도 드문 사례가 아닐까 한다. 창작과 저작 당시에 이루어진 수정 내지 개작의 실상을 직접 눈으로 확인할 수 있으므로 연구자에게

아주 좋은 자료가 될 수 있다. 여러 과정을 거쳐서 문집이 만들어지는 구체적 경로의 실태를 파악할 수 있도록 하는 자료가 될 것이다.

5) 위에서 18세기와 19세기의 전환점에서 양천현령으로 급서한 임홍원의 죽음에 대해 주목을 하였다. 그런데 창계가문헌에는 양천현 관련의 고문서류가 상당량 포함되어 있는 것이다. 양천현은 지금 서울의 양천구에 해당하는 지역이다. 운구를 하여 돌아올 적에 함께 따라왔던 것일 터이다. 언젠가 나는 이 문서들을 들춰보면서 왜 여기 있을까하는 의문을 가지면서 사회민정에 흥미로운 내용이라는 인상을 받았었다. 특정한 고을에서 일정한 시기에 생산된 문서라는 점에서 지역사연구의 사료로 활용할 가치가 있을까 싶어 따로 언급해 둔다.

6) 이상에서는 주로 학술자료의 측면에서 의미를 거론하였고 문화유산이란 측면에서는 말이 미치지 못했다. 이 측면에서도 언급이 없을 수는 없겠다. 기본성격이 유교사회의 양반문화의 유산임을 전제하고 몇 가지 지적을 해두고자 한다. 전체에서 큰 비중을 차지하고 있는 간찰 및 친필 유고들 중에는 서예작품으로서 평가될 수 있는 것이 많을 것으로 생각된다. 그리고 혼서지가 거의 대대로 보존되어 있는 사실이 자못 흥미롭게 여겨진다. 試紙 등과 함께 생활문화의 유산으로서 부각을 시킬 대상으로 잡아볼 수 있을 듯하다. 서적에 대해서는 따로 언급할 겨를이 없었다. 내사본이 적지 않은데, 그 지질이나 인쇄상태에 비추어 인쇄문화의 유산으로서 매우 값진 것이다. 이밖에 흉배와 영정, 유품으로는 인장, 문방류에 속하는 문진 등등은 하나하나가 고유한 특색을 지닌 것 같다. 흉배는 원래 문서상자 속에서 발견된 것이었다. 심히 구깃구깃 해진 상태였지만 비단 바탕에 수를 놓은 품이

그냥 방치해둘 것이 아니다 싶어 표구사에 부탁하여 배접을 하고 보존을 위해 첩본 형태로 꾸몄다. 그리고 淵民 李家源 선생께 麟鶴補라는 제첨을 받았다. 대략 이런 경위로 '인학보'란 이름의 한 작품이 건져지게 된 셈이다.[7] 마지막으로 한마디 덧붙여 둔다. 무릇 자료의 의미와 가치는 얼마나 거기에 관심을 두고 어떻게 연구 · 발견하고 해명하는가에 크게 관련이 되는 것이다.

7) 필자가 이 첩본을 가지고 연민선생을 찾아갔던 것은 지난 2000년 봄의 일이다. 선생은 표지에 제첨을 하신 다음 첩을 다시 펼쳐 찬찬히 살펴보시며 매우 귀중한 물건이라면서 앞과 뒤의 면지에다 '民族遺産'이란 네 글자를 대자로 한 자씩, 소자로 '滄溪先生遺品'이라고 써 넣기까지 하였다.

羅州林氏 滄溪家門의 연원과 역사적 전개

김학수
한국학중앙연구원
한국사학전공 부교수

• • •

1. 머리말

이 글은 나주임씨 창계가문의 역사적 전개 양상을 정치 · 사회 및 문화사적 맥락에서 검토하여 그 의미를 규명하는데 주안점이 있다. 家[:大夫]는 國[:諸侯]을 형성하는 가장 본질적인 기초 단위로서 국가사는 가에 대한 이해를 전제로 한다고 해도 지나치지 않는다.

조선에서의 가는 문치주의와 주자학의 확산 및 심화라는 이념적 추세와 호응하며 자신들의 지향과 행보를 결정했고, 그 결정의 시대적 適否에 따라 명멸이 교차했다. 특히 15세기 후반부터 본격화된 훈구와 사림의 대결 국면은 사대부가의 세력 재편에 결정적인 영향을 미쳤는데, 본고에서 다룰 나주임씨의 역사적 행보 역시 이러한 흐름과 긴밀하게 연동되어 있었다.

나주의 토성으로 발신한 나주임씨는 '會津'이라는 공간을 거점으로 임붕이라는 뛰어난 인재의 활약에 힘입어 호남의 사림사회에서는 '회진임씨'로 예칭될 수 있었고, 그 아들과 손자인 林復⇨林惰 · 林悏 대에는 사림명가로서의 體와 格을 갖추었으며, 그런 바탕 위에서 학술과 문장 그리고 경륜으로 일문의 文華를 만개시킨 인물이 곧 滄溪 林泳(1649~1696)이었다.

회진임씨 창계가문의 역사적 동선은 '鄕[:羅州]'에서 '京'으로의 진출과 '武'에서 '文'로의 이행이었으며, 그 변화와 이행의 대미를 장식한 것은 임영의 학자적 崛起였다. 그의 문장은 동시대를 압도했지만, 그런 문명으로도 가릴 수 없는 純熟했던 학자적 궤적은 자신의 집안을 한 시대가 주목하는 '학자가문'의 반열에 올려놓기에 부족함이 없었다. 무엇보다 그는 知的 偏取를 거부함으로써 학파 · 정파적 진영논리로부터 자유로울 수 있었다는 점에서 선명한 차별성이 있었고, 그 차별성은 개인적 수월성을 넘어 17세기 사상계에 대한 반성적 회고를 이끄는 자력으로 작동하고 있다는 점에서 양질의 공적 자산이자 가치로 환산되어야 한다.

개인은 전체의 부분이지만 때로 뛰어난 개인은 전체의 '性'과 '格'을 결정하는 중요 변수가 되어 역사의 전면에 개입한다. 이 글에서는 임영을 그런 개인으로 인식하는 전제 위에서 학문 · 문장 · 경륜을 겸한 '全才'의 배출을 가능케 했던 회진임씨의 가도와 가풍, 역량과 저력 그리고 영욕과 명암에 대한 통시적 접근을 모색하고자 한다.

2. 林泳家 淵源과 역사적 대두

1) 會津世家 : 會津林門의 起家祖 林枰

고려 초기 이래 상경종사했던 창계가문의 선대는 역성혁명이라는 시대적 소용돌이 속에서 본향으로 회귀하게 된다. 신왕조 개창에 대한 반대 입장은 귀향과 은둔의 수순으로 이어졌는데, 그런 역사적 변동의 한 복판에 존재했던 인물은 임영의 11대조 林卓과 10대조 林鳳이었다. 해남감무를 지내고 두문동72현의 한 사람으로 일컬어지는 임탁과 군기감 소윤을 지낸 임봉의 은거는 불사이군이라는 그 시대 사대부들을 강압했던 의리관의 천명이었지만 거기에 따른 가적 지위의 손상은 컸다. 임봉의 아들에서 증손에 이르는 3대의 無官은 절신가의 자손들이 감내해야 했던 상실의 시간이었다.

그러나 임탁 · 임봉 부자 이후 은덕불사의 3대를 거치는 동안 고려왕조에 대한 의리의 시효는 소멸되어 갔고, 이런 환경 속에서 임탁의 5세손 林枰(1462~1522)이 관함을 갖게 된다. 비록 무과였고, 직책 또한 당상관에 미치지 못하는 종3품의 서반 외직인 병마우후였지만 이것은 임영의 선대가 조선 왕조에서 획득한 최초의 관직으로 후손들의 사환적 진출을 예비하는 마중물과 같은 역할을 했다는 점에서 매우 특별한 의미를 부여할 수 있다.

외5세손 허목은 '林虞候誌石文'에서 외선조의 行과 德을 다음과 같이 추모했다.

> 성년이 되기 전에 부모를 모두 여의었는데, 居喪에 소홀함이 없어 鄕黨에서 어질게 여겼다. 장성해서는 말타기와 활쏘기에 능하여 무과에 합격해서는 첫 벼슬로 內禁衛에 소속되었을 때만 해도 그저 한 사람의 列士였을 뿐 주목을 받지는 못했다. 41세에 黔毛浦 水軍萬戶가 되어 사졸의 마음을 얻었고, 湖南兵馬虞候가 되었을 때는 主將이 그의 어짊을 알고 군중의 일을 모두 공에게 자문하면서부터 장수로서의 명예가 드러나게 되었다. …… 일찍이 천거로 발탁되었을 때

> 에 개연히 탄식하기를, ‘어린 나이에 부모를 잃고 어렵사리 성장하느라 학업에 힘쓸 겨를이 없었음에도 무로 발신하여 3품관의 반열에 올랐고 나이 또한 50에 이르렀으니 더 이상 바랄 것이 없다’고 하고 향리로 돌아간 뒤로는 벼슬자리를 구하지 않았다.[1)]

임평은 14세 때 아버지 林貴椽을 여의고 고단하게 성장하였지만 무과라는 국가고시를 통해 3품관의 지위를 획득한 입지전적 인물이었다. 무엇보다 그는 친화 및 신뢰의 리더십과 안분의 덕목을 갖춘 인격자이기도 했다.

임평의 행덕에 대한 허목의 기술은 계속되는데, 그것은 ‘潔誠[:奉祭]’, ‘親睦[:待宗族]’, ‘忠愛[:待人]’로 집약된다.

> 집에 거처할 때는 제사에 정결과 정성을 다했고 종족과는 반드시 친목을 다졌다. 평생토록 남을 충애로 대했는데, 하소연 할 데가 없는 고아나 홀로 된 노인에게는 더욱 마음을 기울였다.[2)]

이처럼 임평은 자신을 둘러싼 사회적 장벽을 허물고 관료사회의 일원으로 편입되었고, 포용과 화합의 리더십으로 친족과 향인의 마음을 얻음으로써 나주임씨 일문이 재도약할 수 있는 기틀을 착실히 다져나갔던 것이다. 1자[鵬] 3손[益 · 復 · 晉]의 귀현과 사회적 위상 및 역

---

1) 許穆, 『記言』 卷45, 「林虞候誌石文」, “未成童 父母皆歿 以善居喪 鄕黨賢之 旣長 善騎射 以武科 初屬內禁衛 以列士 不甚知名 四十一 爲黔毛浦水軍萬戶 得士卒心 爲湖南兵馬虞候 主將知其賢 軍中事悉以咨之 名譽始著 …… 嘗薦拔 公慨然歎之曰 早失父母 艱難成長 無所學業 武得至三品官 年且五十 亦足矣 還鄕里 不復求仕”

2) 許穆, 『記言』 卷45, 「林虞候誌石文」.

할의 확대는 그가 온축했던 자양분의 의미로운 결실이었다.

허목은 지문의 말미에서 나주임씨의 사림사회에서의 인지도와 관련하여 매우 중요한 언급을 덧붙인다.

> 자손 가운데 드러난 인물과 현달한 이가 많아 大族으로 일컬어진다. 공의 묘는 나주 會津 가에 있어 자손들도 그곳에 거주하였으므로 會津 林氏로 일컬어지기도 한다.[3)]

임평을 기점으로 그 자손들을 '會津林氏'로 일컫고 있다. 여기서의 회진은 그의 묘소가 위치했던 '자연공간'으로서의 이름을 넘어 일문의 역사문화적 전통이 응집된 '인문공간'으로서의 예칭에 다름 아니었다. 나아가 이것은 '회진임씨'가 '壯洞金氏[:金尙憲家], 會洞鄭氏[:鄭惟吉家], 河回柳氏[:柳成龍家], 良洞李氏[:李彦迪家]에 비견되는 家的 브랜드, 즉 家格을 갖추었음을 웅변하는 것이기도 했다.

회진임씨의 문호 신장은 임평의 아들 林鵬(1486~1553)의 문과 합격 및 귀현을 통해 징험되었다. 그의 현달은 3대 추증의 법적 사유가 되어 회진임씨의 관료적 외피는 더욱 두터워졌다. 특히 3세 독자였던 그는 益·復·晉 3자를 둠으로써 족적 기반을 견고하게 다질 수 있었는데, 이들은 회진임씨 3파의 분파조로서의 지위를 얻게 된다.[4)]

---

3) 許穆, 『記言』 卷45, 「林虞候誌石文」.

4) 林象德, 『老村集』 卷5, 「十一世祖奉善大夫軍器監少尹林公墓碑銘」.

〈會津林氏 분파도〉

林鵬	➡❶ 林益	長水派	
	➡❷ 林復	正字派	⇨ 林泳·林象德
	➡❸ 林晉	節度派	⇨ 林悌

2) 문호 형성과 문벌 기반 확충 : 林鵬의 현달과 家格의 신장

임평의 현달은 회진임씨가 경제를 확보하여 사환의 거점으로 활용하는 계기가 된 것 같다. 이런 정황은 그의 독자 임붕의 방목을 통해 확인할 수 있다. 임붕은 1510년에 생원시에 입격했고, 1521년에는 문과에 합격했는데, 두 방목 모두 그의 거주지는 서울[京]로 기재되어 있다.[5] 즉, 임평은 나주의 鄕第와 서울의 京第를 이원적으로 경영하며 경향을 왕래했고, 그런 기반의 첫 번째 수혜자가 바로 아들 임붕이었던 것이다.

동시대의 여느 사대부들과 마찬가지로 임붕 또한 관료를 꿈꾸며 과업에 종사했고, 1510년에는 25세의 나이로 연방에 오르게 된다. 그가 사회적 진출을 모색하던 중종 초반은 조광조 등 이른바 기묘사림들이 至治를 표방하며 강도 높은 개혁정치를 추진하던 시기였다. 물론 1519년의 기묘사화로 인해 개혁정치는 좌절되었지만, 이 과정에서 드러난 임붕의 행보는 사림사회에서 점했던 회진임씨의 위상과 관련하여 많은 것을 시사하고 있다.

1519년 임붕은 성균관에서 유학하던 중 기묘사화의 발발과 조광조의

5) 『庚午司馬榜目』(1510) 및 『辛巳文科榜目』(1521).

피죄 사실을 인지하고는 유생 240명을 이끌고 신원을 수창하게 된다.

> 성균관 생원 林鵬 등 2백 40여 인이 상소하여 조광조의 억울함을 아뢰고 獄에 가겠다고 청하였으나, 임금이 받아들이지 않았다.[6)]

사림이 網打되는 엄혹한 정국에서 조광조의 억울함을 호소하며 代囚를 자청하는 결기를 서슴지 않았던 것이다. 이와 관련하여 윤광계는 임붕의 '묘비음기'에서 자칫 護逆으로 화를 당할 수 있는 절박한 상황에서도 조금도 동요하지 않았다고 적고 있다.[7)] 그의 모험적 강단은 1520년 과장에서의 投筆 · 退場으로 이어졌고, 이 결연한 행위는 사림사회가 그의 존재를 주목할 수밖에 없는 장면으로 남았다.[8)]

이런 풍파 속에서도 임붕은 1521년 별시 문과에 합격하여 조선의 사대부들이 선망했던 '文臣' 그룹에 편입되었다. 임탁의 낙향 이후 6대만에 이루어진 科慶은 개인의 영예를 넘어 회진임씨의 명문 도약의 탄탄한 디딤돌이 되었다.

임붕은 급제와 동시에 예문관 검열, 승정원 주서 등의 요직을 지냈다. 특히 8한림의 한 사람인 검열은 관계의 極選이자 출세의 로열코스라는 점에서 초사기 그에게 쏠린 신망은 매우 컸다. 또한 그는 將臣의 아들로서 문무겸전의 자질과 역량을 인정받아 함경도 평사에 특별히 발탁되는 등 그 쓰임의 폭은 자못 넓었고, 환조해서는 사간원 정

---

6) 『中宗實錄』, 「中宗 14年 11月 17日(丁未)」.

7) 尹光啓, 『橘屋拙稿』(下), 「兵使林公墓碑陰」, "己卯之禍 犨諸生二百餘人 極力論趙大憲光祖之寃 幾得罪 不爲懼"

8) 尹光啓, 『橘屋拙稿』(下), 「兵使林公墓碑陰」, "翌年試題 考官諂附權奸意 指士類爲邪黨 公嘆曰 吾何忍對此耶 遂投筆而出 一時韙之"

언 · 헌납 · 사간, 사헌부 지평 · 장령, 홍문관 수찬 · 교리 등 주로 언론 3사의 요직을 수행하며 관료적 보폭을 확대해나갔다. 내외직을 섭렵하는 과정에서 드러난 탁월한 역량은 굳건한 신뢰로 적립되었다. 이에 중종은 1536년 5월 그를 의주부윤에 임명하는 이례적 인사를 단행하게 된다.[9] 무례 7자급을 뛰어넘은 파격적 인사에 조정의 여론이 비등했던 탓에 이 인사는 끝내 철회되었지만 역설적이게도 그의 관료적 위상은 오히려 격상되어 갔다. 1538년 8월 동지사행[1539년 1월 복명]은 그 단적인 사례로 포착된다.

冬至使 林鵬과 管押使 鄭順朋이 表文을 가지고 북경에 갔다.[10]

사행을 복명한 지 6개월 쯤 지난 1539년 8월, 중종이 특지로 강원도 관찰사에 임명하자 1536년 의주부윤 임명 때와 유사한 상황이 펼쳐졌다. 양사에서 道臣으로서의 자격에 부합되지 않음을 사유로 들어 파직을 요청했고, 중종은 이번에도 이를 수락하고 만다. 양사의 주장은 임붕의 인물됨이 조잡[麤雜]하고, 物論이 있다는 것이었다. 여기서의 물론은 三凶, 즉 金安老 · 許沆 · 蔡無擇과 同事했다고 하는 혐의를 의미했다.[11] 물론 임붕은 1547년부터 1551년까지 판결사 및 예조 · 호조 참의의 직무를 수행하였지만 3흉과의 동사 혐의는[12] 관직

---

9) 『中宗實錄』, 「中宗 31年 5月 22日(丙子)」.

10) 『中宗實錄』, 「中宗 33年 8月 11日(辛亥)」.

11) 『中宗實錄』, 「中宗 34年 8月 3日(丁卯)」.

12) 동사 혐의는 생원 金禧年이 임붕을 김안로의 黨으로 지목한 것에서 발단되었다. 김안로가 전권을 행사하던 1537년 무렵 임붕이 가장 현달했던 것도 이런 추세를 반영하는 것이라는 주장이 있다(『明宗實錄』, 「明宗 2年 閏9月 14日(壬辰)」).

생활에 있어 커다란 걸림돌이 되었음은 부인할 수 없다. 호조 참의 재임 이후 후속적 승진이 사실상 좌절된 것도 이런 분위기를 반영하는 것이다.

이에 임붕이 1552년 퇴관의 의지를 표명하자 조정에서는 그의 사임을 안타깝게 여겨 마지막 예우 차원에서 보임한 자리가 나주 근읍인 光州牧使였던 것이다.[13] 남환 이후 그는 향리에 社交 및 문화공간으로 조성해 둔 歸來亭에서 사우들과 회합하여 雅會를 즐기며 자적하다 1553년 향년 67세로 생을 마감했다.

윤광계는 '묘비음기[兵使林公墓碑陰]'에서 그를 '경제의 재국을 지닌 인재', '기묘 · 을사사화의 참상을 목도했고, 권간들로부터 배척을 당한 정치적 피해자', '材器를 실현할 수 있는 자리와 기회를 얻지 못한 아까운 인재', '厚德重望으로 始終을 완벽하게 했고, 명철한 식견과 처세로 일신을 보전했던 지혜로운 사람'[14]으로 평가했다.

그랬다. 그는 비록 정경의 반열에 오르지는 못했지만 '문신'으로서 당상관의 자급을 획득함으로써 회진임씨의 환로를 개척했다는 것에서 역사적 의의를 발견할 수 있다. 아울러 경향을 망라했던 명사들과의 인적 교유망은 임씨 일문의 在京 및 在地 기반 강화의 초석이 되었다. 16세기 호남학계의 대표적 인사였던 林億齡이 落落長松과 같은 풍도로 萬夫의 표상이 될 만한 기절을 지닌 선비로 평한 것에서도[15] 16세기 사림계에서 차지했던 인망을 충분히 감지할 수 있다.

---

13) 姜沆, 『睡隱集』 卷4, 「楓岩林公行狀」, "歲壬子 上章乞骸 朝廷惜其去 特拜光州牧 以華其歸"

14) 尹光啓, 『橘屋拙稿』(下), 「兵使林公墓碑陰」 "公以經綸材器 遞事三朝 目飽卯巳慘禍 身被權奸重斥 材不得大施 器不克遠就 而能以厚德重望 終始完璧 旣明且哲 以保其身"

15) 尹光啓, 『橘屋拙稿』(下), 「兵使林公墓碑陰」, "林石川億齡贈公詩曰 落落長松千仞崗

한편 임붕은 나주의 사림사회를 주도하는 위치에 있었고, 그런 역할과 위상은 후손들이 '錦城主人' 의식을 갖는 배경이 되었다. 그 단적인 예가 '錦江十一人禊'의 결성이다. 이 계는 나주지역 명사 11인이 同鄕·同義의 情義를 다지기 위해 王羲之의 蘭亭 脩禊 고사에 의거하여 결성한 친목계인데, 『輿地勝覺』 등 여러 문헌을 종합할 때,[16] 結禊의 주도자는 임붕이었다.

〈錦江契 좌목〉[17]

- 陳世恭(幼學)
- 金 軾(生員) : 光山人 _金璇 高祖
- 陳二孫(進士)
- 金 臼(虞候) : 棠岳人 _武科 _朴淳 外叔
- 林 鵬(正字) : 羅州人 _文科 _林泳 5代祖
- 鄭 虎(幼學)
- 鄭文孫(幼學)
- 陳三孫(幼學)
- 金 鬥(幼學) : 棠岳人 _金臼 弟 _金萬英 高祖
- 羅逸孫(主簿) : 羅州人 _次子 晊이 崔溥의 壻
- 金安福(幼學)

위 좌목에 따르면, 임붕의 직함이 정자로 기재되어 있다. 정자는 임붕이 1521년 문과에 합격하자마자 임명된 관직이다. 이른바 '금강계'의 결성 시기에 대해서는 여러 추론이 제시되고 있지만, 이에 따르면 1521년으로 비정해도 큰 무리는 없을 것 같다. 1521년은 기묘사화

堂堂氣節萬夫望 此一句盡之矣"

16) 『羅林世乘』, "輿地勝覽曰 弘治中 文士林參議鵬外 某某十一人 皆以文章相許 詩酒相友 每値佳辰 遊賞錦江 如蘭亭故事 一代翕流 若神仙焉 因以名之曰錦江十一契會圖"

17) 韓國學中央硏究院, 『古文書集成』 67-羅州 會津 羅州林氏 滄溪後孫家篇, 「錦江十一人名錄」, 303면.

직후 士氣가 크게 위축되는 가운데 落鄕·隱居의 풍조가 유행하고, 정치 현실로부터의 의도적 이탈 정서가 사림 전반에 확산되던 시기였다. 금강계 또한 그러한 시대적 분위기의 산물로 파악된다.

위 좌목은 연치에 따른 次序로 파악되며, 임붕은 제5위에 입록되어 있다. 11인 가운데 문과 출신은 임붕이 유일하다. 이것은 이 모임의 사실상의 구심점이자 리더가 임붕이었음을 가늠케 하는 대목이지만 나머지 구성원들 또한 나주의 사족사회에서 강력한 영향력을 행사했던 집안의 자제들이었다.

당악김씨 출신의 金臼·金斗는 영의정 朴淳[:思庵]의 외숙이었고, 羅逸孫은 호남유학의 종사로 일컬어지는 崔溥와 사돈 간이었다. 당악김씨의 경우 김두의 손자 金元祿이 박순 문하에서 수학함으로써 충주박씨 사암가문과는 척연·학연의 중첩적 세의를 지속했고, 나일손의 차자 나질[崔溥 壻, 柳希春의 이모부]의 자손은 외조 최부의 봉사를 주관함으로써[18] 무후했던 탐진최씨 錦南家門의 사실상의 계승자로 인식될 수 있었다.

임붕의 만년은 명사들의 잦은 내방을 통해 아회의 분위기를 숙성시켰고, 그 회집은 금강이라는 공간적 배경과 접목되어 주유 형태로 표출되었다. 1525년 10월 송순과의 주유는 금강 아회의 명장면으로 손색이 없다.

> 몇 해 전에 호남을 유람했을 때 潭陽에서 상공의 묘소에 예를 갖추고 면앙정에 오른 다음 그 자손을 방문하여 상공의 遺稿 속에서 '을유년 10월에 임한림과 금강에서 뱃놀이하다(乙酉冬十月與林翰林泛舟

---

18) 『錦南崔先生外孫譜』, 「羅士惇」, "贈戶曹參議 奉錦南祀"

錦江)'라는 시 3수와 '낙봉과 호음 두 선생의 운을 써서 귀래장에게 올리다(駱峯湖陰二先生韻奉贈歸來丈)'라는 시 2수를 얻었으니, 이는 모두 우리 外高祖 大尹公[:林鵬]과 주고받은 시이다.[19]

한편 금강계는 김식의 현손 金璇, 金斗의 증손 金泰浹에 의해 중수되는 등 17세기 중반까지 그 명맥을 꾸준히 이어가게 된다. 특히 김태협은 創禊 이후 약 130년이 지난 효종연간[1650-59]에 금강계를 중수하였는데, 그 전말을 담은 서문은 1665년 조카 金萬英이 지었다. 김만영은 이 글에서 금강계를 나주의 고사이자 미담으로 평가하는 가운데 임붕을 창계의 주도자로 언급하는데 주저하지 않는다.

> 금강에는 예로부터 11인계가 있었다. …… 남중의 형승은 우리 고을이 으뜸인데, 나의 고조부 형제 및 정자 임붕, 주부 나일손 등 여러 인사들이 祓禊의 모임을 약속했다. '鸞翔鳳翥圖'는 朴銀臺[:朴祐]가 그린 것이고, '竹淸松心'은 羅諫院[:羅䄙]의 시어(寒松心思竹淸眞)에서 나온 말인데, 한 시대의 풍류와 운치를 상상할 수 있다.[20]

김만영의 서문에 의하면, 금강계는 설립 이후 크고 작은 곡절을 겪으며 명맥을 유지해 왔다. 창립 제현이 사망한 뒤로는 김구 · 김두의 생질 박개 · 박순 형제의 노력으로 인해 舊例를 유지하였으나 정유재

---

19) 許穆, 『記言』 別集 卷10, 「宋相公簡牘帖跋」.

20) 金萬英, 『南圃集』 卷10, 「錦江重修禊序」, "錦江古有十一人禊 …… 南中形勝 我州爲最 時則我高王父伯仲氏暨林正字鵬羅主簿逸孫諸彦 約爲祓禊之會 鸞翔鳳翥則有朴銀臺筆 竹淸松心則有羅諫院詩 一代風韻 于可想矣"

란 이후 약 50년 동안은 수계가 이루어지지 못하게 된다.[21] 이런 상황에서 인조 후반인 1640년대 초반에 김두의 손자 김원록이 중수의 불씨를 지피는 가운데[22] 그 아들 김태협이 이를 착실히 계승함으로써[23] 구모를 회복하게 되었던 것이다.

〈남평서씨 가계도〉

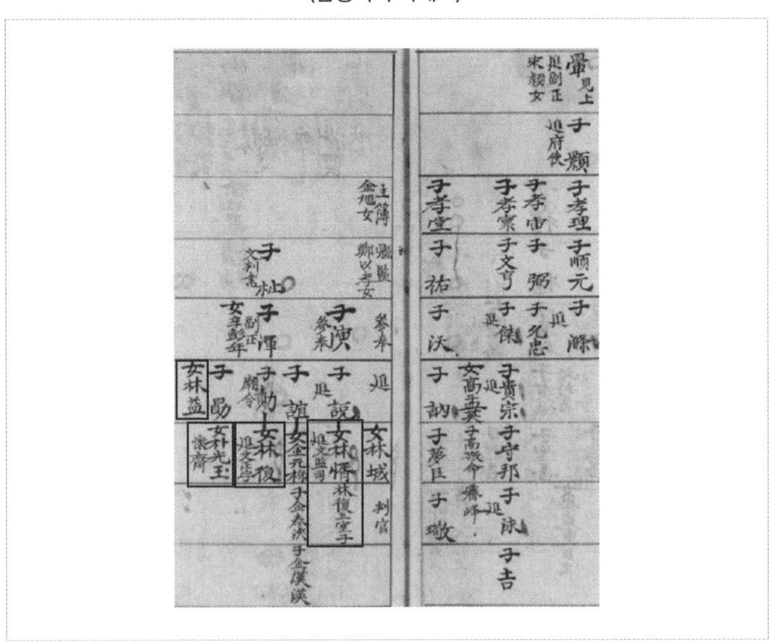

21) 金萬英, 『南圃集』 卷10, 「錦江重修禊序」, "繼此之後 烟波(朴漑)思庵(朴淳)二老先生耕釣之暇 公退之隙 相携父老 克修前事 久益敦厚 不幸島夷之變六載兵燹 盖自萬曆丁酉 修睦之信廢而未講"

22) 金萬英, 『南圃集』 卷10, 「錦江重修禊序」, "往在某年間 我大父公(金元祿)慨然囑鄕黨老少 略述古意 繼修其事 前修後昆雖未克盡會一席 而和厚之風 動曜州里 崇禎末時事艱憂而先進父兄踵武而逝後 無有繼而述之者有年矣"

23) 金萬英, 『南圃集』 卷10, 「錦江重修禊序」, "皇明南渡後二十一年乙巳(1665) 萬英自永平還鄕 鄕黨諸老袖一冊子來叩 余目之 卽我季父公與鄭上庠國賢重修舊禊券也 再拜敬閱 愴然久之"

금강계는 동향인으로서의 친목과 정의를 다지는데 취지가 있었지만 지속적 脩禊는 世誼의 형성 및 강화의 과정으로 확장되었다. 그 세의의 천연스런 실상은 척연을 통해 확인할 수 있는데, 南平徐氏[: 利川徐氏]를 매개로 이루어진 혼맥은 금강계의 혈연적 확장 양상의 실체를 분명하게 보여준다.

임붕의 장자 林益은 남평서씨 徐演의 딸을 아내로 맞았는데, 이 혼인은 아우 林復을 통해 연혼 · 중혼관계로 확장한다. 임복의 세 아내 가운데 재취[徐勳女]와 삼취[徐說女]가 남평서씨였고, 재취 처부 徐勳과 삼취 처부 徐說은 재종, 즉 6촌 형제간이었다. 근친혼적인 요소가 발견되는 대목이다.[24] 특히 재취에 기준할 때 임익과 임복은 친가로는 형제, 처가로는 숙질관계가 된다. 임복은 재취가 사망하자 다시 남평서씨 집안에서 세 번째 아내를 맞아 林惰 · 林悏 두 아들을 두었던 것이다. 더욱 흥미로운 것은 임협의 혼척이다. 임협은 음성박씨 朴光玉의 딸과 혼인했는데, 박광옥은 徐渾의 손서로 아버지 임복과는 동서 간이었다. 임복은 척연상 이질녀를 子婦로 맞은 것인데, 이는 임서가 혈통상 서적의 외손자가 아니었기 때문에 혼인이 가능했던 것으로 파악된다.

금강계의 중수를 위해 노력했던 김원록 · 김만영 조손 또한 남평서씨의 외파였다. 임익의 처부이자 임복의 처조부였던 서혼의 종제 서연의 손서가 김원록이고, 그 손자가 곧 김만영이다. 바로 이런 혼맥 구조가 16세기 나주지역 주류 사족의 인척적 연계망이었고, 금강계

---

24) '南平徐氏家系圖'에 등장하는 徐祉는 금강계의 계원 羅逸孫의 孫壻이다. 나일손의 장자로 錦江稧軸에 題詩한 羅昶이 그의 처부이다. 나창은 徐祉와 辛胤宗 두 사위가 있었는데, 가계도에는 신윤종의 아들 辛彭年이 서지의 사위로 기재되어 있다. 이에 따르면, 辛彭年 夫妻는 이종 사촌간이 된다.

는 그 추동력으로 작용했다고 할 수 있다. 하지만 17세기에 접어들면서 회진임씨의 혼반은 호남의 범주를 벗어나 반남박씨 朴紹 가문, 임천조씨 趙之瑞 가문, 창녕조씨 曺文秀 가문 등 京華家門으로 확장되었는데, 이는 문호 신장의 구체적 반증이었다.

이른바 '錦江世誼'는 혈연적 결속을 넘어 사회 · 학문적 연대와 추양으로 확장되었다. 임붕의 손자 임서의 무장 忠賢祠 건립은 그 단적인 사례가 된다. 1608년 무장 현감에 재임하던 임서는 명교를 부식하는 취지에서 원우 건립을 추진했는데, 제향 인물은 고려 말의 절신 이존오와 16세기 호남 출신의 사림파 학자 · 관료인 유희춘이었다. 이존오는 1366년 신돈의 전횡을 비판하다 長沙[:茂長의 古名] 감무로 좌천된 바 있고, 유희춘은 1543년 무장 현감으로 부임하여 문교 및 예교 진흥에 크게 기여한 공로가 있었다. 즉 임서는 이존오의 '節義'와 유희춘의 '道學'을 무장의 '인문정신'으로 규정하고 그것의 현창을 위해 사묘를 건립했는데, 그 주안점이 후자에 있었음은 재론의 여지가 없다. 그런 정서는 유희춘을 진유의 으뜸으로 평가하며 象賢의 필요성을 강조한 建祠 취지문에도 잘 나타나 있다.

> 眉巖 유선생은 도를 河圖와 洛書에서 찾고 학문은 천리와 인간을 탐구했습니다. 六經의 오묘한 이치를 미루어 밝히고 성현이 남긴 뜻을 미루어 드러내니, 역대 조정의 眞儒 가운데 그보다 나은 사람이 없습니다. …… 이 고을에 와서 오륜의 지극한 가르침을 펴고 향약의 조목을 설행하니 풍속을 바꾸어 교화로 이끄는 효과가 몇 년 사이에 흡족하게 드러났습니다.[25)]

---

25) 柳希春, 『眉巖集』 卷20, 「示忠賢祠創立諸執事文」, "萬曆三十六年十二月初五日 縣監

임서의 강력한 추진력은 전후 감사 崔瓘 및 尹安性의 적극적 지원으로 이어져 공역은 순조롭게 마무리되었고, 이듬해인 1609년 5월 '충현사'로 사액되었다.

임서의 충현사 건립은 존현을 중시했던 사림 관료의 공적 업무의 수행 과정으로 해석하는 것이 맞다. 그럼에도 굳이 유희춘의 존재에 주목했던 것은 세의에 따른 친연성의 작동으로 볼 여지가 분명히 존재한다. 금강계의 구성원 나일손의 차자 나질이 곧 유희춘의 이모부였다. 짐작컨대, 금강계는 나주지역 엘리트 사족들의 친목과 연대의 공동체였고, 임서의 충현사 건립은 그런 공동체 의식의 사회적 적용이란 관점에서 해석할 수 있을 것 같다.

3. 16세기 사림시대의 전개와 회진임씨

1) 회진임씨의 문파적 갈래

회진임씨는 임붕의 아들 대에 세 파로 분파하게 되는데, 임영은 仲派인 正字派에 속한다. 長水[:林益]·正字[:林復]·節度[:林晉] 세 파는 16세기 이후 관인·학자를 지속적으로 배출하며 문벌적 토대를 강화하였는데, 그 중에서도 정자파와 절도파의 번화상이 두드러졌다. 장자 계통인 장수파의 경우 다수의 무과 급제를 배출하며[26] 사실상 西班家로 좌정함으로써 문세 확장에 상당한 제약이 따랐음을 부인

林惰謹書"

26) 임익의 아들 林憬(僉樞), 손자 林垣(宣傳官)·林坵(奉事), 증손 林夏儒(營將)·林商儒(府使)·林漢儒(府使), 현손 林瀊(府使)·林源(護軍)·林漳(宣傳官) 등이 이 가계에서 배출한 무과 출신이다.

할 수 없다. 다만, 이들은 領將 · 府使 · 奉事 및 서반 청요직인 宣傳官 등의 관직을 유지했고, 호남의 명벌 幸州奇氏, 長澤高氏 등과 굳건한 혼맥을 형성했다는[27] 점에서 지역사회에서의 위상은 탄탄했다고 할 수 있다.

〈회진임씨 분파도〉

林鵬	⇨ ❶ 林益	▶ 長水派	
	⇨ ❷ 林復	▶ 正字派	⇨ 林泳·林象德
	⇨ ❸ 林晉	▶ 節度派	⇨ 林悌
	⇨ ❹ 林蒙(庶)		

계파인 절도파는 병사를 지낸 파조 林晉[:武科] 이후 한동안 문무 병존형의 입사 형태를 보이다 17세기 이후에는 문반으로서의 성격을 굳히게 된다. 임진의 장자 및 차자인 林悌 · 林愃은 詩名이 있어 16세기 문단의 주목을 받았는데, 특히 임제는 문과 합격 이듬해인 1578년 30세의 나이로 기묘명현 김정을 제향하는 제주 '충암묘'의 기문을 찬술했을만큼[28] 문명이 높았다. 기문의 찬술은 '충암묘' 건립의 주역이 당시 제주목사 임진이라는 사실에 더해 임제 자신이 김정의 학통

27) 林益의 손자 林壎은 행주기씨 奇孝說의 딸과 혼인했는데, 기효열은 기묘명현 奇遵의 형 · 奇遠의 손자이다. 奇進(奇遵의 형)의 손자 奇孝芬(奇大升의 侄)이 임붕의 처부 李宗義의 증손서가 되고, 林鵬의 妻叔 李宗智의 손서가 奇大升이라는 점에서 회진임씨와 행주기씨는 선대에 이미 간접적 척분이 있었다. 증손 林廷琦의 처부 高依厚는 高敬命의 종질인데, 그 아들 高傅弼은 沙溪門人으로 1627년 김장생이 兩湖號召使로 활동할 때 軍器有司에 差定되는 등 사계문하에서의 위상이 높았던 인물이다(金長生, 『沙溪全書』 卷46, 「擧義錄」 '高傅弼').

28) 林悌, 『林白湖集』 卷4, 「濟州金冲庵祠宇新修文」, "錦城林悌寧親于節制營 獲覩盛事 美侯之志 而且有侯命 故旣爲記"

을 이은 成運의 문인이라는[29] 학문적 연원성이 크게 고려된 조처로 해석할 수 있다.

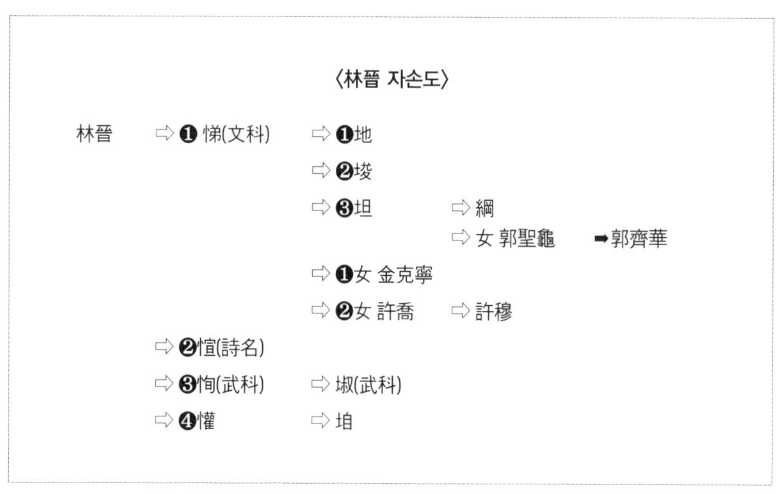

임제의 사승관계는 16세기 회진임씨의 학문사회적 도약의 저변에 '대곡학통'이라는 학문적 자양분이 작용하고 있었음을 말해준다. 그가 대곡학통과 상통성이 컸던 화담연원의 許喬[:朴枝華門人]를 사위로 맞은 것도 이런 맥락에서 이해할 필요가 있다. 이처럼 임진 계열[특히 林悌 계통]은 관료 및 학문 · 문장적 측면에서 두각을 드러냈고, 족세 또한 번창하여 조선후기 호남을 대표하는 집안으로 인식될 수 있었다. 이의현은 '陶峽叢說'에서 나주를 대표하는 가문의 하나로 회진임씨 白湖家[:林悌家]를 꼽고 있다.

29) 林悌, 『林白湖集』, 「林白湖集跋」(林惰撰), "白湖早歲有志于學 負笈從師 尋大谷成先生于鍾山之下受中庸 仍入俗離山 探究義理 累經寒暑 深得先生旨趣 而先生亦不待之以外"

〈조선시대 호남 명문〉(典據 : 李宜顯 〈陶峽叢說〉)

- 羅州 : 崔溥(錦南_耽津)/朴祥(訥齋_忠州)/朴淳(思庵_忠州)/金千鎰(健齋_彦陽)/林亨秀(琴湖_平澤)/林悌(白湖_羅州)
- 光州 : 奇大升(高峯_幸州)/高敬命(霽峰_長澤)/金德齡(將軍_光山)/鄭忠信(錦南_羅州)
- 南原 : 丁熿(遊軒_昌原)/黃進(兵使_長水)
- 長城 : 金麟厚(河西_蔚山)
- 益山 : 蘇世讓(陽谷_晉州)
- 金堤 : 李繼孟(贊成_全義)
- 靈巖 : 愼天翊(素隱_居昌)
- 靈光 : 姜沆(睡隱_晉州)
- 寶城 : 安邦俊(牛山_竹山)
- 昌平 : 鄭澈(宋江_迎日)/鄭弘溟(畸庵_迎日)
- 泰仁 : 李恒(一齋_星州)

한편 임제의 외파는 남인적 성향이 두드러졌는데, 숙종 초 남인정국에서 막강한 영향력을 행사했던 허목은 재론의 여지가 없고,[30] 본디 서인계였던 곽성구 계열조차도 1674년 갑인예송 이후에는 남인으로 전향하게 된다.[31]

> 곽제화는 본래 서인으로서 물의의 버림을 받았는데, 許穆과 가까운 친척인지라 드디어 남인에 붙고는 詩를 지어 서인을 조롱한 바 있어 사람들이 그를 몹시 미워하였고, 얼마 되지 않아서 暴死하였다.[32]

---

30) 許穆은 外家의 문헌 정비에 공을 들여 林枰의 묘지[林虞候誌石文], 林晉의 묘갈[關西節度使林公墓碣], 林悌의 묘갈[林正郞墓碣文], 임제 딸의 묘표[處子林氏墓表] 등을 찬술했다(許穆, 『記言』 卷45, 「外家墓文遺事」).

31) 문과 출신의 관료였던 곽성구는 사람됨이 勤愼하여 관계에서 신망이 컸고, 문장 또한 뛰어나 1655~57년 경에는 李後白을 제향하는 강진 瑞峯書院의 상량문을 찬술키도 했다(李後白, 『青蓮集』, 「建院事蹟」, 「瑞峯書院上樑文(郭聖龜)」).

32) 『肅宗實錄』, 「肅宗 1年 6月 20日(丁丑)」.

위 인용문에 제시된 바와 같이 곽성구의 아들 곽제화가 남인으로 전향하는데 계제 역할을 한 것은 외변으로 5촌의 척분을 지닌 허목이었다.

2) 정치적 시련과 가세의 일시적 위축 : 林復 · 林悏 대의 정치적 외풍과 질곡

임붕의 세 아들 가운데 부친 대에 조성된 문반적 가치를 가장 착실하게 계승한 것은 차자 林復(1521~1576)이었다. 그는 타고난 자질이 남달랐을 뿐만 아니라 수학기에 가졌던 '서울유학[北學]'은 학문과 식견을 확대하는 더없이 좋은 계기가 되었다.

> 어릴 때부터 기국과 식견이 범상치 않아 향당에서 기이하게 여겼다. 10여 세가 되었을 때 승지공[:林鵬]을 따라 서울에서 北學하여 文義에 일찍 통달했고, 詞采가 자못 성대했다.[33)]

즉, 그는 會津의 鄕人으로 출생하였지만 도회문회를 향유하며 성장함으로써 경험과 문견 그리고 사회문화적 감각에 있어 동시에 여느 사대부에 뒤지지 않는 수준을 갖출 수 있었던 것이다.

그 결과 20세 때인 1540년 진사시에 입격하고, 1546년에는 증광문과에 합격했다. 그의 등제는 임붕에 이은 양대 과경이란 점에서 회진임씨에게는 매우 특별한 의미로 다가왔다. 임복의 문과 동방은 총

---

33) 姜沆, 『睡隱集』 卷4, 「楓岩林公行狀」, "自少器識不凡 鄕黨異之 及年十餘歲 隨承旨公北學於京師 文義早達 詞采蔚如也"

33명이며, 이 중에는 朴民獻 · 盧禛 · 睦詹 · 金克一 · 金忠甲 · 李友閔 · 李光軫 등 명종~선조조를 장식한 명사들이 많았다. 특히 함양 출신으로 조식 등과 함께 16세기 중엽 영남우도 사림을 대표했던 학자 · 관료였던 노진은 남원에 정착한 안처순의 사위라는 점에서 湖嶺 소통의 상징적 인물이기도 했다.

〈풍천노씨 가계도 : 盧禛 가문〉

盧禛 ⇨ 盧士諗 ⇨ 盧縢 ⇨ 盧亨濟 ⇨ ❶盧湋[林浣 壻]
❷女 林濩

무엇보다 임복의 현손 임완이 노진의 현손 盧湋를 사위로 맞고, 역시 현손인 임호가 노진의 증손 노형제의 사위가 되었는데, 이 연혼[34]의 실마리를 임복과 노진 사이의 科緣에서 구하는 것도 무리는 아닐 것 같다.

임완은 연안이씨 이후백의 증손 이영인의 사위였으므로 위 가계도는 나주임씨 楓巖家門[:林復], 풍천노씨 玉溪家門[:盧禛], 연안이씨 靑蓮家門[:李後白] 상호간의 통가 양상을 구체적으로 보여주고 있다. 동방으로서의 사회적 관계가 척연으로 이어지고, 그 척연이 학연 및 정치적 연대로 발전하는 것이 사림들이 구축했던 인적 관계망의

34) 林浣과 林濩는 林復의 차자 林恢의 증손이다. 임협의 아들 林端에게는 세 아들이 있었는데, 장자 一儒의 아들이 泳, 차자 相儒의 아들이 浣, 삼자 長儒의 아들이 濩이다. 따라서 林泳 · 浣 · 濩는 모두 4촌간이 된다. 다만, 임호의 부친 林長儒는 임복의 아우 林晉의 손자 林埱을 계후하여 계통상으로 林浣과 林濩는 10촌간이 된다. 임완은 盧亨濟와 사돈간이고, 임호는 노형제의 사위이다. 생가로 종숙질 간인 임호와 임완의 딸은 풍천노씨의 친족구조에서는 남매간이 된다.

실상인데, 그 단면을 여기서도 확인할 수 있다.

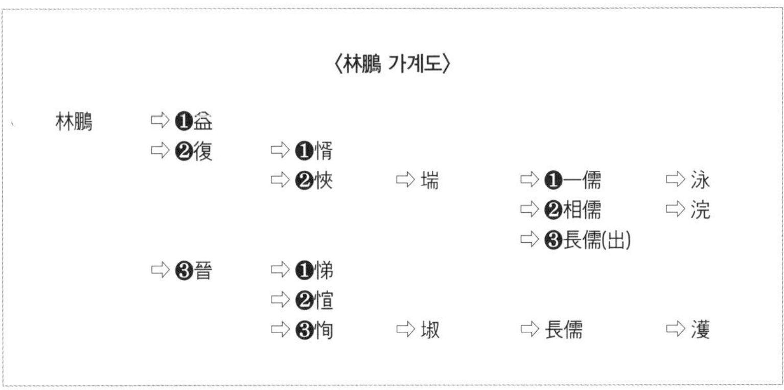

여느 인물과 마찬가지로 임복의 인물상 또한 기록의 公私性, 즉 私撰과 官撰에 따라 그 착상은 달라진다. 임복의 傳記는 모두 두 편의 글이 전해진다. 姜沆(1567~1618)이 지은 '行狀'과 趙希逸(1575~1638)이 찬술한 '墓碣銘'이 그것이다. 조희일의 묘갈명이 압축 · 간결성에 역점을 두었다면, 영광 출신의 강항이 지은 행장은 매우 풍부한 정보를 담고 있다.[35)]

먼저 강항은 임복을 인륜에 지극한 인간, 즉 효자로 기억한다. 그 근거로 1553년 친상을 당했을 때 정과 예를 다했던 治喪과 居廬, 영모당의 건립을 통한 孝思의 가풍화를 들고 있다.[36)] 임복이 추구했던

35) 영광 출신으로 선조 · 광해 연간 호남의 대표적 학자였던 姜沆은 聞見과 學習을 통해 임복의 행적을 매우 자세하게 파악하고 있었던 것 같다. 묘갈명을 청한 임복의 장자 林㦟[林㥠]와는 '이형형제[沆於㦟 異姓爲倫]'임을 밝힌 것에서 보듯 강항과 임복 집안 사이에는 척연이 있었던바, 행장에서 家內의 세밀한 상황까지 상술할 수 있었던 것이다.

36) 姜沆, 『睡隱集』 卷4, 「楓岩林公行狀」, "丞旨公卒于官 公與弟節度公 奉喪歸葬 廬墓盡哀 一用古禮 服闋 猶以孤露爲痛 若無所容 築一堂扁曰永慕 以寓終身之感念焉"

家道는 嚴公에 바탕하면서도[37] 빈자 등 약자에 대한 포괄적 휼양 의식을 내포함으로써 향리에서는 그의 행과 덕을 仁의 실천으로 받아들였다.[38]

임복의 치가론에서 간과할 수 없는 것은 문한가풍의 확립이었다. 그것은 자신의 직계에 한정되지 않고 會津林門 전체를 대상화 했다는 점에서 문화사적 의의가 컸다.

> 한거하는 가운데 자제들을 가르치고 인도하는 것을 즐거움으로 삼았다. 절도공의 아들 정랑 悌, 진사 愷, 현령 懽, 처사 恎은 혹은 시문으로 세상을 울렸고, 혹은 학행으로 크게 드러났는데, 모두 공께서 장려하여 육성한 것에 힘입은 것이었다.[39]

이처럼 강항은 16세기 문단의 거장으로 회진임씨가 문한가로 인식되는 계기를 마련했던 임제 · 임선 형제의 학술문화적 성장을 임복의 공효로 단언한다.

임복은 문신으로서의 사회적 위상에 걸맞게 박순 · 허엽 · 정종영 · 송순 · 박개 · 안현 · 김명원 등 당대의 명사들과 폭넓은 교유관계를 형성하고 있었다. 이들은 공무나 遊觀의 걸음이 있어 나주를 지날 때

---

37) 姜沆, 『睡隱集』 卷4, 「楓岩林公行狀」, "律身甚嚴 居處必恭 雖妻妾 未嘗見其怠慢 內外衆姪幾至二十餘人 列侍闈如 雖飮醉 未嘗敢喧笑失儀 節度公少公六歲 官又崇重 而事之如嚴父"

38) 姜沆, 『睡隱集』 卷4, 「楓岩林公行狀」, "家世不甚貧 而平居不問有無 賙恤六親 無間疏戚 貧乏者多待以擧火 男女之貧不能昏嫁者 家與其需 使不失時 以及於鄕里 莫不通財 及公之逝 閭巷皆齎咨涕洟曰 仁人逝矣"

39) 姜沆, 『睡隱集』 卷4, 「楓岩林公行狀」, "閑中以訓誨子弟爲樂 節度公之子正郎悌 · 進士愷 · 縣令懽 · 處士恎 或以詩文鳴 或以學行顯 皆公獎掖之力也"

면 반드시 임복을 찾았고, 그때마다 영모당은 唱和와 논담이 그치지 않는 문화공간으로서 淸芬滿堂의 호황을 누리게 된다.[40] 이른바 '鉅人長德'으로 인해 영모당에는 文華가 만개했고, 그들이 남긴 시문은 堂主의 질실 · 고결했던 삶을 웅변하는 역사적 實語로 남았다.[41]

임복은 관료로 활동하는 과정에서 크고 작은 정치적 상흔을 입었지만 '자기단련'을 통해 시세에 굴복하지 않는 강인한 의지를 숨기지 않았다. 고송정사는 그런 의지의 청사진과 같은 공간이었다. 임복은 1552년경 영모당 남쪽에서 반송 한 그루를 얻었고, 그 소나무는 무성하게 자라 50~60인이 앉을 수 있을 만큼의 그늘을 드리웠다고 한다. 이후 이곳은 그의 일상에서 빼놓을 수 없는 소요 또는 사색처가 되었고, 마침내 만년에는 정사를 건립하고는 '孤松'이라 편액했던 것이다. 임복은 고송을 통해 세상으로부터 버려져 외로운 삶을 살면서도 결코 시류에는 영합하지 않는 군자의 개결한 절조를 공감하려 했음에 분명했다. 이 점에서 고송은 그의 自畵像이었고, 亭主의 그런 심중을 가장 잘 헤아린 것은 동방이자 평생의 벗이었던 박민헌이었다.[42]

이제부터는 화제를 전환하여 임복의 정치적 역정을 추적해보기로 한다. 임복이 문과에 합격하여 관계에 입문한 것은 을사사화 직후인

---

40) 姜沆, 『睡隱集』 卷4, 「楓岩林公行狀」, "縉紳之經過錦州者 莫不造門 朴相國淳 · 許提學曄 · 鄭判書宗榮 皆寄聲不絶 俛仰居士宋四宰純 · 煙波居士朴僉知漑 · 多命駕相尋 一時名公之題永慕堂者 無慮數百首"

41) 姜沆, 『睡隱集』 卷4, 「楓岩林公行狀」, "安觀察玹有詩曰 孝子開堂處 先人舊日臺 登臨非好賞 思慕不知回 雲絶泰山望 風從庭樹來 終身無限意 衰境定難裁 蓋詠公之五十猶慕 而金相國命元有句曰 安樂持常有 浮名謝倘來 蓋詠公之循常自得也"

42) 姜沆, 『睡隱集』 卷4, 「楓岩林公行狀」, "壬子年間 公得一盤松於永慕堂之南 盤旋糾結可蔭五六十人 公常坐其下 嗒然終日 晚年因松起精舍 命之曰孤松 朴觀察民獻銘曰 萬松比君子之衆多 孤松表操節之介特 孤松孤松 非其人 誰能相識 朴是文章鉅公 片言隻字 人以爲輕重 則公雖廢退 而見推於流輩者如是矣"

1546년(명종 1)이고, 사망한 것은 1576년(선조 9)이므로 꼬박 30년간 환적에 있었다. 하지만 그의 입조 기간은 매우 짧았고, 더구나 승문원 부정자 및 정자에 재직하던 초사기에 유배형에 처해지는 시련이 따랐다. 그가 활동하던 명종~선조조는 훈신정치[권신정치]에서 사림정치로 이행하는 권력구조의 변동기였다. 특히 그가 출사했던 명종 초년은 을사사화의 여파가 사라지지 않은데다 문정왕후의 정치 개입과 대윤의 전횡으로 인해 정국이 크게 소용돌이치고 있었다. 이런 상황에서 임복은 문정왕후의 정치적 개입의 과람성을 지적하는 발언을 했고, 이것이 빌미가 되어 1547년에는 임관된 지 1년 만에 파직되고 말았다.[43] 그러나 시련은 파직에서 그치지 않았다. 1548년 6월 대간에서는 원지 유배를 강력하게 요청하기에 이르렀고, 당초 명종은 사판에서 삭제하는 것으로 무마하려 했으나 마침내 대간의 요구를 수용하여 삭주 유배를 명하게 된다.[44] 이후 그는 이곳에서 3년을 적거하다 1551년 6월 해배되었으나 이때부터 세사를 단념하고 향리 회진으로 돌아와 사실상 은거에 들어가게 된다.[45]

1567년 선조의 즉위는 훈신정치를 종식하고 사림정치의 출범을 의미했다. 선조는 즉위한 지 4개월 째 되던 동년 10월 新政을 천명하는 차원에서 유희춘 · 노수신 · 김난상 등에 대한 사면령을 단행하는 가운데 일부 출척된 인사들의 등용을 명했다.

---

43) 『明宗實錄』, 「明宗 2年 閏9月 14日(壬辰)」.

44) 『明宗實錄』, 「明宗 3年 7月 2日(乙亥)」.

45) 姜沆, 『睡隱集』 卷4, 「楓岩林公行狀」, "公年少氣銳 以詩酒自任 不設關防 當路奸人之惎公者 遂以飛語中公 貶流平安道朔州地 越三年蒙恩 放歸田里 公雅意林壑 自此益無意於人世"

상이 하교하였다. '柳希春 · 盧守愼 · 金鸞祥은 방면하고 직첩을 도로 주라. 韓澍 · 李震 · 尹剛元 · 李爓 · 朴民敬 · 李龜壽 · 金汝孚 · 李銘 · 金鎭 · 金虬 · 李元祿 · 柳堪은 서용하고, 崔堣 · 金弘度는 방면하며, 尹杲 · 林復은 서용할 것을 이조에 내리라.'[46]

이로써 임복은 금고된 지 16년만에 재입조할 수 있는 기회를 얻는가 했지만 선조의 명은 대간의 즉각적인 반발로 이어졌다. 대간에서는 임복이 간흉과 결탁하여 사림을 모함했다는 이유를 들어 파직을 청했고, 선조가 이를 받아들임으로써 환조의 여망은 무산되고 만다. 그나마 선조는 임복의 관료적 역량을 주시했고, 그 결과로써 1573년을 전후해서는 변방 강화책의 일환에서 임복을 회령 부사에 임명하는 조처를 내렸던 것이다.

임복의 경세 관료로서의 역량 및 식견과 관련하여 주목할 것은 1574년에 제시된 이른바 '변경대비책'이다. 1574년 여름 왜구들이 소요를 일으키자, 온 나라가 긴장 국면에 접어드는 국방상의 警報가 발령되었다. 이에 임복은 회진에서 비변의 대책을 제안하게 되는데, 이른바 '변사10조소'가 그것이다. 그의 제안 가운데 가장 주목할 것은 戈船[창과 방패를 장착한 전선]의 제도였고, 이 안은 즉시 채택되어 각도 수군에 하달되었다.[47]

---

46) 『宣祖實錄』, 「宣祖 卽位年 10月 12日(癸巳)」.

47) 姜沆, 『睡隱集』 卷4, 「楓岩林公行狀」, "甲戌年間 島夷果生釁 朝野皆聳 公雖廢處江湖 未嘗一日忘君父 上疏獻邊事十餘條 下批嘉奬 其中戈舡之制 備邊司令各道水使依樣裝造 以備倉卒" ; 趙希逸, 『竹陰集』 卷16, 「贈資憲大夫兵曹判書行承文院正字林公墓碣銘」 "甲戌夏 島夷作耗 中外戒嚴 公條十餘事以獻言 甚剴切 中時病 上以身在草野 不忘憂國 深加嘉奬 命備局於條奏中 取劍船若攻戰械 頒諸道 倣而創造"

이 대목에서 각기 행장과 묘갈명을 찬술한 강항과 조희일이 한 목소리로 강조하는 것이 있다. 그것은 임복이 제안한 '戈船製造論'이 임진왜란 당시 이순신이 해전에서 대승을 거두는 기반이 되었다는 것이다. 동시에 이 평가 속에는 국리민복에 기여할 수 있는 양신을 정치적 빌미로 폐기했던 왕과 조정의 처분에 대한 강한 비판 내지 불만의 목소리가 섞여 있었다.[48]

강항 · 조희일의 기술에 따르면, 임복은 문무를 겸전했던 관료였고, 특히 병략에 조예가 깊었다고 한다.[49] 그렇다면 무에 대한 관심과 조예의 연원은 어떻게 설명할 수 있을까? 그것은 親外 가풍의 양측적 계승 양상으로 해석할 수 있는 여지가 크다. 전술한 바와 같이 임복의 조부 林枰은 무과 출신으로 전라도 병마우후를 지낸 무신이었다. 여기에 외조부 李宗義 또한 무과로 발신하여 중종반정에 참여하여 정국공신이 되고 경상도 수사를 지낸 고위 무반이었다.[50] 물론 임붕의 문과 급제를 계기로 회진임씨들의 환로적 지향의 포커스가 문반 쪽에 맞춰졌음은 주지의 사실이지만 임붕의 장자 임익 계열이 무반으로 좌정하고, 3자 임진이 무과로 발신한 것은 내외의 가풍과 결코 무관치 않아 보인다. 임복의 문무겸전의 자질 또한 이런 맥락에서 이해할 필

48) 趙希逸, 『竹陰集』 卷16, 「贈資憲大夫兵曹判書行承文院正字林公墓碣銘」, "數十餘年而果有壬辰之變 統制使李舜臣等 多以此制勝 譬如賈誼請令諸侯王子弟以次受分地 而歷數世 主父偃擧行之 漢遂以安 果令公用於時 展所蘊 則其功業之在世者 如何哉"; 姜沆, 『睡隱集』 卷4, 「楓岩林公行狀」, "至壬辰海上之捷 用其制 顯有�功 人皆服公之智之明也"

49) 姜沆, 『睡隱集』 卷4, 「楓岩林公行狀」, "尤長於武略 常以彊場疏虞 有啓戎心之懼"; 趙希逸, 『竹陰集』 卷16, 「贈資憲大夫兵曹判書行承文院正字林公墓碣銘」, "公之才兩有文武而尤用意於兵略"

50) 李宗義는 三浦倭亂의 유발자인 동시에 진압자라는 양면성이 있었다(李瀷, 『星湖僿說』 卷19, 人事門, 「三浦倭」; 李耔, 『陰崖日記』, 「庚午4月4日」; 『中宗實錄』, 「中宗 5年 4月 13日(戊戌)」).

요가 있다.

임복은 부인 남평서씨와의 사이에서 두 아들을 두었는데, 장자는 감사를 지낸 林惰이고, 차자가 곧 임영의 증조가 되는 柳湖 林悏(1573~1598)이다. 그의 길지 않았던 일생은 형의 벗 金尙憲이 찬술한 묘갈명에 압축적으로 기술되어 있다. 이에 따르면, 임협은 네 살 때 아버지 임복을 여의고 편모[南平徐氏] 슬하에서 성장했다. 유년기의 대부분의 시간은 세 살 터울의 형 임서와 함께 보내며 학문을 강마하고 사림의 예법을 익혔다.[51] 그는 孝友가 독실했고, 온화한 품성에 양보의 미덕을 지닌 利他的 인격의 소유자였다.[52] 이처럼 그는 才·行·德을 두루 갖춘 준수한 선비였지만 1597년 정유재란 때 호서로 피난했다가 이듬해인 1598년 홍주에서 병사함으로써 그 준수한 자질을 펼칠 기회를 상실하고 말았다. 이 때 그의 나이 고작 26세였다.

김상헌은 임협과 면식이 없었지만 그가 임서의 아우라는 것에 우선 미더움이 생겼고, 평소 義氣를 인정해마지 않았던 林端가 그 아들이라는 것에 더욱 신뢰감을 가졌다. 김상헌의 글은 간명하여 넘치지도 부족하지도 않았다. 아래는 그 명인데, 27세로 단명했던 한 준재의 넋을 기림에 있어 어떤 결핍도 찾아볼 수 없다.

쌓았으나 그 쌓인 걸 드러내지 아니하고	蘊而不顯其積
은혜를 베풀고도 그것을 드러내지 않았네	惠而不示其德

---

51) 金尙憲, 『淸陰集』 卷31, 「贈承政院左承旨行宣敎郎林公墓碣銘」, "公少孤 與觀察公同學業 母夫人雖甚愛 常加誨束 不離義方 兄弟奉慈敎 從師讀書山寺日久 思戀膝下 至於涕泣 猶不敢輟業徑歸 見者稱之"

52) 金尙憲, 『淸陰集』 卷31, 「贈承政院左承旨行宣敎郎林公墓碣銘」, "天性孝友寬和 與物無忤 喜施予 急人之困甚於己 親故之憂衣食者多歸之"

재주를 지녔으나 펼쳐보질 못하였고　　　才而不獲其展

천수 누리지 못했지만 후손에게는 도타운 복을 남겼으니

嗇於年而裕於後

누라서 선한 삶을 살지 않았다고 하겠는가　　夫誰曰不善[53)]

김상헌은 임협을 회진임문, 특히 후일에 펼쳐질 창계가문 번성의 밀알같은 존재로 인식하고 있다. 김상헌의 인식과 기대는 林端[:子]⇨林一儒[:孫]⇨林泳[:曾孫으로 이어지는 도저한 삶의 궤적과 성취를 통해 실사로 징험되기에 이른다.

4. 17세기 초반 서인시대의 개막과 회진임씨 : 林端 · 林瑋 형제를 중심으로

1) 문호 회복을 위한 모색 : 외가적 배경과 林惰의 '弟家保護論'

임협은 음성박씨 박광옥의 딸을 아내로 맞아 두 아들[林端 · 林瑋]을 두었는데, 장자 임타가 임영의 조부이다. 1598년 임협이 사망할 때 임타는 6세, 임위는 2세에 지나지 않았다. 그렇다면 소년기에 부친을 여읜 두 형제는 어떤 보호막 속에서 성취될 수 있었을까? 이와 관련하여 설정할 수 있는 대상은 외가 및 백부 林惰의 존재이다.

먼저 임타의 외가 음성박씨는 光州의 명족이었고, 외조 朴光玉은 관료 및 학자로서 사림에서의 신망이 매우 높은 인물이었다. 박광옥은 21세 때인 1546년 생원 · 진사 양시에 입격한 수재였고, 1574년

53) 金尙憲, 『淸陰集』 卷31, 「贈承政院左承旨行宣敎郎林公墓碣銘」.

에는 문과에 합격하여 운봉 현감, 영광 군수, 밀양 부사 등의 관직을 지냈다. 그는 비록 정경의 반열에 오르지는 못했지만 문교 진흥에 탁월한 역량을 지녔던 교육가이자 경세 관료였다. 이미 그는 사마시에 입격하던 청년기부터 光州鄕校의 學規를 제정하고, 學田을 마련하는 등 교육 인프라 확충에 부심하는 한편 家塾을 건립하여 인근의 생도들을 교육하는 등 인재 육성에도 남다른 열정을 보였다.[54] 이런 열정은 문과 합격 이후에는 공적 임무로 전환되어 더욱 박차를 가하게 되었다. 운봉현감 재직 때는 흥학의 기치를 내걸고 교육환경을 혁신적으로 정비함으로써 선정비가 세워졌고,[55] 밀양 부사 때도 교육 사업에 매진하여 치성이 높았다. 특히 그는 사대부를 매우 우대하였는데,[56] 이는 '선비는 곧 나라의 元氣'라는 사림정신의 올곧은 표출이었다. 임진왜란 때는 신병으로 인해 직접 의진에 참여하지는 못했지만 金千鎰·高敬命 등의 倡義를 적극 지원하는[57] 등 義의 실천이라는 측면에서도 사림의 표준이 되었다. 그는 역학과 예학에 조예가 깊어 당대의 석학들로부터 신임을 받았으며, 향리 운동에서 주자학적 예교 문화의 정착을 위해 노력함으로써 지역사회에서는 碩德의 지위를 누릴 수 있었다. 허목은 이 부분을 이렇게 기술하고 있다.

---

54) 許穆, 『記言』 別集 卷25, 「羅州牧使朴公墓表」, "嘉靖中 修鄕學 先生作學規 出其財增學田 立家塾 敎授生徒 弟子日進"

55) 許穆, 『記言』 別集 卷25, 「羅州牧使朴公墓表」, "尋補雲峯縣監 未赴 登甲科 因兼記事官 旣到任 修縣學 出羨餘數百斛穀 以供諸生 選縣中子弟 令日居而講學焉 旣去 縣父老刻石 紀其治績"

56) 許穆, 『記言』 別集 卷25, 「羅州牧使朴公墓表」, "復出密陽 先生每爲邑 必禮接士大夫論政要 專以興學爲務"

57) 許穆, 『記言』 別集 卷25, 「羅州牧使朴公墓表」, "湖南兵敗於公州 人心大亂 先生與金千鎰高敬命 謀擧兵伐賊 約束旣定 高敬命起兵於潭陽 而先生病不行 召募子弟 治軍食 備器械 以助兵勢"

①『주역』과 禮經에 더욱 마음을 썼고 또한 널리 배워 두루 달통하였다. 高峯 奇大升, 玉溪 盧禛, 思庵 朴淳 같이 學德을 갖춘 여러 원로들에게 인정을 받았다고 한다.[58]

② 雲洞에 崇本堂을 건립하고 노복을 그곳에 살게 하여 선대 분묘의 제사를 돕게 하였으며 매달 초하루와 보름에는 종족의 자제들을 인솔하고 信義를 강론하고 禮를 행하였다. 고을 사람들과 약조를 세울 때에는 한결같이 풍속을 두텁게 하고 인륜을 돈독히 하는 것으로 근본을 삼았다. 그 거처하는 방의 扁額을 懷齋라 하였으므로 배우는 이들이 회재 선생이라 불렀다. 선생이 세상을 떠난 지 9년 뒤에 南方의 학도들이 祠堂을 세우고 계속 제사를 지내오고 있다.[59]

한편 임협이 박광옥의 사위가 된 것은 학연⇨척연으로의 확대 과정으로 설명할 수 있다.

懷齋[:朴光玉] 선생이 사랑을 쏟아 배필이 될 만한 사람을 구하다가 여러 생도 가운데에서 승지공[林悏]을 택하여 시집보냈다.[60]

즉 임협은 박광옥의 문하에서 수학하다 그 사위가 된 것이다. 박광옥은 임협의 아버지 임복과는 4촌동서 간이었던바, 척의에 의해 회재 문하를 출입하게 되었고, 이 학연이 다시 통혼으로 확장된 것이었다.

---

58) 許穆, 『記言』 別集 卷25, 「羅州牧使朴公墓表」.

59) 許穆, 『記言』 別集 卷25, 「羅州牧使朴公墓表」.

60) 金尙憲, 『淸陰集』 卷36, 「淑夫人陰城朴氏墓表陰記」.

임복의 처 남평서씨가 며느리 음성박씨를 딸처럼 사랑했던 것도 5촌 간이라는 척분과 무관치 않아 보인다.

> 부인은 집안으로 들어와서는 아녀자로서의 도리를 잘 지켜 시어머니인 徐氏 부인을 섬김에 있어서 유순함으로써 공경하였고, 남편인 승지공을 섬김에 있어서 의로움으로써 순종하였다. 그러자 서씨 부인 역시 사랑하기를 딸과 같이 하면서 다른 사람에게 말할 적에는 반드시 孝婦라고 칭하였다.[61]

박광옥은 1593년에 사망함으로써 각기 1593년과 1598년에 태어난 두 외손과는 역사적 시간을 공유하지 못했다. 따라서 임타 · 임위 형제가 외가로부터 취할 수 있었던 것은 외조의 학덕이라는 무형의 자산에 지나지 않을 수도 있지만 삼향[本 · 外 · 妻鄕]을 중시했던 사림시대의 가문의식을 고려할 때, 박광옥의 학자 · 관료적 신인도는 외손들의 사회적 성장에 있어 상당한 보호 또는 육성의 요소로 작용했을 것으로 짐작된다. 허목이 박광옥의 묘표에서 막내 사위 입협 계통의 존재성을 특서한 것도 이런 추론에 무게를 실어 준다.

> 선생은 증조 때부터 光州에 살았다. 백부 鵬은 한림을, 아버지 鯤은 사예를 지냈다. 선생이 南州에서 중망을 얻어 명족으로 이름이 났다. 어머니 윤씨는 본관이 해평이며, 慶安道察訪 尹仁의 손녀이다. 선생은 1526년 1월에 태어나 1593년에 세상을 떠났다. 나이 68세였다. 선생은 아들이 없고 사위 넷이 있는데, 예조정랑 柳思敬, 盧士

---

61) 金尙憲, 『淸陰集』 卷36, 「淑夫人陰城朴氏墓表陰記」.

詹, 金隆址, 林悏이다. 노사첨과 유사경은 후손이 끊어졌고, 외손인 전 상주목사 林端, 전 익위사시직 林瑋, 사인 金圻는 모두 많은 자손을 두었다.[62)]

〈음성박씨 朴光玉 외손도〉

朴光玉	➡①女壻 柳思敬	：無後	_文化柳氏 柳亮家門
	➡②女壻 盧士詹	：無後	_豊川盧氏 盧禛家門
	➡③女壻 金隆址	➡金址	_義城金氏 金安國家門
	➡④女壻 林 悏	➡①林端	
		➡②林瑋	

외조 박광옥이 남겨준 것이 무형의 자산이었다면 현실적 상황에서 두 형제의 보호자 역할을 한 것은 백부 임서였다. 김상헌이 '長德鉅人'이라 일컬었을 만큼[63)] 임서는 관료생활 등 사회적 활동 제 영역에서 '감싸안음'의 리더십을 지닌 인물로 정평이 있었는데, 아래 인용문은 그 단적인 근거가 된다.

공은 家業이 본디 풍족하였는데, 조금 장성하여서는 어머니께 아뢰고 보관해 두었던 문서를 가져다가 빈궁하여 오래도록 갚지 못한 자들의 것은 다 불태웠다. 그리고 베풀어 주기를 좋아하여 흉년을 만나면 죽을 쑤어 도로의 굶주린 자들에게 먹였다. 서로 아는 사람들에

62) 許穆, 『記言』 別集 卷25, 「羅州牧使朴公墓表」.

63) 金尙憲, 『淸陰集』 卷31, 「贈承政院左承旨行宣敎郞林公墓碣銘」, "觀察諱憬 後改名惰 與余同年進士 世稱長德鉅人"

게는 더욱 더 후하게 대하여 먼 친척들이 각자 만족하여 떠나갔다.[64]

寬恕에 바탕한 동포의식은 親親의 영역에서는 더욱 살갑게 표출되었다. 임서는 요절한 아우를 대신하여 弟婦 및 어린 조카들의 울타리 역할을 하는 가운데 재산 상속 등 경제적 영역에서도 지원을 아끼지 않았던 것이다. 임서의 아우 집안에 대한 護家 행위는 조카들이 안정적으로 성장할 수 있는 환경을 조성해 주었다는 점에서 그 의미가 컸다. 이런 바탕 위에서 임타 · 임위 형제는 사환 · 학행을 통해 발신함으로써 아버지의 단명에서 수반되었던 위축을 극복하고 起家의 발판을 마련하게 된다.

아우 悏과 우애가 있었는데 요절하였다. 아우에게 埢와 墇 두 아들이 있었는데, 홀로된 제수와 조카들을 지극하게 돌보아 주었다. 처음에 공의 큰아들 堜이 태어나자 대부인이 슬하에 두고 기르면서 그 사랑함이 공을 보는 듯하였는데, 연이어 兩科에 급제하여 영화가 함께 이르렀다. 특별히 하사받은 노비와 기름진 땅이 매우 많았는데, 공은 그것들을 다 弟婦[:陰城朴氏]와 똑같이 나누었다. 뒤에 타가 司馬試에 입격하자 공이 자신의 재물을 나누어 연의 몫과 똑같이 나누어 주었으며, 위에게도 나누어 주었다. 그리고 前母가 남긴 재물이 매우 많았는데, 宗子인 자신이 상속받는 것이 마땅하였으나, 또한 혼자 차지하지 않았다.[65]

64) 金尙憲, 『淸陰集』 卷24, 「觀察使林公神道碑銘 幷序」.

65) 金尙憲, 『淸陰集』 卷24, 「觀察使林公神道碑銘 幷序」.

임서의 보호자적 역할은 경제적인 것에 그치지 않았다. 그는 조카들이 사림사회, 특히 서인 기호학파의 일원으로 당당하게 행세할 수 있는 인적 관계망을 전계한 측면이 있었다. 예컨대, 임타가 후일 대절로 칭송된 김상헌으로부터 '義氣'를 인정받으며 17세기 중반 조선의 학계 및 관계에서 높은 위상을 점하고, 임위가 김장생의 문하를 출입하며 사우관계의 외연을 확장할 수 있었던 것도 임서의 교량적 역할과 결코 무관치 않아 보이기 때문이다. 나아가 임타의 처부 김우급과의 친밀성을 고려할 때,[66] 임타의 혼사 또한 임서의 인적 관계망 속에서 擇定되었을 가능성이 크다.

2) 林墰 · 林墰 형제의 학자 · 관료적 성장과 문호의 重新 : 湖南士族에서 京華門閥로의 도약

(1) 林墰 : 사류들이 畏敬한 의리론자

외가 및 백부 임서의 보호와 지원 속에 성장한 임타(1593~1664)는 1618년 식년 사마시에서 생원 · 진사 양시에 입격함으로써 문재를 인정받게 된다. 그는 權韠의 문하에서 수학하여 문장이 뛰어나고 의기 또한 출중하여 이른바 '호남 제일의 인물'로 칭송을 받았다고 한다. 그는 1623년 300년 서인정권 수립의 초석을 다진 仁祖反正에 공을 세워 원종공신에 녹훈되면서[67] 관계에 입문하게 되는데, 그에게 주어

66) 金友伋, 『秋潭集』 卷4, 「和邊紫霞嘲林子愼」; 「夢林參議 子愼」; 卷7, 「輓林子愼改葬」.

67) 『承政院日記』, 「仁祖 1年 閏10月 16日(壬寅)」에 영의정 李元翼 이하 제신에게 熟馬 또는 兒馬를 하사하는 전교가 수록되어 있고, 그 대상 중에 '林瑞'라는 인물이 포함되어 있다. 승정원일기의 역자는 '林瑞'을 '林墰'의 오기로 보았는데, 본고 또한 그 주장을 따르기로 한다.

진 첫 관직은 司贍寺主簿였다. 그해 12월 의금부 도사 재임 때는 왕명에 의해 제주로 간 사실이 필찰을 통해 확인이 된다.[68] 정확한 것은 알 수 없지만 광해군 때 제주에 유배된 인사들에 대한 해배 조처 시행이 도해의 이유가 아니었을까 싶다.

〈회진임씨 가계도〉

林鵬	⇨ ①林復	⇨ 林悏	⇨ 林惴		
			⇨ 林墇		
	⇨ ②林晉	⇨ 林悌	⇨ 林垍		
			⇨ 女 許喬	⇨ 許穆	
				⇨ 許懿	➡子[誣告事件의 推戴人]
				⇨ 許舒	

이후 1625년에는 태인 현감에 출보되었으나 이듬해인 1626년 11월 12일 '사람됨이 음흉하고 재임 중에 지나친 일을 많이 했다'는 이유로 간관의 탄핵을 받아 파직의 위기에 처하게 된다.[69] 그러나 인조는 오히려 대간의 경솔함을 책망하면서 임타를 극력 두둔했고, 이로써 임타의 파직 여부는 인조와 대간 사이의 신경전으로 비화하게 된다. 이에 대간에서는 동월 13일부터 22일까지 무려 5차례에 걸쳐 파직을 거듭 주장했지만 인조는 끝내 이를 수락하지 않았다. 짐작컨대, 인조는 임타의 관료적 자질, 원종공신이라는 정치적 동맹성에 바탕하여 임타를 적극 보호했던 것으로 파악된다.

한편 임타는 1628년 역모사건에 연루되어 수난을 겪게 되는데, 송

68) 나주시 · 백호문학관, 『羅州林氏 先世遺墨-解釋本-』, 「임타가 받은 시」, 2016, 11면.
69) 『承政院日記』, 「仁祖 4年 11月 12日(辛巳)」.

광유의 무고사건이 그것이다. 尹雲衢 · 柳仁昌 · 林垍 등과 모의하여 허씨 성을 가진 자를 추대하려 했다는 것이 송광유가 고변한 내용의 핵심이었다. 이에 임타는 1628년 12월 27일 아우 임위, 재종형 임기와 함께 체포되어 서울로 이송되었고,[70] 1629년 1월 23일 무옥이 판명되어 방면되기까지 약 한 달 동안 옥살이를 감내해야 했다.

송광유의 무고는 매우 흥미롭고도 그럴싸한 스토리라인을 갖고 있었다. 추대의 대상으로 거명된 허씨 성을 가진 자는 許懿의 아들[첩자]로 알려져 있었다.[71] 허교의 아들이자 허목의 동생인 허의는 임제의 외손자였다. 따라서 임제의 아들인 임기와는 외숙과 생질의 관계였고, 임타 형제와도 외변으로 재종숙질의 척분이 있었던 것이다. 이런 척분이 임기 · 임타 · 임위가 사건에 연루되는 공교로운 이유가 되었지만 모든 것은 허위로 드러났고, 무고사건은 정치적 해프닝으로 끝을 맺었다.

한편 임타는 1640년 순창군수를 거쳐 1641년 12월 신설 군현인 칠곡 부사로 부임하여 정무에 힘쓰던 중 1642년 상피 문제로 인해 체직을 당하게 된다. 아래 기사는 임타의 관료적 역량과 관련하여 많은 것을 시사한다.

'(비변사가 아뢰기를) 漆谷은 신설 고을로, 전 부사 林㙇가 부임한

70) 『承政院日記』, 「仁祖 6年 12月 27日(癸丑)」.

71) 許懿는 적자는 없었고, 첩자만 셋을 두었다. 허의가 사망하자 장자와 3자가 연이어 사망했고, 차자 許翕은 처향인 靈光에 거주했다. 허목이 지은 '許喬墓碑'에 따르면, 허의는 아우 許舒의 아들 許翀을 입양하여 가통을 이었다(許穆, 『記言』 卷43, 「贈大匡輔國崇祿大夫議政府領議政兼領經筵弘文館藝文館春秋館觀象監事行通訓大夫抱川縣監楊州鎭管兵馬節制都尉府君墓碑」).

뒤에 여러 가지 일을 부지런히 추진하고 있었는데 이번에 상피 문제로 인해 지레 체직되었으니, 매우 애석한 일입니다. 그의 후임을 예사롭게 뽑아 보내서는 안 되니, 내외와 직질의 고하를 막론하고 재주와 국량이 있는 사람을 해조로 하여금 각별히 선발하여 보내게 하는 것이 어떻겠습니까?' 하니, 아뢴 대로 하라고 답하였다.[72]

비변사는 임타의 불가피한 체직에 강한 아쉬움을 피력하며 후임자 선임에 신중을 기할 것을 건의하고 있는데, 행간에 흐르는 의미는 임타의 공무 수행 능력에 대한 강한 신뢰였다.

이후 임타는 1643년 서산 군수, 1647년 함흥 판관, 1648년 오위장에 임명되었고, 그 뒤로도 錦山縣監 · 利川府使 · 尙州牧使 등 주로 외직을 수행하며 인조반정 이후 서인정권의 치도 기반 안정화에 이바지했다.

임타는 문과를 거치지 않은 '非文臣' 관료였다. 비록 그가 인조반정에 공을 세워 원종공신에 녹훈되기는 했지만 정경의 반열에 올라 정책관료로 활동하는 데에는 상당한 제약이 따랐음은 분명하다. 경세관료로서의 자질과 역량을 인정받았음에도 보임이 외직에 집중되고 졸관이 목사에 그친 것이 이를 반증한다.

그럼에도 그가 회진임씨의 역사에서 중요한 위상을 점하게 된 것은 사환 그 자체보다는 명사들과의 인적 네트워크에 바탕한 중량감이었고, 그것은 회진임씨가 호남의 명문을 넘어 서인 기호학파의 주류로 편입되는 확고한 계기가 되었다.

임타는 권필의 문하를 출입한 것으로 알려져 있다. 권필은 정철의

72) 『承政院日記』, 「仁祖 20年 11月 6日(壬申)」.

문인이고, 정철은 김안국⇨김인후로 이어지는 학통을 이었다. 따라서 임타의 학통 또한 김굉필⇨김안국⇨김인후⇨정철⇨권필로 이어지는 계통 속에서 파악할 수 있고, 이는 호남 사족의 전형적 사승관계로 규정할 수 있다.

김상헌(1570~1652)과의 관계와 마찬가지로, 임타와 권필의 학연은 임서(1570~1624)와 권필(1569~1612) 사이의 교유관계의 확장 양상으로 해석할 수 있다. 권필의 『석주집』에서 감지되는 임서와의 관계는 異姓兄弟를 방불케 할 만큼 친절하다. 권필은 마음이 적적할 때면 임자신이 자신을 찾아주었으면 하는 마음을 숨기지 않았고,[73] 1599년 임서가 庭試에 입시할 때는 격려의 마음을 아끼지 않았으며,[74] 그 시험에서 임서가 합격했을 때 보낸 축시에는 同慶의 정이 가득했다.[75] 이 외에도 권필은 방문을 통해 정리를 다지는[76] 한편 증시를 통해 임서의 관료생활을 격려 또는 위로하며[77] 돈독한 교계를 유지했던 것이다. 임타의 권필 문하 출입도 이런 맥락에서 이해할 필요가 있는 것이다.

임타의 교유망은 '목사'(정3품)라는 관직상의 범주를 현저히 넘어서고 있었다. 그가 교유했던 인사는 사적 반열에 있었던 권필 · 김상헌

73) 權韠, 『石洲集』 卷3, 「雨中簡林正字子愼㒒」, "寂寞揚雄宅 柴門倚斷坡 小園春意早 枯木雨聲多 酒興忽如許 詩情當若何 寄言林正字 明日肯相過"

74) 權韠, 『石洲集』 卷4, 「送別林子愼赴廷試之擧」, "知君此去氣無前 直向蓬萊拜列仙 已道龍泉初出地 更聞鵬翼欲垂天 上林樹色和春雪 長樂鍾聲拂曉煙 雲路若逢相識問 濁醪麤飯送殘年"

75) 權韠, 『石洲集』 卷4, 「賀林子愼登第」, "聞君自致靑雲上 一日聲華動四方 人誦佳篇喧洛邑 詔隨飛蓋出明光 春深禁掖鶯花鬧 酒送仙杯雨露香 白首久無軒冕意 彈冠今却爲王陽"

76) 權韠, 『石洲集』 卷6, 「白蓮寺訪鄭德容林子愼」.

77) 權韠, 『石洲集』 卷4, 「送林子愼赴統制幕」.

을 비롯하여 존장역인 申敏一(1576~1650) · 張維(1587~1638) · 鄭弘溟(1582~1650), 벗에 해당하는 朴瀰(1592~1645) · 洪宇定(1593~1654) 등 17세기 초반 관계 및 학계를 이끌었던 명사들로 구성되어 있었다.

신민일은 우계학파의 종사 성혼의 손서였고, 정공신인 장유는 인조 정권의 실세이자 대문장가였으며, 정홍명은 정철의 아들이자 사계문하의 고제였으며, 금양위 박미는 유교칠신의 한 사람인 박동량의 아들로서 선조의 부마였으며, 홍우정은 대명의리를 고수하여 태백오현으로 불린 절신이었다. 대부분 17세기 초반 서인 기호학파의 심장부에 존재했던 명사들이고 퇴계 · 화담문인 홍가신의 손자인 홍우정만 동인계[남인]로 분류할 수 있다.

〈임타의 주요 교유인〉

金尙憲	안동인 _거경 _문과 _좌의정 _林㥠 종유인
申敏一	평산인 _거경 _문과 _대사성 _成渾 孫壻
張 維	덕수인 _거경 _문과 _靖社功臣 _대제학 _孝宗 國舅
鄭弘溟	영일인 _거창평 _문과 _대사성 _鄭澈 子 _龜峯 · 沙溪門人
朴 瀰	반남인 _거경 _금양위 _朴東亮 子 _朴世采 叔父
洪宇定	남양인 _거경 _진사 _太白五賢 _洪可臣 손자 _洪宇遠 兄

이들과의 교계는 문자 교유를 통해 확인할 수 있는데, 주류를 이루는 것은 관료사회에서 하나의 관행처럼 정착되어 있었던 別章이다.

〈임타의 문자 교유 현황〉

순창군수 (1640)	• 金尙憲 [草谷贈林淳昌端 庚辰入瀋時作] • 張 維 [送林實之赴官淳昌] • 朴 瀰 [送林實之端赴淳昌]
칠곡부사 (1641)	• 申敏一 [戲贈漆谷使君林實之端
함흥판관 (1647)	• 金尙憲 [贈咸興林判官端 皇華吾善處 於汝定無嫌分韻]
기타	• 金尙憲 [林使君實之 自嶺南寄書問死生 請敍其曩歲避地入山之事 余羈滯西河 追想感懷 賦此遙謝] • 張 維 [贈林實之] • 鄭弘溟 [寄林實之兄弟] • 朴 瀰 [贈林實之序] • 洪宇定 [留別林實之端昆季]

별장은 순창 · 칠곡 · 함흥 등 지방관 부임 때 贈送된 것과 일상에서 왕래된 것으로 구분할 수 있지만, 권면 또는 인간적 친연성의 표현이라는 메시지는 동일하다.

1640년 순창군수 부임시 별장은 김상헌 · 장유 · 박미 등 모두 세 편이 전하는데 가장 주목되는 것은 김상헌의 작품이다. 먼저 김상헌의 경우 임타를 훤칠한 외모에 의기 충만한 인물로 묘사하는 가운데 묵직한 이별의 정서를 토로하고 있다.[78] 당시 김상헌은 청의 출병 요청에 반대하는 상소를 올린 것이 빌미가 되어 심양으로 압송되던 중이었다. 이 절박한 상황에서도 그는 평소 신뢰했던 後進에 대한 배려

78) 金尙憲,『淸陰集』卷1,「草谷贈林淳昌端 庚辰入瀋時作」, "落落林公子 平生義氣深 龍湫雪中路 臨別百年心"

를 마다하지 않았는데, 별장에 흐르는 정서는 의리의 관점에서 임타에 대한 강한 인정과 신뢰였다. 이 점에서 김상헌의 별장은 문학의 형식을 빈 인간에 대한 信標의 부여 과정으로 착상된다.

김상헌과의 관계는 서울과 심양이라는 공간의 離隔에 구애되지 않았다. 임타는 필찰을 통해 서하관에 억류된 김상헌의 안부를 묻곤 했는데, 우리는 여기서 신뢰와 공경의 호혜성과 마주하게 된다. 김상헌과 임타는 시간의 경과 속에서 친교를 온축해 왔고, 그것은 사제관계에 준할 만큼 돈독한 것이었다. 김상헌은 1637년부터 심양으로 압송되던 1640년까지 안동 풍산의 素山 및 美洞에서 은거했는데, 바로 이 시기에 임타 또한 안동에서 우거한바 있다. 두 사람의 관계를 고려할 때 단순한 우연으로 치부하기에는 공교로운 대목이 많은데, 이에 대한 해답을 얻기 위해서는 아래의 작품[林使君實之 自嶺南寄書問死生 請敍其曩歲避地入山之事 余羈滯西河 追想感懷 賦此遙謝]에 주목할 필요가 있다.

김상헌은 심양의 서하관에서 억류생활을 하던 어느 날 임타가 보낸 편지 한 통을 받게 된다. 안부에 이은 부탁조의 사연은 김상헌으로 하여금 懷古의 정을 일으키게 할 만큼 정겹고도 익숙한 것이었다. 즉, 임타는 김상헌에게 자신의 영남 우거의 의미를 서술해 줄 것을 요청했던 것이다. 일견 다소 뜬금없는 요청일 수 있지만 임타는 스스로를 김상헌에 버금가는 의리의 同苦者로 여겼고, 자신의 의리적 처신을 '大節[:金尙憲]'로부터 인정받고 싶어 했던 것 같다. '使君 林實之가 嶺南으로부터 편지를 보내 …… '라는 표현에서 글을 청한 것은 칠곡 부사에 재임하던 1641~42년경으로 파악된다.

김상헌의 글은 간명하면서도 직절했다. 그는 임타를 호남의 수재이자 군센 의기를 지닌 선비, 경세 관료로서 탁월한 역량을 지녔음에도 출처에 엄격했던 良才,[79] 의리를 위해서라면 산중 茅屋의 불편함도 마다하지 않았던 강개한 인격으로 착상하며[80] 그 행덕을 칭송해마지 않았다. 김상헌은 임타의 영가부[안동]로 우거 소식을 접했을 때 자신을 따르는 궤적임을 직감했을 것이고, 풍산 땅을 지나면서 자신을 찾아주었을 때는[81] 기쁨을 넘어 사제동행의 감동에 젖었을지도 모를 일이다.

한편 김상헌은 글의 중간에서 그 때 두 사람은 태평한 시대가 오면 농부가 되고, 난세가 닥치면 도원에서 함께 살자고 언약했음을 환기하는[82] 가운데 중요한 당부 하나를 빠트리지 않는다. 그것은 수치의 씻음, 즉 雪恥[:灑恥]였다.[83] 그 설치는 개인적 굴욕의 씻음을 넘어 국치의 신설이라는 의미의 확장으로 다가오는바, 이 대목에서 두 사람은 의리의 동맹인이었고, 임타가 김상헌에게 자신의 삶을 발휘해 줄 것을 청한 궁극적인 이유도 여기에 있었다.

이로부터 약 4년 뒤인 1645년 김상헌은 귀환하게 되었고, 그 2년 뒤인 1647년 임타는 함흥 판관으로 부임하게 된다. 이 때 김상헌은 다시 한번 증시를 통해 친연의 정서를 남김없이 드러내게 된다. 그 친

---

79) 金尙憲,『淸陰集』卷13,「林使君實之 自嶺南寄書問死生 請敍其囊歲避地入山之事 余羈滯西河 追想感懷 賦此遙謝」, "林侯湖南之秀士 竹箭不得擅厥美 自少意氣何軒昻 快若駿馬奔千里 試之盤錯無不利 到處政理多尤異 久勞風塵非所樂 一朝移家訪山水"

80) 金尙憲,『淸陰集』卷13,「林使君實之 自嶺南寄書問死生 請敍其囊歲避地入山之事 余羈滯西河 追想感懷 賦此遙謝」, "山水名區永嘉府 誅茅卜居是素志 鄕人嘵嘵開利害 君意已決誰能止"

81) 金尙憲,『淸陰集』卷13,「林使君實之 自嶺南寄書問死生 請敍其囊歲避地入山之事 余羈滯西河 追想感懷 賦此遙謝」, "豊山荒野來過我 邂逅相逢迭相喜"

82) 金尙憲,『淸陰集』卷13,「林使君實之 自嶺南寄書問死生 請敍其囊歲避地入山之事 余羈滯西河 追想感懷 賦此遙謝」, "時平永爲田舍翁 世亂共住桃源裏"

83) 金尙憲,『淸陰集』卷13,「林使君實之 自嶺南寄書問死生 請敍其囊歲避地入山之事 余羈滯西河 追想感懷 賦此遙謝」, "念君才氣時所需 際會風雲一灑恥"

연성은 임타 개인에 국한되지 않고 임서 등 회진임문을 포괄하고 있다. 임서와 김상헌의 친교가 임타에게로까지 확장되었음을 다시 한번 분명하게 확인할 수 있는 대목이다. 이 증시는 분운에 따라 모두 10수로 구성되어 있는데, 회진임씨와의 3대에 걸친 교의는 임서에게 보낸 제4수에 곡진하게 드러나 있다.[84] 임타를 함흥으로 떠나보내는 이별의 정서를 표현한 것은 제7수이다.

'함흥판관 林埭에게 주다'

그대는 진원룡에 견줄 호기를 지닌 사내	君有元龍意氣
살갑기 그지 없어도 너니 내니 못했었지	雖親不相爾汝
늙어 병든 몸 인간사 온통 무상하니	老病人事無常
뒷날 어느 곳에서 아름다운 만남 기약하리	他日佳期何處[85]

이제 김상헌에게 임타는 의로운 선비[義士]로 고정되었고, 齒爵의 현절함에도 함부로 대하고 싶지 않은 귀인으로 자리해가고 있었던 것이다. 이처럼 임타는 三達尊을 겸하여 천하의 大老로 일컬어진 김상헌으로부터 학문과 행의 그리고 의기를 인정받는 존재가 되었고, 그것은 그가 서인 기호학파에서 인물적 비중을 격상시키며 학자 · 관료적 운신의 외연을 확장하는 원동력이 되었음에 분명했다. 유교칠신의 아들이자 선조의 사위로서 당대를 풍미했던 기환가의 자제 박미가 임타를 畏友[86]로 일컬으며 그 행의를 칭송해 마지않았던 것도 이런 맥

84) 金尙憲, 『淸陰集』 卷8, 「贈咸興林判官埭 皇華吾善處 於汝定無嫌分韻」, "交義彌敦三世 家聲繼振一善 別駕今得王祥 從此應申繾綣 屬方伯公"

85) 金尙憲, 『淸陰集』 卷8, 「贈咸興林判官埭 皇華吾善處 於汝定無嫌分韻」.

86) 朴瀰, 『汾西集』 卷10, 「贈林實之序」, "人亦有言曰 畏友畏友 何所畏之 …… 若其畏之

락에서 이해할 필요가 있다.

(2) 林墇 : 學者家風의 조성과 양질의 인적연계망 구축

임영의 선대는 임붕의 문과 합격 이후부터 과거를 통한 관료적 입신을 발신의 계제로 활용해 왔고, 그런 흐름은 임복⇨임협⇨임타 대를 거치면서 하나의 가풍 또는 가도로 정착되는 양상을 보인 것이 사실이다. 관직을 통한 사회적 역할 또는 기여가 양반의 본질이라고 전제할 때, 회진임씨의 사회적 진출 방식은 시대적 보편성에 부합한다.

다만, 이런 추세는 17세기 이후 이른바 '學派'의 시대로 접어들면서 약간의 변화를 수반하게 된다. 종전의 사환이 지녔던 사회적 가치는 전혀 퇴색하지 않으면서 '학문'이라는 요소가 새로운 가치로 부각되었다. 인조반정 직후에 취해진 '崇用山林'의 정치적 표어는 학문 및 학자의 사회적 가치 상승을 단적으로 보여주는 사례였다. 이런 분위기 속에서 양반 사대부로서의 가격 유지 및 신장에 있어 가장 이상적이면서도 효율적인 것은 양자를 접목하는 것이었다. 회진임씨 집안에서 접목의 단초를 마련한 인물은 임타 · 임위 형제였고, 특히 임위(1597~1668)는 유일로 징소되었다는 점에서 관료보다는 학자적 영역에 무게 중심이 있었다.

임위의 학자적 성장은 家庭學과 社會學의 상보성을 바탕으로 이루어졌다. 그는 2세 때 친상을 당했고, 전술한 바와 같이 성장기에 아버지의 역할을 대신해 준 것은 백부 林惰와 모친 음성박씨였다. 16세기 광주지역의 대표적 학자 · 관료 박광옥의 따님인 박씨 부인은 식견이

者 惟林君實之爲最 …… 余之向所謂畏者 在此而不在彼者較然矣"

높고 서사에 밝았던[87] 여류 지식인이었다. 여기에 行身의 엄정함이 더해지면서 김상헌은 '묘표음기'에서 그녀를 賢婦에 입전할 것을 권고키도 했다.

> 부인은 처음 병들었을 때부터 임종할 때까지 정신이 여느 때와 같았다. 병세가 위독해지자 여러 손자 가운데 나이 어린 자들을 물러가라고 하고는 안팎을 조용하게 한 다음, 두 아들에게 이르기를, '너희들이 후사를 잘 이어서 자손들이 집안에 가득하다. 내 나이도 이제 일흔에 가까웠는데, 죽고 사는 것은 세상의 常理이니 다시 무엇을 두려워하겠느냐.' 하고는 끝내 슬퍼하거나 고통스러운 말을 하지 않고 훌쩍 눈을 감았다. 아, 이는 평소에 글을 읽고 도를 논하는 자들도 쉽게 하기 어려운 것이거늘 부인으로서도 능히 이와 같이 하였으니 어찌 어질다고 하지 않겠는가. 史冊에는 '賢婦傳'이 있으니, 훗날 역사를 편찬하는 자리에 있는 자는 마땅히 채록해야 할 것이다. 이로써 陰記로 삼는다.[88]

음성박씨와 임위 사이의 지식문화적 수수관계의 실상은 자세하지 않지만 위에서 제시한 사례만으로도 그가 어떤 환경 속에서 성장했는지를 충분히 짐작할 수 있다.

임위의 학자적 성장은 네 살 터울의 형 임타와 동일 맥락에서 파악해도 큰 무리는 없을 듯하다. 앞에서 임타의 학통을 김굉필⇨김안국

---

87) 林泳, 『滄溪集』 卷17, 「叔祖司憲府持平東里 一號無悶堂 林公行狀」, "大夫人實有高識 通書史好義理"

88) 金尙憲, 『淸陰集』 卷36, 「淑夫人陰城朴氏墓表陰記」

⇨김인후⇨정철⇨권필로 이어지는 계통 속에서 언급한 바 있는데, 이는 임위의 학통을 이해하는 데에도 참조가 된다.

다만, 임위는 이 계통에 국한되지 않고 사우관계의 외연을 기호학파의 본류로까지 확장했다는데 특별함이 있었다. 김장생의 사계문하 출입이 바로 그것이다.

> 사계 김선생의 문하를 종유하여 禮學을 배웠는데, 선생께서 몹시 재능을 인정하고 중히 여겼다.[89]

이 학연은 이이⇨김장생으로 이어지는 기호학의 대종 율곡학맥으로의 편입을 의미했고, 비록 부임하지는 않았지만 그의 학행을 인정한 김장생의 천거는[90] 정치적 연대로의 확장성을 내포했다. 임위는 敬義를 위학의 요체로 삼았고,[91] 論人을 극도로 자제하는 등 학자적 처신에 엄격했다.

사계문하 출입은 이이를 學人의 모범으로 삼아 존신하는 이유가 되었는데, 그가 이이에게서 가장 큰 매력을 느낀 것은 '학문의 自得'과 '所見의 친절함'이었다.[92]

---

89) 林泳, 『滄溪集』 卷17, 「叔祖司憲府持平東里 一號無悶堂 林公行狀」, "往游沙溪金先生之門 受禮書 先生甚器重之"

90) 林泳, 『滄溪集』 卷17, 「叔祖司憲府持平東里 一號無悶堂 林公行狀」, "其後朝廷有詢材之擧 先生卽以公名聞 遂除尙衣院別坐 公自以本無仕進意 不就"

91) 林泳, 『滄溪集』 卷17, 「叔祖司憲府持平東里 一號無悶堂 林公行狀」, "常語問者曰 學問只在敬義兩字 而外面苟免顯然悔尤 却不甚難 只是主敬最難 一息間便有存亡 豈不甚難"

92) 林泳, 『滄溪集』 卷17, 「叔祖司憲府持平東里 一號無悶堂 林公行狀」, "或問先輩造詣 輒謙讓不答曰 常人尙未易輕議 況賢者乎 請問益懇 則曰 栗谷著述 率多自得之語 所見似最親切 其他淺深雖各不同 恐未免有牽制文句之病"

여기서 한 가지 주목할 것은 학문적 균형 감각이다. 임위는 이이를 존신하였지만 일방성에 함몰되지 않았다. '學'은 '行'으로써 검증되고, 그 行의 표준은 出處에서 찾을 수 있다. 누군가가 임위에게 출처관을 물었을 때, 그는 학자라면 마땅히 이황을 배워야 한다고 단호하게 말했다.[93] 그가 활동하던 17세기 중엽은 牛栗文廟宗祀論爭, 禮訟 등 첨예한 사안으로 인해 서인과 남인 사이의 학문 · 정치적 대립이 치열하게 전개되던 시기였다. 이런 상황에서도 그는 당론과 학문을 엄격하게 구분하며 그 균형 감각을 훼상하지 않았는데, 이런 자세는 종손 임영에게 계승되어 하나의 가학적 경향을 이루게 된다.

한편 임위는 효종 후반기에 학문과 행의를 인정받아 유일로 징소되어 翊衛司侍直 · 刑曹佐郎 · 翊衛司司禦 · 司憲府監察 · 工曹正郎 등의 관직이 주어졌으나 모두 사양했다. 특히 1668년에는 司憲府持平에 임명되었으나 이 또한 응하지 않고 사직소를 준비하던 중에 사망했다. 이처럼 임위는 잦은 소명에도 불구하고 처사로 생을 마감함으로써 학인으로서의 면모를 견지하였는데, 이는 회진임문으로서는 매우 주목되는 삶의 궤적이었다.

사계문하 출입을 통한 사우관계의 확장, 유일 징소를 통한 학자적 중량감의 확보는 혼맥에도 영향을 미쳤다. 임위는 1남[之儒] 2녀[朴世楷/梁華南]를 두었는데, 자녀혼에서 주목할 것은 혼권이다. 종전까지 회진임씨의 혼맥이 나주 · 광주 등 주로 호남권을 중심으로 형성되었다면, 임위의 아들 및 장녀는 '京婚', 즉 서울권 문벌가와 통혼하기에 이른

93) 林泳, 『滄溪集』 卷17, 「叔祖司憲府持平東里 一號無悶堂 林公行狀」, "問出處之宜 則曰 量時量己 方是出處 學者當學退溪 其見趣言論 大率類此"

다.[94] 경혼은 혼반의 비약적 상승을 대변하는 것에 다름 아니었다.

〈林塤 자녀도〉

林塤 ⇨ ①之儒
=青松沈氏 沈榗女
➡ ①女 朴世楷
➡ ②女 梁華南

임지유의 처부 沈榗은 영의정 沈連源의 5세손으로 현감을 지냈다. 특히 심연원의 손녀가 명종비 仁順王后라는 점에서 청송심씨는 국혼을 지낸 문벌이었다. 동서분당의 장본인으로 거론되는 沈義謙은 심진의 종증조였고, 조부 沈惓은 具思孟[:元宗妃 仁獻王后 父]의 사위, 부친 沈挺世는 연흥부원군 金悌男의 사위라는 점에서 외변적 배경도 탄탄했다. 그리고 17세기 초반 관계 및 문단에서 우뚝한 자취를 남긴 李植은 그의 고모부였다.

〈청송심씨 가게도 : 林之儒 처가〉

沈連源 ⇨ 鋼 ⇨ 仁謙 ⇨ 惓 ⇨ 光世
⇨ 挺世 ⇨ 榗 ⇨ 若洙
➡女 林之儒
⇨ 命世
⇨ 長世
⇨ 安世
⇨ 弼世
➡女 李植

94) 林塤의 차녀서 梁華南은 靜庵高弟 梁彭孫의 현손으로 능주 출신이다. 조부 梁山軸은 高敬命의 손서로 정유재란 때 어머니와 함께 投水하여 효자 정려를 받았다. 양화남의 조카 梁大家는 林一儒의 사위가 되는 등 제주양씨 또한 회진임씨와 척연이 깊었다.

한편 임위의 사위 朴世楷는 기묘명인으로 일컬어지며 중종조 사림 사회에서 중요한 위상을 점했던 朴紹의 현손이었다. 이 가문 또한 박소의 손녀가 선조비 懿仁王后라는 점에서 청송심씨와 마찬가지로 가격이 매우 높았으며, 특히 박소의 '4자17손'의 약진은 반남박씨 야천 가문을 굴지의 문벌로 도약시키게 된다.

임위가 박세해를 擇壻한 배경은 자세하지 않지만 이 혼인은 나주임씨와 반남박씨가 연혼 · 중혼을 통해 世緣을 맺는 시발점이 되었다는 점에서 매우 주목할 대목이다. 아울러 『萬家譜』에서는 박세해를 '나주입향조[始居羅州會津]'로 표기하고 있는데, 추가적인 확인이 필요하겠지만, 이것이 사실이라면 양가의 친연성은 여느 혼맥과는 상당한 차별성을 갖는다.[95]

〈반남박씨 가계도 : 林㙔 壻家〉

朴紹	⇨ 應川				
	⇨ 應順				
	⇨ 應男				
	⇨ 應福	⇨ ①東尹			
		⇨ ②東說	⇨ ①濠	⇨ ①世模	
		⇨ ③東望		⇨ ②世楷(林㙔)	
		⇨ ④東亮		⇨ ③世標	
				⇨ ④世格	
				➡①女 李壽仁[李後白 曾孫]	
				➡②女 林一儒	
				➡③女 李 翻[右相, 李綍 祖父]	
			⇨ ②淳	⇨ 世彙	⇨ 泰初 (林之儒壻)

95) 朴世格의 손자 朴弼俊, 朴東亮의 아들로, 임타를 畏友로 칭했던 錦陽尉 朴瀰의 현손 朴師謙은 임위의 손자 林湜의 사위가 되는 등 양가의 통혼은 지속되는 양상을 보였다(「반남박씨 가계도 : 林㙔 壻家」 참조).

임위의 장녀와 박세해의 혼인은 ①임위의 조카 임일유가 박호의 사위가 되고, ②임위의 아들 임지유가 朴泰初를 사위로 맞는 관계로 발전했다. 임위의 장녀와 임일유는 친가로는 4촌간이지만 반남박씨가에 기준할 때는 남매간으로 척분이 더 좁혀진다. 이것이 혼인을 통해 친족 간의 위계 및 질서가 헝클어지는 '破族'의 장면인데,[96] 이런 양상은 조선후기 문벌가의 혼인에서 흔히 찾아볼 수 있다.

더욱 중요한 것은 송시열과 함께 숙종조 서인 기호학파의 영수로 활동하는 朴世采의 존재이다. 위 가계도에는 등장하지 않지만 박세채는 朴東亮의 손자로 임일유와는 6촌의 척분이 있었다. 물론 임일유는 초취 반남박씨와의 사이에서 자녀를 두지 못함으로써 혈연적 연속성이 단절된 것은 사실이다. 주자학적 예법에 근거할 때, 임영은 후취 임천조씨의 아들이지만 박세채의 종숙 朴濠 집안이 외가인 것 또한 부인할 수 없는 사실이다. 후일 전개되는 박세채와 임영의 활발한 학문토론과 강한 정치적 공조 또한 이러한 인척적 관계망과 결코 무관치 않다고 본다.

임위 일가의 혼맥에서 한 가지 주목할 것은 손자 林潚가 尹鑴의 사위라는 사실이다. 윤휴는 두 차례의 예송 과정에서 허목과 함께 남인의 이론가 역할을 했고,[97] 1674년 甲寅禮訟으로 남인정권이 수립된 뒤에는 산림으로 징소되어 숙종초 남인정권의 실제로 활약한 학자·정치가였다.

---

96) 柳慶種, 『星湖言行錄』, 「第152條項」.

97) 李迎春, 『朝鮮後期 王位繼承 硏究』, 集文堂, 1998.

〈尹鑴 자녀도 : 5남 3녀〉

尹鑴	⇨ ① 義濟 : 權諰女	_南人
	⇨ ② 長女 : 李樹吉	_西人[少論]
	⇨ ③ 夏濟 : 魚震說/蔡天漢女	_西人[老論]
	⇨ ④ 殷濟 : 朴隆阜女	
	⇨ ⑤ 次女 : 閔鎭維	_西人[老論]
	⇨ ⑥ 三女 : 林滫	_西人[少論]
	⇨ ⑦ 隆濟 : 李璞/朴文奎/高震龍女	
	⇨ ⑧ 景濟 : 李碩挨女	_南人

위 가계도에서도 알 수 있듯 윤휴는 남인을 표방했음에도 그 자녀들의 혼맥은 남인과 서인을 아우르는 특이함을 보이고 있다. 그렇다면 윤휴가 임수를 사위로 맞은 것은 어떻게 설명할 수 있을까? 이것은 成運에게서 연원하는 大谷學統의 척연화라는 틀에서 설명할 수 있다. 앞에서 일부 언급한 바와 같이 林鵬의 3자 林晉의 아들 林悌는 성운의 핵심 문인이었으며, 윤휴 또한 성운과 밀접한 관계망 속에 존재했다. 성운은 경주김씨 金碧[:金淨의 從弟]의 딸과 혼인하여 처향인 보은 三山에 정착했고, 鍾谷亭舍에서 강학하며 문인을 양성했다. 다만 그는 부인 경주김씨와의 사이에서 아들을 두지 못하자 처남 金天富의 아들 金可幾를 양자로 삼았는데,[98] 김가기의 아들 金德民이 곧 윤휴의 외조부였다.[99] 이처럼 성운을 매개로 한 회진임씨의 학연

98) 尹宣擧, 『魯西遺稿』 卷14, 「記成大谷立後事」; 尹鑴, 『白湖全書』 卷33, 「辛巳孟冬書」.

99) 성운은 김가기를 양자로 삼은 다음 질녀, 즉 成遇의 딸과 혼인을 시켰으나 자녀를 두지 못하고 사망했다. 그 후 김가기는 전주유씨 柳潤祥의 딸을 재취로 맞아 金德民(1570~1653)을 두었다. 김덕민의 초취는 고령신씨 申湜의 딸이고, 재취는 해주오씨 吳希文의 딸이다. 초취의 女壻가 곧 윤휴의 아버지 尹孝全(1563~1619)인데, 사위가 처부보다 7세 연상이었다. 김가기는 성운의 양자라는 의리상의 관계를 넘어 문헌 정비사업에도 정성을 쏟았는데, 1603년에 초간된 『大谷集』은 김가기 · 덕민 부자의 주관하에 이루어졌다

과 윤휴 일가의 척연이 위의 혼인의 배경을 설명할 수 있는 작은 실마리가 될 수 있을 것 같다.

5. 17세기 중후반 임영가의 형성과 전개 : 정치적 신축성과 학문적 개방성

1) 임영가의 정치적 좌표 : 世講契帖을 중심으로

인조반정은 300년 서인 집권의 초석을 다진 정치적 사건이었다. 이후 서인은 숙종조에 1674년(갑인예송)부터 1680년(경신환국)까지, 1689년(기사환국)부터 1694년(갑술환국)까지 두 차례에 걸쳐 약 10년간 남인에게 정권을 내주었을 뿐 사실상 조선후기 전 기간의 권력을 독점했다. 그러나 동인이 선조 후반에 남인과 북인으로 분당한 것처럼 서인 또한 1680년 경신환국을 전후한 시기에 노론과 소론으로 갈라지게 된다. 여기에는 명분과 현실, 송시열과 윤선거 · 윤증 부자의 갈등, 김석주 등 척신에 대한 입장 차이 등 다양한 사유와 명분이 개재되어 있었다. 이 과정에서 회진임씨[특히 임복의 후손 두 아들 임서 · 임협 계통]는 소론을 표방하게 되는데, 인물에 대입하면 임일유 · 임영 부자의 활동기가 된다.

숙종조 이후 회진임씨 임복 가문의 정치적 좌표와 관련하여 주목할

(柳根, 『西坰集』 卷6, 「大谷集序」, "歲丙申秋 握節而來也 金君可幾尙無恙也 蓋欲與之謀所以刊行先生詩集 而時屬多艱 力所未遑 常慊慊也 七年之後再有是命 而金君已下世 金君之胤子德民 乃與道內同志之士來訪于公山 告以是事").

자료는 박세당가의 세전 문헌인 '世講契帖'이다.

〈세강계원 명단[座目]〉

성명	본관	가계	성명	본관	가계
林世讓	羅州	林 愃 曾孫	李徽	全州	李尙儉 曾孫
張棕	德水	張 紳 曾孫	李敦	全州	李尙儉 曾孫
金柱臣	慶州	金南重 孫	徐命建	達城	徐文重 孫
李漢宗	全州	李尙儉 孫	徐命○	達城	徐文重 孫
李喜東	德水	李景曾 孫	李夏相	韓山	李基祚 曾孫
李明弼	韓山	李基祚 孫	朴弼基	潘南	朴世堂 孫
許是	陽川	許 昕 玄孫 _許琮	林象鼎	羅州	林 愃 玄孫
李從龍	全義	李萬相 子	金趾衍	慶州	金南重 曾孫
李喜聃	德水	李景曾 孫	李敏	全州	李尙儉 曾孫
具始亨	綾城	具鳳瑞 孫	朴弼謨	潘南	朴世堂 孫
具始興	綾城	具鳳瑞 孫	林象德	羅州	林 愃 玄孫
徐宗愈	達城	徐文重 子	李夏實	韓山	李基祚 曾孫
李喜涵	德水	李景曾 孫	金泰衍	慶州	金南重 曾孫
朴泰翰	潘南	朴世堂 子	林象岳	羅州	林 愃 玄孫
林世謙	羅州	林 愃 曾孫	金復衍	慶州	金南重 曾孫
林世諿	羅州	林 愃 曾孫	李址衍	韓山	李基祚 玄孫
李夏亨	韓山	李基祚 曾孫	朴師任	潘南	朴世堅 曾孫
朴世堂	潘南	朴東善 孫	李擇	德水	李景曾 曾孫
徐文重	達城	徐 渻 曾孫	朴弼純	潘南	朴世堅 孫
李萬東	全義	李行進 子	李肇	全州	李尙質 曾孫
林世溫	羅州	林 愃 曾孫	李眞佐	全州	李景奭 曾孫
李廈成	全州	李景奭 孫	李眞養	全州	李景奭 曾孫
金鼎臣	慶州	金南重 孫	朴弼健	潘南	朴世堅 孫
林世良	羅州	林 愃 曾孫	李眞望	全州	李景奭 曾孫
李明淵	韓山	李基祚 孫	李眞鼎	全州	李景奭 曾孫
尹世憲	海平	尹斗壽 玄孫	林象台	羅州	林 愃 玄孫
林世恭	羅州	林 愃 曾孫	徐命運	達城	徐文重 孫
李臣龍	全義	李萬相 子	李夏榮	韓山	李基祚 曾孫
林世儉	羅州	林 愃 曾孫	林象奎	羅州	林 愃 玄孫

〈세강계원의 가문적 분포〉

구분	가문	계원
가문적 분포	• 반남박씨 朴東善家	_朴世堂 등
	• 달성서씨 徐渻家	_徐文重 등
	• 전의이씨 李濟臣家	_李萬東 등
	• 나주임씨 林復家	_林世溫 등
	• 전주이씨 李景奭家	_李厦成 등
	• 경주김씨 金南重家	_金柱臣 등
	• 한산이씨 李基祚家	_李明淵 등
	• 해평윤씨 尹斗壽家	_尹世憲 등
	• 덕수장씨 張紳家	_張梡
	• 전주이씨 李尙質·尙儉家	_李肇 등
	• 덕수이씨 李景曾家	_李喜東 등
	• 능성구씨 具鳳瑞家	_具始亨 등
	• 양천허씨 許昕家	_許是

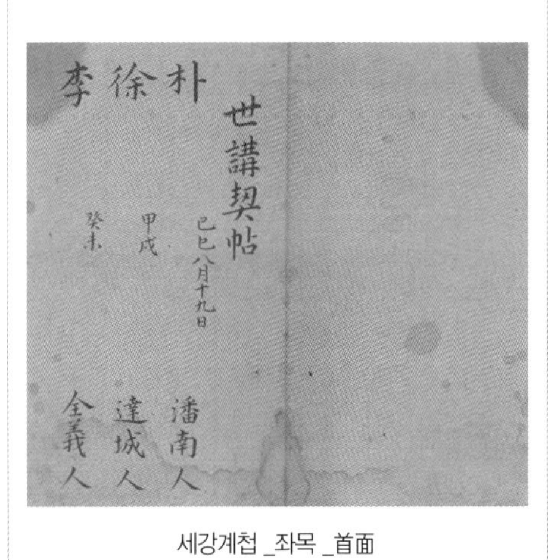

세강계첩 _좌목 _首面

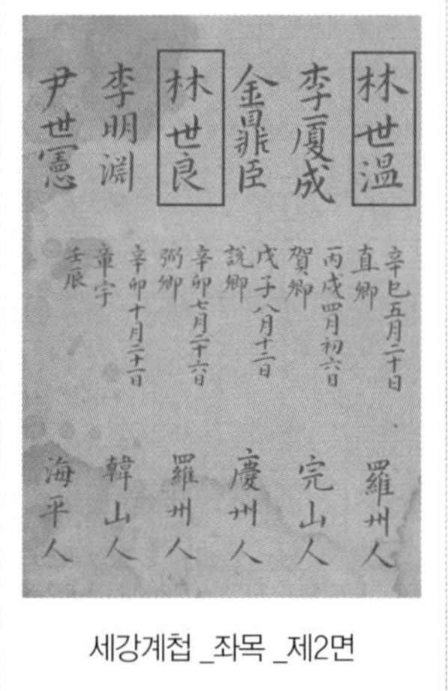

세강계첩 _좌목 _제2면

세강계의 결성 시기는 17세기 후반으로 추정되며, 위 좌목에는 총 58명의 계원이 수록되어 있다. 계원 상호간의 유일한 공통점은 서울 및 근기지역에 세거 기반을 두고, 정치적으로는 소론을 표방한 집안의 자제라는 사실이다. 설계를 주도한 세 주론자는 성명도 명기하지 않았지만 생년 및 본관을 통해 실명 확인이 가능하다.

이들 3인은 朴世堂(1629~1703) · 徐文重(1634~1709) · 李萬東(1643~1707)이다. 세강계는 운영방침인 '契憲' 이나 '규약'이 없다. 그렇다면 이 계의 정체는 무엇인가? 그것은 친목을 표방한 정치적 결사였고, 그 핵심 구성원의 하나가 나주임씨 임복 가문이었다.

위 표의 세강계원의 가문적 분포에도 나타나듯 계원들은 朴東善 · 李濟臣 · 徐渚 · 林復 · 李景奭 · 金南重 · 李基祚 · 尹斗壽 · 張紳 · 李尙質 · 李尙儉 · 李景曾 · 具鳳瑞 가문 등 소론의 핵심을 이룬 집안의 자제들로 구성되어 있었다. 필자는 이를 '소론13가 연합체'로 명명하고자 한다.

金柱臣은[100] 박세당 문인으로 숙종 제3비 仁元王后의 부친, 이기조는 오윤겸의 매부 申應榘의 사위, 張椗은 張維[:右相]의 종손자, 具鳳瑞는 吳允謙[:領相]의 사위였다. 이처럼 이들은 척연으로 얽혀 있었는데, 이런 양상은 계원[및 선대] 상호간에서 중복적으로 발견된다.

우계문인 鄭曄의 사위였던 李尙質의 손자 李漢翼은 南一星의 사위로 南九萬[:領相]과는 남매 간, 박세당과는 동서 간이었고, 林世恭은 李尙儉의 손서로 徐宗泰[:領相], 崔奎瑞[:領相]와는 동서 간이었

---

100) 金柱臣(1661~1721)은 임천조씨 趙錫馨의 손서이고, 林泳(1649~1696)은 외손자였으므로 두 사람 사이에는 4촌의 척분이 있었다. 임영에게 김주신은 外從妹夫가 된다.

으며, 이상질의 손자 李漢宗은 신응구의 손자 申翼相[:左相]의 사위였다. 尹世憲의 고모부는 朴長遠[:朴文秀 증조] · 李慶億[:左相]이고, 徐文重[:領相]의 아들 徐宗魯와 윤세헌은 남매 간이며, 박세당이 건립한 김시습 제향처 淸節祠의 부속건물인 淸風亭의 편액을 쓴 尹淳은 윤세헌의 재종질이다. 林世謙은 金柱臣[:慶恩府院君]의 사위인데, 김주신의 형 金聖臣은 임서의 손자 林宏儒의 사위였으며, 김성신은 鄭曄의 외손자이기도 했다. 金南重은 李濟臣의 외손서였고, 박세채의 문인인 許是는 박태보 · 오도일 · 임영 등과 함께 소론 소장파의 핵심 인물인 韓泰東과 4촌남매 간이며, 張梡은 林世讓과 남매 간이었다. 이런 복잡한 인척관계망이 곧 세강계 결성 및 작동의 바탕이었고, 그 유대는 인척적 관계를 넘어 정치적 연대까지를 내포한다고 보는 것이 맞을 것 같다.

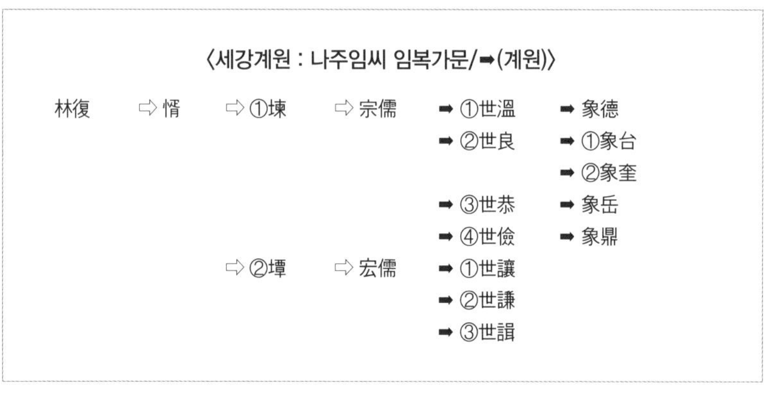

세강계원 가운데 회진임씨는 12명으로 전체 58명 가운데 20%를 차지한다. 단일 집안으로서는 가장 많은 비중을 차지하고 있다. 다만, 이 12명은 모두 임복의 장자 林㥠의 증현손이며, 창계가가 속한 차자 林悏의 자손은 전무하다. 앞서 세강계의 성립 요건으로 지역[서울 및 근기]과 정파[소론]을 전제한 바 있는데, 창계가의 경우 지역적 여건으로 인해 參契가 어려웠던 것 같다. 박세당 집안과는 학연 · 척연으로 연결되어 있던[101] 魯城의 尹拯家가 참계하지 않는 것도 같은 맥락에서 파악할 수 있다.

아래 『숙종실록』의 기사는 노소분당이 송시열에 대한 입장의 차이에서 비롯된 것으로 보고 있고, 각 당파별 주론자들을 일일이 거명하고 있다.

> 송시열이 사람을 대하여 번번이, '좌상이 어찌 분명한 외척이 아니겠는가?'라고 말하므로, 민정중이 그 말을 두려워하여 마침내 빨리 꺾여 들게 되었으며, 젊은 무리들도 많이 앞서의 견해를 변경하여 송시열에게 아부하며 두 마음을 품으므로 臺閣의 의논이 마침내 노론과 소론의 당목이 생겼다. 소론으로 이름한 자는 趙持謙 · 崔錫鼎 · 吳道一 · 韓泰東 · 朴泰輔 · 朴泰維 · 林泳 · 徐宗泰 · 沈壽亮 · 申琓 · 兪得一 등 여러 사람이고, 노론이라고 부르는 자는 李選 · 李秀彦 · 李頤命 · 李畬 등 여러 사람이다. 前輩인 宋時烈 · 金錫胄 이하 노론을 돕는 자가 많았고, 소론을 돕는 자는 朴世采 · 李尙眞 · 南九萬 등 여러 사람인데 …… (하략)[102]

101) 박세당의 차자 朴泰輔는 중부 朴世垕를 계후함으로써 계통상 尹拯의 생질이 되었고, 박세당의 장손 朴弼基의 부인 豐川任氏(任震英의 딸)는 윤증의 외손녀이다.

102) 『肅宗實錄補闕正誤』, 「肅宗 9年 2月 2日(甲戌)」.

〈소론 주론자와 세강계 구성원과의 관계〉

- 趙持謙 : 趙翼 손자 _吳允謙의 손자 吳道一과 동서간
- 崔錫鼎 : 崔鳴吉 손자 _李慶億의 사위
- 吳道一 : 吳允謙 손자
- 韓泰東 : 韓績의 아들 _許是와 종남매간 _吳道一과 사돈간
- 朴泰輔 : 朴世堂 차자 _尹拯의 생질
- 朴泰維 : 朴世堂 장자
- 林 泳 : 林復의 현손 _林世溫 등과 3종간 _金柱臣의 처고종
- 徐宗泰 : 徐文重의 아들
- 沈壽亮 : 林世諿과 사돈간
- 申 琓 : 李基祚의 외손자 _朴世采와 사돈간
- 兪得一 : 李慶億 생질서 _李景閔(이경증 형)의 손서

소론의 주론자로 趙持謙 · 崔錫鼎 · 吳道一 · 韓泰東 · 朴泰輔 · 朴泰維 · 林泳 · 徐宗泰 · 沈壽亮 · 申琓 · 兪得一 등을 거명하고 있고, 그 후견인으로서 朴世采 · 李尙眞 · 南九萬이 언급되고 있다. 여기서 주목할 것은 주론자로 거명된 11인 전원이 위에서 다룬 세강계 구성원과 직간접적으로 매우 긴밀한 관계망 속에 있다는 점이다.

2) 林一儒의 역할 : 경화문벌과의 통혼과 가격의 탄력적 신장

종전까지 호남의 명문으로 인식되었던 회진임씨 창계가문이 경화문벌과의 정치 · 사회적 연대를 강화함에 있어 하나의 이정표 역할을 했던 것은 林一儒(1611~1684)였다. 그 또한 부친 임타와 마찬가지로 1633년(인조 11) '문신'의 지위를 획득하지는 못했지만 1633년 약관의 나이에 사마시에 입격한 것으로 보아 상당한 수준의 학식과 문

재의 소유자였음을 알 수 있다.[103] 이후 그는 1647년 목릉 참봉으로 관계에 입문하여 광흥창 봉사, 장악원 직장, 은진 현감, 호조좌랑, 용안 현감, 사헌부 감찰, 공조정랑, 함흥 판관, 양근 군수를 거쳐 1680년에는 한성부 서윤을 지냈고, 1681년에는 侍從之臣의 존속을 예우하는 규례에 따라 첨지중추부사에 임명되었다.

임일유는 관료, 특히 목민관으로서는 탁월한 역량을 보였는데, 그가 엄수했던 임관의 원칙은 '愛民', '束吏' 그리고 '儉約'이었다. 1661년(현종 2) 善治 수령으로 선발되어 포상을 입은 것은 공적 行道의 국가적 信認이었다.

> 회덕 현감 柳誠吾, 서천 군수 洪錫武, 부여 현감 朴由常, 천안 군수 權順昌, 은진 현감 林一儒, 한산 군수 徐弘履 등을 치적이 으뜸이거나 진휼을 잘 했다는 이유로 모두 포상하였는데, 이는 어사 呂聖齊의 서계에 따른 것이었다.[104]

임일유는 언어가 簡約하고, 좀처럼 희노의 감정을 드러내지 않는 등 律身과 治家에는 엄격했지만 벼슬이라는 세속적 지위에 대한 애착은 적었다. 오히려 그는 은자적 성향이 짙어 1673년 양근 군수에서 물러난 뒤에는 가족을 이끌고 강원도 통천에서 4년을 보냈고, 1678년 백마강 상류인 부여 藻溪村으로 이거해서는 巖棲齋에 은거하며[105] 세사를 自斷했다. 이런 그의 심신을 위로해 준 매체는 주유와 음

---

103) 李德壽, 『西堂私載』 卷5, 「僉知中樞府事贈吏曹參判林公墓碣銘」, "始公富於文詞 人皆稱爲巨儒 而竟屈公車"

104) 『顯宗實錄』, 「顯宗 2年 6月 5日(壬午)」.

105) 林泳, 『滄溪集』 卷16, 「夫餘巖棲齋上樑文」.

악[笛]이었는데,[106] 이 점에서 그는 삶에 여유가 있고, 또 풍류를 아는 처사풍의 문인으로 규정할 수 있을 것 같다.

그의 無欲自得했던 삶의 여백을 채운 것은 아들들의 과경이었다. 과경은 1666년 3자 임영의 생원시 장원을 통해 단초를 마련한 이래 1671년 임영의 문과 합격, 1681년 장자 林渙의 문과 합격, 1682년 4자 林淨의 생원시 입격으로 이어졌다.[107] 이는 개인적 보상을 넘어 가격의 팽창이라는 차원에서 괄목할만한 현상이었다.

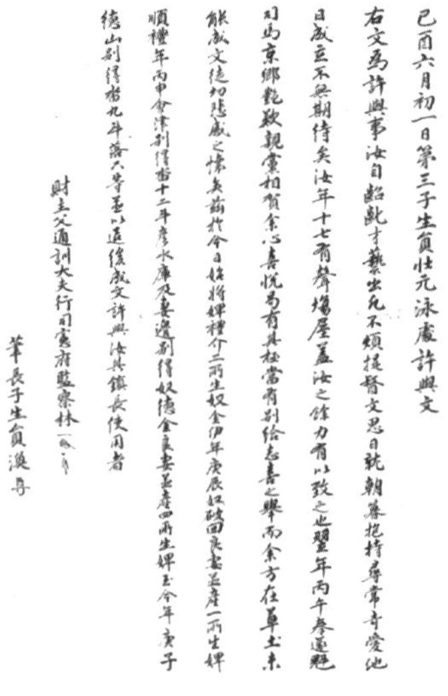

林一儒 別給文記 _1669년

106) 李德壽, 『西堂私載』 卷5, 「僉知中樞府事贈吏曹參判林公墓碣銘」, "公輒喜閑居 用是爲樂 時或挐舟載笛 往來遊賞"

107) 임일유는 임영의 생원(1666) 및 문과(1671) 합격을 기념하여 별급했는데, 1669년의 사마 별급에서는 노비 3구, 전답 21두락, 1672년의 문과 별급에서는 노비 4구, 전답 40두락이 등과조로 지급되었다(『古文書集成』 67-羅州 會津 羅州林氏 滄溪後孫家篇-, 「분재기」(2), 215면; 「분재기」(3), 216면).

회진임씨 역사에서 임일유의 존재성과 관련하여 주목할 것은 처가이다. 그는 반남박씨를 초취[朴濠女_申欽 外孫女]로 맞아 2남 1녀를 두었고, 임천조씨를 재취[趙錫馨女]로 맞아 2남 3녀를 두었다. 두 집안의 공통점은 서울 및 근기지역에 기반을 둔 굴지의 문벌가문이라는 것이다. 또한 두 가문은 왕실의 외척이라는 측면에서 대등한 지위를 갖고 있었는데, 전자는 선조비 懿仁王后의 친정, 후자는 숙종비 仁元王后의 외가이다.

〈林一儒 자녀도 : 4남 4녀〉

林一儒 ⇨ ①渙
⇨ ②淀
➡ ③泳
➡ ④淨
⇨ ①女 沈思渾
➡②女 崔湜
➡ ③女 梁大家
➡ ④女 趙衡輔

반남박씨에 대해서는 앞에서 일부 언급했으므로 상술을 피하기로 하고, 여기서는 임영의 외가인 임천조씨에 대해 살펴보기로 한다. 국초 이래 사환가의 전통을 이었던 임천조씨는 임영의 외조 조석형의 조부인 趙瑗(1544~1595) 대를 기점으로 가격이 크게 신장되었다. 조원은 사마·문과를 거쳐 벼슬이 승지에 이르렀고, 학식과 문장에 뛰어났을 뿐만 아니라 치가 및 교자에 있어서도 단엄함으로 정평이 있었다.[108)]

108) 趙聖期, 『拙修齋集』 卷11, 「曾大父雲江公行實」, "敎誨諸子 以身率先 矩矱極端嚴 平

〈林川趙氏 가계도 : 林一儒 처가〉

瑗 ⇨ 希逸 ⇨ 錫馨 ⇨ 景望
⇨ 景昌 ⇨ 女 金柱臣 ⇨ 仁元王后[肅宗]
⇨ 女 李藎賢
⇨ 女 林一儒 ⇨ 林泳

임천조씨가 조선후기 서인계[소론] 명가라는 틀 속에서 바라볼 때는 다소 생경한 감이 없지 않지만 본디 이들은 학문적으로 남명학파와 깊이 연관되어 있었다. 曺瑗(1544~1595)은 전의이씨 李俊民의 사위였는데, 이준민은 남명학파의 종사 曺植의 생질이었다. 이런 관계로 인해 조원은 남명문하를 출입했고,[109] 1564년 그가 진사시에 장원했을 때 축하 및 권면의 마음을 담아 내려준 시가 바로 아래 작품이다.

'칼자루에 써서 장원한 조원에게 줌'
불속에서 하얀 칼날 뽑아내니 宮抽太白
서리 같은 빛 달에까지 닿아 흐르네 拍廣寒流
견우성 · 북두성 떠 있는 넓디넓은 하늘에 斗恢恢地
정신은 놀아도 칼날은 놀지 않는다 刃不游[110]

居諸子諸婦皆於未明 盥洗整衣裳就謁 無敢或後 夕亦如之 雖祁寒盛暑 未嘗一日暫廢 於左右就養 服勤視膳 亦皆一如公之所以事兩夫人者 夙夜敬恭 家庭之間肅如"

109) 『山海師友淵源錄』, 「門人」, 「曺瑗」. 위에서 언급한 세강계원 중에도 남명연원이 여러 명 있다. 예컨대, 세강계 창계의 주역인 李萬東의 고조 李濟臣, 具鳳瑞의 증조 具忭, 尹世憲의 종고조 尹根壽가 남명문인이다. 특히 이제신은 曺植으로부터 원대한 재목으로 인정받았고(公來拜先生 先生期以遠大), 晉州牧使 재직시에는 祭文을 지어 치제한 바 있다(曺植, 『南冥集』 卷3, 附錄 「祭文(晉州牧使李濟臣)」).

110) 남명학연구소 편역, 『校勘國譯南冥集』, 「書劒柄贈曺壯元瑗」. 후술하겠지만 조원의

이처럼 조식은 조원을 애중하였는데, 앞에서 언급한 치가 및 교자端嚴性도 경의를 본령으로 삼아 직절함을 중시했던 남명학과 무관치 않아 보인다. 임천조씨의 가학 및 가풍과 관련하여 남명학과의 상관성에 주목하는 것은 후술할 임일유의 처 조씨 부인의 가정경영론이 이와 매우 유사한 경향을 보이기 때문이다.

조원은 네 아들을 두었는데,[111] 광해~인조조의 엘리트문신으로서 학식과 문장으로 관계 및 문단을 풍미했던 3자 趙希逸(1575~1638)이 임일유의 처조부이다. 처부 曺錫馨(1598~1656)은 일가의 詩禮 전통을 착실하게 계승하여 詩書에서 발군의 재능을 보였으나 일생을 恬靜自守하였는데, 세마·시직 등의 임명에 적극 응하지 않는 것도 이 때문이었다.

조석형은 특이한 이력을 갖고 있었는데, 1624년 진사시에서 장원한 것이 그것이다. 이것은 조부 조원(1544~1595)이 1564년에, 아버지 조희일이 1601년에 이룬 '진사시 장원'의 과경을 계승한 盛擧였다.[112] 이 전통은 1666년 외손 임영의 생원시 장원을 통해 그 명맥을 이어가게 되는데, 그 해 2월 조석형의 장자 조경망이 임영의 생원 장원을 기념하여 행한 별급문서에서는 내외손 차별의식을 전혀 발견할 수 없다. 오히려 조경망은 본가의 '壯元之業'이 외손을 통해 이어지는

진사시 장원은 그 자손이 이를 이어감으로써 임천조문의 家的 전통의 하나로 각인된다.

111) 네 아들 가운데 4자 趙希進이 방조인 趙之瑞(知足堂)의 봉사손[玄孫]으로 출계했다. 이 계통 또한 조선후기에 관계 및 학계에서 맹위를 떨쳤는데, 金澤榮이 『韓史綮』에서 通儒로 평가했던 趙成紀는 조희진의 손자이다.

112) 趙瑗은 21세, 趙希逸과 조석형은 27세에 입격했다. 조석형의 벗이었던 趙克善은 부자의 입격시 나이가 같은 것도 하늘의 뜻으로 언급하며 찬탄해마지 않았다(趙克善, 『冶谷日錄』, 「1624年 8月 22日」, "趙子服自其祖其父 連三世進士壯元 此固前古所無之事 而其祖是甲子司馬 則歲名與其祖同也 其父以乙亥生登辛丑榜 而子服戊戌生 至今年皆爲二十七歲 則年少與其父同也 天豈有意於其間歟").

것에 크게 감사하고 있다.[113] 이것은 회진임씨와 임천조씨 간에 공유되고 있었던 '내외손일체의식'이었다.

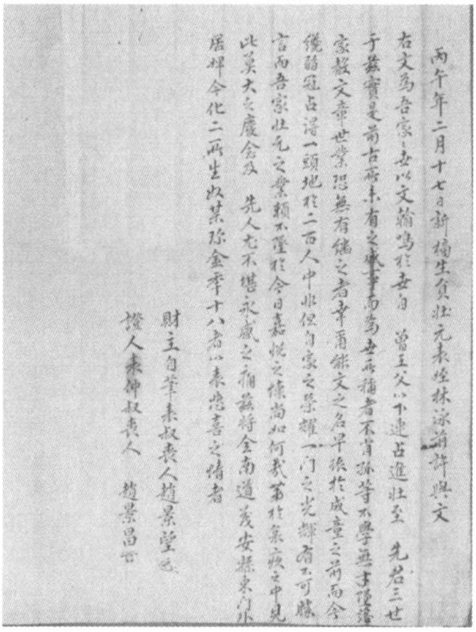

趙景望 別給文記_1666년

우리 집은 대대로 문한으로 세상에 명성이 높았는데, 증조부(趙瑗) 이래 양대가 연이어 진사시에 장원을 했고, 선군(趙錫馨)에 이르러서는 3대 째 그 영예를 이어가게 되었다. 이는 참으로 앞 시대에서는 찾아보기 어려운 **盛事**로 온 세상 사람들의 칭송을 받고 있다. 불초한 우리는 배우지 못하고 재주 또한 없어 **家聲**을 추락시키는 지경에 이르렀고, 일가의 문장 **世業**을 계승할 자가 사라지지 않을까 몹시 우려하였다. 다행스럽게도 네가 어린 나이에 이미 문명을 떨치더니 지금 겨우 약관의 나이에 200명의 사마 가운데서 으뜸을 차지하였으니, 이는 너희 본가의 영광일 뿐만 아니라 우리 일문의 **光輝** 또한 이루 다 표현할 수가 없다. 우리 집안의 '**壯元**의 **業**'이 너로 인해 오늘날까지 실추하지 않았으니, 그 기꺼운 마음 오죽하겠느냐? 더구나 **居喪**하는 중에 이렇게 큰 경사를 맞아 생각이 선인에 미침에 애통한 마음 더욱 가눌 수가 없다. 이에 **全南道 務安縣** 동문 밖에 사는 계집종 금화의 둘째 자식으로 올 해 나이 18세인 사내종 **某珍金**을 주는 것으로써 슬픔과 기쁨이 교차하는 마음을 나타내고자 한다.

113) 조경망의 차자 趙正萬이 1681년 진사시에서 장원함으로써 '進士壯元'의 영예는 다시 이어지게 되지만 임영의 장원과는 시기적으로 16년의 격차가 있다.

조석형은 안동김씨 金光炫의 딸을 아내로 맞았는데, 김광현은 김상용의 3자였다. 이로써 임천조씨는 17세기 이후 문벌가문으로 세찬 도약을 전개했던 안동김씨와도 척연을 맺게 되었고, 그것은 외파인 임영에게도 큰 인적 자산이 되었다.

통혼은 곧 通家이고, 그것은 가법 · 가도를 포함한 지식 및 생활문화의 수수를 수반한다. 임일유와 임천조씨와의 혼인은 都會文化의 요소가 강했던 趙門의 家道 및 문화가 林門으로 유입되는 계기가 되었다는 점에서 중요한 의미를 지녔다.

조씨 부인(1626~1683)은 女士의 才局을 지닌 강한 여성이었다. 1637년 丁丑和約 이후 12세의 나이로 외증조 金尙容의 遺像을 참배하면서 비분의 눈물을 흘리고, 충신 · 열녀전을 읽으면서 탄식했다는 유년기 일화는 그녀의 의식 세계 및 삶의 지향과 관련하여 많은 것을 함축하고 있다.[114]

李德壽는[115] '임일유묘갈명'에서 그 부인 임천조씨에 대한 서술에 상당히 많은 지면을 할애한다. 그녀는 慈善 의식이 각별했고, 損財보다는 損德을 염려했던[116] 큰 국량의 소유자였다. 이덕수는 임영의 학자 · 관료적 성장의 공로를 오로지 조씨 부인에게 돌리고 있다. 作文과 習書 그리고 일상에서의 범절까지도 부인이 설정한 課程에 따른

---

114) 李德壽, 『西堂私載』 卷5, 「僉知中樞府事贈吏曹參判林公墓碣銘」, "繼配贈貞夫人趙氏 …… 姿性高朗 異凡兒 丁丑亂定 渾家自奔竄中將還京第 皆喜甚 夫人時年十二 獨默然曰 旣臣虜矣 奚喜之有 竹陰公聞而嗟賞 歸見外曾祖金仙源公遺像而泣 長老問 兒未曾逮事何泣爲 對曰 惟其未及逮事 所以悲耳 讀書通古今 每於傳紀中 見忠臣烈女殉節處 未嘗不太息流涕"

115) 朴世堂 문인인 李德壽는 세강계의 핵심 구성원인 전의이씨 출신으로 설계를 주도한 李萬東은 그의 從祖父이다.

116) 李德壽, 『西堂私載』 卷5, 「僉知中樞府事贈吏曹參判林公墓碣銘」, "賙人之急 則或至傾儲曰 財者 聚散無常 德性一損 則終身有不安者矣"

것임을 강조하고 있고, 독서를 매개로 한 일화에서 부인은 慈母이자 嚴師로 착상된다.[117]

孟母를 전범으로 했던 부인의 교자론의 궁극적 목표는 '希賢'·'希聖'이었고, 당대에 그치는 영달을 추구함을 철저히 배격했다.[118] 이를 위해 부인은 자신의 장자 임영의 德性 교육에까지 깊이 개입했고, 이 과정에서 아들의 단점을 들추어내는 단호함도 마다하지 않았다.

우선 부인은 임영의 마음이 연약하여 강건한 기운이 없음을 흠으로 여기며 일상에서 그 欠損의 보완에 힘쓸 것을 주문한다. 젊은 시절 임영은 마음에 차지 않는 일이 있으면 번번이 그것이 안색에 드러났던 것 같다. 이를 세찰하고 있었던 부인은 '희노를 드러나지 않아야 비로소 장부가 되는 것'이라고 하며 감정의 노출을 극도로 경계했던 것이다.[119]

예상 밖의 지적도 있다. 부인의 見地에서 임영은 나태하게 보였던 것 같고, 철이 든 이래 촌음도 한가하게 보내지 않았던 자신의 경험을 들어 그것의 보정을 촉구했다.[120]

부인은 性理學이 유자 학문의 본령임을 인정하면서도 文章과 詞翰

---

117) 李德壽, 『西堂私載』 卷5, 「僉知中樞府事贈吏曹參判林公墓碣銘」, "留守公幼時 夫人訓誨甚勤 自作文習書 以至處事接物 靡不委曲指授 間擧古人事迹 以發其知 留守公以道學文章 顯名當世 緊夫人之敎是賴"

118) 李德壽, 『西堂私載』 卷5, 「僉知中樞府事贈吏曹參判林公墓碣銘」, "盖其敎子 必以孟母三遷爲法 其所期望 直在於希聖希賢 而不以榮顯爲貴"

119) 李德壽, 『西堂私載』 卷5, 「僉知中樞府事贈吏曹參判林公墓碣銘」, "汝心軟 頗欠剛健氣 宜常激昂勉勵 又曰 喜怒不形 方是丈夫 汝心有所不平 輒見於色 切宜深戒 使人不得窺其際涯"

120) 李德壽, 『西堂私載』 卷5, 「僉知中樞府事贈吏曹參判林公墓碣銘」, "吾自省事以來 無片時閑過 汝終是怠惰可惜"

이 겸비되지 않으면 '全才'가 될 수 없음을 강조했다.[121] 그렇다면, 그의 지론에 부합하는 인재, 즉 體用을 모두 갖춘 이는 누구인가? 그것은 바로 임영이었다. 이덕수는 치가 및 교자론을 賢人 · 哲士의 名言과 至論에 비겨 칭송했고, 임영의 학자 · 관료적 굴기를 그것의 성대한 결실로 평가했다. 더욱이 그는 임영의 굴기를 개인적 현달을 넘어 '光國'과 '開來'의 자산으로 인식하는 가운데 임천조씨를 그 육성자로 평가하는데 주저함이 없다.[122] 이덕수의 기술에 따르면, 조씨 부인은 家國과 斯文의 보루가 될 인재를 釀成한 국가적 현모로 착상되는데, 이 점에서 그녀는 17세기 조선의 '여류교육가'의 한 사람으로 손색이 없다. 물론 이덕수의 표현에는 칭송의 뉘앙스가 강한 것이 사실이지만 그것이 당시 사림사회의 보편적 정서 또는 인식을 벗어나는 것은 결코 아니었다. 아래 김수항과 이민서의 애도시는 그런 정황을 대변하기에 부족함이 없다.

'첨지 임일유 부인 임천조씨 만사'_金壽恒

사씨 집안 여러 아들 모두 훌륭하지만	謝家諸子摠彬彬
버들 노래한 기특한 재주 부인에게서 봤지요	詠絮奇才見婦人
수레로 몇 번 군으로 따라간 날이었던가요	文駟幾隨之郡日
웅담환에 외려 자식 훈도하던 때 기억나네요	膽丸猶記訓兒辰
서호의 달은 새로 오는 상여 비추고	西湖月照新歸櫬

121) 李德壽,『西堂私載』卷5,「僉知中樞府事贈吏曹參判林公墓碣銘」, "又曰 性理之學 雖是儒者事 然文章未高 詞翰凡常 亦豈爲全才 才分有不逮則已 才可逮而不自努力 烏其可乎"

122) 李德壽,『西堂私載』卷5,「僉知中樞府事贈吏曹參判林公墓碣銘」, "夫以夫人之賢 克配公之德 宜其篤生賢子 以光家國 以啓牖我後學也"

남국의 옛날 마름 따던 곳에 봄 돌아오겠지요　南國春回舊採蘋
내외종 간이라 아름다운 규방법도 잘 아니　中表慣知閨則懿
천리 밖 만가에 마음 곱절로 아프다오　薤歌千里倍傷神[123)]

'임 첨지 일유 부인 만사'_李敏敍
명문가에서 태어나 자씨 강씨와 혼인하니　族出名門配子姜
이로부터 규방의 범절에 향기 퍼졌네　從來閨範播芬芳
자식들 학문 좋아하니 추모임을 알겠고　諸郎好學知鄒母
남편이 전원에 돌아오니 맹광이 있었네　夫子歸田有孟光
만년에 모친의 즐거움 한창 높아야 하는데　晩景方隆萱背
봄날에 초심의 아픔을 애써 견뎌야 하네　春暉剛耐草心傷
인편 통해 문안하다가 도리어 부고 들으니　憑便問疾還承訃
애사 지으려 함에 눈물 절로 흐르네　欲寫哀詞淚自滂[124)]

이런 맥락에서 볼 때, 임영(1649~1696)이 외조 조석(1598~1656)의 묘도문[墓表陰記]을 찬술하는 것은 자연스런 귀결처럼 여겨진다. 물론 두 조손이 공유했던 역사적 시간은 9년에 지나지 않았고, 그만큼 학술문화적 授受도 제한적일 수밖에 없었다. 그럼에도 외조에 대한 임영의 기억은 살갑고, 기록은 신실하다.[125)] 그가 기억 및 기록하고 있는 조석형은 '竹陰家學의 착실한 계승자', '名公들이 인정했던 贍富한 文詞의 소유자', '언행이 단중하고, 세사에 담담했던 무욕자득

123) 金壽恒, 『文谷集』 卷5, 「林僉知一儒夫人挽」.
124) 李敏敍, 『西河集』 卷5, 「挽林僉知 一儒 夫人」.
125) 林泳, 『滄溪集』 卷17, 「外王考近水軒趙公墓表陰記」. 아래 조석형에 대한 서술은 이 글에 근거하였음을 밝혀 둔다.

한 선비', '국중 제일의 名園을 향유했던 상류층의 지식문화인'이었고, 이런 서술을 통해 形出하고자 했던 '外祖'은 '學 · 文 · 藝 · 德을 갖춘 完人'에의 근접이다.

이상에서 살펴 본 바와 같이 임일유와 임천조씨와의 혼인은 호남 사족과 경화 사대부의 족적 결합으로 회진임씨의 문호적 성장을 대변하는 것이기도 했다. 조씨 부인의 수준 높은 치가 및 교자론, 거기에 바탕한 임영 형제의 학자 · 관료적 성장 등 이 혼인은 다양한 측면에서 吉婚의 양상을 드러내고 있었다. 특히 임영의 생원시 진사에 따른 외숙 조경망의 별급 단계에서는 일종의 '일가의식'을 확인할 수 있다.

임영에게 임천조씨는 외가라는 인척적 대상 또는 공간에 국한되지 않았다. 본인의 의지와 무관하게 학파와 당쟁의 시대를 살아야 했던 17세기의 학자 · 관료였던 그에게 외가는 학문적 대화의 상대이자 정치적 동지였는데, 趙聖期 · 昌期 · 亨期가 바로 그 대표적 외친들이다.[126)]

3) 학술 · 문장 · 경륜을 갖춘 全才 : 林泳

(1) 관료적 궤적 : 利로부터의 自由와 難進의 출처관

임영이 문과에 합격한 것은 1671년이고, 假注書에 임명되어 관계에 입문한 것은 1672년이다. 그러나 『조선왕조실록』 등 관찬 사서에

---

126) 林泳은 趙瑗의 3자 趙希逸의 외증손이고, 趙聖期 형제는 4자 趙希進의 손자들이다. 따라서 조성기 형제가 임영에게 외재종숙이 된다. 『滄溪集』에서 조성기에게 보낸 서간에 '與趙叔成卿'이라 기명한 것도 인척관계를 고려한 표현이다. 예컨대, 1676년 조성기에게 보낸 서간에는 再娶를 위해 상경할 계획이지만 留京 일정 및 일에 구애되어 충분하게 종유할 수 없음을 우려하는 내용이 보인다(林泳, 『滄溪集』 卷9, 「與趙叔成卿 聖期(丙辰)」).

서 임영의 관료적 존재는 1679년 김석주의 추천으로 擢用의 대상이 될 때 비로소 등장한다.[127] 그렇다면 그는 등과 이후 약 8년의 세월을 어떻게 보낸 것인가? 관료적 행적의 부재는 가정환경과 관련이 깊었다. 1674년에는 초취 창녕조씨의 상을 당했고, 1675년부터 1678~79년까지는 아버지의 통천 및 부여[藻溪村] 우거에서 시종했다. 물론 1676년에는 6품직인 성균관 전적에 임명되기도 했지만 '過庭'의 소중함을 포기할 만큼 관직이 그렇게 절박한 것은 아니었다.

1679년 탁용 대상에 든 이후 그의 환로는 순항의 조짐을 보였고, 1680년 庚申換局을 통한 서인정권의 수립은 그런 흐름을 더욱 가속화시켰다. 1680년 6월 11일 문신의 극선인 弘文錄 입록은 화려한 서막이었는데, 이 때 그는 평생의 동지인 吳道一·朴泰輔와 영광을 공유했다.

> 都堂에서 弘文錄을 선발했는데, 李秀彦·吳道一·柳譚厚·宋光淵·沈濡·林泳·申琓·李墩·嚴緝·李后沆·朴泰輔·洪萬遂 등 12인을 선발했다[128]

이후 그는 홍문관 관원으로서 소대·경연 등을 통해 오도일과 함께 문학적 재능이 탁월한 인재로 촉망되었고,[129] 동년 10월 14일에는 숙종에게 '太極圖說'을 진강하는 기회가 주어졌다. 이 때 그의 강의에 해설을 더한 이가 영중추부사 宋時烈이었다.

---

127) 『肅宗實錄』, 「肅宗 5年 11月 9日(庚子)」.

128) 『肅宗實錄』, 「肅宗 6年 6月 11日(戊辰)」.

129) 『肅宗實錄』, 「肅宗 6年 7月 9日(丙申)」.

임영에 대한 숙종의 관심과 기대는 1680년 11월 22일 保社功臣 추록의 부당성을 건의하는 단계에서[130] 注視로 전환하는 조짐을 보이는 가운데 교리 재직 때인 1681년 1월 1일 節用을 강도 높게 주장하고,[131] 동년 3월 16일 주강에서 治道의 바탕으로서 君德을 강조하는 과정에서는[132] 불편을 넘어 성가심으로 바뀌게 된다.

이런 가운데 1681년 3월 28일 국구 閔維重의 병권 독점의 부당성을 건의한 상소에서 숙종은 저간에 쌓인 불만을 표출시키게 된다.

> 校理 林泳이 上疏하기를, '閔維重이 兵曹判書에 그대로 있는 것은 마땅하지 못합니다.' 하였는데, 임금이 답하기를, '어찌하여 이와 같이 어지럽게 일어나 시끄럽게 구는가?' 하였다.[133]

그러나 임영은 이에 구애되지 않고 부교리 오도일 등과 연명하여 보사공신의 추감, 외척에 대한 경계를 거듭 강조하자 숙종은 '妄言', '浮薄'이라는 표현까지 구사한 嚴批를 내리기에 이른다.[134]

이처럼 임영 · 오도일의 직언은 신뢰의 상실로 이어졌고, 조정에서는 이들에 대해 '낙점을 아낀다'는 '靳點口舌'이 나돌게 된다. 이에 閔鼎重 · 李師命 등이 나서 숙종의 마음을 돌리기 위해 부심했고, 그 결과 1682년에는 신예 문신들이 선망했던 湖堂[:讀書堂]에 선발되는 영광을 누리게 된다. 물론 이 때의 호당 선발은 대제학 이민서가 주관

---

130) 『肅宗實錄』, 「肅宗 6年 11月 22日(丁丑)」.

131) 『肅宗實錄』, 「肅宗 7年 1月 1日(乙卯)」.

132) 『肅宗實錄』, 「肅宗 7年 3月 16日(己巳)」.

133) 『肅宗實錄』, 「肅宗 7年 3月 28日(辛巳)」.

134) 『肅宗實錄』, 「肅宗 7年 5月 3日(乙卯)」; 『肅宗實錄』, 「肅宗 7年 5月 12日(甲子)」.

한 것이지만 숙종의 재가 없이는 불가능했던 바, 임영 · 오도일 · 박태보의 선발은 군신 간 일정한 타협의 장면으로 읽힌다.

> 讀書堂에 6인을 뽑았는데, 趙持謙 · 林泳 · 吳道一 · 朴泰輔 · 李畬 · 徐宗泰 등이 참여하였으니, 대제학 李敏敍가 선발한 것이었다.[135)]

여기서 잠시 임영의 졸기를 미리 살펴볼 필요가 있을 것 같다. 졸기는 『숙종실록』 및 『숙종실록보궐정오』에 각기 실려 있는데, 후자가 실상을 더 핍진하게 담아내고 있다.

> '임영 졸기'_숙종실록
>
> 일찍 등제하였으나 어리석다는 비방을 받았으므로 벼슬하지 않고 …… 청요직을 두루 지냈으나, 또한 榮利에 급급하지 않아서 많이 退避하고 벼슬길에 나아간 것은 많지 않았다. …… 임영은 사람됨이 느리고 둔하며, 見識도 명철하고 투철한 것이 모자랐으나 ……. (하략)[136)]

> '임영 졸기'_숙종실록 보궐정오
>
> 淸華한 벼슬에 들어가서는 金壽恒 형제의 추천을 많이 받았으나, 능히 초연하게 스스로 지켜서 勳臣 · 權貴를 꺾고 청의를 주장하니, 사류가 더욱 존중하였다. 영리를 좋아하지 않고 의리에 따라 진퇴하

---

135) 『肅宗實錄』, 「肅宗 8年 5月 2日(己酉)」.

136) 『肅宗實錄』, 「肅宗 22年 2月 6日(壬辰)」.

여, 湖海에 머무르고 조정에 선 날이 많지 않았다. 대개 그의 뜻은 먼저 임금의 마음을 바루어 정치하는 근본이 되게 하려 하였으나, 시세가 이미 어찌할 수 없게 되었으므로 드디어 여러 번 징소하여도 나아가지 않았다.[137)]

『숙종실록』의 '어리석다는 비방[暗昧之謗]'은 출신 지역[羅州 ; 鄕村]에 대한 폄훼적 성격을 배제할 수 없고, '행동의 지둔함과 견식에 있어 명철 · 투철함의 부족[爲人遲鈍 見識亦欠明透]'은 사안의 摘示性이 결여된 '비방'의 성격이 짙다. 두 기록의 공통점은 영리에 급급하지 않았던 難進易退의 출처관이다.

『숙종실록보궐정오』의 '勳臣 · 權貴를 꺾고 청의를 주장했다[詘勳貴主淸議]'는 표현은 보사훈 추록의 부당성을 지적하고, 척신[민유중]의 병권 독점을 경계한 것에 따른 평가이다.

이 대목에서 곱씹어 볼 것은 暗昧, 遲鈍, 견식에 있어 明透함의 부족이다. 『숙종실록』의 찬자는 이를 관료적 자질의 결손이라는 측면에서 바라보고 있지만 논자는 이것을 관직에 대한 초연함에서 기인하는 言行, 즉 '매끄럽게 다듬어지지 않은 천연스런 정치적 言語와 行事'가 위와 같은 용어로 변질되었다고 본다.

이처럼 그는 걸출한 학식과 문장을 갖춘 데다 종사에 대한 애착과 우려 또한 동시대의 사대부들에 못지않았지만 관료, 특히 정치 관료로서는 결코 能爛하지 못했다. 이조정랑 재직시인 1682년 8월 14일 구언에 응한 만언소 또한 그 범주를 벗어나지 않는다. '節用', '儉約', '치우침의 경계', '국왕 및 조정의 신뢰 회복', '勳貴의 통제', '軍政의

137) 『肅宗實錄補闕正誤』, 「肅宗 22年 2月 6日(壬辰)」.

정비', '聖學을 통한 사욕의 억제', '조정 기강의 확립', '대신 예우', '법의 엄격한 적용', '조세 蠲減을 통한 민생의 안정', '문 · 무 · 음 등 仕路에 구애되지 않는 인재의 신축적 등용', '儒賢 예우의 실질화' 등을 요목으로 했던[138] 이 상소는 당시의 국가적 현안을 날카롭게 진단하여 그 대안을 공격적으로 제시한 '苦言'이자 '實語'였기 때문에 숙종으로부터 외면되었던 것이다.

모든 요목이 국정 현안에 대한 통찰적 이해에 바탕하였지만 그 중에서도 숙종의 심기를 가장 예민하게 건드린 것은 아래 내용이었던 것 같다.

> 임금은 私有의 재산이 없고, 또 사사로 부리는 하인이 없어야 하는데, 內需司의 설치는 이미 私財의 府庫이고, 여러 宮家에서 田土와 노비[臧獲]를 백성과 서로 소송한 것은 전하께서 대부분 특별히 재가를 내려 內需司에 주셨습니다. 臺諫이 아뢰는 글이 연달아 올라왔으나, 오히려 미루기만 하여 賤隸의 이름자가 간혹 성상의 말씀[玉音] 속에 나타나기도 하고, 황폐한 제방[堰]의 得失이 여러 번 임금의 명령에 언급되었으니, 예전에 나라의 군주는 재물의 多寡를 말하지 않았다는 뜻을 가지고 헤아려 본다면 얼마나 동떨어진 일입니까? 周나라의 內府와 곧 漢나라의 少府는 곧 지금의 內需司로서 모두 朝士를 그 관원으로 삼았었는데, 이제 마땅히 士大夫를 선택하여 그 관원으로 삼아 외부의 官司와 똑같이 한다면 나라의 措置가 환하게 밝아져서 반드시 聖德에 도움이 있을 것이니, 어찌 다시 私財의 허물이 있

138) 『肅宗實錄』, 「肅宗 8年 8月 14日(己丑)」; 林泳, 『滄溪集』 卷4, 「應旨言事疏」.

겠습니까?[139)]

지금 임영은 숙종의 사적 소유를 문제 삼고 있고, 그것의 공적 운용을 강도 높게 촉구하고 있다. 이 건의의 본의는 지존으로서의 국왕의 공적 지위의 고양을 목표한 것으로 보이지만 군왕의 입장에서는 몹시 불쾌하게 받아들여질 수 있는 민감한 사안이었다.

국왕의 사적 소유에 대한 경계의식은 서인계, 특히 소론계의 공통적 인식의 측면이 없지 않았다. 이와 관련하여 박세당의 문과 시권에 주목할 필요가 있다. 1660년 박세당은 문과에서 장원으로 합격했는데, '唐나라 同平章事 楊炎이 천하의 財賦를 전부 左藏에 귀속시켜야 한다고 청한 것'에 대한 입장 제시가 展試 試題의 요지였다.

'백성이 풍족한데 임금이 누구와 풍족하지 않을 수 있으며, 백성이 부족한데 임금이 누구와 풍족할 수 있겠습니까?'라는 말에 대해 황제께서는 이를 유념하소서. …… 이에 생각건대, 사적인 비축을 제거하고 공적인 창고로 귀속시키는 것은 안에다 쌓는 일을 그만하고 밖에다 풀어주는 것만 못합니다. 聖朝에서 없애야 할 폐단으로 진실로 오늘날 먼저 해야 할 일입니다. 王者는 사사로운 재물이 없으니, 옛사람의 은미한 뜻을 잘 생각해야 합니다. …… 신은 엎드려 바라옵건대, 신의 간절한 심정을 살피시고 신의 진정한 마음을 받아주시어 속히 하찮은 土貢이라 하더라도 전부 地官으로 하여금 관장하게 하소서. 그런 즉, 고치는 것이 귀하니, 모두 위대한 군주의 훌륭함을 우러를 것입니다. 오래 지나도 이전으로 돌아가지 않는다면, 백성들의 비

139) 앞의 책.

방은 거의 사라질 것입니다.[140)]

국왕의 사적 소유에 대한 강한 거부, 모든 재정의 국가적 관리라는 측면에서 박세당과 임영의 주장은 정확하게 일치한다.

예상대로 임영의 상소에 대한 숙종의 반응은 냉랭했다. 숙종은 비답에서 '근거 없는 맹랑한 말[無根孟浪]', '헐뜯음[詆毁]'이란 표현을 쓰며 불쾌함을 드러냄은 물론 상소의 처리 결과를 행정 계통에 하달하지 않는 '留中不下'의 조처를 취하게 된다. 물론 이 조처는 영의정 김수항, 우의정 김석주의 요청으로 해제되었지만 이런 과정을 거치면서 숙종과 임영의 정치적 괴리는 커졌다. 1687년 부제학에 임명되기까지 약 5년간 공백기를 거친 이유도 여기에 있다. 그나마 1687년에 부제학, 대사성을 거쳐 황해감사에 임명된 것은 南九萬 등 소론계의 추천이 있었기 때문이다. 아래 황해감사 사직소에 대한 숙종의 비답과 사신의 논평은 군신 간 관계 호전의 흐름을 비교적 자세하게 보여주고 있다.

> 황해감사 임영이 상소하여 新命을 사직하니, 임금이 비답하기를, "경경은 글을 잘하므로 경연에 있는 것이 합당하지만, 이번에 외방을 다스리도록 한 것은 또한 盤錯에서 경의 利器를 시험해보려는 것이다." 하였다. 임영은 글을 잘하여 명류들의 으뜸이었지만 時議에 거슬리어 오랫동안 罷散이 되었었는데, 이때에 이르러 甄復하게 되고,

140) 김학수 외, 『조선시대 시권 - 정서와 역주』, 「朴世堂文科試券」, 한국학중앙연구원출판부, 2017, 382~386면.

비답한 교지가 또한 너그러우므로 사류들이 서로 경하했다.[141)]

이후 그는 1688년 대사성, 이조 참의를 거쳐 동년 9월 26일 전라 감사에 임명되었다. 그러나 그는 임명 다음 날인 9월 27일 스승 朴世采가 奏箚로 인해 배척당한 것을 인혐하여 감사를 사직하게 된다. 이에 숙종은 임영의 사직을 사생의 分義를 중시하여 君臣大義를 경홀시 하는 행위로 간주하여 즉시 파직시켰다.[142)] 즉, 숙종은 임영의 상소를 '後君' 또는 '慢上'으로 받아들였던 것이다.

이에 그는 조정에서 축출되었고, 이듬해인 1689년에는 己巳換局이 단행되어 남인정권이 수립됨으로써 상당한 기간 동안 관계를 떠나게 된다. 이후 1694년 갑술환국으로 서인이 권력을 되찾으면서 그를 등용해야 한다는 목소리가 표출되기 시작했다. 주요 추천인은 柳尙運·朴世采 등이었으며, 학덕이 출중하므로 경연에 입시하여 군왕을 보도해야 한다는 것이 그 명분이었다.[143)]

지경연 柳尙運이 말하기를, "김창협·임영은 文雅하고 경학에 능하니, 講筵에 출입하여 자문에 갖추어야 하겠습니다.[144)]

이런 흐름 속에서 대사간에 임명되었고, 그해 10월 개성유수를 거쳐 1695년 7월에는 부제학에 임명되었다. 하지만 그는 개성유수 부

---

141) 『肅宗實錄補闕正誤』, 「肅宗 13年 11月 9日(甲申)」.

142) 『肅宗實錄』, 「肅宗 14年 9月 27日(丙申)」.

143) 『肅宗實錄』, 「肅宗 20年 7月 19日(乙酉)」.

144) 『肅宗實錄』, 「肅宗 20年 4月 24日(辛卯)」.

임 당시 건강이 극도로 악화되었고, 유수로 나간 것도 치병을 위한 약재 수급의 효율성 때문이었다. 그러나 병세는 호전되지 않았고, 부제학에 재임하던 1695년 10월에는 치병을 위해 사실상 영구 귀향의 뜻을 굳히기도 했다. 때마침 대사성 崔奎瑞 등 동료들이 숙종에게 약물 지원을 요청하여 서울에서 치병할 수 있는 기회를 얻었지만 끝내 병석에서 일어나지 못한 채 1696년 2월 6일 48세로 생을 마감하게 된다.

임영은 전후 약 24년 동안 관계에 몸을 담았지만 실제 관직에 있었던 것은 몇 해에 지나지 않았다. 이는 難進易退의 출처관의 작동으로 설명할 수 있으며, 그것을 이끈 동력은 학문에 대한 열정이었다. 후술하겠지만 그의 졸기가 '관료'보다는 '학자'로서의 평가에 무게가 실려 있는 것도 이를 반증한다.

이러한 개인적 성향은 관료적 적응성에 있어 상당한 흠결로 작용했다고 볼 수도 있다. 하지만 제반 건의의 초점을 군왕의 의중이 아닌 사안의 중요성 및 완급에 맞춘 것은 '물정에의 어두움'이기보다는 사환에 대한 집착의 느슨함에서 오는 감언 · 직언의 용단적 성격이 컸다. 이것이 그가 '벼슬아치[문신]'였음에도 당대에 이미 학자로 인정되었고, 지금의 연구자들까지도 그의 학문에 매력을 느끼며 천착하는 이유이다.

(2) 인적네트워크 : 남인 퇴계학파와의 근접성

임영에게 1665~66년은 인생에서 가장 중요한 영향을 미치는 사람들과의 연이 맺어진 매우 중요한 시점이었다. 17세 때인 1665년에는 李端相과 사제의 연, 창녕조씨와 부부의 연을 맺었고, 이듬해인 1666년에는 생원시에 장원하는 한편 박세채와 사제관계를 맺었기 때문이다. 사회적 인간으로서의 임영의 體格은 이렇게 갖추어지고 있었다.

먼저 부인 창녕조씨(1651~1674)는 임영에게는 평생의 회한으로 남은 애틋한 존재였다. 15세에 임영과 혼인한지 10년 째 되던 1674년 24세의 젊은 나이로 사망했고, 슬하에 성장한 자식도 두지 못했기 때문이다. 부인은 서인의 명가 창녕조씨 출신이었다. 그 가계는 국초의 명신 曺尙治로부터 연원하며,[145] 증조 曺文秀는 참판, 조부 曺漢英은 감사를 지내는 등 환력이 두드러졌다. 부친 曺建周는 통덕랑에 그쳤지만 인척적 네트워크는 매우 강고했는데, 김상헌의 손자 金壽增, 『旬五志』 등 다양한 저술을 남긴 洪萬宗은 부인의 고모부였다. 그리고 숙부 조헌주는 대제학 李一相의 사위였으므로 이 가문은 안동김씨[金尙憲家] · 풍산홍씨[洪霶祥家] · 연안이씨[李廷龜家] 등의 문벌가와 혼맥으로 연결되어 있었다. 조문수의 자손들은 아들 曺漢英 · 漢相, 손자 曺憲周, 증손 曺夏望, 현손 曺命采 · 命敎 · 命敬, 5세손 曺允秀 · 允大 · 允亨 대를 거치면서 소론의 중진 가문으로 좌정하게 된다.

한편 조씨 부인의 외가는 정사공신 평산신씨 申景禛 가문이었는데, 외조 申汝挺은 신경진의 손자였다. 이 가계에서 주목할 대상은 申琓과 박세채이다. 신여정은 아들이 없어 조카 신완을 양자로 들였는데, 조씨 부인에게 신완은 외숙이 된다. 앞에서 잠시 언급한 바와 같이 신완은 1680년 임영과 함께 홍문록에 입록된 바 있고, 남구만 · 최석정과 함께 소론의 영수로 활동하며 숙종 후반에는 영의정을 지내게 된

145) 임영은 혼인 이후 처변 조상인 曺尙治의 묘갈명을 찬술하여 그 절의를 기리게 된다(林泳, 『滄溪集』 卷17, 「有明朝鮮國通政大夫集賢殿副提學致仕曹公墓碣銘 幷序」).

다. 또한 신완은 임영의 외친 趙遠期의 사위였고, 이단상과 함께 임영의 양대 스승의 한 사람인 박세채와는 사돈 간이었다. 비록 조씨 부인은 임영과의 사이에서 자녀를 두지 못해 혈연적 세연은 이어지지 못했지만 처가[창녕조씨], 처외가[평산신씨]를 통해 구축된 인척적 기반이 임영의 관료 그리고 학자적 행보에 중요한 영향을 미쳤음은 두말할 나위가 없다. 이와 관련하여 임영이 지은 조씨 부인의 '행장'에 이런 대목이 있다. 이것은 임종의 상황을 기록한 것인데, 임영이 초취 처가와의 연을 지속해야만 하는 사연이 애절하게 표현되어 있다.

> 남편[임영]을 불러서 앞으로 오라고 하고서 말하기를 '내가 죽더라도 당신은 우리 어머니를 잊지 마십시오.'라고 하고 …… 끊임없이 눈물을 흘리니 사람들이 모두 참담하여 차마 보지 못하였다.[146]

한편 임영은 상처한 지 2년이 지난 1676년 한산이씨를 재취로 맞게 된다. 재취 처가는 계유정난 때 화를 당한 李坡의 후손가로 처부 李龜年은 통덕랑, 처조부 李秩은 학생, 처증조부 李廷喆은 감찰을 지냈으므로 사환적 전통이 강고한 편은 아니었다.[147] 이정철은 이홍제의 차자로서 백부 李安濟를 계후했는데, 그 생가에서 드러나는 특징적 요소는 서인 · 남인의 중층적 성향이다.

---

146) 林泳, 『滄溪集』 卷17, 「亡室安人曹氏行狀」.

147) 조성기에게 보낸 편지에 再娶 차 서울로 간다는 내용으로 보아 李龜年家의 거주지는 서울임을 알 수 있다(林泳, 『滄溪集』 卷9, 「與趙叔成卿 聖期(丙辰)」).

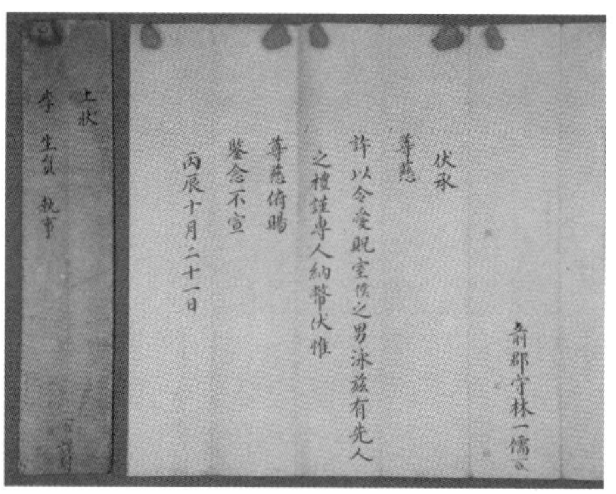

上狀
李 生員 執事

前郡守林一儒
伏承
尊慈
許以令愛貺室僕之男泳玆有先人
之禮謹專人納幣伏惟
尊慈俯賜
鑒念不宣
丙辰十月二十一日

임영 혼서(재취_1676)

이런 정황은 이정철의 형 李廷稷은 선조~인조조 근기남인의 영수 李元翼의 사위였고, 아들 이적은 숙종조 남인정권의 당로자로서 흔히 '睦閔柳三家'로 지목된 사천목씨 睦長欽의 사위라는[148] 점에서도 드러난다.

〈李龜年 생가 혼척도〉

- 李廷稷(從祖) : 전주이씨 李元翼 사위 _근기남인
- 이 적(從叔) : 사천목씨 睦長欽 사위 _근기남인
- 李喜年(再從) : 안동김씨 金中淸 손서 _영남남인
- 李延年(再從) : 여흥민씨 閔光勳 사위 _서인(노론)
  (민광훈은 남인 李光庭의 사위)
- 李景鴻(再從姪) : 동복오씨 吳始壽 사위 _근기남인

148) 김학수, 「晉州柳氏 淸聞堂家의 가계와 정치 · 사회 · 문화적 전개 : 조선후기 근기남인가의 굴절과 명암」, 『성호학보』 21, 성호학회, 2019.

손자 李喜年은 이황⇨조목으로 이어지는 월천학통의 계승자 金中淸의 손서였으며,[149] 증손 李景鴻은 숙종초기 남인정권에서 우의정을 지냈고, 경신환국의 여파로 사사된 吳始壽의 사위였다는 사실을 통해 확인할 수 있다. 또 한가지 주목할 것은 이정철의 종손자, 즉 이귀년의 재종제인 李延年이 閔光勳의 사위라는 점이다. 따라서 이연년은 1681년 임영이 교리 재임시에 권한의 통제를 강력하게 촉구했던 숙종의 국구 閔維重과 남매 간이 된다. 임영이 어떤 계기로 한산이씨 이귀년의 딸과 혼인했는지는 알 수 없으나 이 혼맥은 퇴계학에 대해 포용의식을 지녔던 임영의 학자적 성향과 상통한다.

6. 18세기 이후 임영가의 동향 : '창계추양론'과 사회적 대응

1) 文集編刊論 : 滄溪學의 사회적 공개

임영은 한산이씨와의 사이에서 외아들 董을 두었는데, 그는 36세로 단명함으로써 관직 등 사회적 활동의 폭이 넓지 못했다. 임영 사후 문집 편간 및 묘도문자의 찬술 등 현양론을 주도한 것은 아우 林淨과 손자 임적하 · 익하 형제였다.

문집인『滄溪集』의 경우 임영 사후 약 10년이 지난 1700연대 초반에 동복 아우 임정이 난삽했던 유문을 수합하여 편차한 다음 최석정 · 김창협의 교정을 거쳐 完定했다.

---

149) 김학수,「朴承任의 학문적 지향과 16세기 영주지역의 '집단지성'」,『영남학』 70, 경북대 영남문화연구원, 2019.

그래서 그 가운데 10분의 1만을 추려 내어 마침내 한 通을 필사하였다. 그렇게 한 다음 이것들을 모두 明谷 崔相國 錫鼎과 農巖 金尙書 昌協에게 보내어 校正을 청하였는데, 두 분이 반복하여 따져 보아 그 착오를 증명하고 篇秩을 바로잡은 이후에 草集이 비로소 완성되었다. 詩文은 모두 26編이고 附錄과 挽詞, 祭文이 1편이다.[150)]

이후 임정은 김창협과 남구만으로부터 서문을 받아[151)] 『창계집』의 印刊에 착수했고, 청도군수에 재직하던 1708년 간행을 완료했던 것이다. 『창계집』의 간행은 학술 정보의 공개를 의미했고, 그것은 학문적 입론의 출발을 의미했던 바, 아우 임정의 역할은 매우 큰 의미를 갖는다.

당시 내가 마침 南原府使로 나가게 되어 처음으로 板刻을 계획했지만 일을 마치기도 전에 체차되어 돌아왔고, 그해 병술년(1706, 숙종 32) 가을에 다시 淸道郡守로 부임하게 되었을 때 그 板本을 싣고 가서 1년이 지난 뒤에야 일을 비로소 마무리하였다.[152)]

신도비명이 문집과는 약 30년 정도의 시간적 격차를 두고 찬술된 것으로 파악된다. 찬자 李德壽(1673~1744)가 '창계신도비명'에서 임영의 차손 林翊夏를 청문자로 적기한 것으로 보아 찬술 시기는 1722년(林董의 졸년)에서 1744년(李德壽의 졸년) 사이로 추정할 수

---

150) 林泳, 『滄溪集』, 「滄溪集跋」(林淨撰).

151) 林泳, 『滄溪集』, 「滄溪集序」(金昌協_1707); 「滄溪集序」(南九萬_1708).

152) 앞의 책.

있다. 이런 과정을 통해 신도비명은 완찬되었으나 건립되기까지는 상당한 곡절을 수반하게 되는데, 이에 대해서는 후술키로 한다.

2) 院享論 : 경향 공조로 구현된 사회적 기림

조선후기 사림문화에서 學人 현양의 필요 조건은 ① '문집의 간행', ② '묘도문자의 정비', ③ '院享을 통한 사회적 기림'이다.

〈搢紳有司〉[官人]

- 趙相愚(判書)
- 李 墩(判書)
- 金宇杭(判書)
- 閔鎭厚(判書)
- 崔錫恒(判書)
- 趙泰耉(知事)
- 尹趾仁(參判)
- 尹德駿(參判)
- 李晩成(參判)
- 李 濟(參議)
- 李師尙(監司)
- 柳鳳輝(大諫)
- 趙泰億(參議)
- 李宜顯(參議)
- 李海朝(府使)
- 李 肇(承旨)
- 李光佐(大成)
- 崔昌大(參議)
- 李眞儉(修撰)
- 吳命恒(佐郎)
- 申靖夏(翰林)
- 宋成明(翰林)
- 徐命均(注書)
- 李秉常(翰林)

〈章甫有司〉[生進]

- 吳遂元(進士) : 吳道一 子
- 韓思孟(進士) : 徐文重 孫壻
- 趙景命(進士) : 趙相愚 從孫
- 李獻英(進士) : 李師尙 子
- 李眞伋(進士) : 尹趾仁 妻姪
- 趙駿命(進士) : 趙相愚 孫
- 李 絿(生員) : 李晩成 子
- □□□(◯◯) : 墨書[실명 파악 불가]
- 閔翼洙(生員) : 閔鎭厚 子
- 崔昌億(生員) : 崔錫恒 子
- 徐命純(進士) : 徐命均 弟
- 吳 鐸(生員) : 朴世楷 外孫
- 朴弼敎(生員) : 朴世楷 孫 _林泳 從祖 林埠 外曾孫
- 李著亨(生員) : 趙相愚 壻
- 趙彦彬(生員) : 趙泰耉 子(生家)
- 申 昉(生員) : 申琓 子 _申靖夏 姪 _朴世采 外孫
- 李舟臣(生員) : 李海朝 姪
- 李命龜(進士) : 退溪門人 李養中 從孫
- □□□(◯◯) : 墨書[실명 파악 불가]
- 朴弼休(生員) : 宋成明 妻甥

원향론의 경우 창계가에 고문서 형태로 전하는 '滄溪林先生建祠搢紳有司'[153]를 통해 建院의 시말을 대략이나마 파악할 수 있다.

여기에 연명한 인사는 진신[官人] 및 장보[生進]를 합하여 총 45명이다. 건원의 당위성을 천명하고 물력 조달의 원활성을 위해 판서급의 고관에서 생진에 이르는 유생층까지 공론 수렴의 대상으로 삼았음을 알 수 있다.

45명의 연명자 중에는 閔鎭遠 · 李晩成 · 李宜顯 등 노론계도 포함되어 있지만 주류를 이루는 것은 趙相愚를 비롯하여 崔錫恒 · 趙泰耉 · 趙泰億 · 柳鳳輝 · 李光佐 · 崔昌大 · 吳命恒 · 申靖夏 · 徐命均 등 숙종~영조조 소론계의 핵심 관료들이다.

특히 소론사대신으로 일컬어지는 조태구 · 이광좌 · 최석항 · 유봉휘는 강력한 정치적 영향력을 행사했던 인물들이다. 이처럼 창계서원의 건립은 노소 공론의 수렴과 지원 속에서 추진되었고, 참여한 유생층 또한 앞에서 언급한 세강계원 및 진신유사와 인척 관계에 있던 인사가 많았으며, 특히 이들 가운데 趙景命 · 李眞伋 · 申昉 등은 영조조 소론의 핵심으로 성장하게 된다.

창계서원의 건립 및 운영상을 구체적으로 보여주는 문헌은 많지 않다. 그것은 끝내 사액을 받지 못함으로써 착실한 관리 및 운영이 이루어지지 못한 데에서 기인한 것으로 보인다. 그나마 1794년 나주 유생 李鎭夏 등이 나주목사에게 올린 청원서[上書]에 그 전말을 보다 구체적으로 살펴볼 수 있는 단서가 있다.

---

153) 『古文書集成』 67-羅州 會津 羅州林氏 滄溪後孫家篇-, 「座目」1(滄溪林先生建祠搢紳有司), 302면.

본원은 창계 임선생을 제향하는 곳으로 先相公 東岡[:趙相愚] 선생께서 주창하셔서 창건한 것입니다. …… 선생께서 돌아가시고 경향 간에 공의가 사라지지 않아 경인년(1710)에 信傑山 아래에 서원을 창건하였는데, 이곳은 송추가 울창하고도 빽빽하여 선생께서 평소 산책하시며 거처하던 곳입니다. 당시 院長 및 院貳는 한 시대의 중망을 지닌 이들이었고, 동강 선생께서는 선생[滄溪]과 도의의 사귐을 맺은 연분이 있어 진신유사가 되어 창건을 실질적으로 주관하셨습니다. 뿐만 아니라 창건에 참여한 장보 유사 중에도 조씨 집안의 여러 선배들이 많았던 바, 비록 서원 창건은 유림 공공의 거조라 할지라도 또한 합하댁에서 평소 주장한 일이 아니겠습니까?[154)]

위 인용문을 통해 확인할 수 있는 것은 ①창건이 경향 사림의 공론에 의해 이루어졌고, ②그 주역은 조상우 등 풍양조씨 일문이었으며, ③창건 연도는 1710년이고, ④위치는 信傑山 아래라는 사실이다.[155)] 이런 여건과 입지 속에서 임영의 족질 林象德의 문자적 협찬이 더해지면서[156)] 건립은 순조롭게 진행되었고, 1711년 겨울 林堇 등 본손들의 주관하에 '창계봉안례'가 치러졌다.[157)]

---

154) 『古文書集成』 67-羅州 會津 羅州林氏 滄溪後孫家篇-, 「上書」(1), 117면.

155) 이 上書는 나주목사를 상대로 경제적 지원을 청원하는 내용인데, 조상우 등 풍양조씨 일문의 역할을 특별히 강조한 까닭은 무엇인가? 그것은 당시 나주목사가 바로 조상우의 증손 趙時淳이었기 때문이다. 時任 목사가 건원 주역의 자손이라는 점에서 일정한 혐의가 없지 않지만 사실관계에 어긋나는 것은 없다. 예컨대, 풍양조문의 역할을 강조한 것의 경우, 조상우를 비롯하여 趙景命(조상우의 종손), 趙駿命(조상우의 손자), 李著亨(조상우의 사위) 등이 참여한 것은 명백한 사실이기 때문이다.

156) 林象德, 『老村集』 卷8, 「滄溪書院上梁文」.

157) 『古文書集成』 67-羅州 會津 羅州林氏 滄溪後孫家篇-, 「詩文」(2), 487면, 「詩文」(3), 488면.

이후 창계서원의 운영상은 문헌에서 잘 포착되지 않는데, 1722년 12월 유람차 회진을 찾았던 李夏坤의[158] 유람기는 단편적이나마 주목할 만한 부분이다. 더욱이 이 기록은 외방인의 시선을 담고 있다는 점에서 참신해 보이기도 한다.

> 12월 1일 회진에 이르렀다. …… 마을에는 임씨와 박씨만 사는데, 창계댁은 西村에 있었다. (창계의) 아들 董 또한 호학하여 학문의 세업을 이을 만하였으나 痘疾에 걸려 요사이 사망했다고 한다. …… 일행과 함께 임씨 집안의 정자인 永慕堂에 이르렀는데, 자못 高爽하였다. …… 林邁가 와서 잠시 대화를 나누었고, 돌아가는 길에 창계서원 水雲亭을 배알했다.[159]

우선 '회진 방문' 그 자체가 이곳이 나주의 名所로 인식되었음을 의미했고, 이하곤은 두질로 사망한 임동에 대한 안타까운 마음을 피력하고 있다. 당시 회진 林門의 문장으로서 손님을 맞은 것은 임영의 조카 임매였다. 이하곤이 영모당의 공간적 풍취에 대해서는 호평하면서도 창계서원에 대해서는 특별한 언급이 없는 것은 다소 아쉬운 대목이다.

한편 창계서원은 1728년(영조 4) 김제 출신의 진사 趙德禧 등이 중심이 되어 임영의 학자·관료적 功效를 역설하며 사액의 필요성을 강변하였으나 조정에서는 냉담하게 반응했다.

---

158) 李夏坤은 앞서 世講契帖을 언급하면서 간접적으로 소개한 바 있는 李慶億의 손자로 전형적인 소론가 자제였으며, 임영의 대표적 외친인 趙顯期의 사위이기도 했다.

159) 李夏坤, 『頭陀草』 18冊, 「壬寅 12月 1日」(1722).

신들은 지난 경인년(1710, 숙종 36) 임영이 살던 羅州 지방에 祠宇를 세우고 제사를 차려서 한편으로는 존숭과 앙모의 진심을 기탁하고 한편으로는 학문 수련의 장으로 삼았습니다. 다만 창립한 지가 오래되었는데도 사액의 은혜가 아직 내리지 않았으니 지금까지 수십 년 동안 一道의 많은 선비의 개탄이 어떠하겠습니까. [160)]

조정에서 신중론에 입각하여 사액을 거부한 표면적 이유는 서원의 남설 문제였지만 戊申亂 직후 노소간의 긴장 국면이 조성되고 있었던 정국의 동향과도[161)] 무관치 않아 보인다.

공자 학맥의 직계라 하더라도 의당 신중히 해야 하니, 이것이야말로 유현을 존숭하는 도이다. 한편으로는 禁令을 세우고 한편으로는 사액을 한다면 어찌 거꾸로 된 것이 아니겠느냐?[162)]

이런 맥락에서 청액 운동이 실패하면서 국가적 예우 및 재정지원의 경로가 막히게 됨으로써 창계서원은 운영상의 어려움을 겪게 된다. 창계후손가에 전하는 청원서의 상당수가 서원 재정의 어려움을 호소하며 세제 혜택을 요청하는 내용을 담고 있는 이유도 여기에 있다.[163)]

---

160) 『承政院日記』, 「英祖 4年 10月 23日(庚子)」.

161) 이성무, 『조선왕조사』(상)(하), 동방미디어, 1998.

162) 『承政院日記』, 「英祖 4年 10月 23日(庚子)」.

163) 『古文書集成』 67-羅州 會津 羅州林氏 滄溪後孫家篇-, 「單子」(3), 83면; 「單子」(5), 87면; 「單子」(6), 88면; 「稟目」(1), 148면; 「稟目」(2), 149면; 「稟目」(3), 151면; 「稟目」(4), 152면; 「上書」(1), 117면.

3) 石物爭訟 : 향촌사회로부터의 도전과 응전

18세기 창계가문의 양대 현안은 창계서원의 사액과 '滄溪神道碑'의 건립이었는데, 특히 후자는 하나의 시비 국면으로 빠져들면서 가세를 고갈시킨 매우 소모적인 사건이었다.

앞에서 살펴본 바와 같이 '滄溪神道碑銘'은 늦어도 1744년 이전에 찬술됨으로써 竪碑의 절차만 남겨 두게 된다. 그러나 어떤 이유에서인지 18세기 후반까지도 신도비는 건립되지 못했고, 급기야 정조 연간인 1792년 이른바 '석물탈취사건'이 발생하여 일문이 송사에 휘말리게 된 것이다. 더욱이 이 송사는 인친 간 다툼의 양상으로 전개됨으로써 패륜성까지 내포하게 된다.

다툼의 대상이 된 석물은 임영의 아우 林淨이 1704년(숙종 30) 강화 經歷 재임 때 '신도비 및 상석용'으로 伐石하여 회진 강가에 묻어둔 것이었다. 이때만 해도 신도비명이 찬술되지 않았으므로 보관을 위한 불가피한 조처였다. 이런 가운데 1730년 한 마을에 살던 박씨들과의 석물 소유권 분쟁이 발생하게 된다. 그나마 이때는 강화에서의 벌석 당시 그 현장을 실견했던 임정의 차자 林䢿가 경향을 왕래하며 '石色'을 감별하는 등의 적극적 조처를 통해 사태를 수습함으로써 변고는 발생하지 않았다.[164)]

하지만 '창계신도비' 건립은 예상보다 크게 지연되었고, 석물은 여전히 강변에 매립된 상태로 정조 연간에까지 이르게 된다. 1792년의 홍수는 시비 촉발의 도화선이 되었다. 홍수의 여파로 석물의 일부가 노출되자 柳相楨·相警 등이 이를 자신들의 소유로 주장하며 예전부

---

164) 『古文書集成』 67-羅州 會津 羅州林氏 滄溪後孫家篇-, 「上書」(2), 119면.

터 이에 대한 집착이 컸던 박씨가에 放賣를 추진하는 과정에서 송사가 발생했던 것이다. 홍수 및 탈취사건이 발생한 것은 1792년이고, 송사가 1793년에 시작된 것은 정보력과 관계가 있다. 당시 林鴻遠[: 林弘遠]은 나주 경내면서도 회진과는 상당한 거리에 있었던 維山村[순창군 동계면 유산리]에 거주함으로써[165] 사태를 인지하는데 일정한 시간이 필요했던 것이다.

그렇다면 분쟁을 촉발시킨 유상정 · 상경은 누구인가? 이들은 문화유씨 집안 출신으로 충청수사를 지낸 柳持敬의 6세손이었다. 유지경의 조부 柳如岡은 林鵬의 사위였으므로 문화유씨는 회진임씨의 외파였던 것이다. 더구나 유지경의 종형 柳思敬은 임영의 증조 林悏과 동서의 척분이 있는 등 양가는 인척적 고리가 매우 깊은 관계였다.

사태를 파악한 임홍원은 나주목에 呈狀하여 物權의 인준, 탈취자에 대한 '법적조처[徒配]'를 강력하게 호소하였으나 관에서는 이를 받아들이지 않았다. 이에 임홍원이 거듭 정장하자 나주목사 또한 강경하게 대응했다.[166] 심지어 임홍원의 노비를 매질하는 상황이 연출된 것은 정장에 대한 부정적 의사의 단적인 표명이었다. 그 연장선상에서 나주목사는 쟁송의 대상이 된 석물을 屬公시킨 다음 민간에 처분하는 조처를 단행하였는데, 그 구매 대상자로 대두된 것이 1730년 당시 소유권 분쟁을 일으켰던 同里의 박씨들이었다. 결국 이 송사는 유씨 · 박씨와 관가의 밀착 관계 속에서 진행되는 협의가 있었는데, 전

165) 『古文書集成』 67-羅州 會津 羅州林氏 滄溪後孫家篇-, 「戶籍類」(9), 143면.

166) 당시 나주목사는 李寅燮인데, 그는 숙종조 남인의 중진 李后定의 현손이다. 그의 매부로 판서를 지낸 蔡弘履가 노론계와 결탁하여 蔡濟恭 · 李家煥 등 남인계를 비판한 것을 고려한다면, 그 또한 친노론적 성향을 지닌 남인계로 파악될 수 있는 여지가 있다.

후 약 10차례에 걸친 정장,[167] 務安 등 인근 사림의 공론적 지원에도 불구하고 반전의 계기를 확보할 수 없었던 배경도 여기에 있다. 예컨대, 1794년 1월 임홍원이 올린 청원서[單子]에 대한 판결[題音]에는 이 송사를 바라보는 나주목사의 태도가 극명하게 드러나 있다.

> 관은 석물 쟁송 사건에 있어 서로를 비난하고 헐뜯음에 괴로움이 누적되고 피로가 극에 달했다. 다시는 이 일에 간여하고 싶지 않다.[168]

관련 문헌의 부족으로 쟁송의 결말은 자세하지 않지만 지금까지의 서술만으로도 그 결말을 짐작하기 어렵지 않다. 석물 쟁송에서 드러난 향촌 사족들의 이해 및 역학관계, 사법행정의 집행자인 나주목사의 태도에서 노출되는 것은 18세기 창계가의 사회적 위상의 약화였다.

4) 사환적 제약과 향촌사림으로의 좌정

창계가문의 사회적 위상은 임영 대에 정점에 도달한 이후 자손 대를 거치면서 점차 하향세에 접어들게 된다. 그런 정황은 임영 이후 직계로는 문과 출신의 고관을 배출하지 못한 것에서 간취할 수 있다. 더구나 임영 이후 3대 동안 소년 承家가 연속되었는데, 아들 임동은 10

---

167) 『古文書集成』 67-羅州 會津 羅州林氏 滄溪後孫家篇-, 「單子」(13), 99면; 「單子」(14), 101면; 「單子」(15), 103면; 「單子」(16), 104면; 「單子」(17), 106면; 「單子」(18), 108면; 「單子」(19), 110면; 「單子」(200), 112면; 「單子」(21), 113면; 「通文」(1), 241면.

168) 『古文書集成』 67-羅州 會津 羅州林氏 滄溪後孫家篇-, 「單子」(21), 113면.

세, 손자 임적하는 15세, 증손 임홍원은 17세에 가장이 되었다. 사환적 진출의 제약, 승가 과정의 고단함은 경제적 어려움까지 수반하게 된다. 임동이 사망하기 한 해 전인 1721년 아들 恒壽[:迪夏]가 노비 10구를 상속할 때 작성한 분재기에는 힘겹고 애틋한 가정사가 드러나 있고,[169] 1739년 林淨[:林泳의 弟]의 아들 林蘧가 종질 임적하·익하에게 전답을 지급하는 문서에는 형제 상봉조차 여의치 않았던 경제적 어려움이 노출되어 있다.

〈林蘧 別給文記〉(1739)

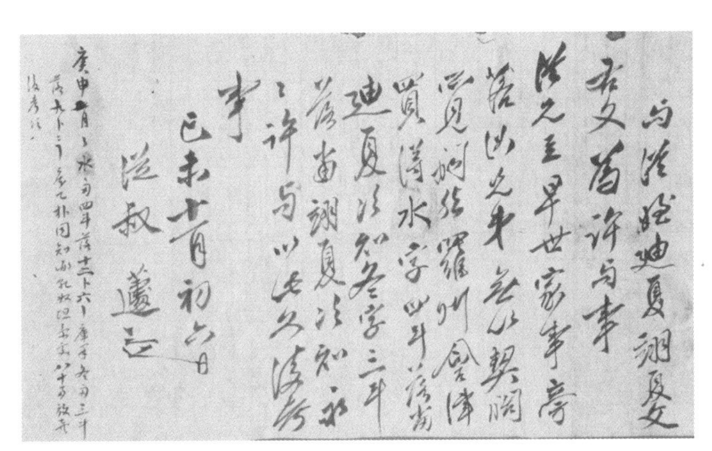

從姪 迪夏·翊夏에게 허여하는 문서

종형[林董]께서 일찍 세상을 떠나시고 家事가 기울면서 너희 형제가 서로 떨어져 만날 수조차 없는 것을 보노라면 가엾은 마음 금할 수가 없다. 회진에 매입해 둔 水字 답 4두락은 적하 몫으로, 冬字 답 2두락은 익하 몫으로 영영 허여하니 이 문서로써 근거로 삼도록 해라.
기미년(1739) 11월 6일 從叔 蘧[170]

169) 『古文書集成』 67-羅州 會津 羅州林氏 滄溪後孫家篇-, 「分財記」(5), 220면.

170) 『古文書集成』 67-羅州 會津 羅州林氏 滄溪後孫家篇-, 「分財記」(6), 222면.

주자학적 語法에서의 '가난'은 실상의 적나라한 드러냄이기보다는 상용적 성격이 강하므로 이를 액면 그대로 받아들일 수는 없지만 裕餘함과는 일정한 거리가 있었던 것은 분명해 보인다.

〈高萬齡娚妹 和會文記〉(1724)

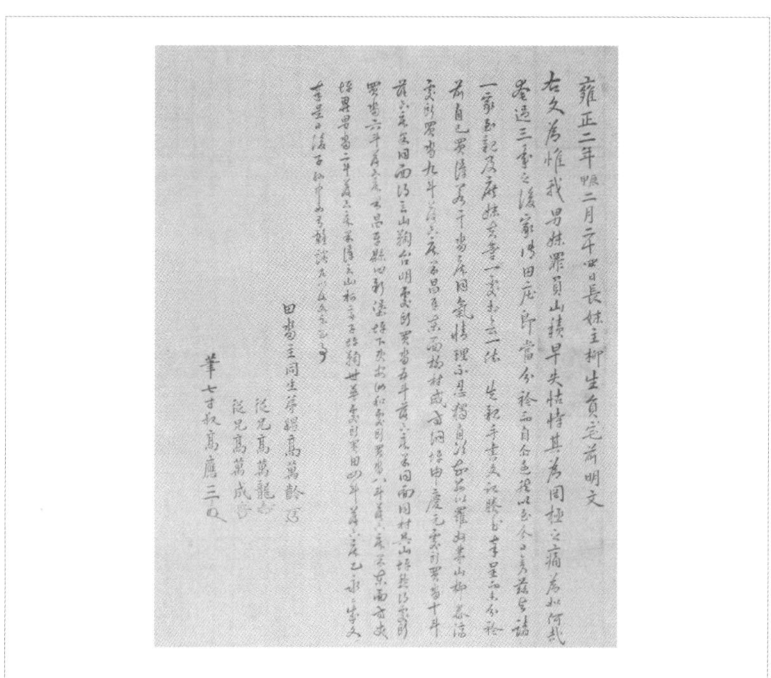
雍正二年甲辰二月二十四日長妹主柳生員宅前明文

田畓主同生弟娚高萬齡
從兄高萬龍
從兄高萬成
筆 七寸叔高應三

이런 상황에서 1741년 林迪夏의 妻母 장택고씨의 증여는 창계가의 경제적 상황을 호전시키는 계기가 되었다.

〈柳壽海妻長澤高氏 別給文記〉(1741)

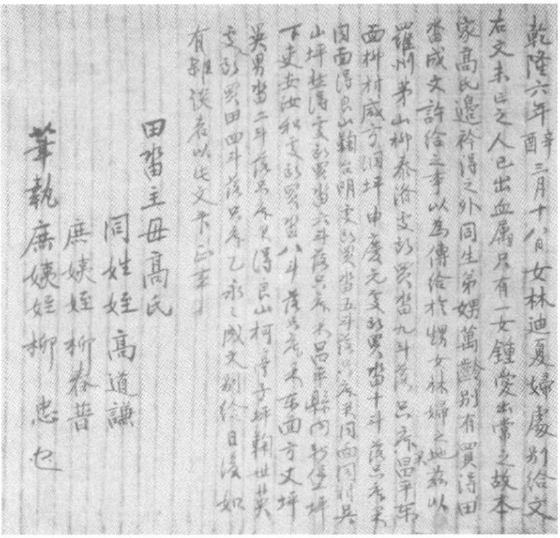

임적하는 문화유씨 柳壽海의 딸과 혼인했는데, 유수해의 부인이 장택고씨 高應天[171]의 딸이었다. 고씨 부인은 1724년 친정으로부터 딸의 몫으로 나주 및 창평 소재 전답 44두락을 상속받은 바 있다.[172] 그러나 부인은 유수해와의 사이에서 아들이 없었고, 자신의 혈육은 임적하의 처가 유일했다. 따라서 혈통과의 일치성을 추구했던 상속의 원칙 및 관행에 따라 친정으로부터 상속받은 전답의 전량을 딸과 사위인 임적하 부처에게 별급한 것이다.[173] '고만령남매화회문기'(1724)

171) 高應天은 高敬命의 2자 高因厚의 현손이다.

172) 『古文書集成』 67-羅州 會津 羅州林氏 滄溪後孫家篇-. 「明文」(3), 228면.

173) 『古文書集成』 67-羅州 會津 羅州林氏 滄溪後孫家篇-, 「分財記」(7), 223면.

와 '유수해처장택고씨별급문기(1741)'에 등재된 소재 · 지번 · 면적 등 토지 관련 정보가 완벽하게 일치하는 것도 이 때문이다.

현재로서는 임적하의 전체 재산 규모를 파악할 수는 없다. 다만, 분재기에 기준할 때, 1721년 아버지로부터 노비 10구, 1739년 종숙 임거로부터 전답 4두락, 1741년 처모 장택고씨로부터 전답 44두락을 증여받은 사실을 확인할 수 있다. 이와 관련하여, 43세 때인 1750년에 작성된 '나주목준호구'[174]에 따르면, 임적하가 소유한 노비는 총 49구[도망노비 10구 포함]였다. 이런 규모의 田民[토지와 노비]이라면 '절대가난'과 연결시키기에는 무리가 따른다.[175] 임적하의 경제 규모는 아들 임홍원 대에도 큰 변화 없이 유지된 것으로 파악되는데, 이런 추론은 1771년 당시 임홍원이 보유한 노비가 37구[도망노비 5구 포함]라는[176] 수치에 근거한다.

경제적 상황과는 별개로 18세기 창계가는 사환을 지속하였으되, 주부(林迪夏; 손자), 현령(林鴻遠; 증손), 현감(林正鎭; 현손), 참봉(林宅洙; 5세손) 등 중하급직 또는 수령직에 그침으로써 淸要와는 거리가 있었다. 장자 계통에 한정할 때, 문과는 물론이고 생진 또한 배출되지 않았고, 문집 또는 저작을 남긴 학자의 출현도 없었다는 점에서는 知的 활동이 위축되면서 향촌사림의 길로 접어들었다는 해석도 가능할 것 같다.

---

174) 『古文書集成』 67-羅州 會津 羅州林氏 滄溪後孫家篇-, 「戶籍類」(5), 139면.

175) 일반적으로 '몰락한 남인'으로 지칭되는 星湖學派 계통의 유학자 李森煥의 1801년 당시 노비 소유 규모는 55구였다(한국학중앙연구원 藏書閣, 『여주이씨 星湖家門 典籍』, 「戶籍(1)」).

176) 『古文書集成』 67-羅州 會津 羅州林氏 滄溪後孫家篇-, 「戶籍類」(9), 143면.

7. 맺음말

家의 명멸은 시대정신 및 가치의 포착 여부와 직결된다. 朱子學的 가의 실현이라는 측면에서 볼 때, 조선의 사림이 추구했던 핵심 가치는 충절 · 의리 · 문장 · 경세 · 학문이었고, 임영가는 이것의 대부분을 家道 · 家學의 범주 속에 수렴하고 있었다.

林泳의 선대는 나주의 토성 사족으로서 사환을 통해 문호를 확장하였으나 15세기까지만 해도 무반적 성격이 컸다. 이후 임영의 5대조 林鵬의 문과 합격은 일가의 지향이 문반으로 선회하는 확실한 계기가 되었고, 비록 영욕은 따랐지만 고조 林復의 정치적 현달은 창계가문이 호남의 명족을 넘어 사림의 명가로 도약하는 발판이 되었다. 이런 흐름 속에서 증조 林端 · 林墇 형제의 약진은 京華門閥과의 연대 및 제휴의 길을 열었다. 임타는 17세기 초중반 절의의 상징으로 추앙된 김상헌으로부터 '義理之士'로 인정을 받았고, 아우 임위는 문장 및 사환 중심의 가풍에 학문[道學]의 가치를 더함으로써 일가의 학술문화적 역량을 크게 강화시켰다.

임영의 부친 林一儒가 반남박씨 朴紹 가문, 임천조씨 趙希逸 가문에서 아내를 맞을 수 있었던 것도 부조 이래 구축, 확장되어 왔던 가문적 역량과 밀접한 관련이 있었다. 특히 임영의 모부인 임천조씨는 여류 교육가에 손색이 없는 지식과 식견을 구비하고 있었고, 엄중한 훈육을 통해 아들 임영을 전재로 육성한 사실 또한 창계가문의 역사에서 결코 간과할 수 없는 장면으로 착상된다.

임영은 탁월한 문장과 학식으로 일찌감치 문신의 반열에 올랐고, 朴泰輔 · 吳道一 등과 함께 서인 소장파[소론]의 핵심으로 주목을 받았다. 하지만 그는 자신의 관료적 자질과 능력, 주변의 기대와는 달리 관료적 행보는 순탄하지 못했다. 물론 그는 부제학, 대사헌 등 중앙의 요직을 역임했지만 그것은 외피였을 뿐 실제 그의 관직생활의 면면을 들여다보면 국왕[肅宗] 및 척신[閔維重]과의 긴장으로 점철되어 있었다. 그가 難進易退의 출처관을 고집했던 것은 이러한 긴장관계와 무관치 않지만 보다 본질적인 것은 '관직으로부터의 물러섬'과 '학문으로의 다가섬'이라는 그의 士로서의 인생 및 학문관과 연접되어 있었다.

임영의 퇴계학 수용 양상은 여러 논고를 통해 규명되고 있지만 그의 학문관은 기호·영남학의 통섭이라는 거대한 담론의 뭉치를 제시하고 있다는 점에서 그 의의가 매우 크고, 향후 서인계의 퇴계학 수용을 趙克善 ⇨ 宋浚吉 ⇨ 朴世采 ⇨ 林泳으로 이어지는 계통 구조 속에서 파악할 수 있는 계제적 역할 또한 주목할 만하다.

문집의 발간, 즉 '창계학의 사회적 공개'는 임영의 사망 이후 신속하게 이루어졌다. 그 신속성은 학문적 자부심으로 해석할 수 있을 만큼 공격성을 지니고 있었다. 문집의 간행은 원향론의 동력이 되어 1710~1711년 무렵에는 滄溪書院이 출범함으로써 임영은 사회적 기림을 받은 '賢'의 반열에 올랐고, 원향론을 추진했던 趙相愚 등 명사들의 면면은 임영이 관계 및 학계에서 확보하고 있었던 위상을 대변하기에 부족함이 없었다.

창계가문의 역사적 전개 과정에서 한 가지 아쉬운 점은 임영 이후 관료 및 학문적으로 뚜렷한 위상을 지닌 인물의 부재였다. 그것은 곧 문호의 위축으로 이어져 향촌사회로부터의 크고 작은 도전에 직면하며 會津林氏로 복귀하여 향촌사림으로 좌정할 수밖에 없는 이유가 되었다.

滄溪의 시문과 학술에 대한 일고찰

심경호
고려대학교 명예교수

• • •

1. 서언

滄溪 林泳(1649~1696)[1]은 17세에 靜觀齋 李端相(1628~1669)에게 수학하기 시작한 후, 玄石 朴世采(1631~1695), 藥泉 南九萬(1629~1711)과 가까이 지냈고, 13년 연상의 외숙 拙修齋 趙聖期(1638~1689), 農巖 金昌協(1651~1708) 등과 학문적으로 깊이 토론했다. 창계가 부제학으로 재임하던 1696년(숙종 22) 2월 6일에 48세로 捐館하자, 아우 林淨은 遺文을 필사하여 崔錫鼎과 金昌協에게 산정을 부탁해서 1705년 무렵 원집 26권, 부록 1권, 합 27권 13책의 정고본『滄溪先生文集』을 이루었다. 임정은 1706년 가을 南原府使에서 淸道郡守로 옮긴 후 간행을 서둘러, 1707년 9월에 김창협의 서

1) 창계의 본관은 羅州. 자는 德涵이다. 1692년(임신) 會津으로 돌아와 滄溪草堂을 짓고 거처했으므로, 사후에 후학들이 滄溪라고 호칭했다.『창계집』'부록보'(본래 林熒澤님 소장)에 창계의 아우 林淨 찬술「滄溪先生年譜草」, 朴泰初(1706~1762) 찬술「滄溪先生家狀草」가 전한다.

문을 받았다. 또한 1708년(숙종 34) 5월에 남구만의 서문도 받아 8월에 27권 14책의 간역을 마친 후 스스로 발문을 지었다. 淸道 남쪽 礩川 승사 곁에 장판각을 짓고 판목을 보관했다.[2)]

남구만은 「창계집서」에서, 창계의 글 가운데 講學의 工程을 논한 내용에 주목하고, '옛사람의 글로 말한 자'라고 현창했다.[3)] 한편 김창협은 1707년 9월 서문을 작성한 직후 李喜朝에게 서찰을 보내, 말뜻이 좋지 못한 곳을 지적해달라고 요구했다.[4)] 김창협은 서문에서 창계의 학문, 저술, 언론정치에 대해 이렇게 개괄했다.[5)]

• 공은 나이 10세 때에 考亭의『대학』格物說을 보고 온갖 이치를 다 연구하려는 뜻을 품었다. 20세에는『주자대전』을 구해 읽고 더욱 감동하고 기뻐하여 밤낮으로 거기에 침잠하여 1년 만에 그 의미를 완전히 이해했다. 만년에는 延平(李侗)의 학문을 매우 좋아하여 벗들에게 자주 그에 관해 말해 주곤 했으며, 언행을 검속하고 덕성을

---

2) 초간본은 규장각(奎4121, 古3428-301) 등에 있다. 원집은 26권, 부록(권27) 1권이다. 권두에 林淨이 1708년에 지은 跋이 있다. 권27은 附錄으로, 致祭文 1편, 祭文 5편, 挽詩 16편이다. 1994년에 성균관대학교 대동문화연구원에서 林熒澤 소장본을 대본으로 하여 「滄溪集」을 영인 간행했다. 「兵制說」 1편, 「辛酉日錄」, 國文親筆簡札이 拾遺로, 年譜, 行狀草, 神道碑銘 및 崔錫鼎 撰 辨序 등이 附錄補로 첨부되었다. 한국문집총간의 저본은 1708년 초간 규장각장본(奎4121)이다. 박헌순, 『창계집 해제』, 한국고전번역원, 2000.

3) 南九萬, 「滄溪集序」, 『滄溪先生文集』 卷末. 본고에서 주로 활용하는 『滄溪先生文集』은 1708년 초간 규장각장본(奎4121)을 저본으로 삼아 영인 · 표점한 한국문집총간 159 수록본(민족문화추진회, 1995)을 사용하기로 한다.

4) 1701년에 창계의 스승 李端相의 아들이자 金昌協의 처남 李喜朝가 林淨에게 보낸 서찰[「答林道沖, 『芝村集』 卷12]을 보면, "先伯氏의 文稿 7冊을 金兄(金昌協)이 보내와 지금 책상 위에 있습니다."라고 했다. 곧 金昌協이 李喜朝에게 창계의 유문을 산정하도록 한 듯하다.

5) 金昌協, 「滄溪集序」, 『滄溪先生文集』 卷末.

함양하기를 더욱 깊고 간결하게 했다.

- 공은 문장이 출중하면서도 평소에 저술을 좋아하지 않았다. 그 때문에 문집에 시와 문은 단 몇 권에 불과하고 서찰만 매우 많다. 그 중 학문을 강론하고 일을 논의한 것은 모두 본말을 완전히 연구함으로써 드러내어 밝힌 것이 많았다.
- 공은 평소의 언론을 한결같이 考亭의 뜻에 따랐으나, 유독 조정의 상호 이견에 관해서는 늘 중간에서 조정하는 것을 위주로 했다. 이는 혹시 시대 상황에 부득이한 점이 있었던 것으로, 考亭을 제대로 배우는 데에는 무방한 것인지도 모르겠다.

김창협은 타계하기 전에 蘆原의 처소로 金墰이 찾아오자, 詞章之學에 대해 이야기하다가, 『창계선생집』을 꺼내어 서찰 한 통을 직접 읽고, "사장만 숭상하는 세상 사람들이 어찌 여기에 미칠 수 있겠는가? 그대들은 나를 따른 지 오래되었는데 대체 무슨 일을 이루었는가? 이곳은 조용하므로 강론에 전념할 수가 있다. 道峯書院이 10리도 되지 않으니, 서원에 와서 머무른다면 아침저녁으로 오갈 수 있을 것이다."라고 권유했다고 한다.[6)]

이하, 성균관대학교 대동문화연구원에서 나온 『창계집』(1994), 한국고전번역원에서 펴낸 『창계선생집』(한국문집총간 159권, 1995), 한국정신문화연구원, 『고문서집성 67: 나주 회진 나주임씨 창계후손가편』(2003), 한국고전번역원의 2016년~2020년 번역 『창계집』, 성균관대학교 존경각 창계문고 소장 자료를 주 자료로 하여, 창계 시문과 학술의 특징에 대해 살펴보고자 한다.

---

6) 金昌協, 『農巖集』 別集 卷2, 附錄 1 제문[金墰].

창계는 騈文 · 程式詩 · 三字銜製述 · 述志詩에서 성과를 이루었는데, 이것은 그의 科宦歷 · 學問工程에 따른 결과이다. 『肅宗實錄補闕正誤』의 숙종 22년(1696) 2월 6일 수록의 창계 졸기는 창계를 조선조 '因文入道'의 제일인자로 꼽았다.[7] '因文入道'의 평어는 學問工程 · 科宦歷과 관련이 깊은 말이다. 기왕의 연구는 이 점을 충분히 다루지 않거나 왜곡했다.[8] 근세 이전의 학자들은 자신의 이념을 정치의 장에서 실현하기 위해 노력했으므로 과거를 통해 朝臣이 되고 館閣文을 작성하여 국가 이념을 선포하고 정치권력의 정당성을 확인하는 일에 주저하지 않았다. 한편 창계는 朝臣으로서의 활동에 제약을 받자 학자로서 자신의 삶을 조정해 나갔다. 학자로서의 창계는 학문의 規模에 대해 의식하고 窮究와 敬謹의 두 방향을 조화시키고자 노력했다. 본고는 이러한 사실에 대해서 검토하고자 한다.

2. 창계의 科宦歷 · 學問工程과 시문

1657년(효종 8, 정유) 부친 林一儒(1611~1684)[9]가 恩津 현감으로 부임하자, 창계는 은진에 거처하며 「小學」과 四書를 읽었다. 이듬해(1658, 효종 9, 무술) 羅州 會津으로 가서 季父 林長儒의 慈孝堂

---

7) 『肅宗實錄補闕正誤』 권30, 숙종 22년(병자, 1696) 2월 6일(壬辰), "我朝雅尙儒術, 近世尤盛, 前輩名流, 多有因文入道者, 若其姿性之醇厚, 趣致之深遠, 學識之平實, 講解之超卓, 言議之公正, 泳實爲之最焉."

8) 최근 연구 성과로는 성균관대학교 대동문화연구원 주최, 『창계 임영의 생애와 사상』 논문집(2020, 10.30), 『민족문화』 56집(2020) '滄溪 林泳의 생애와 사상' 기획논문 4편을 들 수 있다.

9) 李德壽, 『西堂私載』 卷5, 「僉知中樞府事贈吏曹參判林公墓碣銘」.

에서 공부했다. 1659년에 창계는 학문 방법과 시문 제술 방법을 터득했다. 이때 경전 대문과 주자 본주는 물론, 小註까지 숙독했다. 『大學章句大全』에 실려 있는 『大學或問』의 格菴趙氏(趙順孫) 설은 陳淳의 설을 가져온 것인데, 당시 독서층은 大全本 小註의 출전을 문제삼지 않았으나, 창계는 이에 대해 의문을 제기했다.[10] 또한 창계는 이 해, 博古의 情報資料集인 『事文類聚』를 완독했다. 창계는 훗날, "詩賦命題冊題逐條多出於此"라고 술회했다. '冊題'는 '策題'의 오기로, 이 구절은 "詩賦命題, 冊題逐條, 多出於此."로 끊어 읽어야 할 것이다.[11]

11세 때인 이 해에 창계는 여러 형들을 따라 科詩와 古風을 익히고, 科表 작법을 스스로 터득했다. '做'는 과시문의 연습을 가리키는 한국식 한자어이다. 古風은 無韻 칠언장편, 즉 大古風을 말한다. 스스로 과표를 지었다고 했으니, 騈文 형식을 자득했음을 알 수 있다.

13세 때인 1661년(현종 2. 신축) 叔祖인 東里 林墰에게 『주역』을 배웠다. 1662년 봄에 창계는 羅州 會津에 있을 때, 季父 林長儒가 '자효당'으로 試題를 삼아 子姪들에게 서문을 지으라 하자 騈文으로

---

10) 大全本 『大學或問』 小註 '格菴趙氏曰', "一塵之微, 一息之頃, 不能遺者. 理無物不在, 無時不然. 大而天地之一開一闔, 古今之一否一泰, 小而一塵之或飛或伏, 一息之或呼或吸, 皆此理之所寓也." ; 『北溪大全集』 卷40 答問 '答陳伯澡再問大學'. "問: 極其大, 天地之運, 古今之變, 不能外也. 盡其小, 一塵之微, 一息之頃, 不能遺也. 此處欲分別其所當然與其所以然之故, 如何? [答] 理無物不在, 無時不然. 大而天地之一開一闔, 古今之一否一泰, 小而一塵之或飛或伏, 一息之或呼或吸, 皆此理之所寓也. 當然, 就其見定者而言. 所以然, 乃大化本體從来如此."

11) 『事文類聚』는 송나라 祝穆이 엮은 유서로, 1246년에 前集 · 後集 · 續集 · 別集 170권을 이루었다. 이후 원나라 富大用이 新集 36권, 外集 15권을 추가하고, 祝淵이 遺集 15권을 추가하여, 총 236권으로 되었다. 『古今事文類聚』 혹은 『新編古今事文類聚』의 판본이 유통되었다. 조선에서 계축자와 갑진자로 『新編古今事文類聚』를 인쇄했다. 1643년(인조 21) 金堉은 『類苑叢寶』를 엮을 때 『사문유취』의 체제를 참조했고, 18세기 초 李瀷도 『星湖僿說』을 엮을 때 『사문유취』를 지식정보원으로 활용했다. 심경호, 『한국한문기초학사』 제2책, 태학사, 2012(증보).

「慈孝堂序」를 지어 올렸다.[12] 1662년 여름, 조부 林端이 務安 바닷가[13]의 '觀海亭' 精舍에 대해 손자들에게 기문을 짓게 하자,[14] 창계는 「觀海亭序」를 지었다. 다른 손자들은 산문으로 지어 올렸으나 창계만 변문으로 지어 올렸다. 句法이나 體格이 淸新하면서도 노숙하여 조부가 매우 뛰어나다고 여겨 벽에 걸어 놓았다고 한다. 창계는 15세 되던 1663년(현종 4, 계묘)에 변문으로 「三浦石橋重修文」을 지었다.[15] 羅城에서 떨어져 서쪽으로 錦里에 접한 곳인 삼포에 석교를 놓을 때 모금을 위한 勸緣勸善文이다. "貧道落髮, 初年住心博施."라 했으므로, 승려를 대신하여 지었는지 모른다. 이 글은 교량 수축을 자비의 행위로 설하는 불교 논리를 따랐는데, 전고를 많이 사용했다. 교량비는 주로 고문으로 작성하고 간혹 한국식한문을 사용하며, 지방관원이나 지방민이 주창한 경우가 많지만,[16] 창계의 이 募緣文을 보면 변문의 문체이다.

1664년(현종 5, 갑진) 龍安(益山) 현감으로 부임하는 부친을 따라가서, 都擧元에게 『文選』을 배웠다. 7월에 조부상을 당하여 會津으로

---

12) 林泳, 『滄溪先生文集』 拾遺, 「慈孝堂序」(壬寅春○十四歲作 移書. 고전번역원 정리본은 斷句에 잘못이 있다. "家有塾. 黨有序. 八九椽之爰謀 ; 子止孝, 父止慈, 數三額之斯揭. 一室蕭然, 五倫全矣. 至若峽裏春還. 覽寸草而圖報. 郊墟秋霽, 望白雲而興思." "則逕東西翠竹蒼松. 屋上下靑山流水." "調羹美味, 初呈王祥之玉鱗. 入饌佳肴. 復供羅威之珍品. 三千年一花. 三千年一實, 長лож冀蟠桃 ; 五百歲爲春. 五百歲爲秋. 遐壽祝荊樹."와 같은 식으로 바로잡아야 한다.

13) 林泳, 『滄溪先生文集』 附錄補, 「滄溪先生年譜草」.

14) 林泳, 『滄溪先生文集』 拾遺, 「觀海亭序」(壬寅夏○移書). 고전번역원 정리본은 斷句에 잘못이 있다.

15) 林泳, 『滄溪先生文集』 拾遺, 「三浦石橋重修文」(癸卯冬○移書). 고전번역원 정리본은 斷句에 잘못이 있다.

16) 정후수, 「德水慈氏橋碑銘硏究」, 『동양고전연구』 13, 동양고전학회, 2000.6, 157~183면; 심경호, 『한국의 석비문과 비지문』, 일조각, 2021.

돌아왔다. 이 해 「義勝記」를 창작했다. 1665년(현종 6, 을사) 봄, 서울에서 靜觀齋 李端相에게 배웠다. 4월 庭試에 응시, 「擬唐陸象先謝褒以歲寒松柏表」(1665년)의 試紙[落幅紙]가 전한다.[17] 이 乙巳庭試에서는 金萬重이 갑과로 居魁했다.[18] 겨울에 曺漢英의 손녀 昌寧曺氏와 혼인했다. 1666년(현종 7, 병오) 1월 26일 과장을 열고 2월 11일 방방했는데, 해당 연도의 『司馬榜目』에 따르면 18세의 창계는 제2소(성균관)에 入場하여 書義 「木鐸循于路」로 生員試에 수석 입격했다.[19] 6월, 조모상을 당했다. 겨울에 「小學」을 읽고 『讀書錄』을 기록하기 시작했다. 1669년(현종 10, 기유) 8월에 咸興判官으로 부임하는 부친을 따라 北關으로 갔다. 1671년(현종 12, 신해) 11월 29일(당일 放榜) 庭試 문과에 賦「至日閉關」으로 을과 1위(亞元)를 했

17) 『고문서집성 67 : 나주 회진 나주임씨 창계후손가편』, 한국정신문화연구원, 2003. 현재 성균관대학교 동아시아학술원 존경각 창계문고에 위탁되어 있다. 크기137x129.7 낱장 1장.

18) 金萬重, 『西浦先生集』 卷9 表箋, 「擬唐陸象先謝諭以歲寒松柏表」(乙巳庭試居魁). 表題의 陸象先은 당나라 睿宗 · 玄宗 때 사람으로 본명은 景初였는데, 예종이 象先으로 賜名했다. 蒲州를 다스리게 되었는데, "천하는 본래 일이 없는데 용렬한 사람이 요란스럽게 만들 따름이다. 그 근원을 맑게 하면 일이 간략하게 되지 않음을 어찌 걱정하랴?"라고 했다. 『舊唐書』 卷88 「陸象先列傳」; 『唐書』 卷116 「陸元方傳 陸象先」; 『資治通鑑』 唐紀26 開元元年(713年).

19) 『사마방목』에 따르면 一所(漢城府)의 시관은 吏曹判書 兼兩館大提學 金壽恒, 刑曹參判 朴世模 등이며, 과제는 賦「詩得江山助」, 詩「白雲何人許更裁(押裁)」, 疑「子曰學而不厭誨人不倦何有於我哉又曰爲之不厭誨人不倦可謂云爾而矣聖人之言亦有前後之不同何歟」, 禮義「君子不盡利以遺民」였다. 二所(成均館)의 시관은 禮曹判書 朴長遠, 行弘文館副提學兼藝文館提學 趙復陽 등이며, 과제는 賦「相泣授將印」, 詩「歸路過玄度(押度)」, 疑「孟子曰於崇吾得見王退而有去志久於齊非我志也又曰予三宿而出晝於予心猶以爲速王如改諸則必反予見王之初已有去志則去齊之時猶以三宿爲速至有反予之望何歟」, 書義「木鐸徇于路」였다. 義題 書義「木鐸徇于路」는 『書經』 「夏書 胤征」 "每歲孟春, 遒人以木鐸循于路."에서 왔다. 진사장원급제는 崔錫萬이었다. 『고문서집성 67 : 나주회진 나주임씨 창계후손가편』, 한국정신문화연구원, 2003; 『丙午式年司馬榜目』(국립중앙도서관 [古朝26-29-16]). 試券이 성균관대학교 동아시아학술원 존경각 창계문고에 전한다.

다.[20]

1672년(현종 13, 임자) 서울에 와서 假注書가 되었다. 8월에 「靜觀齋李公狀譜後序」를 작성했다. 겨울에 부친을 따라 羅州 會津으로 갔다. 25세 되던 1673년(계축) 아우 林淨과 함께 龍門山 白雲峯을 유람하고 「白雲峯登遊記」를 작성했다. 이때 龍津을 지나면서 杜甫 시 「北征」의 "무릉도원을 아스라이 생각하고, 이내 신세 소졸함을 더욱 탄식하노라."라는 구절을 세 번 반복해 외우다가 운자를 나누어 절구 10수를 지어, 귀거래의 뜻을 가탁했다.[21]

1675년 12월경에는 강원도 通川에 있으면서, 두보가 48세 되던 759년(건원 2) 11월부터 12월에 蜀으로 들어가기까지 1개월간 成州 同谷[甘肅省 秦州 서남]에 寓居하면서 감회를 읊은 「乾元中寓居同谷縣作歌」 7수에 차운했다.[22] 단, 가행 형식은 취하되, 次韻은 하지 않았다. 산림과 서책을 사랑하는 취향을 말하고, 웅대한 지향이 있지만 세월이 흘러감을 아쉬워했다. 창계는 또 七言絹詩 五句詩 「曲江三章」에 차운했다. 「曲江」은 두보가 45세 되던 756년(지덕 1) 안녹산의 난을 피해 鄜州 羌村으로 이사했다가 적군에게 사로잡혔을 때 지은 시이다. 창계의 제2장은 意思가 豪放하다.[23] 창계는 또 두보의

---

20) 문과장원급제는 朴泰尙, 합격인원은 8명이고, 무과장원급제는 李必華, 합격인원은 174명이었다. 『國朝文科榜目』 卷12 「辛亥十二年庭試榜」.

21) 도연명의 시 「歸田園居」의 "남쪽 들판의 끝 황량한 밭을 일구고서, 졸렬한 본성 지키며 전원에 돌아와 사노라.[開荒南野際, 守拙歸田園.]"라는 구절에 깊이 공감했다. 林泳, 『滄溪先生文集』 卷1, 「行過龍津三復杜詩緬思桃源內益歎身世拙之句分韻成十絶」.

22) 林泳, 『滄溪先生文集』 卷1, 「寓居通川效老杜同谷歌作」. 제1편은 객지의 빈곤한 생활을 탄식했고, 제2편은 가족이 굶주리는 형편을 탄식했으며, 제3편은 멀리 있는 아우를 생각했고, 제4편은 누이동생을 생각했으며, 제5편은 고향에 돌아가고픈 생각을 읊었고, 제6편은 山湫의 龍을 노래했으며, 제7편은 자기 만년의 불우함을 탄식했다.

23) 林泳, 『滄溪先生文集』 卷1, 「又次老杜曲江三章」 제2장, "高歌浩嘯懷千古, 眼看一世

「秦州雜詩」 제13수, 제15수, 제16수에 차운해서 「龍淵新居次杜詩東柯韻」 3수를 남겼다.[24] 제3수는 "출처행장의 바른 행동은 천고에 길이 전할 일이고, 부귀는 한 조각 뜬구름일 뿐이네.[行藏千古事, 富貴一浮雲.]"라고 흉금을 드러냈다.

1674년(현종 15, 갑인) 2월, 부인 曺氏(1651~1674)의 상을 당하여, 「亡室安人曺氏行狀」을 지었다. 이해 창계는 『대학』·『가례』·『주자어류』 등을 읽었으며, 겨울에는 退溪와 栗谷의 四端七情論을 읽고 箚錄을 작성했다.

1675년(숙종 1, 을묘) 남인이 집권하게 되자 2월에 同志와 함께 嶺東 通川으로 가서 농사지을 땅을 알아보고, 10월에 양친을 모시고 통천으로 가서 용연촌에 머물렀다. 1676년 가을, 6품에 올라 典籍에 제수되었으나 부임하지 않았다. 이 무렵 「通川龍淵新居上樑文」을 지었다.

1676년(숙종 2, 병진) 11월, 서울에 와서 李龜年의 딸을 계실로 맞고, 12월에 아우 임정과 함께 통천으로 돌아갔다. 1678년 『성리대전』을 읽었다. 『南溪集』 권31 「答林德涵」(6월 2일)에서 알 수 있듯이, 당시의 창계는 自得의 문제를 성찰했다. 9월에 부친이 가족을 이끌고 扶餘 藻溪村으로 떠난 후, 11월에 창계도 이주했다.[25] 1680년(숙종

何鹵莽, 區區勢名焉足數. 幽人閉戶不肯出, 門外滄溟日風雨." 두보의 「曲江三章」 제2장은 이러하다. "即事非今亦非古, 長歌激越梢林莽, 比屋豪华固難數. 吾人甘作心似灰, 弟侄何傷淚如雨."

24) 두보는 乾元 2년(759)에 華州에서 벼슬을 버리고 기근을 피하여 秦州로 와서 머물며 「秦州雜詩」를 지었다. 창계는 그 가운데 두보가 東柯谷을 소재로 삼아 지은 시들에 차운했다.

25) 林泳, 『滄溪先生文集』 卷16 上樑文, 「扶餘巖棲齋上樑文」.

6, 경신) 叢岩精舍를 짓고, 상량문을 찬술했다.[26)]

이 무렵 창계는 「擬漢西域都護甘延壽等破郅支露布」를 지었다. 呂祖謙(1137~1181)이 模擬纂組를 거부하고 「唐定襄道行軍大摠管破突厥露布」『東萊集』 외집 권3]를 지어 특별한 감회를 부친 것을 본받았다. 1127년(靖康 2) 북송의 수도 汴京이 함락되고 徽宗과 欽宗이 후금에 잡혀가고 江汜의 사직이 일개 郡王에게 비길 정도로 되자 여조겸은 노포를 의작하여 불평스러운 감정을 실었다.[27)] 창계의 의작 노포는 한 원제 때 서역도호 甘延壽가 부장 陳湯 등과 함께 制書를 위조하여 군사를 징발해서 康居를 격파하고 郅支 單于를 참수했으나, 포상 혹은 처벌 문제로 논쟁이 벌어져 3년이 지나 감연수는 義成侯에, 진탕은 關內侯에 책봉되었던 사실을 소재로 삼았다.[28)] 창계는 "천도가 잔학한 자를 교화하므로 오랑캐는 100년의 운수를 유지할 수 없고, 인심이 순종함으로써 성왕이 一統의 존귀함을 누린다." 라고 전제하고, 감연수의 승첩으로 황제의 위엄을 변방에 펴고 신성한 武威를 만방에 떨친 사실을 칭송했다. 『춘추공양전』 隱公 원년에 "왕자는 바깥이 없기 때문에 도망쳤다고 말하면 바깥이 있다는 말이 된다.[王者无外, 言奔, 則有外之辭也.]"라고 했고, 何休 注에 "왕자는 천하를 한 집안으로 삼으니, 끊어 버리는 의리가 없는 것이다.[王者以天下爲家, 無絶義.]"라고 한 말을 근거로, 전투의 정당성을 부각

---

26) 林泳, 「叢岩新居上樑文」, 성균관대학교 존경각 위탁 滄溪家 소장 필사 문헌 『雜著』; 정우봉, 「滄溪 林泳 자료의 문헌적 검토와 산문 창작의 일면」, 『민족문화』 56, 한국고전번역원, 2020, 51면.

27) 林泳, 『滄溪先生文集』 卷16 雜著, 「擬漢西域都護甘延壽等破郅支露布」.

28) 『漢書』 卷9 「元帝紀」; 『漢書』 卷70 「甘延壽傳」; 『漢書』 卷70 「陳湯傳」; 『漢書』 卷94上 「匈奴傳」; 『資治通鑑』 漢紀 「孝元宣帝篇」 등.

시켰다.[29]

한편, 창계는 역사고사를 제목으로 삼아 칠언장편으로 짓는 程式詩를 작성했다. 그 가운데 「二聖一語孤臣哀」 40구는 蘇軾(1037~1101)이 환조하여 철종 元祐 2년인 1087년에 禁中에서 숙직하다가 宣仁后로부터 생전의 신종이 소식의 유배를 안타까워하여 소식의 문장을 誦讀할 때면 '奇才! 奇才!'라고 감탄했다는 말을 듣고 感泣한 사실을 노래했다.[30] 주제는 詞章家의 '潤色材'이다. 명나라 李東陽(1447~1516)은 『西涯樂府』「奇才歎」에서 이 고사를 다루어, "기재로다 참으로 기재로다. 二聖[수렴청정하던 선인후]의 한마디 말씀에 외로운 신하 슬퍼했네. 외로운 신하 서글픈 눈물 비처럼 흐르니, 소인배들이 신을 죽이려 했지만 신에게는 聖主가 있었다오. 그렇지 않다면 어찌 꿈속의 몸으로 천상의 말 들을 수 있었으랴?[奇才復奇才, 二聖一語孤臣哀. 孤臣哀淚如雨, 衆欲殺臣臣有主. 不然安得夢中身天上語?]"라고 했다. 창계의 「二聖一語孤臣哀」는 哀 자를 제3련 말자로 사용하고 그 글자가 속한 평성 제10 灰운의 글자 20개를 격구 압운하며, 초구에도 入韻했다.[31] 3聯(즉 조선의 3句) 1股로, 3股를 1단으로 삼아, 전체를 6股와 결미 1연(1구)으로 구성했다. 18세기 이

29) 창계가 다룬 주제는 당나라 문종 때 吐蕃과 우호를 맺은 후 維州의 悉怛謀가 투항한 사건에 대한 역사적 논란과도 관련이 있다. 정조의 經史講義 '綱目9 唐文宗' 조에 실달모 사건을 논한 條問이 있다. 『弘齋全書』 권118 經史講義 550 綱目9[唐文宗].

30) 북송 神宗 熙寧 때 소식은 進士策文의 試題에서 왕안석의 專横을 비판했다가 杭州通判으로 貶謫되고, 1080년(元豐 3) 湖州로 옮기게 되자 表文을 올려 사직하고 시로 失政을 풍자해서 烏臺詩案을 일으켰다. 사면받아 黃州 團練副使가 되었는데, 재상 王珪와 蔡確의 탄핵으로 汝州로 옮기게 되자 글을 올려 常州 團練副使가 되었다. 신종이 붕어하고 철종이 즉위하자 登州知事가 되었다가, 조정에 들어와 禮部郎中을 거쳐 翰林學士로 侍讀을 겸했다.

31) 林泳, 『滄溪先生文集』 卷2 詩, 「二聖一語孤臣哀」.

후의 科試 형식으로 변화하는 과도기의 형식으로, 후기 과시와는 달리 簾法을 지켰다.

창계는 元稹의 「以州宅誇於樂天」의 '謫居猶得住蓬萊'를 제목으로 삼아 40구 칠언고시를 찬술했다. 원진의 시에 "멀리 둘러나간 성곽에 뭉게구름 스치는데, 鏡湖와 稽山이 눈에 가득 들어오네. 사면으로 언제나 병풍 마주하고 있으니, 한 채의 집 온종일 누대에 있는 것 같구나. 은하수는 처마 끝으로 떨어지는 듯하고, 고각 소리 땅 밑에서 돌아나오는 듯 놀라워라. 나는 옥황상제의 향안 맡았던 아전이라, 인간세상 유배와도 봉래산에 살고 있도다.[州城迥遶拂雲堆, 鏡水稽山滿目來. 四面常時對屛幛, 一家終日在樓臺. 星河似向簷前落, 鼓角驚從地底回. 我是玉皇香案吏, 謫居猶得住蓬萊.]"라고 했다.[32] 원진은 자신이 越州로 폄적되어서도 아름다운 산수 속에서 잘 지내고 있다고 白居易에게 자랑했는데, 백거이는 시 「答微之誇越州州宅」으로 화답해서, 원진이 봉래에 謫降한 것이라고 예찬했다. 창계는 유배지 公署를 道院이라 여기고 眞遊하는 심경을 追想했는데, 萊자를 압운자로 정하고 그 글자가 속한 평성 제10 灰 운목의 글자들을 20개 골라 격구 압운했으며, 초구에도 압운했다.[33]

창계는 1680년 초 부탁을 받아 「貞明公主第賜宴詩幷敍」를 지었

32) 『元氏長慶集』 卷22; 『舊唐書』 卷166 「元稹列傳」; 『瀛奎律髓』 卷4 庭宇類.

33) 林泳, 『滄溪先生文集』 卷2 詩, 「謫居猶得住蓬萊」. 『太平廣記』 卷21 「神仙」에 등장하는 謝自然은 배를 타고 봉래로 가다가 바람에 떠밀려 어떤 산에 이르러 한 도인을 만났는데, 도인은 天台山의 司馬承禎을 스승삼을 만하다고 일러주었다. 당나라 李商隱의 「鄭州獻從叔舍人」 시에 "모군은 누대에 걸쳐 신선의 귀한 신분이고, 허연은 온 집안사람들 도기가 충만했네.[茅君奕世仙曹貴, 許掾全家道氣濃.]"라고 했는데, 「十二眞君傳」에 보면 許掾은 許翽로, 조상인 許琰 · 許肅 · 許孫 · 許穆 등이 仙道를 경모한 내력을 따라 신선이 되어 돌아갔다.

다.[34] 당시 李敏敍도「貞明公主七十七歲壽宴序」를 작성한 것이 있다.[35] 정명공주는 1603년(선조 36) 선조와 그의 繼妃 인목왕후 김씨 사이에서 첫째 딸로 태어났으며, 영창대군의 누나이다. 1613년 계축옥사 때 인목대비와 정명공주는 목숨을 부지하고, 1623년 3월 인조반정으로 복권되었다. 이때 21세 정명공주의 혼례에 18세의 洪柱元이 부마로 간택되었다. 1632년(인조 10) 인목대비 타계 후 인조가 병들자 궁중 저주사건에 정명공주는 연루될 뻔하고 1639년 두 번째로 궁중 저주 사건이 일어나 휘말릴 뻔했다. 7남 1녀의 자녀 가운데 둘째 아들 洪萬容의 증손자 洪鳳漢의 딸이 사도세자의 세자빈 혜경궁 홍씨로, 정명공주의 6대손이다. 숙종 때 이조참판 洪錫輔는 정명공주의 증손이다. 1677년(숙종 3) 5월 19일, 숙종은 정명공주의 75세 잔치를 열어주었으며, 1679년 8월 23일(신묘)[36]에 다시 전교를 내려 宴樂을 하사했다. 1680년에 이르러 洪萬熙의 부탁으로 창계가 그 시축에 서문을 쓰고, 경축시를 지었다. 홍만희는 永安尉 洪柱元의 셋째 아들이다. 창계는 서문과 시에서 숙종의 '達孝'와 '孝理'를 주제로 삼고, 숙종의 모친 明聖王后 金氏(1642~1683)와 妃 仁敬王后 金氏(1661~1680)의 애틋한 賜與도 칭송했다.

창계는「총암에서 한가로이 지내면서 동파가 쓴 〈취옹정기〉를 가져다 집자하여 시를 짓다[叢巖閑居取東坡書醉翁亭記集字爲詩]」3수

---

34) 林泳,『滄溪先生文集』卷1 詩,「貞明公主第賜宴詩 幷序」. 시는 이러하다. "吾王敬貴主, 錫宴光後前. 豈惟重尊屬? 且爲優高年. 有司盛供給, 自天加特宣. 御廚送仙醞, 天府出綺筵. 泠泠廣樂奏, 别撤雲韶懸. 兩宮各繾綣, 賜予亦聯翩. 惟玆老老仁, 孝理行復甄. 貴主壽金石, 聖朝恩如天. 如天將何報? 主家子多賢. 子子復孫孫, 萬世忠彌堅."

35) 李敏敍,『西河先生集』卷12 序跋,「貞明公主七十七歲壽宴序」.

36) 李敏敍의「貞明公主七十七歲壽宴序」는 '越二年己未, 公主年益高, 八月又賜宴如丁巳.'라고 했다.

를 지었다. 제1수는 序詩이고, 제2수는 아침의 정경과 심경, 제3수는 저녁의 정경과 심경을 노래했다. 「醉翁亭記」는 구양수가 滁州太守로서, 고을의 관민들과 산수자연을 즐기는 즐거움을 노래했는데, 창계는 雲水間 淸幽의 삶을 노래했다. 운자[下 · 者 · 散 · 亂 · 絶 · 出]는 모두 歐陽脩의 「醉翁亭記」에서 취하고, 非韻末字[來 · 間 · 開 · 風 · 時 · 峯]도 開 한 글자만 빼고 네 글자를 모두 「취옹정기」에서 취했다.[37]

1680년 5월에 창계는 정언이 되고, 6월에 都堂錄에 뽑혀 부수찬이 되었다. 10월, 교리로서 宋時烈과 함께 召對에 입시하여 「太極圖說」과 「西銘」을 진강했다. 1681년(신유) 지평, 교리, 헌납을 역임했다. 그런데 1680년부터는 知製敎의 三字銜을 겸대했다. 현전하는 告身으로 볼 때, 삼자함을 겸대했던 시기를 추정할 수 있다.

1680년(숙종 6)	奉列大夫行弘文館副修撰知製敎兼經筵檢討官春秋館記事官
이후 1688년까지	知製敎 겸대
1687년(숙종 13)	通政大夫弘文館副提學知製敎兼經筵參贊官春秋館修撰官
1688년(숙종 14)	通政大夫成均館大司成知製敎
1688년(숙종 14)	通政大夫吏曹參議知製敎
이후 知製敎 겸대하지 않음	
1695년(숙종 21)	嘉善大夫行弘文館副提學知製敎兼經筵參贊

37) 林泳, 『滄溪先生文集』 卷2 詩, 「叢巖閑居取東坡書醉翁亭記集字爲詩」(3首). 제1수는 이러하다. "深山無往來, 幽禽自上下. 蒼蒼雲水間, 此樂誰知者."

官春秋館修撰官

이후 1696년까지 知製敎 겸대하지 않음

1696년(숙종 22) 嘉善大夫行忠武衛司直

1680년(숙종 6) 4월 외척 金錫冑가 밀객을 시켜, 영의정 許積의 서자 許堅이 三福과 결탁하여 역모를 도모한다고 고변했다.[38] 이에 獄事가 일어나 삼복과 許積 · 尹鑴 · 吳挺昌 등이 賜死되고 많은 남인들이 처벌받았다. 이로써 영의정 허적, 좌의정 閔熙, 우의정 吳始壽 등이 주도하던 남인 정권이 영의정 金壽恒, 좌의정 鄭知和, 우의정 閔鼎重 등 서인 정권으로 급격히 교체되는 '庚申大黜陟'이 발생했다. 1680년 5월, 수 홍문관대제학 예문관대제학 南九萬이 「庚申討逆後頒敎文」을 지어 올리고 保社原從功臣 1등에 책록되었으며, 동지경연사를 겸하고 賑恤廳堂上에 차임되었다.[39] 許穆(1595~1682)은 반교문이 지날 때 賀班에 참석하려 했으나 병으로 참석하지 못하고, 이후 삭출 당했다.[40] 남구만은 허견 역모에 가담한 삼복을 한 고조의 손자 회남왕 劉安에 비유하고, 허적을 당 현종 때의 간신 李林甫에게 비유했다. 문체는 변문으로, 簾法을 준수하는데 그치지 않고, 句中平仄交互法도 일부 따랐다. 1680년 종묘에 재차 告諭하는 글

---

38) 본래 숙종 원년 3월 12일, 麟坪大君의 아들인 福昌君 李楨, 福善君 李柟, 福平君 李㮒 형제가 외숙 吳挺垣 · 吳挺緯 · 吳挺昌 등과 연합하여 권세가 있었다. 이때 明聖大妃의 부친 金佑明이 상소하여 복창군 형제가 궁중의 나인들과 사통했다고 고발하여, 의금부에서 조사하게 했다. 이 사건은 나인들만 처벌을 받는데 그쳤다.

39) 南九萬, 『藥泉集』 第十四 應製錄, 「庚申討逆後頒敎文」; 『藥泉年譜』 제3권 '52세 庚申(1680, 숙종6)'.

40) 許穆, 『記言』 別集 第26卷, 「眉叟年譜」[許磊撰] 제2권 '86세 庚申(1680, 숙종 6)'.

(「討逆告廟祭文」)은 지제교 창계가 4언 54구로 작성했다.[41] 여름에 난리를 토벌하고 告禮를 거행한 이후 역적 枏과 그 외숙 昌이 이실직고했고 몇몇 역적들이 내밀한 사실을 서로 증언하여 미진한 점이 남김없이 밝혀졌다고 확인했다. 그리고 爰書에 의거하여, "본래 조정의 중론이라 빙자하면서, 중전을 흔들려고 도모했습니다. 친경하고 종묘에 고할 때, 계획을 서로 주고받았고, 역모를 꾀함이 더욱 급박해져서, 體府가 다시 복설되었습니다."[42]라고 여죄를 고했다. 또한 1679년 李㰒의 역모 사실과 송시열 처벌의 부당성을 지적하여, "지난해 요망한 역적을 토벌한 일을 고했는데, 글을 지어 일을 지적할 때 간신이 억견을 펼쳐서, 무고한 신하가 난리를 선동한다고 지목되었습니다. 그 글을 바친 이는 우[이우]였으니 역적이라 일컫기도 관대한 일입니다."라고 했다.[43]

『창계선생집』에는 또한 지제교인 창계가 1681년(숙종 7) 작성한 「敎嶺南觀察使尹趾完書」가 있다. 경상도관찰사 겸 병마수군절도사 순찰사 尹趾完(1635~1718)에게 내리는 使命訓諭敎書를 초안한 것이다. 윤지완은 1684년(숙종 10) 어영대장의 직임을 맡고도 인혐하여 출사하지 않아 8월 26일(기미) 특별히 경상도 관찰사에 제수되었다. 좌천이었다. 변문으로 작성된 이 교서는, 동진의 陶侃을 예로 들

41) 林泳, 『滄溪先生文集』 卷16 祭文, 「討逆告廟祭文」.

42) 許積이 尹鑴 등과 의논하여 大義를 내세우고 자신의 집 동산 언저리에 체부를 특별히 설치한 다음 五道都體察使가 된 일을 가리킨다. 『숙종실록』 권4, 숙종 1년(1675) 12월 15일(무진) ; 『숙종실록』 권5, 숙종 2년(1676) 1월 25일(무신).

43) 1679년 3월 각 道의 僧軍을 징발하여 강화도에 墩臺를 쌓았는데, 이때 사대부 李有湞이, 築城將 李㰒에게 인조반정은 종통의 차례를 잃었으므로 소현세자의 손자 臨昌君 李焜을 옹립하자는 내용의 글을 보냈다. 이에 국청을 열어 이유정을 추문하고, 4월 29일 이유정은 복주되었다. 『숙종실록』 권8, 숙종 5년(1679, 기미) 3월 12일(정미) ; 『숙종실록』 권8, 숙종 5년 5월 19일(임자).

어 검약을 강조하고 송나라 范仲淹의 「岳陽樓記」를 들어 先憂後樂의 자세를 당부한 후, 周敦頤가 分寧縣 주부, 南安 현령, 南昌 현령, 廣東 轉運判官 提點刑獄으로서 冤獄을 없게 한 일, 주희가 同安縣 주부, 漳州 지사로서 지방관의 천단과 부호의 전횡을 막은 일을 들어 국가 권력을 관철시키는데 진력할 것을 요구했다.

이보다 앞서 1681년(숙종 7) 1월 21일 소대에서 창계는 영중추부사 송시열이 함께 입시하여, 朴尙衷(1332~1375)을 정몽주와 같이 표창할 것을 주청했다. 다시 11월 13일 영중추부사 송시열이 발의하자, 숙종은 박상충에게 '文正'의 시호를 주고 치제하게 했으며, 이어 송도에 사우를 세우도록 했다. 1374년 공민왕이 시해되자 李仁任 일파가 禑王을 추대하여 정권을 잡고 친원 정책을 취하자, 박상충은 鄭夢周과 함께 排元論을 주장했다. 간관 李詹과 全伯英이 이인임을 죽이라고 상소했는데, 이 일로 친명파가 연좌되어 장형에 처해지고 유배되었다. 이때 박상충은 杖毒으로 青郊驛에서 죽었다.[44] 1682년 정월의 贈謚 致祭에 맞추어 창계는 4언 70구 35운의 제문을 지어,[45] 人道의 大綱은 君臣之義와 華夷之防이라고 전제하고 고려 말의 혼

---

44) 『高麗史』 卷112 「朴尙衷列傳」; 『숙종실록』 7년 1월 21일; 11월 13일. 창계는 당시 安師琦가 이인임의 명을 받고 金義를 사주하여 명나라 사신 蔡斌을 죽이자, 박상충이 탄핵소를 올렸던 일, 이인임이 백관 연명으로 공민왕의 죽음과 禑王의 즉위에 대해 원나라 中書省에 呈書하려 하자 박상충이 林樸, 鄭道傳과 함께 서명하지 않은 일을 들었다. 또 1375년(우왕 1) 원나라에서 공민왕 시해 사건을 용서한다는 뜻을 알리는 사신을 보내려 하자 이인임 등이 원나라 사신을 맞이하자고 주장했으므로, 우왕은 정도전에게 접반하도록 했으나 정도전은 반발하다가 會津으로 귀양 갔다. 判典校寺事이던 朴尙衷도 원나라 사신을 거절해야 한다고 상소했다. 『高麗史節要』 卷30 辛禑 1; 『高麗史』 卷112 「朴尙衷列傳」; 『고려사』 卷126 「姦臣列傳 李仁任」; 朴泰輔, 『定齋集』 卷3 「潘南先生事蹟略」.

45) 『南溪集』 卷4에 「正月廿九日 朝廷遣官宣謚於先祖潘南先生墓次 翌日致祭 感歎志懷」라는 제목의 시가 있다.

란기에 박상충이 '正義深忠'을 드러내어 정몽주와 아름다운 명성이 나란하다고 칭송했다. 그리고 贈諡와 立祠가 '원로'(송시열)의 건의에 따라 대신들이 '同颺'한 결과라고 밝혔다.[46] 창계는 박상충의 상소에서 "신의를 버리고 역리를 따르는 것은 천하의 의리가 아니고, 강국을 배반하고 약국을 향하는 것은 오늘날의 좋은 계책이 아닙니다.[棄信而從逆, 天下之不義也; 背强而向弱, 今日之非計也.]"라고 한 주장을 인용했다. 박상충은 모친상 중에 典校署令으로 임명되자 기복했으나 고기를 입에 대지 않고 삼년상을 마쳤다. 1367년(공민왕 16) 국학을 다시 지은 후 李穡이 대사성에 임명되었을 때, 박상충은 정몽주 · 金九容 · 朴宜中 · 李崇仁과 함께 學官에 임명되었다. 창계는 이 사실도 언급했다.[47]

또한 1681년에 숙종은 李師命을 보사공신에 책록했는데, 창계가 지제교로서 교서를 초했다. 변문의 문체이다.[48] 이후 1688년에 창계는 지제교로서 「大行大妃殿議政府率百官進香祭文」을 지었다. 『창

---

46) 林泳, 『滄溪先生文集』 卷16 祭文, 「文正公朴尙衷贈諡致祭文」, "予相人道, 厥有大綱. 君臣之義, 華夷之防. 根天亘古, 作民彝常. 有卓于玆, 曠代可忘? 念昔麗季, 國家將亡. 逆臣執命, 環土迷方. 舍彼義主, 眷戀戎羌. 無復人理, 何有宗祊? 孰處其間, 獨任扶將? 名賢維靈, 天與剛腸. 有屹其立, 砥柱懷襄. 忠肝義膽, 日星爭光. 禍福死生, 視若毫芒. 爰初斬琦, 大論是張. 不署呈書, 厥節彌彰. 却使之疏, 片言秋霜. 逆順理明, 安危計長. 欲執權兇, 歸命天王. 能是一擧, 國其再昌. 豈惟國昌? 人免犬羊. 事有至難, 言發身戕. 鳳凰一羽, 足徵五章. 正義深忠, 百世攸臧. 矧伊國乘, 紀蹟又詳. 行著家庭, 教存儒庠. 惟其有本, 其達無疆. 與鄭文忠, 寔並流芳. 世教所關, 可闕褒揚. 元老建言, 諸輔同颺. 感時懷賢, 增予激昂. 追加美諡, 僉議攸當. 亦有成命, 立祠于鄕. 爰玆致祭, 卽彼隴荒. 豈曰能崇? 表予心傷. 庶幾精爽, 歆此泂觴." [운자:綱 · 防 · 常 · 忘 · 亡 · 方 · 羌 · 祊 · 將 · 腸 · 襄 · 光 · 芒 · 張 · 彰 · 霜 · 長 · 王 · 昌 · 羊 · 戕 · 章 · 臧 · 詳 · 庠 · 疆 · 芳 · 揚 · 颺 · 昂 · 當 · 鄕 · 荒 · 傷 · 觴(七陽平聲)]

47) 송시열은 「圃隱先生集重刊序」를 작성하여 조선 도통의 기원을 정몽주에 두었다. 창계의 박상충 증시치제문의 논조는 송시열의 정몽주 추숭과 통한다.

48) 『고문서집성 67 : 나주회진 나주임씨 창계후손가편』, 한국정신문화연구원, 2003.

계선생집』에는 수록되지 않았다. 대행대비는 인조의 계비 莊烈王后(1624~1688, 楊州趙氏)로, 음력 8월 26일(양력 9월 10일) 타계했다. 趙師錫이 대비의 조카로, 대비 사망 이후 우의정에 이른다. 9월 2일, 大行大王大妃의 시호를 莊烈, 徽號를 貞肅溫惠, 殿號를 孝思殿, 陵號를 徽陵로 정했다.[49] 9월 8일, 충훈부는 大行大王大妃殯殿 진향을 仁宣王后 국휼 때의 예에 따라 설행하겠다고 계문했다.[50] 장렬왕후의 죽음 이후 인현왕후가 폐위되고 서인이 숙청되는 기사환국으로 이어지게 된다.

1681년 가을에 창계는 호남 試官으로 나갔다. 8월 1일부터 10월 18일까지 77일간의 여정을 『辛酉日錄』에 남겼다. 1682년(숙종 8, 임술) 5월 2일, 대제학 李敏敍의 선발에 따라 호당(독서당)에 들어갔다.[51] 혜성이 잇달아 나타나자 교리로서 測候官에 임명되어 『星曆書』를 보고,[52] 혜성을 관측했다. 8월에 만언소를 올렸다.[53]

1684년(숙종 10, 갑자) 정월, 창계는 부친상을 당하고, 부여에서 龍潭 照林村[현 진안군 정천면 원조림리]으로 이주했다. 족제 得之, 즉 林世讓이 창계와 함께 『초사』를 읽었는데, 그가 돌아가므로 창계는 「九歌 湘君」의 "계목의 노와 난목의 뱃전으로 얼음을 깨고 저어 가니 눈이 쌓이누나.[桂櫂兮蘭枻, 斲氷兮積雪.]"라는 말을 차용하여

49) 『숙종실록』 권19, 숙종 14년(1688) 9월 2일(신미).

50) 『승정원일기』 숙종 14년 9월 8일.

51) 이때 6인을 뽑았는데, 趙持謙, 林泳, 吳道一, 朴泰輔, 李畬, 徐宗泰 등이다. 『숙종실록』 권13, 숙종 8년(1682, 임술) 5월 2일(기유).

52) 林泳, 『滄溪先生文集』 卷1 詩, 「戲題星曆書」, "人言禍福繫星躔, 我說人心自有天. 風月滿懷眞富貴, 雲山住跡是神仙. 閑中事業能千古, 世上功名祇百年. 此意欲傳誰信得, 掩書微笑獨欣然."

53) 林泳, 『滄溪先生文集』 卷4 疏箚, 「應旨言事疏」.

「斲氷辭」를 지었다.[54] 馬茂元 注에는 “斲冰積雪, 借指在水光中打槳前進.”이라 했으니, 창계는 明夷의 상황을 얼음 덮힌 강으로 상징한 듯하다. 통압과 협음에 따라 압운 체계를 실험하면서, 이별의 정을 절절하게 표현했다.[55] 이 무렵부터 창계는 조성기와 학문에 관한 깊은 토론을 전개했다.

1686년 3월, 이조정랑이 되었다. 5월, 鎭安 半月村으로 이주했다. 1687년 2월, 아들 林董이 태어났다. 1688년 2월, 會津으로 이주했다. 4월에 綾州牧使가 되어, 5월에 숙배하러 나오자 대사성에 제수되었으나 사직했다. 1690년 3월, 痘疫을 피하여 沙橋 중씨가에 우거했다. 1692년 회진으로 돌아와 창계초당을 짓고 거처했다. 1694년(갑술) 환국 후 10월에 개성유수가 되었다. 11월, 남구만과 박세채의 권유로 상경하다가 박세채가 도성을 떠났다는 소식을 듣고 상소하여 체직을 청했다. 47세 되던 1695년(숙종 21), 부제학에 임명되었는데 정월에 사은하고 부임한 며칠 만에 박세채의 부음을 들었다. 7월에 부제학이 되었다. 10월에 입경하자 柳尙運·崔奎瑞가 合辭하여 散班에 머무르게 하고 약물을 지급하도록 청했다. 곧 공조참판이 되었다. 1696년(숙종 22, 병자) 2월 6일, 타계했다. 4월에 아우 林淨이

---

54) 林泳, 『滄溪先生文集』 卷2 辭, 「斲氷辭」, “族弟得之甫訪余天臺之居, 留止旬日, 讀『離騷』「九歌」以歸. 於其行, 戱爲楚語送之.” 林世讓은 林宏儒의 맏아들로 조부는 林墰이다. 창계의 조부는 林端인데, 임담과 임타는 6촌 사이이다. 『초사』를 읽을 때 『讀書箚錄』에 부록된 「九歌解」를 작성한 듯하다.

55) 林泳, 『滄溪先生文集』 卷2 辭, 「斲氷辭」, “斲氷兮船開. 臨江水兮送君歸. 歲晏兮空山. 雲容容兮雪霏霏. 悄獨立兮蘭之皐. 窅離心兮徘徊. 出潊浦兮涉平原君. 顧我兮依依.」我屋兮雲間. 繚之兮江波. 深林閴其窈冥. 鳥不鳴兮人不過.」君之來兮幾日. 瞻江月其猶未缺.」千巖靜兮一室寒. 夕烟斂兮夜鶴叫. 悵思君兮不可見. 吟楚騷而延佇.」” [압운 : 歸·霏(五微平聲)·徊(十灰平聲)·依(五微平聲), 波·過(五歌平聲). 日(四質入聲)·缺(九屑入聲). 叫(十八嘯去聲)·佇(六語上聲)]

화순 현감에 제수된 후 운구하여 돌아가 함평의 선영 곁에 장사 지냈다. 1700년 11월, 남평 동쪽에 이장했다. 1708년(숙종 34) 나주 동쪽 金牙面 傑山村에 다시 이장했다.

3. '因文入道'와 '喫緊精熟'

창계의 아우 임정은 창계가 淸議의 恢張과 勳戚의 裁制를 위주로 한 사실이 후대에 기억되기를 바랐다. 앞서 보았듯이, 김창협은 1707년 찬술한 『창계선생집』 서에서 "공은 평소의 언론을 한결같이 고정의 뜻에 따랐으나, 유독 조정의 상호 간 이견에 관해서는 늘 중간에서 조정하는 것을 위주로 했다."라고 서술했으나, 임정은 이 서술에 불만을 가졌다. 崔錫鼎도 김창협 서문의 논조를 반박하되, 도리상 그 서문을 실어야 한다고 권유했다.[56] 최석정의 「辨疏」 말미에, "저 창계의 학문과 조예의 깊이 등에 대해서는 내가 誄文에서 대략 언급했고 또 장차 묘도문이 만들어질 것이니, 후세 사람들은 절로 알게 될 것이다.[若夫滄溪學問造詣之淺深, 余於誄文已略言之. 又將有墓道之文, 後人當自知之.]"라고 했다. 최석정이 말한 '묘도문'은 현재 알려진 李德壽(1763~1744) 찬술의 신도비를 가리키는 것이 아니다.

창계의 비문은 楊江 尹趾仁이 먼저 지었다. 창계의 아들 林董이 윤지인에게 비문을 고쳐달라고 청하고자 했으나, '成川'이 만류하는 간찰이 전한다.[57] 윤지인은 李正英의 셋째 사위로, 소론의 중심인

56) 崔錫鼎, 『明谷集』 卷12, 「題滄溪集後」.

57) 창계문고 소장 간찰. "碑文事奉述. 此是先生立朝大關節, 而楊江初頭下筆時, 只憑本

물이다. 윤지인은 임동이 준비한 狀草에 근거하여 비문을 지었는데, 1680년 '경신대출척' 때의 창계의 처신에 관해서는 논하지 않았다. '成川'의 간찰에 나오는 曺雅仲은 曺夏望(1682~1747)이다. 임동은 1687년(숙종 13)에 출생하여 1722년(경종 2) 3월 6일 36세로 세상을 떠났으므로, 그가 윤지인에게 창계의 비문을 청한 것은 졸년 1722년 이전이지 않으면 안 된다.[58]

한편 이덕수의 「滄溪林先生神道碑銘」은 『西堂私載』에 들어 있고,[59] 『창계선생집』 '부록초'에 '資憲大夫 吏曹判書兼弘文館大提學藝文館大提學知經筵春秋館成均館事世子右賓客 李德壽撰'의 2,781자에 달하는 「有明朝鮮國嘉善大夫司憲府大司憲滄溪林生神道碑銘 幷序」가 있다.[60] 이덕수는 창계의 자손 林翊夏의 청으로 신도비명을 지었다고 했다. 그 찬술 시기는 임동의 졸년 1722년부터 이덕수의 졸년 1744년 사이이다.[61] 신도비는 곧바로 세워지지는 못했고,

---

家狀草, 而狀草全沒之故, 所撰文字, 亦無一言提及. 及見曺雅仲所草庚申一段, 大加稱歎, 而全用其當路楊江, 亦豈無所見而然耶? 伯君所論, 殆近論議云云, 未見其然, 以此請改. 楊江其許之乎? 近來人家請文可作者, 旣來之後, 又更紛紜請改, 誠一謬風. 況此碑文中, 如許大節拍, 其可以淺心凡眼, 輒請改出乎? 吾意則決知其不可也."[此紙成川所答]

58) 창계문고에 1717년(숙종 43) 나주목사가 나주임씨 林董에게 戶내 인구현황을 기록하여 발급한 준호구가 있는데, 임동의 전처는 海平尹氏, 후처는 坡平尹氏이다. 임동의 4조 관직기록과 그의 두 처의 4조 관직기록이 나온다. 임영의 관직은 '嘉善大夫 司憲府大司憲'으로 기록되었다. 가족원 기록 아래로는 소유노비가 등재되었다. '率奴婢秩', '戶底秩', '외것[外居秩]'으로 나누어 기록되었다. 노비의 규모가 상당하다. 1686년 「林泳男妹和會文記」도 있다.

59) 李德壽, 『西堂私載』 卷6 神道碑, 「滄溪林先生神道碑銘」.

60) 李德壽 제술의 신도비는 『西堂私載』에는 '滄溪林先生神道碑銘'으로 되어 있고, 金膺顯 書幷篆을 入碑할 때에 篆額은 '滄溪先生神道碑銘'이라고 하되 碑題는 '朝鮮國嘉善大夫司憲府大司憲滄溪林先生神道碑銘'라고 창계의 관직을 적었다.

61) 김학수, 「나주임씨 창계가문의 가계와 역사적 전개」, 성균관대학교 대동문화연구원 주최, 『창계집』 완역 기념 학술대회 『창계 임영의 생애와 사상』 논문집, 2020.10.30,

1792년에는 석물 쟁송까지 발생했다. 근년에 金膺顯 書幷篆을 入碑하여 세웠는데,[62] 그 비면과 『서당사재』 수록 신도비명을 대조하면, 창계의 修學記 · 宦歷記 · 將卒錄 · 配位記 · 子孫錄의 뒤에 붙인 人評과 尙論에, 창계의 아우와 그 후손이 경신년 이후 창계의 정치행동에 관해 기록되기를 바랐던 문제의 단락이 삽입되어 있다.[63]

〈그림 1〉 창계신도비 첨입 · 개작 관련 자료

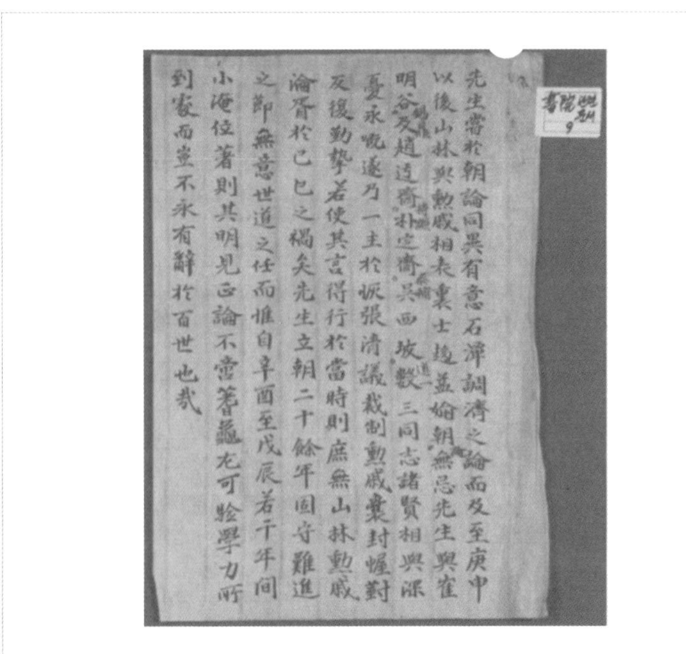

先生嘗於朝論同異有意石潭調濟之論而及至庚申
以後山林與勳戚相表裏士趨益偷朝無忌先生與崔
明谷及趙迂齋朴定齋吳西坡數三同志諸賢相與深
憂永慨遂乃一主於扳張清議裁制勳戚囊封幄對
反覆勤摯若使其言得行於當時則庶無山林勳戚
淪胥於己巳之禍矣先生立朝二十餘年固守難進
之節無意世道之任而惟自辛酉至戊辰若干年間
小澥位著則其明見正論不害著蘊尤可驗學力所
到處而豈不永有辭於百世也哉

88면.

62) 修學記와 宦歷記, 配位記의 서술과 銘文에 약간 字句 異同이 있다.

63) 始先生愍朝議携貳, 常有意於石潭調劑之論. 及庚申以後, 山林與勳戚相表裏, 士趨益媮, 則遂與趙迂齋持謙朴定齋泰輔等三四同志, 一意恢張淸議, 囊封幄對, 前後眷眷, 使其言得行於時, 庶不至淪胥於己巳之禍矣. 後之撫跡而追想者, 其有不慨然太息於斯乎?['始先生'至'太息於斯乎', 『西堂私載』無此段]

『肅宗實錄補闕正誤』 권30, 숙종 22년(1696) 2월 6일(임진), 전 참판 임영의 졸기는 경신년 이후 창계의 정치 행동을 부각시켜, 世評이 그를 '眞講官'이라 일컫는다는 사실을 밝히고, "淸華한 벼슬에 들어가서는 金壽恒 형제의 추천을 많이 받았으나, 능히 초연하게 스스로 지켜서 勳要를 꺾고 淸議를 주장하니, 사류가 더욱 존중했다. 영리를 좋아하지 않고 의리에 따라 진퇴하여, 湖海에 머무르고 조정에 선 날이 많지 않았다."[64]라고 서술했다. 그런데 앞서 언급했듯이 이 졸기는 또한 창계를 '因文入道'의 제1인자라고 평가했다. '因文入道'는 詞章에 주목했지만 사장을 도구로 삼고 사장을 벗어나서 도학을 닦았다는 뜻이다. 앞에서 살펴본 창계의 科宦歷에서 그 사실을 추론할 수 있다.

학술사에서 '因文入道'의 전형으로 꼽히는 인물은 婺州 蘭江人 范浚(1102~1150)이다. 그의 「心箴」이 『孟子集注』에 실려 있다.[65] 한편 조선 선조 때 李滉과 李德弘은 『고문진보』 후집 수록 한유 문의 내면에 자리한 마음의 바름과 삿됨을 발명했으나, 尹根壽와 崔岦은 『韓

64) 『肅宗實錄補闕正誤』 권30, 숙종 22년(1696, 병자) 2월 6일(임진), "庚申更化, 首盛經幄, 講說精博, 橫竪皆當, 一時諸名勝莫及焉. 世以眞講官稱之, 聖學之高明, 多有得於此云. 其入淸華, 多被金壽恒兄弟推挽, 而能挺然自持, 詘勳貴主淸議, 士流益重之. 不喜榮利, 進退以義, 棲遲湖海, 立朝無多日. 蓋其志, 欲先格君心, 爲出治之本, 而時勢已不可爲, 遂屢徵不至." 『肅宗實錄補闕正誤』는 영조 4년(1728)에 李光佐 · 尹淳 등 少論이 영조 초 老論 편찬의 『숙종실록』을 수정한 사서이다.

65) 堪輿書에 "선산의 對案에 아홉 개 華蓋峯이 있어 한 가문에서 형제 아홉이 선생으로 났다."라고 했는데, 『심경』에 蘭溪范氏의 말로 인용되어 있다. 송나라 高宗 紹興 연간에 현량방정과를 보아 형제들이 벼슬에 있었으나 진회가 집권하자 香溪에 은거했다. 단 胡應麟의 『少室山房集』 권83 수록의 遺集 서문 「范浚先生集序」에 "동기 열 사람 가운데 아홉이 制科에 올라 좋은 벼슬에 있었으나 선생만 포의로 일생을 마쳤다."라고 하여 감여서와 다르다. 星湖 李瀷은 호응린의 의문에 찬동했으나, 범준을 인문입도의 인물로 규정한 것에는 이의를 제기하지 않았다. 『星湖僿說』 권27 經史門 제10, 42「范香溪」.

文吐釋』에서 ‘因文入道’의 설을 제기했다.[66] 朴世采 별지[67]의 용례를 보면 ‘因文入道’의 文은 詞章을 뜻한다.

율곡 이이의 『經筵日記』[68]에서 “滉之學, 因文入道, 義理精密, 一遵朱子之訓.”이라고 했는데, 여기서의 ‘인문입도’에 대해서는 논쟁의 여지가 있다. 단, 퇴계 이황도 1541년(중종 36) 11월 泮製에서 「夾江禁耕謝恩表」를 작성했다. 당시 조선 조정은 협강을 공지로 남겨두어 요동인의 점거를 무단으로 규정하여 사실상 그 지역을 조선의 영토로 만들고자 했는데, 퇴계의 이 사은표는 당시 조선 조정의 의도를 명확하게 드러냈다. 이후 1553년(명종 8) 9월 14일 경복궁에 화재가 나자 대사성으로 있던 퇴계는 「慰安宗廟文」을 제진했으며, 이듬해 동궁과 사정전이 중건될 때 「東宮上樑文」과 「思政殿上樑文」을 제진했다. 그해 12월에는 「景福宮重新記」를 짓기까지 했다.[69]

1890년(고종 27) 申得求는 黃玹이 구례 만수동에 구안실을 건립하자 「苟安室記」를 써 주면서, 문장의 오묘함을 극도로 논하는 자는 반드시 ‘인문입도’를 말하는데, 황현이 거자업을 벗어나 문장에 전념

---

66) 尹根壽, 『月汀集』 別集 卷3, 「韓文吐釋 下」, “蓋欲求古神聖之道, 在於文字, 爲其餘躅, 而從順職職, 又近於道. 於是知韓公之與紹述庶幾由文入道之不偶然也? 向云不襲蹈前人, 非好奇之爲也. 如何?”; 정재철, 「한유 문 전범의 형성과 인식」, 『한국한문학연구』 60, 한국한문학회, 2015.12, 110면.

67) 朴世采, 『南溪先生朴文純公文續集』 卷第10 書, 「答林德涵別紙」(癸酉五月十一日), “昔者退翁謂奇存齋曰: 安有外嵇阮而內程朱之學乎? 蓋因文入道者, 不無詞章性理互主之病. 此亦豈能遠彼耶?”

68) 李珥, 『栗谷先生全書』 卷28, 「經筵日記」 1, [起明宗二十年乙丑七月. 至今上四年辛未. 凡七年] 隆慶四年庚午○今上三年, 十二月辛丑, “滉之學. 因文入道. 義理精密. 一遵朱子之訓. 諸說之異同. 亦得曲暢旁通. 而莫不折衷於朱子.”

69) 심경호, 「이황의 表箋과 上樑文」, 『퇴계학논집』 28, 영남퇴계학연구원, 2021.6, 185~217면.

하고 있지만 다시 문장을 떠나 도를 배우라고 권면했다.[70)]

창계는 知製敎로서 국가의 大小文字를 제술하고, 그로써 올바른 국가이념을 선포하는 일에 주력했다. 하지만 仕宦에 환멸하여 학문 공부에 몰두하게 되었다. 이때 창계는 '悠泛生疎'를 극복하고 '喫緊精熟'의 경지에 이르는 것을 추구했다. 졸수재 조성기는 그 사실을 인정하고, 유학의 공부는 사물의 粗迹으로 말미암아 一原無間의 실상을 究極하는 것이라고 부연했다.[71)] 그런데 창계가 시문에서 지향한 것도 시문 구조의 탄탄함을 통한 주제사상의 치밀한 구현이다.

1672년에 李喜朝(1655~1724)의 청으로 작성한 「靜觀齋李公狀譜後序」에서 창계는 자신의 학문 방향의 전환에 대해 말하고, 스승 靜觀齋 李端相의 학문과 생평을 서술하면서 스스로의 학문과 삶의 방향을 암시했다.[72)] 본문에서는 狀譜를 짜깁는 것이 아니라 狀譜가 究言하지 못한 것을 기록했다. 尙論에서 한 인물의 이념과 행동을 충분히 숙지하여 精髓만을 가려뽑고 그 인물을 하나의 老成人의 典型으로서 부각시키되, 志德의 造詣를 세밀하게 추적한 것이다. 창계는 이단상의 학문 방법에 대해 '深以厭煩徑約爲戒, 必欲博觀衆理'라고 서술했는데, 이 부분은 바로 창계 자신의 지침이 되었을 터이다.

창계는 이미 16세 되던 1664년(현종 5)에 「義勝記」를 지었다.[73)]

---

70) 申得求, 『農山先生集』 卷7, 「荀安室記」.

71) 趙聖期, 『拙修齋集』 卷6 書, 「答林德涵書」; 이승수 역, 『졸수재집』 2, 박이정, 2001, 148~149면.

72) 林泳, 『滄溪先生文集』 卷16 序, 「靜觀齋李公狀譜後序」; 李端相, 『靜觀齋先生集』 別集 卷4, 附錄 拾遺 「狀譜後序」[門人林泳]. 창계가 이희조로부터 정관재 문집의 서문을 부탁받은 것은 정관재 이단상의 사후 4년 뒤였으나, 『정관재집』 별집 수록의 글 뒤에 '壬子八月日 門人錦城林泳謹書'라고 서명했다.

73) 林泳, 『滄溪先生文集』 卷16 記, 「義勝記」(甲辰). 天君小說 계보에 속하는데, 이 계

앞서 曺植(1501~1572)은 「神明舍圖」를 작성하고 제자 金宇顒에게 「天君傳」을 짓게 했다. 이 계보는 李楨의 「神明舍賦」로 이어졌다. 창계의 경우는, 林悌의 「花史」나 「愁城志」에서 영향을 받았을 듯하다.[74] 그런데 「의승기」는 天君이 도적의 제일 요해처 宦海를 정벌하는 것을 골자로 삼아, 敬을 상징하는 惺惺翁과 義를 상징하는 孟浩然을 각각 宰相과 爪牙로 설정했다.[75] 곧, 창계의 「의승기」는 宦海에 나가 敬과 義로 욕망을 극복해야 한다는 주제를 담았다. 창계가 남긴 「일록」에 보면 18세 되던 1666년 『谿谷集』의 「神明舍記」에 대해 논평하여 張維가 신명씨와 주인옹을 별개로 설정하고 신명씨가 교만하고 화를 잘 낸다고 묘사한 점을 반박했다. 창계는 천군의 총재로 성성옹을 제시했으니, 『心經附註』 권1에서 謝良佐가 "경이란 항상 성성하게 하는 법이다.[敬是常惺惺法.]"라고 한 것에 근거한다. 천군을 義帝라고 칭한 것은 楚 項羽의 숙부 項梁이 楚懷王을 왕으로 옹립하고 항우가 義帝로 높인 고사를 차용하되, 西楚霸王에 오른 항우가 의제를 살해

보에는 東岡 金宇顒의 「天君傳」을 효시로 하여 白湖 林悌의 「愁城誌」, 菊堂 鄭泰齊의 「天君演義」, 滄溪의 이 「義勝記」, 文無子 李鈺의 「南靈傳」, 歇五齋 鄭琦和의 「天君本紀」, 小隱 柳致球의 「天君實錄」 등이 있고, 또 權重道(1680~1722)의 「安宅記」도 있다. 김광순, 『천군소설』, 고려대 민족문화연구소, 1996; 허원기, 「天君小說의 心性論的 意味」, 『古小說研究』 11, 한국고소설학회, 2001, 115~144면; 강혜규, 「천군계 작품의 사적 고찰」, 『정신문화연구』 31-1(통권 110), 한국학중앙연구원, 2008, 301~326면; 이연순, 「「義勝記」의 주제 의식 고찰」, 『서강인문논총』 34, 서강대학교 인문과학연구소, 2012.8, 105~134면; 윤주필 옮김, 『조선 전기 우언소설』, 한국고전문학전집 014, 문학동네, 2013.

74) 창계는 규방의 '여사고담'에서도 소설적 기법을 알게 되었을 것으로 추정된다. 임형택, 「17세기 규방소설의 성립과 창선감의록」, 『동방학지』 57, 연세대 국학연구원, 1988, 118~119면.

75) 마음을 천군으로 의인화하는 설정은 『荀子』 「天論」의 "이목구비와 형체는 각각 접촉하는 것이 있어서 다른 것은 할 수 없으니, 대개 이를 천관이라 한다. 마음은 가운데 빈 곳에 있으면서 오관을 다스리니, 이를 천군이라 한다.[耳目鼻口形, 能各有接而不相能也, 夫是之謂天官; 心居中虛, 以治五官, 夫是之謂天君.]"에서 유래한다.

한 사실은 무시했다. 오행에 해당하는 장기 가운데 心이 火臟에 해당되므로 화덕으로 왕이 되었다고 서술하고,[76] 『맹자』「公孫丑 · 上」 浩然之氣章과 연계하여 맹씨 성의 장군을 내세우고, '호연'을 차용하여 孟浩然이란 인물을 설정했다.

「의승기」에서 창계는 천군(의제)의 「卽位詔」[77]와 즉위 2년 孟浩然의 「討敵擧兵誓」[78]는 장단이 고르지 않은 산문으로 작성하되, 간간히 類句를 사용해서 긴축감을 주었으며, 글 전체에서 『맹자』·『서경』·『중용』·『주역』 등 경서와 『사기』·『국어』 등에서 어휘나 개념을 선정했다. 맹호연은 意馬를 타고 忠信甲을 입었으며, 仁義楯을 들고 앞에 勿字旗를 세운 채 대로를 따라 행진하며 규율에 따라 군사를 출동시켰다. 그리고 토벌군을 이끌고 첫 번째 요해처 宦海를 건나가서 名利關을 통과하고 忿山을 무너뜨리고 慾壑을 메운 후 도적을 평정했다. 의마는 『유마경』의 '心猿意馬'에서 취한 것이다. 勿字旗는 『논어』「안연」의 四勿章에서 기원하는데, '勿' 자의 생김새가 깃발과 닮았기 때문에 물자기라고 한다. 이것은 조식의 「신명사도」에서 성곽을 지키는 군사의 위엄을 과시하기 위해 '大壯旗'를 삼면에 세운 것과 차별된다. '大壯'은 大壯卦를 의미하는 듯하다. 대장괘 象傳에 "우레가 하늘

---

76) 『論語』「衛靈公」에서 顔淵이 나라를 다스리는 것에 대해 묻자 공자가 "하나라의 역법을 쓰고, 은나라의 수레를 타며, 주나라의 면류관을 쓴다.[行夏之時, 乘殷之輅, 服周之冕.]"라고 했던 말을 끌어와, 夏는 火節에 해당하므로 천군 '心'과 연관시켰다.

77) 林泳, 『滄溪先生文集』 卷16 記, 「義勝記」(甲辰), "朕頃者德不有終, 大盜肆虐, 周流八紘, 莫適所從, 賴天之靈, 返于安宅. 繼自今七正九官其交正予, 毋令否德再致向來之亂. 且我家家法, 尊賢爲大, 其令惺惺翁位冢宰行王事, 百官總己以聽."

78) 林泳, 『滄溪先生文集』 卷16 記, 「義勝記」(甲辰), "嗟汝六師, 咸聽予言! 惟賊侮亂天常, 敗度敗禮, 自古亡其國 · 敗其家 · 戕其身, 未必不由此焉. 寧不痛心? 加以頃乘我國之新造, 敢肆其毒, 以至邦國傾覆, 主上播越. 凡有血氣者, 孰不憤惋? 今汝或作吾君之爪牙, 或作吾君之心膂, 或居喉舌之要, 或任股肱之輔. 汝尙一乃力, 勖哉! 唯口出好興戎, 予言不再."

위에 있는 것이 대장이니, 군자가 이를 본받아 예가 아니면 행하지 않는다.[雷在天上, 大壯, 君子以, 非禮弗履.]"라고 했다.[79] 『朱子語類』 권41에 '非禮勿視'에 대해 다음과 같은 말이 있다.

> 『說文』에 '勿字는 깃발의 다리(갈기)와 같다'고 말했다. 이 깃발을 한번 휘두르면 三軍이 모두 후퇴하니, 공부가 다만 勿字 上에 있다. 조금이라도 非禮를 보면 곧 이를 금지해서 이겨내야 하니, 이겨내기만 하면 곧 禮로 돌아갈 수 있다.[80]

한편 창계는 문집에 曺漢英 묘지명, 洪載元 묘지명, 曺尙治 묘갈명, 趙錫馨 묘표음기, 申汝挺 묘표음기를 남겼다. 조상치 묘지명은 생육신 褒揚의 역사에서 매우 중요한 위치에 놓인다. 창계는 그 墓誌에서, "세조가 왕위를 물려받자 永川에 물러가 살면서 일생 동안 서쪽을 향해 앉지 않았다. 비석에 글을 써 새기기를 '魯山朝副提學逋人曺尙治之墓'라 하고 自序에 '노산조라고 쓴 것은 오늘의 신하가 아님을 밝힌 것이고, 벼슬 품계를 쓰지 않은 것은 임금을 구제하지 못한 죄를 드러낸 것이며, 부제학이라 쓴 것은 사실을 없애지 않기 위해서이고, 포인이라 쓴 것은 망명하여 도피한 사람임을 말한 것이다.'라고 했다. 그리고 아들에게 '내가 죽거든 이 돌을 무덤 앞에 세우라.'라고

---

79) 『續兵將圖說』에 따르면 깃발에는 塘報旗, 巡視旗, 令旗, 主將腰旗, 中軍腰旗, 坐纛旗, 司命旗, 朱雀旗, 靑龍旗, 螣蛇旗, 白虎旗, 玄武旗, 紅神旗, 藍神旗, 黃神旗, 白神旗, 黑神旗, 紅高招旗, 門旗, 角旗, 淸道旗, 金鼓旗, 肅靜牌, 豹尾旗, 千摠旗, 把摠旗, 把摠腰旗, 哨官腰旗, (前)營將認旗, (前)哨官認旗, 旗摠旗, 隊摠旗 등이 있고, '大壯旗'는 없다.

80) 『朱子語類』 卷41 論語 23, "『說文』謂勿字似旗脚, 此旗一麾, 三軍盡退. 工夫只在勿字上, 纔見非禮來則以勿字禁止之, 纔禁止便克己, 纔克去便能復禮."

했다."라고 밝혔다.[81)]

한편 창계의 『日錄』에는 疏箚 양식에 대해 논한 말이 있다. 즉 창계는 逐條 형식을 비판하고 功利의 함정에 빠지지 않으면서 시행할 만한 내용을 적절히 제시하는 것을 중시했다.[82)] 조성기는 창계에게 致用之學을 위해 『陸宣公奏議』를 읽으라고 권했다.[83)] 『육선공주의』는 고려 말부터 조선유학의 민본주의 사상 형성에 일정한 영향을 끼쳤다. 李穀은 「鄕試策」의 "재용의 盈虛와 호구의 증감은 바로 왕정의 득실의 단초가 되고 國體의 안위의 근본이 되니, 국가를 다스리는 자로서는 깊이 생각해야 마땅한 일이다."라는 주제의 물음에 대해 對策을 작성하여, 陸贄의 「論兩河及淮西利害狀」[84)]에서 "백성은 나라의 근본이요, 재물은 백성의 마음이다. 그 마음이 상하면 그 근본이 상하게 된다."라고 한 말을 인용하고, "그렇다면 재물이 있는데 백성이 없는 경우도 없다고 할 것이요, 재물이 없는데 백성이 있는 경우도 없다고 해야 할 것입니다. 『주역』에서 '어떻게 백성을 모으는 것인가. 그것

81) 林泳, 『滄溪先生文集』 卷17 墓文, 「有明朝鮮國通政大夫集賢殿副提學致仕曹公墓碣銘 幷序」.

82) 林泳, 『滄溪先生文集』 卷25, 「日錄」 丙午(1666, 현종 7).

83) 이와 관련한 조성기 서찰이 창계문고에 있다. "昨晤頗穩, 良幸良幸. 所告熟觀『陸宣公奏議』一語, 未知尊肯位得及否? 此書說得世間事情, 是非利害, 究極根原, 本末俱擧, 纖悉條達, 委曲懇至. 左右誠加披閱, 當知鄙言之爲不誣矣. 竊揆左右今日時義, 雖不出爲高, 然而終不得不一出, 則前輩所云, 出而無所事者, 誠不可不可預以爲憂. 如欲憂此, 不可舍是書而他求. 幸勿以分却向裡意思爲念, 拌得一兩月工夫,刻意精看, 期於有所得而止如何? 鄙言雖迂,終當有補於高明致用之學, 故昨告旣丁寧, 而今又不能忘言. 幸諒之. 移寓若在江外, 則相蹤稍遠, 會面尤未易, 只用瞻悵無已. 餘委, 此仰候起居, 謹不宣. 卽日, 聖期頓." '(背脫)林正字侍史, 德涵上候狀[署押]謹封.'

84) 『資治通鑑』 권228, 「唐紀」 德宗 建中 4년(783) 조에, 육지의 상소 가운데 "사람은 나라의 근본이고, 재물은 사람의 마음이다. 그러므로 그 마음이 상하면 그 근본이 상하게 되고, 그 근본이 상하게 되면 가지와 줄기가 시들게 된다.[人者 邦之本也 財者 人之心也 其心傷則其本傷 其本傷則枝幹顚瘁矣]"라는 부분을 인용해 두었다.

은 재물을 통해서이다.'라고 말한 것도 바로 이것을 두고 이른 것입니다."라고 했다.[85] 단, 『육선공주의』가 변문 투식을 지니는데 비하여, 창계는 소차에서 변문 투식을 벗어났다.

1681년(숙종 7) 가을에 창계는 호남 試官으로 갔다가 이후 서울로 돌아와 9월 26일 西學儒生 試取 시관, 10월 소과 시관으로 참여했다. 이와 관련하여 창계는 음력 8월 1일부터 10월 18일까지 77일간의 행적을 『辛酉日錄』으로 엮었다. 시관의 공무와 사적 일정, 試所의 상황, 試題 선정 과정, 落幅紙 활용 등에 관해 구체적이고 다양한 정보를 제공하여 '지속성 있는 기억의 저장'에 충실했다.

4. 창계의 학술 규모와 학문 방법

창계의 학문은 道伴들과의 토론 및 서찰 왕복을 통해 확장되고 심화되었다. 졸수재 조성기와의 설전에 가까운 토론은 학적 개념과 방법, 체계, 이념과 실천의 간극 조정 등 여러 가지 면에서 자극이 되었다. 조성기의 학문 내용에 대한 당시 학자들의 평가는, 조성기가 작고한 후, 1730년(영조 6) 5월 28일 부제학 李德壽가 조성기의 증직을 청하면서 올린 상소문에 잘 나타나 있다. 이덕수에 따르면 학문에는 이치를 窮究하는 것과 몸가짐을 敬謹하는 것 두 가지가 있다. 이덕수

---

85) 李穀, 『稼亭集』 卷13, 「鄉試策」. 조선에 들어와 『육선공주의』는 경연에서도 강론되었다. 柳成龍(1542~1607)은 선조 28년(1595) 朝講에서 육지는 王道를 지향하여 군주를 보필한 伊尹과 傅說에 견줄 만한 인물이므로 『당육선공주의』를 강할 것을 청했다. 英祖와 正祖는 『육선공주의』를 주의체의 전범으로 게시하게 된다. 심경호, 「『당육선공주의』 해제」, 심경호 · 김우정 공역, 『역주 당육선공주의』 1-2, 동양고전역주총서 111-112, 전통문화연구회, 2018.12.30.(1); 2019.11.30.(2)

는 조성기의 몸가짐에 대해서는 알지 못하지만 그가 이치를 궁구한 것은 탁월했다고 칭송했다. 즉, 조성기가 높고 밝은 경지에 마음을 두고 풍경과 화초에 흥취를 붙인 것은 邵雍과 비슷하고, 고금의 史籍을 관철하여 치란의 이치를 궁구한 것은 呂祖謙에 근사하며, 고담준론이 강하의 물결같이 용솟음친 것은 陳亮과 같고, 근본에 돌아가서 만가지 이치를 종합한 것은 반드시 考亭(朱熹)을 본받았으니, 우리나라 3백년 이래 견줄 자가 없을 것이라고 했다.[86)]

창계는 窮究와 敬謹의 두 방면에서 노력했다. 敬謹은 곧 主一無適과 愼獨을 통한 내면 수양의 공부이다. 이와 관련해서는 창계가 18세에 七省例[87)]를 지키다가 習專一之法을 익힌 사실이 잘 알려져 있다.[88)] 窮究는 格物致知를 뜻하되, 생활세계 속에서 理의 보편적 특성을 탐구하는 일을 말한다. 창계는 敬謹만이 아니라 窮究에도 대단히 주목했는데, 이는 조성기의 학문 태도와 유사한 면이 있었다. 창계는 『日錄』 丙午(1666, 현종 7) 기록에서, 『대학』 修身章을 읽으면서 '修心'이 아니라 '修身'이라고 한 것에 대하여 몸과 마음의 관계에 대해 종일토록 성찰해서 다음 결론에 이르렀다.[89)]

86) 『영조실록』 권26, 영조 6년(1730, 경술) 5월 28일(을미). 朴趾源은 「許生傳」에서 당대의 경세가로 拙修齋 趙聖期와 磻溪居士 柳馨遠을 들었다.

87) 마음에 흡족한 일과 스스로 속인 일의 여러 단계에 따라 동그라미, 점, 획, 무표시를 사용하고, 마음의 변화에 따라 획을 긋고 동그라미를 쳤다. 이윽고 '반은 스스로를 속이고 반은 마음에 흡족한[半欺半慊]' 경우 점을 찍는 일에 대해, 조금이라도 스스로 속이는 것이 있으면 곧 마음에 흡족하지 못한 일이거늘 반반이 될 리가 없다고 반성했다. 自反의 철저함을 엿볼 수 있다.

88) 이영호, 「창계 임영의 因文入道論 고찰」, 『민족문화』 56, 한국고전번역원, 2020, 89~120면.

89) 林泳, 『滄溪先生文集』 卷25, 「日錄」 丙午(1666, 현종 7).

대개 마음은 몸의 주재자이며 무릇 몸이 하는 일은 모두 마음이 시키는 것이지만, 마음은 안이고 몸은 밖이라 여기에 이 둘의 차이가 있으니, 저 바깥에 일상적으로 드러나는 것을 마음에서 나오는 것이라고 하는 것은 괜찮지만 그것을 곧장 마음이라고 하여서는 안 되기 때문에 이것을 몸이라고 한 것이다. 이것은 나라에 임금이 있는 것과 꼭 같다. 무릇 나라가 다스려지고 다스려지지 않는 것이 비록 임금 한 사람이 그렇게 하는 것이기는 하지만, 지금 나라에 정사가 번잡하고 세금이 무거우며 신하가 직무를 소홀히 하며 백성들이 원망하고 탄식하는 것을 보면 의당 '나라가 다스려지지 않는다.'라고 하고, 임금 한 사람에게 허물을 돌리는 일은 그 본원을 끝까지 궁구한 다음에야 그렇게 하는 이유를 여기에서 알 수 있다.

창계는 程復心의 「心學圖」와 「圖說」을 보면서, 「심학도」의 '愼獨' 아래에 그려진 '克復' · '心在' 등을 '遏人慾'이라 하고 '戒懼' 아래에 그려진 '操存' · '心思' 등을 '存天理'라고 하여 두 가지를 분리한 것은 심하게 천착했다고 비판하고, 또 '心在'와 '心思'는 위치가 바뀌었다고 지적했으며, '求放心'은 배우는 사람에게 가장 급선무인데도 뒤로 돌렸다고 의심했다. 그리고 「도설」에 "형기에서 나왔으므로 인심이 없을 수 없다."라는 말이 있는데, 형기에서 나오는 것은 모두 인심이거늘, '不能無'라고 하는 것은 타당치 않다고 보았다. 율곡이 퇴계에게 보낸 서찰에 이 논의가 잘 갖추어져 있고, 율곡이 의심했던 점[90]이 그대

90) 李珥, 『栗谷先生全書』 卷9 書1, 「上退溪先生問目」, "林隱程氏心學圖, 可疑處甚多. 試言其略, 則大人心乃聖人之心, 是不動心從心之類也, 何以置之道心之前耶? 本心則雖愚者亦有此心矣. 若大人心則乃盡其功夫, 極其功效, 能全本心者也, 豈可不用功而自有耶? 且以遏人欲存天理, 分兩邊功夫, 已爲未安, 而其功夫次第, 亦失其序. 心在心思, 亦似易置. 旣曰

로 자신의 의심과 일치하여 쾌재를 불렀다고 했다. 다만, 율곡의 설은 「圖」에 대해 논했을 뿐이고 「說」에 대해서는 논하지 않아서 '不能無' 세 글자를 논하지 않았으므로, 답답해하지 않을 수 없었다고 덧붙였다.

앞서 율곡은 聖賢之言은 精粗의 차이가 있으므로 그것을 가려서 의의를 논해야 하는데, 정복심의 도설은 이를 혼란시키고 있다고 지적하고, 「심학도」는 '重文疊說, 別無意味.'라고 판정했다. 『宣祖實錄』 2년(1569) 6월 20일 기사에 따르면, 기대승은 퇴계가 정복심의 『四書章圖』에 나오는 「心統性情圖」·「西銘心學圖」 등을 근거로 聖學圖를 작성했다고 지적했다.[91] 그 후 정조는 春邸에 있던 1772년(영조 48)에 『重訂四書輯釋』을 중간하고자 했고, 『羣書標記』에서 『四書大全』과 이 책과의 우열을 논하기도 했다. 창계는 율곡의 뜻을 따라, 원·명 방각본 계통 經解書의 해악을 잘 알고 있었던 듯하다.

창계는 『일록』의 병오년 기록에서, 情과 性을 각각 氣와 理에 배정하는 이분법 논리를 부정하고, 율곡이 '性是理 情是氣'라 한 말도 이분법 논리를 지지한 것이 아니라고 결론지었다.[92]

愼獨克復心在, 而乃曰求放心, 雖反覆推之, 終是失序. 閤下推衍, 至以顏子爲求放心, 此亦未安. 大抵聖賢之言, 有精有粗, 不可就其精者而强求其粗, 就其粗者而强求其精也. 孟子求放心之說, 泛爲學者言也, 是粗底也. 孔子克己復禮之說, 專爲顏子而言也, 是精底也. 今於其精底, 必抑而卑之, 使爲粗. 於其粗底, 必引而高之, 使爲精, 則雖是說得行, 豈是平正底道理耶? 且以愼獨置之遏人欲一邊, 則凡省察之事, 皆當屬焉. 以戒懼置之存天理一邊, 則凡涵養之事, 皆當屬焉. 然而盡心是知而乃屬乎涵養, 正心是行而乃屬乎省察, 此亦不可曉也. 珥意此圖, 重文疊說而已, 別無意味, 恐不必取也."

91) 『선조실록』 권3, 선조 2년(1569, 기사) 6月20日(임진). 한편 程復心의 『四書章圖檃栝總要』는 日本 国立公文書館 內閣文庫에 至元三年(1337) 德新書堂刻本이 있다. 程復心 저, 전병욱 역, 『四書章圖檃括總要』 상중하, 세창출판사, 2018.

92) 林泳, 『滄溪先生文集』 卷25, 「日錄」 丙午.

창계는 젊은 시절 三字銜을 띠고 館閣文을 작성했지만, 이미 이 시기에 격물치지와 하학상달의 공부법을 확립했을 뿐 아니라 諸生에 대해서도 그 공부법을 강조했다. 『창계선생집』에 창계가 작성한 5수의 책문이 남아 있는데,[93] 그 책문의 내용을 통해서 창계의 학적 지향을 추측할 수가 있다.

우선 「책문 1」은 올바른 독서에 대해 물었다.

> 謝良佐(1050~1103)가 정호 앞에서 역사책을 놓고 한 자도 빠뜨리지 않고 끝까지 암송하자, 정호는 "이렇게 많이 기억하는 것은 완물상지이다."라고 했다. 尹焞(1071~1142)은 정이를 만난 지 반년 만에야 『대학』과 「西銘」을 읽었으며, 內省涵養을 중시하여 敬 공부를 위주로 했다. 橫渠가 학자들을 가르칠 적에 암송하는 것을 우선으로 했는데, 晦翁은 「學古齋銘」에서 반복하여 암송하는 일을 경계했다. 회옹 자신은 글자 하나하나 구절 하나하나를 꼼꼼히 보는 것을 중시했는데, 「誌公和尙[金陵寶誌(418~514)]大乘贊」의 말처럼 '尋行數墨'으로 귀결될 우려가 없지 않은가?

이 문제는 조성기와의 왕래 서찰에서 거듭 환기되었다. 세상에서 경서를 應講의 용도로 삼고 子史를 표절의 자료로 삼는 것을 교정하려는 뜻을 지닌다. 대충 대의를 파악하는 것을 목표로 하거나 實理를 모르면서 고증을 능사로 삼으며, 語句에 매몰되거나 실속 없이 섭렵하기만 하는 것은 모두 좋은 독서 방법이 아니라고 했다. 주희도 책문에서, "대개 혹 깊은 이해를 구하지 않고 근사한 데에 뜻을 독실하게

93) 林泳, 『滄溪先生文集』 卷16 雜著, 「策問 五首」.

두며, 혹 고증이나 믿고 지극한 이치에는 어두우며, 심오한 것을 힘쓰는 자는 방탕하여 근본이 없고, 이록을 구하는 자는 섭렵했지만 근본이 없다.[蓋或不求甚解而篤意於近思, 或恃爲攷證而昧於至理, 務深眇者放宕而不根, 干利祿者涉獵而無本.]"라고 질타한 바 있다. 창계는 정이와 관자의 공부법을 들었다. 『二程遺書』 권15에 보면, 정이는 "옛날의 학자는 학문을 함에 충분히 연구하여 흡족함을 얻고 나아가 먼저 하고 뒤에 할 차례가 있었는데, 지금의 학자는 한 자리의 이야깃거리로만 삼고 고원하기만 힘쓸 따름이다. 나는 杜元凱(杜預)가 좌구명의 문장을 평하여 '마치 강해가 대지를 잠기게 하고 고택이 만물을 적시듯이, 시원스레 얼음이 풀리듯 편안하게 조리가 통한 뒤에야 터득함이 있을 것이다.'라고 했던 말을 사랑한다.[古之學者, 優柔厭飫, 有先後次序, 今之學者, 却只做一場話說, 務高而已. 常愛杜元凱語: '若江海之浸, 膏澤之潤, 渙然氷釋, 怡然理順, 然後爲得也.']"라고 했다. 창계는 또 『管子』 「內業」에 "생각하고 생각하며 또다시 생각하라. 생각했는데도 깨우치지 못하면 귀신이 깨우쳐 주나니, 귀신의 힘이 아니라 정기를 극치에 이르도록 썼기 때문이다.[思之思之, 又重思之. 思之而不通, 鬼神將通之, 非鬼神之力也, 精氣之極也.]"라고 했던 말도 재평가했다.

「책문 2」는 정치의 규모를 논한 것으로, 이 역시 조성기와의 논쟁에서 주요 주제로 삼았던 내용이다.

「책문 3」은 經書를 註解 없이 이해할 수 없는가 하는 문제를 제기했다. 이 策題는 제1 책제와 연결되어 학문의 방법에 대해 성찰하도록 촉구한 것이다. 특히 경학에서 註解 활용의 한계에 대해 경고했다. 창계는 『맹자』 「離婁 下」의 "군자가 깊이 나아가기를 도로써 함은 자득하고자 해서이니, 자득하면 처하는 것이 편안하고 처하는 것이 편안하면 자뢰함이 깊고 자뢰함이 깊으면 좌우에서 취하여 씀에 그 근원을 만나게 된다. 그러므로 군자는 자득하고자 하는 것이다.[君子深造之以道, 欲其自得之也. 自得之則居之安, 居之安則資之深, 資之深則取之左右逢其原. 故君子欲其自得之也.]"라고 한 말에 따라 自得을 중시했다.

「책문 4」에서 창계는 학문에서는 講論이 필수적이라고 力說했다. 그리고 『논어』「述而」에서 공자가 "덕이 닦이지 못함과 학문이 강습되지 못함과 의를 듣고 옮겨 가지 못함과 불선을 고치지 못하는 것이 바로 나의 걱정거리이다.[德之不修, 學之不講, 聞義不能徙, 不善不能改, 是吾憂也.]"라고 했던 말을 환기하여, 불건전한 講學을 개선할 방안을 모색했다.

「책문 5」에서 창계는 당시의 선비들이 심성에 주안을 둔 공부를 하지 않는다고 우려했다. 조정에서는 현자의 부족을 탄식하고 백성들은 근심하고 군사들은 원망하는 것이 지금보다 더 심한 적이 없다고 진단하고, 현자, 백성과 군사가 제대로 길러지도록 하려면 어떤 방도를 써야 하는지 물었다.

이 다섯 책문들은 1680년(숙종 6) 창계가 중부 林相儒의 병환을 이유로 물러나기를 청하고 이어 성상의 학문에 대해 논한 소(「引疾乞退仍論聖學疏」)에서 학문의 지향과 방법에 대해 논한 내용[94]과 맥이 통한다. 학문은 道를 좇고 道로 향해야 하는데, 도는 자기 한 몸으로부터 한 집안, 한 나라, 광대한 천지, 번만한 사물에 이르기까지 없는 곳이 없어서 지극히 바르고 지극히 마땅하고 지극히 공변되고 지극히 성실하다. 책을 볼 때에는 반드시 의심의 단서가 많을 것이고 자신을

94) 林泳, 『滄溪先生文集』 卷3 疏箚, 「引疾乞退仍論聖學疏」.

성찰할 때에는 부끄러워하는 뜻이 있을 것인데, 의심과 부끄러움이 생겨나는 것이 바로 '好消息'이라고 했다. 창계는 성현의 글을 볼 때 글자만 해석할 것이 아니라 말을 통해 뜻을 통달하여, 의심할 만한 단서를 찾아 의심을 한 뒤에 생각을 지극히 하고 질문해서 분변함으로써 점차 명료한 앎으로 나아가야 한다고 주장했다.

1690년(숙종 16) 1월 26일 '琓'이 창계의 서찰을 받고 답장을 하여, 창계가 『十三經注疏』를 빌려달라고 했으나 양이 많아서 어떻게 할 지 의견을 묻는 간찰이 남아 있다. '琓'은 반년 동안 소식이 닿지 않던 차에 창계로부터 두통의 편지를 받게 되어 기뻐하고, 창계의 권면에 따라 자신이 『주역』을 공부하고 있지만 너무 어렵다고 토로했다. 박세채도 『십삼경주소』를 비롯한 많은 책들을 '琓'으로부터 빌려 본다고 했다. 『창계선생문집』에 「봉은사에서 차운하여 유집중에게 올리고 이어 신공헌 완에게 드리다[奉恩寺次奉柳集仲仍呈申公獻 琓]」 등의 시가 있어, '琓'은 申琓(1646~1707)[95]을 말한다는 것을 알 수 있다. 신완은 43세 되던 1688년 대사간을 거쳐 10월에 경기도 관찰사가 되었으나, 1689년 3월에 모친 全義李氏의 상을 당하고 1690년에 생부 申汝拭의 상을 당했으며 1691년에는 생모 韓山李氏의 상을 당했다. 48세 되던 1693년(숙종 19) 洪州牧使가 된다. 임영의 서찰을 받을 때 상중이었으므로 '省式'이라 했다.[96] 이로써 창계가 『십삼경주소』

95) 1680년(숙종 6) 경신대출척 때 서인으로서 남인 權大運 · 閔熙 등을 공격했다. 1694년 예조판서를 거쳐 1700년 우의정이 되었다. 이때 禧嬪張氏의 처벌완화를 주청했고 時務 8조를 올렸다. 1703년 영의정에 오르고 平川君에 봉하여졌다. 1706년 유생 林溥로부터 앞서 1701년 세자에 대한 모해설이 있었을 때 推鞫에 참여하여 규명을 잘못했다는 탄핵을 받고 파직당했다. 『絅庵集』이 있으나, 여기 소개하는 서찰은 들어 있지 않다.

96) "(전략) 平日所學, 雖有校正之役, 謹厚敦篤, 多聞博識, 實已世之罕見, 每爲痛惜, 尤切如望, 而況兄常以道義相交, 別後泛然. 親戚之誼, 其所傷慟, 而後如何千里專伻致異? 足

를 열람했으리라 짐작할 수 있으나, 『창계선생문집』의 시문을 통해서는 그 연찬 사실을 확인하기 어렵다. 다만, 조선 후기에 주자학의 정통을 따르는 학자들도 상례와 제례의 의식과 관련된 문제를 확정하기 위해 『주문공가례』 이외에 『십삼경주소』의 『儀禮』를 참고하는 일이 있었다. 따라서 창계가 『십상경주소』를 열람했다는 간단한 사실만으로 그가 四書三經의 新注 이외에 十三經의 古注와 疏를 두루 공부했으리라고 추단할 수는 없을 듯하다.

창계는 經解를 箚錄의 형태로 남겼다. 곧, 「讀書箚錄」이 『창계선생문집』 권19~24에 정리되어 있다.[97]

『독서차록-맹자』는 『사서대전』을 통한 경전 학습을 자신의 삶을 응시하고 성찰하는 기제로 활용하고자 했다. 不動心章을 『대학』의 원리를 구현하는 논리로 이해하고, 理가 준칙이 된다는 고려가 있다고 하더라도 세상의 유행과 변화는 氣의 산물이라는 점을 지적했다. 군신관계의 의리에 대한 인식, 당대의 요구에 부응하는 인간존재로서의

見古人生芻之義, 感歎感歎. 坡山玄丈之作, 海正之行用章, 適留此處, 故書封卽爲傳送, 使之卽入進中矣. 『十三經注疏』一事, 則留在弟處一事, 則玄丈借去, 今若送還, 則兄之求見至此, 敢爲奉送, 以助探討做工之業, 而但卷帙浩穰, 幾至半馱, 恐難運致於遠路, 以此爲慮耳. 信便恐難逢, 雖有信便, 負重則亦難運, 惟在商量, 更示之耳. 呂州葬窆之計, 未知兄所占新山在於何處耶? 卽今世事如此, 於事尤難辨, 恐難容易爲之矣. 碑石, 今已刻完, 當趁陰刻竪立時, 待日暖, 卽使一本與覽爲計. 道深令可書同封爲覽耳. 時事如此, 兄之出處, 卽已定矣. 會面之期, 渺然難量, 只自向風姑望而已. 筆柄, 弟乃乏絶, 故上惟致放呈去, 愧歎愧歎. 歲前書與新曆及臘劑, 同封以呈矣. 未知皆有傳達? 爲餘, 交書而能盡. 只此, 不備式. 庚午 正月二十六日 卽弟琓." 한국학중앙연구원 고문서실의 판독문에서는 '之罕見' 이하 '卽使一本與覽爲計'를 '庚午 正月二十六日 卽弟 琓'의 뒤에 두었으나, 글의 순서를 바로잡는다.

97) 권19 『詩傳』·『書傳』, 권20 『周易』, 권21 『大學』·『中庸』·「論孟讀法」·『論語』, 권22 『孟子』·『小學』, 권23 『性理大全』·『近思錄』·『二程全書』·『禮記』·『儀禮』·『家禮』, 권24(附) 『栗谷別集疑義』·「九歌解」.

자의식, 부귀의 추구와 인의 예지의 실천에 대한 반성이 돋보인다.[98)]

『독서차록-주역』의 「序」에서 창계는 "역은 理이다. 理의 항상 됨이 변역이기 때문에 易이라고 한다."라고 규정했다. 그리고 『程傳』과 『本義』는 주해로 인해서 辭를 알도록 하고 辭로 인해서 卦와 象을 살펴 그 理를 이해하도록 하는 데에 있으므로 주해 자체가 목적이 아니었다고 보았다. 辭에 부득이한 점이 있어, 『정전』과 『본의』가 다른 주해를 하고 여러 학자들이 옳고 그른 견해를 가지게 되었다고 판단하고, 의문을 '難曰'로 제기하고 '答曰'로 그 의문을 풀되, 끝내 의심스러운 곳이 있으면 '難曰'만을 둔다고 했다. 『주역』이 상경과 하경으로 나뉘게 된 데에는 지극한 이치가 있다고 보았으며, 괘의 이름은 문왕 이전에 있었고 '원형리정' 등의 괘사는 문왕이 계술했다고 보았던 주희의 견해를 지지했다. 「總目」에서는 주희를 비롯한 여러 학자들이 제시한 용어들에 대하여 자신의 견해를 밝혔다.

창계는 상수역학에 대해서는 큰 관심을 두지 않은 듯하다. 젊은 시절의 『일록』에 보면, "하루 종일 『皇極經世書』와 『先天窺管』을 보았는데, 대체로 읽기는 무척 힘들고 얻은 것은 별로 없어 개탄스럽다."라고 토로했다. 창계는 朞三百註를 단시간에 이해할 만큼 數理曆法에 밝았으나 상수학에 관한 글은 현재의 『창계선생문집』에서는 찾아보기 어렵다.

『독서차록』에 주목하면, 창계의 학술 규모와 방법에 대해 다음 특징을 살필 수 있다.

첫째, 창계는 경문의 뜻을 자득하는 것에 중점을 두었고, 원 · 명의

98) 함영대, 「창계 임영의 내면적 성찰과 경학: 『일록』과 『독서차록-맹자』를 중심으로」, 『한국실학연구』 37, 한국실학학회, 2019.6, 197~225면.

주해, 필기잡록의 관련 논설을 정주학의 주해와 대조하는 일을 회피했다.[99)]

둘째, 창계는 춘추통감류 및 사서의 '兼看'을 적극적으로 행하지 않았다. 창계는 역사고사를 소재로 하는 程式詩에 뛰어났고, 간간이 역사를 소재로 하는 詠史詩를 지었다. 하지만 춘추통감을 학술의 본격적인 대상으로 삼지는 않았다. 이것은 주희가 先經後史의 독서공부법을 주장한 것[100)]과 다르다. 창계는 胡寅의 『讀書管見』의 춘추의리학과는 거리를 두었고, 春秋通鑑類, 元明史, 鋼鑑類에는 주목하지 않은 듯하다.

---

99) 명청 학자들과 조선후기 학자들은 주희의 『集註』·『精義』·『或問』·『語類』 사이에 初晩의 차이를 따지고, 이에 따라 定不定을 논했다. 명나라 영락 연간에 『사서대전』이 간행된 이후, 蔡淸의 『四書蒙引』은 주자의 설과 『사서대전』의 小註를 비교 검토하되, 小註異說을 답습했다. 청나라 초 呂留良이 사서의 주자 설과 소주의 설을 검토했다. 조선에서도 율곡 이이는 선조의 명으로 『사서대전』 소주를 산정하여 『四書小註圈評』을 편찬했다, 이후 宋時烈은 『精義』를 『혹문』과 대조하여 『論語或問精義通攷』를 편찬하고, 『주자대전』 수록의 서간문을 연구했고, 權尙夏는 소주의 문제를 거듭 언급했으며, 金昌協은 『朱子大全箚疑問目』을 저술했다. 이 과정에서 주자설의 早晩 차이에 대한 의문이 불거졌다. 이때 李沛霖 撰, 李禎 校訂의 近譬堂本 『四書朱子異同條辨』이 일부 학자들 사이에 참고가 되었다. 영조의 세자 시절 사부 李顯益(1678~1716)은 『사서주자이동조변』을 경해에 사용하고, 『사서대전』의 범례를 개정하고자 했다. 한편 李瀷(1681~1763)은 명대 중엽 이후의 고증적 지식학에서 영향을 받아, 필기잡록과 제자백가, 경해서들을 집록하여 경문을 재해석하는 일에 집중하고 지적 관심을 制度 · 文物 · 度數에까지 확대했다. 창계의 『독서차록』은 규모의 확장을 의도하지 않았다.

100) 『朱子語類』 卷11, 132章, "先語語孟, 然後觀史, 則如明鑑在此 而姸醜不可逃. 若未讀語孟中庸大學便去石史, 胸中無一箇權衡, 多爲所惑."

5. 결어

창계는 이른 나이에 공령문과 변려문을 익혔다. 과거에 급제한 이후 숙종 조 난국에서 知製敎로서 관각문을 작성했다. 하지만 창계는 점차 窮究와 敬謹의 공부에 더욱 힘을 쏟았다. 1672년 8월에 찬술한 「靜觀齋李公狀譜後序」에서 창계는, 자신이 이단상의 문하에 있을 처음에도 詞章之學을 좋아했다가 한 해 뒤 朱子書에 심취하여 학문의 방향을 바꾸었다고 밝혔다. 이것은 곧 '因文入道'의 전향을 自述한 것이다. 이 전향은 전자의 완전한 廢棄가 아니라 止揚이다. 창계의 경우 詞章之學은 국가이념을 제시하면서 국권을 장식하는 탄탄한 도구가 되었고, 강학의 내용을 반영하여 '悠泛生疎'를 극복하고 '喫緊精熟'의 문장을 구축하는 토대가 되었다.[101]

창계는 미발지심을 자각하고자 분투했으며, 경학의 분야에서 업적을 남겼다. 이러한 창계의 학술 규모와 범위는 동시대 혹은 후대 학자들의 그것과 비교된다. 일례로 남인 계열의 李玄錫(1647~1705)과 黃德吉(1750~1827)의 讀書次第 도식을 참고로 할 수 있다. 李玄錫은 大丈夫의 일을 以精思實踐爲學과 以經濟世務爲業의 둘로 보고, 四書五經의 勉强 以外에 '諸史百家'의 通覽을 重視했으며, 義理家·經綸家·文章家·時務家·兵家·游藝家의 六家를 새로 制定해서 '游齋六家'라 하고 주요서적을 열거했다.[102] 이에 비해 黃德吉은 1820

101) 훗날 정조는 어록을 『일득록』으로 정리할 때 文學 · 政事 · 人物 · 訓語로 분류했는데, 文學은 文과 學의 결합이며, 그 문은 곧 국가에서 필요로 하는 詞章이었다.

102) 李玄錫은 『明史綱目』 30餘冊을 脫稿하던 중에 병으로 죽었다. 1726年(영조 2)에 왕명으로 후손들의 校正을 거쳐 官에서 芸閣活字로 간행하여 筵講에 사용했다. 그러나

년(순조 20)에 「讀書次第圖」를 작성해서, 주자학의 학문에 들어가는 독서의 차례를 先讀·次讀·兼看으로 단계화하여 각각 서목을 구별했다.[103)]

先讀 : 小學, 大學, 論語, 孟子, 中庸[이상 兼或問], 近思錄兼二子粹語, 心經, 家禮

次讀 : 書傳, 詩傳, 周易兼啓蒙, 禮記, 春秋兼三傳, 二程全書, 朱子大全兼語類, 伊洛淵源錄兼理學通錄, 性理大全

兼看 : 綱目續綱目, 資治通鑑等諸編年史, 歷代正史, 東國諸史, 文章正宗楚辭等諸家書

이현석과 황덕길과 비교할 때 창계의 학문은 범위면에서는 주자학의 정수에 집중되어 있다. 그러나 창계의 경해는 권위적 언설을 호도하거나 의존하는데 머물지 않았다.

창계의 저술 가운데 『독서차록』은 후대에 영향을 주었다. 정조의 經史講義 가운데 經說 條問에는 창계의 경설이 다수 인용되어 있다고 한다.[104)] 또한 낙론 계열의 李基慶(1756~1819)은 『東儒經說』을 엮

『明史綱目』에 李朝의 璿系를 誣陷한 朱璘의 史評이 添入되어 있다는 이유로 官爵이 追削되었다. 李玄錫, 『游齋先生集』 卷22 雜著下, 「讀書雜錄」; 심경호, 「조선후기 지성사와 제자백가-특히 『管子』와 『老子』의 독법과 관련하여-」, 『한국실학연구』 13, 한국실학학회, 2007.6, 365~405면.

103) 黃德吉, 『下廬先生文集』 卷8 雜著, 「讀書次第圖 並說」. 37세 되던 1786년(정조 10, 병오)에는 '小學定例'에 의거하여 「東賢學則」을 편집해서 초학의 '察言求其心. 考蹟以觀其用'을 강조했다. 黃德吉, 『下廬先生文集』 卷10 序, 「東賢學則序」(丙午).

104) 이병찬, 「滄溪와 三淵의 詩經說과 正祖 詩經講義의 相關性」, 『詩話學』 3 · 4, 동방시화학회, 2001, 365~385면.

으면서 창계의 설을 취했다.[105] 그리고 金在魯(1682~1759)는 원나라 陳澔의 『禮記集說』을 보충하여 『禮記補註』를 엮을 때 창계의 『독서차록』에서 예기설을 인용했다. 徐榮輔(1759~1816)는 『禮記劄錄』에서 『예기』 「檀弓 下」의 '瞿然曰呼'를 분석하면서 김재로의 『예기보주』로부터 창계 설을 인용했다.[106]

창계의 학문이 후대에 끼친 영향은 이 몇몇 사례로 간단히 서술할 수는 없다. 이제는 창계와 조성기의 탁마와 각각의 차별적 성향을 살피면서 창계의 학문 내용을 본격적으로 연구할 필요가 있다.

---

105) 晦齋 · 退溪 · 栗谷 · 沙溪 · 尤庵 · 市南 · 滄溪 · 三淵 · 農巖 · 芝峯 등으로 제한했다. 이경훈, 「木山 李基敬 『東儒經說』의 書誌的 考察」, 『전북학연구』 3, 전북연구원 전북학연구센터, 2021.6, 1~41면.

106) 徐榮輔, 「禮記劄錄」, 『竹石館遺集』 제8책.

滄溪 林泳의 漢詩 研究 —
自己 省察과 求道의 情感

진재교
성균관대학교
한문교육과 교수

• • •

1. 머리말

大雨落荷葉, 큰 비에 연꽃 떨어지니
白璧轉靑盤.[1)] 흰 구슬 푸른 쟁반에서 구르네.

滄溪 林泳(1649~1696)이 8세 때 여름 무렵, 정자에서 연꽃을 보고 지은 聯句다. 비 온 뒤 연잎을 보고 聯句를 지은 것도 예사롭지 않지만, 사물을 포착하는 눈이나 이를 시어로 만들어 전개하는 솜씨는 놀랍다. 넓은 연잎을 푸른 쟁반으로 상상하고, 비 온 뒤의 빗방울을 흰 구슬로 포착한 것은 그야말로 어린 창계의 시적 재능을 보여준다.

---

1) 이 童蒙詩는 고전번역원에서 간행한 『한국문집총간』에 없고, 성균관대 대동문화연구원에서 1994년에 영인 · 간행한 『滄溪集』의 「滄溪先生年譜草」에 수록되어 있다. 이 연보는 창계의 아우인 林淨이 엮었다. 번역은 한국고전번역원의 한국문집번역총서 조경구 · 하승현 옮김, 『창계집 · 8』(2019)을 참고하였다. 이후 『창계집』의 번역은 한국고전번역원의 한국문집번역총서인 『창계집』을 인용하되, 일부 번역의 경우, 문맥이 어색하거나 불명확한 경우 윤문하여 활용하기로 한다.

이를 본 부친 林一儒가 기이하게 여긴 것은 충분히 이해할 만하다. 어린 창계의 시적 재능은 여기서 그치지 않는다. 창계는 11세 때 시냇가 근처에서 고기 잡는 객을 보고 다음과 같은 시를 지었다.

蒼蒼長松下	푸르디 푸른 큰 소나무 아래
白雲生其間	흰 구름 그사이서 피어나네.
臨溪有釣客	냇가에 낚시하는 나그네 있으니
恐是富春山	이곳이 바로 부춘산인가 보다.[2]

큰 소나무가 늘어선 위로 구름이 뭉게뭉게 피어오르고, 여기에 옆 시냇가에서 어떤 이가 고기 잡는 모습을 그렸다. 마치 한 폭의 풍경화와 같다. 결구에서 東漢의 隱士 嚴光을 호출하여 시상을 맺는 것은 아이의 시적 재능을 넘어선다. 주변 사물을 관찰하여 시어로 포착하는 안목은 물론 시적 발상 또한 뛰어나다. 엄광이 광무제의 부름에 응하지 않고 부춘산 아래의 七里灘에서 낚시질하며 생을 마쳤다는 고사를 활용하고[3], 七里灘과 富春山을 연상하며 주변 자연을 用事한 솜씨는 비범하다. 특히 엄광의 고사를 詩想 전개의 끝에 배치하여 詩의 의미를 돋보이게 하는 수법은 탁월하다.

그런데 어린 청계가 고사를 활용하여 시어로 배치한 것은 그의 독서와 관련이 깊다.[4] 창계는 11세를 전후하여 이미 236권이나 되는

---

2) 번역은 한국고전번역원의 한국문집번역총서 전백찬 · 변구일 옮김, 『창계집 · 1』(2019)을 참고하였다.

3) 엄광의 죽마고우인 광무제가 불렀으나 성명을 바꾸고 자취를 감춘 뒤, 부춘산에서 생을 마감한 고사는 『後漢書』 卷83, 「逸民列傳 · 嚴光」에 나온다.

4) 창계는 이미 8세에 『十八史略』을 정독하여 이해하였고, 9세에 『소학』과 『四書』를 읽

방대한『事文類聚』를 완독하였다. 창계는 詩賦 창작에서 이러한 독서의 힘을 활용한 바 있었거니와, 수준 높은 동몽시 창작은 이러란 창계의 독서체험과 관련이 있다. 창계가 정제되고 다듬어진 古風을 창작한 능력[5]도 독서의 결과물임은 두말할 나위 없다. 童蒙期에 이미 시인의 재능을 한껏 발휘한 창계의 시적 재능은 16세 무렵『文選』을 배운 뒤 더 빛을 발하였다. 한 번 붓을 잡으면 막힘이 없을 정도로 능수능란하게 시 창작을 하는 수준을 보여주었다는 언급은 이를 보여준다.[6]

하지만 동몽기를 지나면서 창계는 시적 재능을 발휘하거나 詞章之學에 힘쓰기보다 성리학에 침잠하여 진리를 탐구하고, 求道와 聖學의 체득에 진력하는 쪽으로 학문의 방향을 정하면서 시 창작에 큰 관심을 두지 않았다.[7] 창계는 20대 이후 시인으로 자처하지 않았고, 실제로 남긴 작품도 그다지 많지 않다. 그나마 문집에 남아 있는 작품을

었다.

5) 한국고전번역원의 한국문집번역총서 조경구 · 하승현 옮김,『창계집 · 8』「滄溪先生年譜草」(2019)를 참고하였다.「滄溪先生年譜草」기해년(1659) 11세의 기록을 보면 "관아에는 다른 책은 없고 오직『事文類聚』한 질만 있었는데, 일과로 공부하는 틈만 나면 이 책을 가지고 홀로 한 방으로 들어가 潛心하여 뜻을 음미하면서 읽었다. …… 매일같이 탐독하여 한 질을 다 읽어 냈는데, 간혹 이해가 되지 않는 곳이 있으면 반드시 벽을 향하고 앉아 깊이 생각하였으며, 깨달아 이해된 뒤에야 그만두었다. 선생이 일찍이 말하기를 "이 책은 어렸을 때 읽어 본 뒤로는 다시 펴보지 않았다. 그러나 詩賦나 命題, 冊題, 逐條 등이 대부분 이로부터 나왔으며, 그 외에 옛것을 널리 아는 것도 이 책의 덕을 많이 보았다."고 하였다. 이 해에 여러 형을 따라 시를 지었는데, 古風 같은 것은 이미 정제되고 다듬어져 있었다."라 기록하고 있다.

6) 「滄溪先生年譜草」를 보면, 창계는 16세 되던 해에 부친이 龍仁縣監으로 나가자 함께 가, 이곳에서 都學元(1605~1677)으로부터『文選』을 배우고 賦를 외웠는데, 이후로 문사가 일취월장하여 詩 · 賦 · 表 · 策 등을 자유자재로 지었다고 하였다.

7) 이우성, 국역『창계집』해제, 2015; 한국고전번역원 한국고전종합DB 참조. 여기서 이우성 선생은 창계의 면모를 '求道者의 사색과 철학'으로 제시한 바 있다.

보면 酬唱하거나, 차운한 것을 비롯하여 기행시 등과 같이 일반 문인에게서 흔히 볼 수 있는 것도 있지만, 가장 두드러진 것은 性情과 存心養性을 드러내거나 哲理의 포착이다. 이 점에서 창계의 한시[8]는 여느 시인처럼 다양하지 않다. 이는 시인으로 자처하지 않은 삶의 자세와 관련이 있다. 현재『창계집』에 남아 있는 시를 볼 때, 그의 인품과 삶의 자세를 온전히 보여주고 있는 작품이 적지 않다. 더욱이 이러한 한시는 격조를 내함하고 있어 독특한 의미를 지닌다. 무엇보다 구도를 지향한 그의 삶을 녹여내고 있어 '詩如其人'[9]으로서도 전혀 손색이 없다.

2. 자기 省察과 求道를 향한 삶 : 창계 한시의 배경

위에서 '詩如其人'을 주목한 것은 창계시 이해를 위한 하나의 방안이다. '詩如其人'에서 '其人'의 이해가 곧 창계시 이해의 창일 수 있기 때문이다. 개론적 이야기지만, 한 작가의 삶을 정확히 파고들어 이해해야 그가 남긴 작품의 의미를 정확히 알 수 있다. 사실 작가의 삶과 작품의 상관성은 아무리 강조해도 지나치지 않는다. 그런 점에서 창계시를 이해하기 위한 배경으로 그가 현실과 마주 대하면서 보여준

8) 창계의 한시와 관련한 기왕의 연구는 최재남,「창계 임영의 삶과 시 세계」,『한시작가연구』 12, 2008, 373~404면 참조. 任埅의『玄湖瑣談』에서 창계의 한시「山齋月夜, 與族弟得之世讓, 呼韻口占」을 제시하고 있으며,『大東詩選』에서도 임영의 한시를 4수 뽑아 놓았다. 이를 보면 여기서 논하고자 하는 경향 이외의 창계 한시도 주목할 만한 작품이 적지 않다는 사실을 알 수 있다.

9) 이러한 언급은 白居易의「讀張籍古樂府」에 "言者心之苗, 行者文之根, 所以讀君詩, 亦知君爲人."에서 연유한다.

삶의 자세와 방향을 이해하는 것은 중요하다. 이를 바탕으로 그의 한시로 들어가는 것이 순서일 듯하다.

창계의 삶은 한마디로 성학을 통한 자기 성찰[10]과 求道를 향한 끊임없는 수양의 연속이다. 『숙종실록』에 나오는 卒記와 農巖 金昌協(1651~1708)이 작성한 「滄溪集序」를 통해 창계의 삶과 그의 眞面目을 보기로 한다.

(1) 공은 어려서 학문할 적부터 이러한 폐단을 깊이 경계하고 ①聖學의 진면모를 찾으려고 노력하여, 宋나라 학자들의 典籍을 널리 읽고 정밀히 연구하였다. 그러나 실마리를 찾고 법도를 따른 것은 오로지 考亭 朱熹에 있었으니, 공의 나이 10세 때에 고정의 『大學』'格物說'을 보고 온갖 이치를 다 연구하려는 뜻을 품었다. …… 그러고 나서 ②성인은 반드시 학문을 통해 이룰 수 있는 것이므로 학문을 하되 性을 온전히 구현하여 命에 이르지 못한다면 나의 일은 끝나지 않은 것임을 알았다. 당시에 공의 나이는 겨우 20세였다. 그러나 공은 평소에 공손하여 남에게 과시하는 것을 일삼지 않았으니, 외면만 보면 남들과 다른 점이 그다지 있어 보이지 않았으나 ③안으로는 실로 은연중에 자신을 수양하였다. 매일 자신의 언행과 일 처리를 기록하여 선악과 잘잘못을 살피고는, 나아가고 물러날 갈림길을 알아내어 자신을 채찍질하고 바로잡되 이른 새벽부터 늦은 밤까지 조금도 태만히 한 적이 없었다. 요컨대 남모르는 마음속에서 성

10) 창계 경학의 성과를 내면적 성찰로 독법한 성과도 있다. 이는 함영대, 「창계 임영의 내면적 성찰과 경학-『일록』과 『독서차록-맹자』를 중심으로-」, 『한국실학연구』 37, 2019, 197~225면 참조.

찰하였으므로 사람들은 알 수 없었던 것이다.[11)]

(2) ④詞華를 싫어하고 正學에 뜻을 두어, 李端相에게 배우고 이어서 朴世采의 문하에 출입하여 高弟가 되었다. ⑤經籍을 크게 연구하고 內省도 깊어서 見解의 뛰어남이 오묘하고 투철하였다. 경신년에 更化하자 맨 먼저 ⑥經筵에 들어갔는데, 講說이 精博하여 자유자재로 설명하는 것이 모두 타당하니, 한때의 명망이 있는 이들이 미치지 못하였다. …… 清華한 벼슬에 들어가서는 金壽恒 형제의 추천을 많이 받았으나, 능히 ⑦초연하게 스스로 지켜서 勳要를 꺾고 淸議를 주장하니, 士流가 더욱 존중하였다. ⑧榮利를 좋아하지 않고 의리에 따라 진퇴하여, 湖海에 머무르고 조정에 선 날이 많지 않았다. 대개 그의 뜻은 먼저 임금의 마음을 바루어 정치하는 근본이 되게 하려 하였으나, 時勢가 이미 어찌할 수 없게 되었으므로 드디어 여러 번 徵召하여도 나아가지 않았다. 갑술년에 亞銓에 첫째로 注擬되고 文衡에 천거되었다. …… 우리나라가 ⑨儒術을 숭상하는 것은 근세에 더욱 성하여 선배의 名流 중에 학문으로 말미암아 入道한 자가 많이 있으나, 姿性이 醇厚하고 趣致가 深達하고 학식이 平實하고 講解가 超卓하고 言議가 공정한 것으로 말하면, 임영이 참으로 으뜸이었다.[12)]

창계가 추구한 것은 聖學을 통한 성인의 길이다. ①에서 창계는 聖

11) 『農巖集』 권22, 「滄溪集序」. 번역은 한국고전번역원, 한국고전종합DB 참조.

12) 한국고전번역원, 『肅宗實錄補闕正誤』 숙종 22년 병자(1696) 2월 6일(임진) 참조. 번역은 한국고전종합DB 참조.

學의 진면목을 추구하는 방법으로 송나라의 程朱學에 치력하였음을 보여준다. 이미 10세에 주자의「格物說」을 접한 것을 계기로 주자학에 크게 감발하여 이를 학문의 좌표로 삼은 바 있다. 이후 창계는 程朱學을 학문의 방향으로 삼았다. "『朱子大全』을 구해 읽은 뒤 더욱 감동하고 밤낮으로 거기에 침잠하여 1년 만에 그 의미를 완전히 이해할" 정도로 오직 주자학에 침잠하였다.[13] 10대에 주자학에 심취한 이후, 창계는 자신의 학적 방향을 정주학을 통한 성학의 길로 정하였다. 실제 창계는 이후 다양한 정주학 관련 서적을 통해 주자와 성리학 공부에 매진하였다.[14] 주자가 남긴 '글들 속에 들어 있는 天地人과 三才의 온갖 이치가 실제 내 마음속에 갖추어지지 않은 것이 하나도 없다는 사실'도 독실한 공부를 통해 구체적으로 확인하고자 하였다.[15]

창계는 이를 계기로 聖學을 통해 성인의 길로 들어서기로 작심하고 삶의 방향을 구도에 두었다. ②의 언급은 이것을 말한다. 창계는 20세에 구도를 향한 삶의 자세를 확립한 뒤, 이를 간단없이 실천해 나갔다. 구도의 실현을 위해 창계가 추구한 방법은 성찰과 내면의 수양이

---

13) 『農巖集』 권22,「滄溪集序」 참조.

14) 최근에 성균관대 尊經閣에 기탁된 나주임씨 창계가 고서를 살펴보면 주자와 성리학 관련 문헌이 적지 않다. 明의 胡廣(1370~1620) 등이 朱熹의 주석과 관련한 宋나라 학자들의 설을 모은『四書大全』(36책)을 비롯하여,『書傳大全』·『周易傳義大全』·『書傳大全』·『禮記集說大全』을 비롯하여 명말의 焦竑(1541~1620)이 서문을 적고 張采(1596~1648)가 評閱한『宋朱晦菴先生名臣言行錄』, 그리고 주자가 저술하거나 편찬한『資治通鑑綱目』·『新敎延平答問』·『近思錄』·『家禮』, 주자와 관련이 있는『朱子語類』·『朱子大全』·『朱子行狀』(李滉 著) 등이 있다. 여기에 성리학 관련 저술인『性理大全』, 程顥(1032~1085)가 찬한『二程全書』와 宋의 陳淳(1159~1223)이 찬한『北溪先生性理字義』, 그리고 宋의 廖禮伯이 저술한『五行精紀』 등이 있다. 특히 주희와 성리학 관련 저술이 현재 남아 있는 것만 해도 230책이 넘는다. 전체 소장한 문헌의 상당수가 주자와 성리학 관련 저술이 압도적으로 많을 정도로 창계는 정주학에 경도되었다.

15) 앞의 책 참조.

었다. 매일 자신의 언행과 일 처리를 기록하여 선악과 잘잘못을 살피고, 진퇴와 分岐의 길을 알기 위해 새벽부터 늦은 밤까지 성찰하는 수양법에 게을리 하지 않았다. 창계는 스스로 七省例를 고안하며 체계적인 방법으로 구도를 밟아나가고자 하였다.

> 이해부터 처음으로 七省例를 행하였다. 이 例는 다음과 같다. 새벽에 일어나서 「四勿箴」, 「敬齋箴」과 직접 가려 뽑은 격언들을 외운다. 아침밥 먹기 전에 그렇게 하고, 아침밥 먹은 뒤에 午時에도 그렇게 한다. 저녁밥 먹기 전과 저녁밥 먹은 뒤, 잠자리에 들 때도 그렇게 한다. 이렇게 하루에 일곱 차례 지극히 반성한다고 해서 이름을 '칠성례'로 붙인 것이다. 또한, 日榜圈點畫例를 행하였다. 이 예는 매일 자신의 언행과 동정을 기록하여 보고 반성하려는 것이다. 당일에 계획하였던 일이 마음에 흡족하지 않음이 없으면 동그라미를 치고, 속인 바가 있으면 선을 긋고, 처음에는 흡족하였으나 끝에서는 속였다면 동그라미를 치고 선을 긋고, 처음에는 속였으나 끝에서는 흡족하였다면 선을 긋고 동그라미를 치고, 속인 것과 흡족한 것이 뒤섞여 있다면 점을 찍었다. 점, 선의 크기가 차이가 있는 이유는 속임과 흡족함에 크고 작음이 있기 때문이다.[16]

창계는 18세 때부터 이러한 방법 아래 구도를 실천하기 위하여 七省例를 통해 끊임없이 자신을 검속하였다.[17] 창계가 실천한 七省例

---

16) 『滄溪集』「滄溪先生年譜草」 정미년(1667) 18세조 참조.

17) 창계 임영의 공부법은 임형택, 『우리 고전을 찾아서』, 「退溪先生語錄」 해제, 한길사, 2007.

는 하루에 일곱 차례 자신을 되돌아보는 것이다. 새벽에 程頤의 「四勿箴」과 朱熹의 「敬齋箴」, 그리고 格言을 읽는 二省, 조찬 전과 후에 똑같은 방식으로 二省, 조식 전과 후에도 二省, 잠자리에서 一省을 행하는 七省의 자기 성찰법이다. 공자가 말한 하루에 '三省吾身'하는 성찰을 뛰어넘는 그야말로 철저한 자기 수양의 방안이다. 창계는 서울에 거주하는 19세 무렵, '日榜圈點晝例'를 더욱 엄밀하게 시행하였다[18]

그런데 창계가 성학을 통한 성인으로 나아가기 위해 선택한 것은 끊임없는 성찰과 수양의 방법이었다. 철리를 탐구하고 자신을 성찰하고 수양하는 과정에서 시문은 枝葉에 지나지 않았다. ④의 언급처럼 주자학과 성리학에 뜻을 둔 창계는 詞華에 시선을 두지 않았고, 시문 창작을 꺼리는 것은 당연하였다. 『창계집』을 보면 詩文이 적은데, 창계가 학문을 통한 구도의 길에 시문 창작을 장애물로 생각하였기 때문이다. 실제로 창계는 시문에 크게 관심을 두지 않았다.[19]

南九萬이 창계의 학문 방향을 "도를 찾아 묻고 배움에 이르러서는 지엽적인 사장을 좋아하지 않고 오로지 性理의 근원에 마음을 다하였다."라 추켜세운 다음 다시 "느끼고 깨우쳐 분발하여 오직 날마다 부지런히 힘써서 차라리 성인의 가르침을 행하다가 이르지 못할지언정 차마 구차하게 小成에 안주하지 못하였으니, 진실로 내면에 스스로

---

18) 앞의 책, 19세조 참조.

19) 창계의 아우 林淨은 창계 스스로 시문 창작을 좋아하지 않았고, 자신이 창작한 시문의 수습이나 정리에 그다지 치중하지 않을 만큼 시인으로 자처하지 않았음을 밝히고 있다. 그리하여 『창계집』에 수습된 시가 적고, 창작 시기도 분명하지 않다고 하였다. 이는 「滄溪集跋」에서 "公自少不喜作詩文, 雖有作, 亦不事收錄. 余嘗勸之收則曰 : '退溪四十後, 始收所作. 吾亦欲待學進文成而爲之.' 此可見公不自滿之意也. 詩篇多片簡漫書, 亦無題與年月, 故今之所次, 多失其先後."라 한 언급에서 알 수 있다.

힘쓰고 외물에 기대함이 없는 자"[20]라고 평한 것도 이러한 맥락에서 이해할 수 있다.

⑤에서 언급하고 있듯이, 창계는 經籍을 크게 연구하는 한편 內省을 겸함으로써 독특한 자신만의 학술적 見解를 보여주었다. 창계의 경학 공부는 학술적으로 뛰어났을 뿐만 아니라 깊이마저 있었다. 무엇보다 내면 성찰과 求道를 통해 체득한 결과를 학술에 접목하였기에 독특한 견해와 학술적 오묘함을 보여주었다. 사관이 창계의 內省을 통한 학술적 성취를 주목하는 한편, 누구도 쉽게 알 수 없는 진정한 爲己之學을 실천한 학문적 태도를 주목한 것은 이 때문이다. 위에서 언급한 內省은 자기 성찰을 의미하거니와, 창계는 자기 성찰을 통해 경전의 내용을 체득하고자 진력하였다. 요컨대 이러한 삶의 자세는 求道의 길이자 구도자로서의 면모를 보여준다.

農巖 金昌協(1651~1708)이 창계를 두고 "사람됨이 중후하고 영리하며 도량이 넓고 사려가 깊어, 道를 받아들일 만한 器局과 도를 이룰 만한 자질이 있었다."[21]라 평한 것도 같은 맥락이다. 철저한 자기 수양과 성찰을 토대로 한 聖學의 추구는 경전 해석에서 탁월한 성취를 이루었다. 이러한 창계의 학문적 성취는 經筵에서도 빛을 발하여, 당시 조정에서 '眞講官'으로 창계를 호칭할 정도였으니, 이는 聖學이 高明한 것[22]으로 주목한 것이다.

---

20) 『藥泉集』 권27, 「滄溪集序 戊子」. 번역은 한국고전번역원, 한국고전종합DB, 국역 『약천집』 참조.

21) 『農巖集』 권22, 「滄溪集序」, "本公爲人重厚而通明, 寬宏而淵深, 有可以受道之器, 致道之材."

22) 한국고전번역원, 『肅宗實錄補闕正誤』 숙종 22년 병자(1696) 2월 6일(임진), "世以眞講官稱之, 聖學之高明, 多有得於此云."

⑥은 창계가 추구한 성학의 성과와 경연에서 강관으로 주목받은 사실의 언급이다. 서술한 내용은 실상에 가깝다.[23] 더욱이 창계가 보여준 經筵에서의 講說은 宋時烈도 인정할 정도로 수준이 높았다. 송시열은 경연에서 경전의 뜻풀이를 요청할 정도로 창계를 인정하였다. 창계가 당대 학자들의 인정을 받을 정도의 학문적 깊이와 개성이 있었기에 가능하였을 터다. 무엇보다 강관으로서의 면모는 후일 정조도 알 정도로 시대를 뛰어넘어 주목을 받은 바 있다.[24]

⑦에서 勳要를 꺾고 淸議를 주장하니, 士流가 더욱 존중하였다는 언급은 창계 삶의 자세와 그가 추구한 구도의 방향과 깊은 관련을 지닌다. "당시 중앙 '벌열'층 가운데서도 淸風金氏, 光山金氏, 驪興閔氏, 安東金氏 등은 그 대표적인 존재로, 위에서 사관이 말한 '훈귀'는 곧 이들을 가리킨다. 이들은 서인의 故家世族으로 文學聲望이 뛰어나고 왕실과의 인척 관계로 勢威가 薰赫한 집안들이었다. 창계는 이들 집안과는 世誼와 學緣으로 서로 가까운 처지에 있었지만, 기본적으로 입장의 차가 있었다. 창계는 지방 사대부 출신으로 선비의 본령을 굳게 지키고 있었기 때문이다. 창계는 農巖에게 보낸 편지에 '衡茅之賤'과 '喬木世家'는 처지가 다르므로 자기는 농암과 반드시 거취를 같이할 수 없다고 하였다. 사관이 '초연하게 스스로 지킴[挺然自持]'

---

23) 『숙종실록』 숙종 20년 갑술(1694) 4월 24일조를 보면 "知經筵 柳尙運이 말하기를, "金昌協 · 林泳은 文雅하고 經學에 능하니, 講筵에 출입하여 자문에 갖추어야 하겠습니다."라 한 언급이 있다. 이후 창계는 경연에 참여하여 강독하는데, 항상 먼저 강을 행하였다.

24) 『弘齋全書』 권173, 「日得錄」 13에서 "근세의 名卿으로 故 宰臣 林泳 같은 사람은 과거 출신으로서 經術과 학식에 있어 儒賢에 뒤지지 않는다. 聖祖께서 경연에 임하실 때마다 林泳의 글 뜻 해석과 金昌協의 글 읽는 소리를 칭찬하셨으니, 당시에 인재가 성대히 많았음을 알 수 있다."라 한 것은 이러한 사실을 보여준다.

이라 칭찬한 것이 바로 이러한 것을 지적한 것임은 물론이다.[25)]

요컨대 정치 현실에서도 창계의 학문적 입장은 변함이 없었다. 일찍이 창계는 "도가 같지 않으면, 서로 도모하지 않은 것은 단지 할 수 없는 것일 뿐만 아니라 해서도 안 되는 것이다. 도가 같지 않은데 도모하면 '志向하는 바'에 오로지할 수 없을 것이다."[26)]라 하여 자신이 추구한 학문 방향을 정치 현실에 그대로 적용하여 자신의 학문적 입장을 드러내었다. 더욱이 창계는 不同의 문제를 삶의 자세와 개인이 추구하는 가치관에 결부시켜 구체화하고 있는 바, 이는 '所趣者'에 방점을 둔 결과다. '志向하는 바'는 바로 개인의 삶의 자세와 학자로서의 행보와 관련하여 이해하는 것은 당연하다.

⑧에서 榮利를 좋아하지 않고 의리에 다른 진퇴를 하였다는 언급은 노론과 소론으로 당파가 갈라진 폐습을 거론하며 여기에 迎合하지 않은 삶의 자세와 출처의식을 거론한 것이다. 창계는 老少의 分黨이 東西의 分黨보다 그 폐해가 심하다고 하며 이러한 폐습을 없애지 않으면 어떤 일도 할 수 없을 것이라 언급한 바 있다. 관직 생활을 하면서 붕당에 휩쓸리거나 영리에 구차하게 영합하지 않으려 하였으며, 懷尼是非로 노소로 분당이 될 조짐을 보이자, 창계는 각기 편지를 적어 이것을 조정하려고 노력하였다. 하지만 宋時烈과 尹宣擧·尹拯 부자 모두 창계의 노력을 수용하지 않았다.[27)] 이처럼 창계는 정치 현실에

25) 이우성, 국역『滄溪集』해제, 2015.

26) 『滄溪集』 권21, 「讀書箚錄-論語」'衛靈公', 第三十九章, "道不同, 不相爲謀, 非惟不能, 亦不可也, 道不同而相謀, 則所趣者, 不專矣." 주자는 '道不同'의 不同을 善과 惡, 邪와 正과 같은 추상적이고 보편적인 차원의 대립 항으로 놓고 있으며, 이에 대한 구체적인 언급은 없다.

27) 「滄溪先生年譜草」의 을해년(1695)조를 보면 "늘 노론과 소론으로 당파가 갈라진 해가 동서 분당보다도 심하다고 하면서 진실로 이 폐습을 타파하지 않으면 더는 무슨 일

서도 義理를 중심에 두고 노소 분당에서 조정 역할을 자임하였기 때문에 사관이 그렇게 언급한 것이다. 요컨대 성학을 통한 성인의 길에 영리 추구는 어울리지 않았을 터, 창계 역시 의리를 중심에 두고 이를 위한 출처의식의 잣대로 삼아 적극적으로 실천하였던 것이다.

⑨에서 학문으로 入道한 것을 언급한 것은 성학을 통한 구도자로서의 면모를 주목한 것이다. 사관이 姿性의 醇厚와 趣致의 深達, 여기에 학식의 平實과 講解의 超卓, 言議의 공정을 특장으로 들면서 창계를 당대 으뜸이라 칭송하고 있다. 이는 창계가 지향한 구도자의 자세를 특기한 것으로 이해할 수 있다. 사관은 자기 성찰과 수양의 결과, 성학을 체득하기 위한 發憤求道의 고투를 주목하고 있거니와, 이는 학문을 통한 성인의 길로 들어가려는 창계의 삶을 긍정한 것을 의미한다.

3. 自己 省察과 修養의 情緒

창계 한시는 대체로 삶의 자세와 그의 참모습을 그대로 반영하고 있다. 현재 창계 한시는 대략 500여 수가 남아 있는데,[28] 차운시나 기

을 할 수 없다고 하였다. 한 시대의 이름난 사람 대부분이 공과 친한 자들이었는데, 이들이 모두 공과 뜻이 같을 수는 없었다. 그러므로 때를 헤아리고 힘을 재어 나아가기는 어렵게 여기고 물러나기는 쉽게 여긴 것이다. 벼슬살이를 시작하고서 거의 30년이 되었지만, 조정에 있었던 것은 4년도 채 안 되니, 그가 구차하게 영합하지 않았음을 알 수 있다. …… 회니 시비로 서로 뜻이 갈리기 시작할 때, 공이 편지로 각각 그 義에 처하는 도를 말하였으나 모두 받아들이지 않았다."라 서술하고 있다.

28) 『滄溪集』 권1,2에 詩 480여 수가 있고, 『독서차록』에 10여 수를 합하면 모두 500여 수가 남아 있다.

행시를 비롯하여 吟風弄月의 작품도 있지만, 가장 개성적인 면모는 그의 삶의 자세와 求道를 형상화하는 것에 있다. 이를테면 창계 한시의 본령은 자기 성찰과 수양을 읊조리거나 구도자의 자세로 철리를 실천하는 정서에 있다. 철리시를 노래한 시에서 흔히 나타나는 딱딱함과 무미건조함도 적고, 오히려 이들 작품과 사뭇 다른 품격과 격조를 보여준다. 이는 창계가 쌓은 학문적 온축과 어려서부터 지녔던 시적 재능과 결부시켜 이해할 수 있을 것이다.

창계는 성학을 통해 도학자의 삶의 자세를 추구하였기 때문에 스스로 문인으로 자처하지도 않았으며, 시와 산문을 즐겨 짓지도 않았다. 앞서 제시한 바 있듯이 창계는 자신의 작품조차 제대로 수습하지도 않을 정도로 시에 무관심하였다. 하지만 창계는 文衡에 擬望이 될 정도로 시문에 남다른 능력을 지니고 있었고, 청나라 사신이 文章에 능한 사람을 보기를 요구했을 때 弘文館에서 林泳·吳道一·李徵龜를 抄啓한 것[29]도 창계의 시문 능력이 어떠한지를 보여준다.

農巖 金昌協이 "공은 문장이 출중하면서도 평소에 저술하기를 좋아하지 않았다. 그 때문에 문집 속에 詩와 文은 단 몇 권에 불과하고 편지만 매우 많다."[30]라 한 것이나, 藥泉 南九萬이 "문장의 아름다움을 가지고 말하더라도 세상의 문필에 종사하는 자 중에 그 누가 이보다 더 나을 수 있겠는가. 아, 이는 참으로 儒者의 글이요, 이는 참으로 옛사람의 글로 말을 한 자일 것이다."[31]라 평한 것은 창계의 시문

---

29) 『숙종실록』 숙종 7년 신유(1681년) 4월 5일조.

30) 『農巖集』 권22, 「滄溪集序」, "公文藝絶人, 而雅不喜述作. 故集中詩文, 不過數卷, 唯書牘爲最富."

31) 『藥泉集』 권27, 「滄溪集序」, "雖以文之美言之, 世之操觚者, 孰有加於此哉? 嗚呼! 此眞儒者之文, 此眞古人之以文爲言者也."

창작 능력이 비범하다는 것을 역설적으로 보여주는 언표다.

창계시에서 주목할 점은 자기 수양과 성찰의 정서가 주로 경전의 내용을 암송하거나 이를 호출하여 실천하는 내용으로 드러난다. 창계는 『사서』와 『소학』 중 성찰과 수양 관련한 내용을 끄집어내어, 이를 통해 평생 수양과 성찰의 바탕으로 삼았다. 대표적인 것이 『대학』에 등장하는 愼獨이다. 「自警」[32]에서 이 문제를 어떻게 형상화하고 있는지 알아보자.

幽暗之中袵席上　남들 모르는 그윽한 곳 침실에 있어도
古人從此做工夫　고인들은 여기서부터 공부를 해 갔지.
這間若不能無愧　금방이라도 부끄러움이 있다면
何敢冠儒而服儒　어찌 감히 儒者의 冠을 쓰고 유자의 옷을 입었다 할 수 있을까?

당대 학자들은 자신을 경계하기 위한 다양한 방법을 동원하였다. 宋의 趙善璙가 편찬한 『自警編』을 읽거나, 아니면 시를 지어 자신을 警戒하는 것으로 경계하였다. 「自警」[33]의 題名으로 읊조린 것도 그러한 사례의 하나인 바, 시 창작을 통해 자신을 성찰한 것이다. 창계가 일상에서 自警의 제명을 통해 사욕과 물욕의 싹틈을 경계하는 것은 '愼獨'을 자각하며 이를 극복하려는 의지의 발현이다.

위의 제목에서 알 수 있듯이, 자경은 스스로 경계하기 위한 자기 고백의 표현이다. 여기서 유자는 신독의 길을 추구하는 도학자다. 끊임

32) 『滄溪集』 권1, 「自警」.

33) 실제 조선 학자들의 문집에 가장 흔하게 볼 수 있는 詩題의 하나가 「自警」이다.

없이 자기를 성찰하고 수양하는 진정한 유자를 말한다. 起句와 承句는 愼獨의 공부를 포착하고 있다. 예로부터 학자들은 신독을 자기 성찰의 방법으로 삼았다. 주지하듯이 愼獨[34]은 혼자 있을 때도 자기를 속이지 않고, 마음에 내재한 인욕과 물욕이 본성을 가리지 않도록 자신을 끊임없이 성찰하고 수양하는 것을 말한다. 짧은 시간이라도 신독의 공부를 게을리 하여 부끄러움이 생긴다면 유자로 자처할 수 없다고 경계하는 것이다. 이는 구도자의 길로 나아가려는 창계의 자기 선언이기도 하다.

이어지는 시도 동일하다. 「偶占」[35]이라는 작품이다.

正屬微陰節	마침 미음의 절기에 속한 이때
深孤謹獨書	근독의 글을 깊이 저버렸어라.
毫釐宜辨早	한 터럭 차이도 일찍 분별해야 하니
齋沐此爲初	沐浴齋戒함이 이것의 시작이리라.

起句의 微陰節은 陰氣가 자라나는 5월 夏至를 이른다. 음기가 자라나는 것은 군자가 경계해야 할 일이다. 창계는 하지에 이르자 자신을 성찰해 본다고 하였다. 承句의 謹獨은 성찰의 방법으로 愼獨과 같은 말이다. 음기가 자라나는 시기에 혼자 있을 때를 경계해야 하는데 그러지 못했다는 자기반성이다. 轉句의 毫釐는 仁義와 利의 차이를 말한다. 주자는 『孟子集註』에서 仁義와 利를 주석하면서 천리와 인

34) 『大學章句』에 전 6장에서 "十目所視, 十手所指, 其嚴乎!"라는 曾子의 말을 인용하였는데, 그 註에서 "雖幽獨之中, 而其善惡之不可揜, 如此, 可畏之甚也."라 하였다.

35) 『滄溪集』 권2, 「偶占」.

욕을 대립 항으로 설정하고, 仁義와 利를 추구하는 것의 차이를 논리적으로 제시한 바 있다. 맹자는 仁義를 좇고 利를 좇을 경우, 처음 이 둘의 차이는 털끝 만큼이지만, 끝내 千里만큼이나 어긋난다고 하였다.[36] 辨早는 仁義와 利가 갈리는 순간을 분별하여 인욕을 경계하고 天理를 따를 것이라는 의미다.

結句에서 창계는 근독을 위해 沐浴齋戒하며 이를 실천하리라 다시 다짐하고 있다. 특히 각 句에서 수양과 자기 성찰과 관계되는 어휘를 배치하고, 이를 통해 자기의 실천 방향을 제시한 수법으로 작품을 구성하였다. 시의 구성과 시어의 배치가 적절한 관련성을 가지도록 하여 수양과 성찰의 정감을 드러내었다.

이어지는 시는『中庸』의 修道를 형상화한 수양의 정서다.

圖書千古意	도서는 천고의 생각이요
宇宙百年身	우주는 백 년의 몸이로다.
不作修眞士	진리를 닦는 선비 되지 못하면
終成虛住人	끝내 부질없이 머무는 사람 되고 말리라.

창계는 廣州의 龍津을 지나다가 杜詩를 기억하고, 두시의 운자를 활용하였다. 절구 10수 중 한 首다.[37] 起와 承句는 유구한 역사의 시간과 광활하고 무한한 우주의 공간을 아우르는 기상의 표출이다. 起句에서 영구한 세월 동안 변하지 않는 意味를 담고 있는 도서는 곧

36) "循天理則不求利而自無不利, 循人欲則求利未得而害已隨之, 所謂毫釐之差 千里之繆."

37) 『滄溪集』 권1, 「行過龍津, 三復杜詩, 緬思桃源, 內益歎身世拙之句, 分韻成十絶」의 8首.

經傳이다. 이때의 경전은 구체적으로 무엇을 말하는지 알 수는 없다. 광활한 우주에서 인간이 살 수 있는 시간은 고작 백 년도 못 된다. 이 짧은 시간에 영원한 진리를 담고 있는 도서를 체득하고, 이를 통해 인간이 사는 이 우주[38] 안에서 천리가 流行하고 순환하는 것을 확인하기 위하여 '修道'의 길로 나아가고자 하는 것이 창계의 마음이다.

轉句에서의 '修眞'은 『중용』에서의 '修道之謂敎'의 修道로 치환할 수 있다. 다른 글에서 창계는 修道의 '道'를 中으로 파악하고, '그 中을 드러내어 사람과 만물이 지나치거나 미치지 못하는 곳을 마름질하는 것'이라 하였다. 창계는 道를 '中'이라 하고, 修를 品節로 보고 道의 작용[39]으로 인식하였다. 특히 '中'을 드러낼 수 있도록 品節하여 실천을 추구하고자 한 것이 창계의 자세다. 이를 이어 結句에서는 修道를 통해 虛住人이 되지 않을 것이라는 자기 다짐의 정서를 드러내면서 시를 맺었다.

그런데 여기서 시상 전개와 시어 배치는 詩題에 나오는 杜甫의 「北征」의 시상과 사뭇 다르다. 창계는 이를 換骨하여 수양의 정서를 표출하는 쪽으로 방향을 잡고 자신의 실천 의지를 드러내었다. 天道가 운행하는 하늘로부터 부여받은 본연의 性을 보존하기 위해 성찰하고 수양하리라는 의지의 표출은 바로 '詩如其人'의 면모다.

---

38) 창계는 독서 과정에서의 의문 처를 자신의 견해를 기록한 '독서차록'에 남긴 바 있다. 그는 『성리대전』에서 태극을 두고 스스로 언급한 바 있는데, 天地人의 三極之道를 말하면서 이것이 실현되는 단서로 流行과 循環을 들었다. 여기서 三極之道가 실현되는 공간으로 우주를 거론한 바 있다. 여기서 우주는 사람이 삼극지도의 단서인 유행과 순환의 원리를 깨닫는 공간을 말한다. 또한, 창계는 『일록』에서 '人於宇宙間, 只有此一生. 此一生後, 更不得再生.'이라 언급하고 있어 자신이 사는 공간으로 우주를 인식하고 있다.

39) 『滄溪集』 권19, 「讀書箚錄-中庸」, "蓋此所謂道, 中而已矣. 品節者, 乃所以著其中而裁人物之有過不及者耳. 然則品節之云, 其於此脩道之釋, 豈不甚親切乎?"

한편, 창계는 「十九夜次松江霞堂秋夜韻」[40]에서 『孟子』 「告子」의 '牛山章'의 내용을 호출하여 심성 수양의 정서를 포착한 바도 있다. 밤에서 새벽까지는 사람이 아직 사물과 접촉하지 않아 본래 간직하고 있던 마음속의 淸明한 氣가 드러난다. 이것이 良心의 발현으로 나타나는데, 孟子는 '牛山章'에서 이를 해치지 말고 잘 길러야 한다고 하였다. 창계 역시 이 시에서 밤에 단정히 앉아 수양하며 이 양심의 발로를 직접 실천하는 자신의 정서를 그대로 포착하여 제시하였다. "강가의 산 위로 달 떠올라, 이내 집 동쪽 기둥을 비추는구나./ …… 높이 오르고픈 흥취 하염없었는데, 말하려니 이미 그 마음 잊었다오./ 꼿꼿이 앉아 의관을 정제하니, 良心이 바로 이때 생겨나네(月出江上山, 照我堂東楹. …… 悠然登高興, 欲語已忘情. 兀坐整冠襟, 良心此時生.)."라 한 구절이 그것이다. 달 오르는 밤중에 의관을 정제하고 앉아 수양하며 良心의 발현을 스스로 체험하고 있는 상태다. 요컨대 창계는 『맹자』의 내용을 통해 자신을 성찰하고 수양하거니와, 여기서 실천 양상과 수양의 의지를 엿볼 수 있다.

창계가 『소학』을 통해 성찰하고 수양하는 정감을 표출한 것도 동일하다. 창계는 18세 때 『소학』을 읽은 뒤 讀書錄을 저술하였고, 스승인 박세채는 『소학』을 주석한 『讀書記』를 두고 箚疑하여 의심나는 곳에 자신의 의견을 덧붙인 바도 있다. 박세채도 그렇지만 창계 역시 『소학』을 경학서로 인식하였다.[41] 17세기 이후, 『소학』은 주자학의 확

40) 『滄溪集』 권2, 「十九夜次松江霞堂秋夜韻」.

41) 『滄溪集』 권19에는 『讀書箚錄』의 형식으로 경전과 관련한 자신의 독서 후기 형식의 다양한 견해를 제시하고 있는데, 「小學」도 그중의 하나다. 여기에 창계는 『소학』을 읽은 뒤에 자신의 견해를 차록하면서 朴世采의 『독서기』에 부록 형태로 「附小學讀書記箚疑」를 두어 박세채의 주석에서 의심나는 곳에 자신의 견해를 밝히고 있다. 여기에서 鄭經世와

산과 주자학으로 나아가는 입문서 역할을 하는 주자학의 기본서였다. 李珥가 재구성한 『小學集註』가 학습의 길라잡이 역할을 한 이후, 17세기에는 『소학』과 관련한 다양한 주석서가 출현한 바 있다. 박세채의 『독서기』는 물론, 창계가 저술한 『讀書箚錄 · 小學』도 그중 하나다. 창계는 박세채의 문하에 출입하며 高弟가 되었다. 박세채는 『소학』을 성학의 禮論書로 간주하여 실생활에서의 구체적인 실천과 연결하여 논한 바 있거니와,[42] 박세채의 高弟였던 창계 역시 『소학』을 동일하게 인식하였다.

이처럼 『소학』을 중시했던 창계는 『소학』을 수양서로 특별히 주목하였다. 『소학』을 聖學의 이치가 깃든 경전으로 포착한 다음 시는 이러한 사실을 보여준다.

小學書中至味存	『소학』책 속에 지극한 맛이 있나니
曉窓徐誦到黃昏	새벽 창가서 가만히 독송하다 황혼에 이르네.
非高非遠皆吾事	높고 아득한 도리도 아니라 모두 나의 일
能信能行不必言	감당할 자신 있다거나 실행할 만하다고 굳이 말할 필요 없어라.
且莫抛珠空買櫝	또 구슬 버리고 빈 상자만 사는 일 없어야 하니
須知食實在培根	열매 먹으려면 뿌리 배양해야 한다는 걸 알아

金長生이 저술한 『소학』 주석에도 자신의 견해를 덧붙이고 있다. 이를 보면 창계는 『소학』을 경서의 하나로 인식하고 경학의 차원에서 이를 주목하고 있다.

42) 박세채의 『소학』 이해와 사상적 의미는 이정민, 「박세채의 『소학』 이해 연구 -『讀書記』에 대한 검토를 중심으로-」, 『한국사상사학』 52, 2016, 271~300면 참조. 여기서 박세채는 『소학』에 나타나는 각종 禮를 두고 理學的으로 보고 있으며, '敬'을 '道'로 體化해야 한다는 점을 강조한 것으로 보고 있다.

야지.

何人錯怕摧頹甚　누가 번다하게 쇠퇴의 심함을 두려워하리?
一敬優除百病源　敬 한번 행하면 충분히 百病의 근원 없앨 것을.

「讀小學」[43]이다. 창계는 "사람이 『소학』을 보지 않으면, 비록 귀와 눈의 형체는 완연히 사람 같더라도 실상은 사람의 본에 부합하지 않으니, 참으로 짐승과 무엇이 다르겠는가?"라 하여 『소학』이 사람과 짐승을 가르는 내용을 담고 있다고 하였다. 여기에 그치지 않고 禮學의 기초입문서로 『소학』을 이해하는가 하면, 한편으로는 "修身의 큰 법칙을 모두 담고 있는 책으로도 인식하였다. 그런 다음 대개 인륜에 밝고 몸가짐에 경건하다면 이른바 큰 법칙이라는 것이 어찌 이 『소학』에서 벗어나는 것이 있겠는가?"[44]라 한 바도 있다. 위의 시는 이러한 시각을 반영하여 형상화하고 있다.

首聯에서 언급한 『소학』의 至味는 이를 말한다. 그러므로 지미를 체득하기 위하여 새벽녘부터 황혼에 이르도록 가만히 讀誦하는 것이다. 다만 『소학』의 내용은 내가 일상에서 그저 실천하면 되는 사안이다. 頷聯의 '非高非遠皆吾事'은 邵雍의 「天聽吟」[45]의 시구를 활용한 것이다. 공자는 가르침을 듣고 미처 실행하지 못했으면 다른 가르침

43) 『滄溪集』 권1, 「讀小學」.

44) 『滄溪集』 권22, 「讀書箚錄 · 小學」, "蓋此書之於人, 如物之有樣本也. 人不看小學, 則雖耳目形體宛然如人, 而其實不合於人之樣子, 誠與禽獸何遠哉? …… 言修身大法, 皆在此書, 蓋明於人倫, 敬於持身, 則所謂大法, 豈有外於此者哉?" 박미경 · 이유찬 · 권헌준 옮김, 『창계집 · 6』, 한국고전번역원 한국문집번역총서, 2019, 394면.

45) 함련의 안짝은 邵雍, 「天聽吟」 "天聽寂無音 蒼蒼何處尋 非高亦非遠 都只在人心"에서 가져온 것이고 바깥짝은 『논어』 「公冶長」의 "子路有聞, 未之能行, 唯恐有聞"과 "子使漆雕開仕, 對曰 : 吾斯之未能信. 子說"에서 가져온 것이다.

을 들을까 두려워한 자로나 벼슬을 권했을 때 감당할 자신이 없다고 한 漆雕開를 칭찬하였다[46]고 하지만, 이와 달리 내가 감당할 자신이 있고 없고, 실행할 수 있고 없고 따위를 굳이 말할 필요가 없다. 이는 온전히 나의 실천 여부에 달려있기 때문에 굳이 다른 말을 덧붙일 필요가 없다는 것이 함련의 내용이다.

頸聯에서는 聖學의 이치를 內含한『소학』의 근본을 알고 실천할 것을 제시하였다. 買櫝還珠의 고사[47]처럼 근본을 망각하고 枝葉만 추구해서는 안 된다. 뿌리인 근본을 배양해야만 결실을 얻을 수 있고, 잎사귀인 枝葉을 배양해서 결실을 얻을 수 없다는 것이 창계가 경계한『소학』의 독법이자 경련의 요지다. 창계는 尾聯에서 근본을 알고 실천하는 방법을 제시하고 있다. 바로 '敬'의 실천이다. 주지하듯이『禮記 · 曲禮上篇』의 머리글에서 "毋不敬"이라 하였던 바, 禮란 어느 경우라도 敬을 지녀야 한다.『근사록』에서 程子는 "敬者, 主一無適, 乃是涵養一邊事."라 하였다. 예를 실천하고 爲己之學을 위해 필요한 것이 바로 敬이다. 바로 이 敬을 실천하여 수양한다면 심성 수양에 결코 쇠퇴함이 없고, 사욕과 물욕에서 비롯하는 百病의 근원을 제거할 수 있는 것이다.

이러한 정주학의『소학』인식을 토대로 창계는『소학』에서 언급한 禮를 철리적 시각으로 보았다. 이를테면 시의 내용은 '敬'을 禮에 연결하여 '道'로 치환한 뒤, 체득하는 수양의 자세를 추구하려는 정서를

---

46) 공자가 漆雕開에게 벼슬을 권했을 때 "吾斯之未能信"이라 하자, 공자가 기뻐했다는 말이 나온다.『論語』「公冶長」에 보인다.

47)『韓非子 · 外儲』에 춘추 시대 楚人이 木蘭으로 상자를 만들고 옥으로 장식을 한 다음 그 안에 구슬을 담아 鄭나라에 가서 팔았는데, 어떤 사람이 상자만 사고 구슬은 돌려주었다는 이야기가 있다.

드러내고 있다. 여기서 시상을 전개하는 방식이나 적절한 고사를 활용하여 정서를 환기하고 추구하고자 하는 핵심을 '敬'이라는 詩眼으로 제시한 솜씨는 주목할 만하다. 이러한 수법은 여느 철리시와 다르고 품격 또한 높다. 이것이 바로 창계시의 妙處다.

4. 哲理의 실천과 求道의 노래

정주가 추구한 성리학은 인간 心性과 인간 자세 등을 깊이 사색하여 內省과 실천을 지향하는 데 두었다. 程顥가 제시한 天理와 程頤가 주장한 性卽理의 학설을 집대성한 주자 성리학은 17세기 이후 조선 사회와 정치는 물론 학계에 새로운 이정표를 제시하였다. 창계는 이러한 조선 성리학을 십분 수용하여 삶의 좌표로 삼고, 평생 이를 실천하는 구도자의 길을 걸었다. 여기에 그치지 않고 그는 성리학이 제시한 내성을 실천하며 정주학이 제시한 구도의 길에 매진하였다.

창계가 哲理를 실천하고 구도를 표출한 정서는 「閑中吟」 5수[48]에서 극명하게 드러난다. 5수 모두 철리와 구도와 관련한 것이지만, 그 중 제1수와 제3수만 보기로 한다. 먼저 제1수다.

胷藏天地志凌雲	가슴은 천지를 품고 뜻은 하늘을 찔러
上法程朱下不論	위로 정자와 주자 본받고 그 아래 마음 두지 않네.

48) 『滄溪集』 권1, 「閑中吟」.

領得本來眞氣像　本來의 善心[49] 깨달아 참된 기상 얻으려 하니
肯敎纖惡更留根　작은 악인들 다시 그 뿌리 남겨 두려 하리오.

起句에서 천지를 품은 포부와 가슴과 하늘을 찌를 듯한 기상을 한껏 드러내고 있다. 철리를 확인하고 구도를 향한 창계의 웅대한 국량의 형상이다. 承句에서 性과 理를 사유체계의 중심 개념으로 하며, 心學을 주창한 程顥와 程頤 형제, 그리고 이를 집대성한 주자의 학문과 삶을 자신의 지향 처로 삼을 것을 언급하고 있다. 轉句에서는 본래의 선한 마음을 깨달아 얻는 것이 바로 참된 기상을 얻는 방법으로 인식하였다. 結句에서는 작은 악이라도 모두 물리쳐 사욕과 물욕의 근원을 없애는 것이 선심으로 나아가고, 정주학을 본받아 실천하는 것이라 제시한 것은 실천 의지의 표출이다. 성학과 구도를 향한 거대한 기상과 실천 의지를 선명히 드러내었다.

退溪는 『주자대전』 중에 수록된 편지를 두고 "心術의 隱微한 사이에는 그 작은 악도 용납하지 못하게 하고, 義利를 窮究이 하는 즈음에는 홀로 먼저 조그마한 차이를 비추어 보니, 그 규모가 넓고 크며 心法이 엄하고 정밀하다."[50]라 한 바 있다. 창계는 퇴계의 언급처럼 정주가 제시한 학문의 길을 따라가고, 정주가 품었던 뜻을 본받아 그들이 추구한 참된 기상을 체득한다면 盡善한 곳으로 나아가 작은 악

49) 本來는 心과 연결할 경우 주로 본래의 마음인 善心과 연결이 된다. 이는 『농암집』 권5, 「又和心字」 의 두 수를 보면 알 수 있다. 제2수인 "衆慾交攻一箇心, 誰人不喪本來心. 斧斤山木猶萌蘗, 試向平朝看此心."이 그러한 사례다.

50) 『退溪先生文集』 卷42, 序, 「朱子書節要序」, "蓋就其全書而論之, 如地負海涵, 雖無所不有, 而求之難得其要. 至於書札, 則各隨其人材稟之高下, 學問之淺深, 審證而用藥石, 應物而施爐錘, 或抑或揚, 或導或救, 或激而進之, 或斥而警之, 心術隱微之間, 無所容其纖惡, 義理窮索之際, 獨先照於毫差, 規模廣大, 心法嚴密."

조차 남겨 두지 않을 것이라 확신하였다. 이는 張橫渠가 언급한 "작은 惡을 반드시 제거하면 善이 곧 天性을 이루게 되니, 惡을 살피는 것이 未盡하면 비록 善하더라도 반드시 거칠 것이다."[51]라 한 대목과도 같은 맥락이다.

특히 결구의 纖惡[52]은 인욕과 물욕을 말한다. 이를 물리쳐야만 강인한 기상을 깨우칠 수 있고, 정주의 경지에도 나아갈 수 있다. 이는 心學을 통해 哲理를 확인하고, 이를 실천함으로써 구도의 길로 나아가려는 창계의 마음이다. 이 작품은 구도를 향한 실천 의지와 이를 포착한 시적 정감을 잘 조화시켜 격조의 깊이를 엿볼 수 있다.

어찌 보면, 哲理와 求道를 노래한 창계시는 경전의 뜻을 시로 제시한 經義詩와 흡사하다. 하지만 경전 그 자체를 시로 포착하고 있는 것은 아니다. 도리어 자신의 구도와 철리를 탐색하기 위해 일부 경전의 개념을 차용한 점에서 일반적인 經義詩와는 다르다.

이어지는 시는 제3수다.

上有天行下水流　위에는 하늘 운행하고 아래에는 물 흐르니
千秋不見霎時休　오랜 시간 잠시라도 쉬는 것을 보지 못하였네.
人心活處元如此　인심의 생동하는 곳, 본디 이와 같으니
絶怕因循滯一頭　머뭇대며 한 곳에서라도 정체함 몹시 두렵네.

---

51) 『近思錄』 권5, "纖惡必除, 善斯成性矣, 察惡未盡, 雖善, 必粗矣."

52) '纖惡'은 대체로 물욕이 침투하여 인욕을 홍하게 하여 선한 마음을 넓히는 것을 방해하는 것을 말한다. 김창협의 경우, "先從吾方寸念慮之間, 辨別其天理人欲之幾, 善端必擴而纖惡必除, 常使此心卓然清明, 不爲物欲所侵亂, 而陽剛之氣, 浩然而不可禦."(『農巖集』 卷7, 「玉堂應旨箚」)라 하여 선한 마음을 넓히고 纖惡을 제거하여 마음의 이치를 밝히면 물욕에 침해받지 않고 제어할 수 있는 것은 강인한 기상의 충만과 관련이 있다고 하였다.

이 시는 심성론의 핵심인 인심과 도심의 문제를 다루고 있다. 天行과 水流, 그리고 自强不息과 인심의 억제를 제기하며 도심과 인심의 관계를 논하고 있다. 起句의 '天行과 水流'는 『論語』「子罕」에서 공자가 "가는 것이 이 물과 같구나! 밤낮을 그치지 않는구나.(逝者如斯夫! 不舍晝夜)"라 한 것을 말한다. 주자는 이 구절의 해석을 두고 '천지의 조화는 가는 것이 지나가고 오는 것이 이어져서 한순간도 그침이 없으니 바로 道體의 본연이다.'라 하고, 이어서 이는 '배우는 자들이 때때로 성찰하여 공부에 털끝만큼의 간격도 없도록 한 것이다.'[53]라 하였다.

한편, 程子는 이를 道體로 규정하고 '하늘의 운행은 쉼이 없어서 해가 지면 달이 뜨고 추위가 가면 더위가 오며, 물은 흘러 끊임이 없어 모두 道와 一體가 되어 밤낮으로 운행하여 그침이 없다. 그래서 군자는 이를 본받아서 自彊不息하니, 그 지극한 경지에 이르면 순수함 또한 그치지 않는다.'고 한 다음 '성인의 마음이 순수함도 그치지 않음을 볼 수 있으니 이것을 天德이라 한다. 바로 이 천덕이 있어야 왕도를 말할 수 있는데 그 요점은 謹獨에 있다.'[54]고 주장하였다.

이를 고려하면, 承句의 '不見霎時休'는 天行과 水流를 위한 自強不息[55]의 제시다. 앞의 주자가 인식한 것처럼 공자가 흘러가는 물에

53) 『論語集注』, "天地之化, 往者過, 來者續, 無一息之停, 乃道體之本然也. 然其可指而易見者, 莫如川流. 故於此發以示人, 欲學者時時省察, 而無毫髮之間斷也."

54) 앞의 책, "此道體也天, 天運而不已, 日往則月來, 寒往則暑來, 水流而不息, 物生而不窮, 皆與道爲體, 運乎晝夜, 未嘗已也. 是以君子法之, 自强不息. 及其至也, 純亦不已焉. 又曰 自漢以來, 儒者皆不識此義, 此則聖人之心, 純亦不已也, 純亦不已, 乃天德也. 有天德, 便可語王道, 其要只在謹獨."

55) 『周易』「乾卦」, '象'에 "天行健, 君子以, 自彊不息."이라 하였는데, 성리학에서의 자강불식은 人心(人欲)을 멸절하여 不息하는 상태를 끊임없이 추구하는 자세를 말하는 것인바, 학자들은 인심의 개입을 차단하는 間斷 없는 상태를 천행과 유수와 같이 자연스럽

서 천지유행의 중단 없음을 통찰했다고 말하고, 학자들은 이를 본받아 天行과 流水와 같이 自强不息하며 인욕을 멸절해야 한다는 것이다. 중단 없이 인욕을 滅絶하는 과정을 제시한 것이 바로 '不見霎時休'이다. 그래서 주자는 "천리가 유행하는 오묘함에 만약 조금이라도 '사욕'이 개입하는 일이 생기게 되면, 마치 흐르던 물길이 장애물로 막히게 되어 도도하게 흘러갈 수 없게 되는 것과 같다."[56]고 경계하였다. 곧 自彊不息하여 人欲을 막고 天理가 유행하고 유수가 끊임없이 흘러가는 間斷없는 경지를 추구해야 한다는 것이다.

轉句의 '人心活處'[57]는 自彊不息의 대상이 되는 人心(人欲)[58]의 활발처를 말한다. 인심은 본디 활발하게 어느 곳에서나 생길 가능성이 있기 때문에 생기려는 인욕의 멸절을 추구하는 것은 물론 心學의 요체인 謹獨을 통해 막아야 한다는 것이다. 그리하면 "私欲이 깨끗이 제거되어 心德이 온전한 상태[59]가 된다는 것이다.

結句의 '因循滯一頭'는 인욕이 생기기 전에 멸절하기 위하여 간단없는 자강불식을 실천해야 하는데 그러지 못하는 상황을 포착한 것이

게 끊임없이 흘러가는 것과 같이 해야만 仁의 경지에 나아갈 수 있다는 것이다.

56) 『朱子語類』 권36, 126항, "天理流行之妙, 若少有私欲以間之, 便如水被些障塞, 不得恁滔滔地流去.", 『朱子全書』, 上海古籍出版社 · 安徽教育出版社, 2002.

57) 여기서의 '人心'은 『서경』의 「大禹謨」에 나오는 "人心惟危, 道心惟微, 惟精惟一, 允執厥中."에서의 인심과 그 함의가 같다.

58) 창계는 인심과 도심에서 인심을 인욕으로 아직 흐르지 않았다고 발명한 주자의 견해를 중요시하였다. 『讀書箚錄 · 中庸』에서 "(중용) 서문 중에 인심과 도심에 관한 설명은 이미 대략 알고 있다. 단지 인심은 人欲이라고 말하지 않았는데, 이는 주자가 새로운 뜻을 밝혀낸 곳이니 배우는 자 사람들의 공부에 있어서는 지극히 중요한 곳이다." 박미경 · 이유찬 · 권헌준 옮김, 『창계집 · 6』, 한국고전번역원 한국문집번역총서, 2019, 265면.

59) 『論語集註』, "仁, 則私欲盡去而心德之全也. 功夫至此而無終食之違, 則存養之熟, 無適而非天理之流行矣."

다. 만약 머뭇거리다가 인욕 때문에 한 곳에서라도 天行과 流水가 자연스럽게 운행하거나 흐르지 못하고, 머무르게 되는 상황을 두려워한다는 것이다. 여기서 철리를 실천하고자 하는 창계의 苦心과 구도를 향한 苦鬪를 엿볼 수 있다.

앞서 농암은 「창계집서」에서 "성인은 반드시 학문을 통해 이룰 수 있는 것"이라 하였거니와, 창계의 求道 역시 주자의 학문적 성취를 체득하는 방식으로 실천하였다.

이러한 구도의 노래는 다음 시에서 확인할 수 있다. 「宿新安驛」[60]이다.

以此新安地	이 신안이란 지명으로 인해
益思新安人	신안 사람이 더욱 생각나니
人往心尚在	사람은 갔어도 마음은 아직 남아 있고
地異名則均	땅은 다르지만 이름이 같기 때문이지.
想極似同堂	더 없이 그리워하니 같은 자리에 앉은 듯하고
念到無千春	생각이 닿으면 천년 세월도 거리낄 게 없어라.
一時山斗仰	그 당시 태산북두처럼 받들었고,
異代簡編親	후대에 책을 통해 가르침 받는다네.
(……)	(……)

시의 일부다. 新安은 江原道 淮陽都護府의 남쪽 30리에 있던 역 이름이다.[61] 창계는 新安驛에 묵으면서 朱熹를 호출하였다. 신안은

60) 『滄溪集』 권1, 「宿新安驛」.

61) 『新增東國輿地勝覽』 권47, 「江原道」, '淮陽都護府' 참조.

驛名이지만, 평생의 師表로 삼았던 주희의 異稱이기도 하다. 주희의 본관은 婺源인데, 무원이 본디 新安郡에 속했다. 주자가 신안을 활용하여 '新安朱熹'라 自署한 이후, 신안은 곧 주자를 상징하는 단어가 되었다. 1~2구의 언급은 이를 말한다. 주자가 사망한 지 500여 년이 다 되어 가지만 그의 학문적 성취가 자신의 마음속에 있고, 강원도를 지나다 마주한 신안이라는 지명을 계기로 주자를 회상한다. 자신이 존숭해 마지않던 주자를 떠올리며 구도의 자세를 다잡는다. 3~4구의 언급은 이러한 창계의 심정을 드러내고 있다.

5~6구에서는 간절한 그리움 끝에 마치 주자와 같은 자리에 앉은 듯 느끼고, 시공을 넘나들어 생각하며 상상의 공간에서 주자와 접속하는 모습이다. 7~8구는 주자의 학문과 성리학은 당대 학자들도 이미 태산처럼 떠받들었고, 이후 『朱子大全』의 저술로 엄청난 영향을 끼쳤다는 것을 언급하였다. 창계는 이러한 주자의 학문적 성취를 책을 통해 알 뿐이다. 책을 토대로 구도의 안내를 받고, 구도자의 길로 나아가리라는 의지를 드러낸다. 여기서 신안의 지명을 통해 주자를 호출하고 이를 다시 철리를 탐구하는 장면으로 전환하는 창계의 시적 발상과 수법은 돋보인다.

이어지는 시는 공자가 추구하는 도와 관련한 정감의 표출이다. 「次韻贈李生景張」[62]라는 작품이다.

(……)
大意乍窺還易失　대의는 언뜻 엿보아도 다시 놓치기 쉽나니
遺編不語若爲聞　경전을 담론하지 않는다면 어떻게 들으리오.

---

62) 『滄溪集』 권2, 「次韻贈李生景張」.

煩君妙諦頻提警　그대는 오묘한 이치로 자주 깨우쳐 주시게
我正年來白漸紛　내 마침 근래 늙어 갈수록 혼란스러워지는 것을.

이 시는 程子가 漆雕開와 曾點을 두고 공자가 추구한 도를 보았다고 평가한 것을 담고 있다.[63] 창계는 대의는 쉽게 놓쳐 버리니, 이를 잡기 위해서는 오직 경전의 遺編 탐구가 유일하다고 확언한다. 이는 경전이 없으면 대의를 들을 수 없으니, 자신은 경전 탐구를 통한 구도에 매진하려는 의지의 표출이다. 창계는 일상에서 추구한 구도의 길은 쉽지 않다고 스스로 술회한 바도 있거니와, 여기서 이러한 구도의 어려움을 토로한다. 사실 만년에까지 철리의 탐색과 구도의 추구는 어려울 수밖에 없다. 정치와 현실 상황에 대응하는 개인사는 물론 세월에 따른 건강 등 환경은 시시각각 변하기 때문이다. 이러한 환경 변화에 따른 구도의 집중도 한결같지 못함은 당연할 터, '늙어 갈수록 혼란스러워지는 것'[64]은 필연적이다. 창계는 처음 구도의 길에 들어서 "꼿꼿이 앉아 의관을 정제하니, 良心이 바로 이때 생겨나네(兀坐整冠

63) 『論語』「公冶長」에서 "子使漆雕開仕, 對曰 : 吾斯之未能信. 子說."이라는 것을 두고, 정자는 칠조개가 '已見大意'하여 공자께서 기뻐하신 것이라고 풀었다. 또한, 「先進」에서 공자가 제자에게 포부를 말해 보라고 했을 때 증점이 "늦봄에 봄옷이 이루어지거든 어른 대여섯 사람, 동자 예닐곱 사람과 함께 沂水에서 목욕하고 舞雩에서 바람 쐬고 시를 읊으면서 돌아오겠습니다."라고 하였는데, 공자가 그의 기상에 감탄하며 "吾與點也"라고 한 것을 두고 정자는 "孔子之志, 在於老者安之, 朋友信之, 少者懷之, 使萬物莫不遂其性. 曾點知之, 故孔子喟然歎曰 : 吾與點也."라 하고 이어서 "증점과 칠조개는 已見大意."라고 풀었다.

64) 白漸紛은 揚雄의 『法言』「吾子」에 나오는 내용이다. "아이 때부터 학문을 익혔지만 늙어서도 분란스럽기만하다.[童而習之, 白紛如也.]"라고 한 데서 나왔다.

襟, 良心此時生.)"[65]라 당당하게 구도의 자세를 표출한 적도 있지만, 많은 시간의 흐름과 함께 구도의 초점은 점점 어두워진다고 하였다. 교유하던 李景張에게 차운의 형식을 빌어 경각심과 함께 구도를 향한 자기 다짐을 다시 하고 있는 것이다. 철리를 탐색하고 聖學을 통해 구도의 길을 실천하는 어려움과 함께 구도를 포기하지 않으려는 창계의 내면을 느낄 수 있다.

다음은 「黃龍金知光朴台耇兩叔來訪將歸呼韻口占以贈」[66]의 제2首다.

千秋絶學倡朱程　천추에 끊어진 학문 程朱가 창도하니
雲谷風流萬古情　운곡의 풍류가 만고에 길이 전할 정이라네.
莫向塵編歎寥落　옛 서책 대하여 적막함을 탄식하지 마오
共君相勖進誠明　두 분과 함께 성명에 진취하기를 힘쓰겠네.

起句는 주희가 「中庸章句序」에서 언급한 바 있듯이, 정자가 맹자 이래 끊어진 聖學의 심법을 계승한 사실의 적시다. 承句의 雲谷은 주희가 草堂을 지어 晦菴으로 이름 붙인 지명인데, 곧 주자를 상징한다. 風流萬古情은 杜甫의 시구[67]를 차용하고 있지만, 두보의 시구를 換骨하였다. 풍류는 「雲谷雜詩」 12수[68]를 말한다. 轉句에서의 塵編

---

65) 『滄溪集』 권2, 「十九夜次松江霞堂秋夜韻」.

66) 『滄溪集』 권2, 「黃龍金知光朴台耇兩叔來訪將歸呼韻口占以贈」.

67) 두보의 「江陵節度使陽城郡王新樓成王請嚴侍御判官賦七字句同作」에 나오는 "自公多暇延參佐, 江漢風流萬古情."을 인용한 것이다. 『杜少陵詩集』 권21 참조.

68) 『朱子詩集』 권6에 실려 있는 「雲谷雜詩十二首」를 말하는데, 12수는 '登山', '値風', '翫月', '謝客', '勞農', '講道', '懷人', '倦游', '修書', '宴坐', '下山', '還家' 등이다.

은 성현이 남긴 서책을 말하거니와, 곧 정주학 관련 저술이다. 현재 정주는 없고 오직 그들이 남긴 서책만 존재하니, 탄식에 앞서 성학을 통해 철리를 탐색하는 것이 낫다는 것이 창계의 생각이다. 結句의 함의는 철리의 탐색을 통해 자신과 두 분 숙부 모두 誠明에 진력하여 성인의 길로 나아가자는 제안이자, 구도를 향한 의지의 표출이기도 하다.

결구에서의 誠明[69]은 『중용』에서 가장 중시했던 실천 덕목 중의 하나다. 창계는 성인의 길로 나아가는 공부법인 성명에 특별히 주목하여 그 의미를 깊이 탐색하였다. 일찍이 성명을 두고 朴世采(1631~1695)와 몇 차례의 왕복 편지로 논쟁[70]한 바 있다. 창계는 박세채에게 보낸 한 편지에서 자신이 실천하고자 하는 성인의 길을 위하여 덕을 안으로 길러 人道를 다하는 것이 명예와 이해나 따지는 말단의 학설에 휘둘리지 않고, 후배의 귀감이 될 수 있다[71]고 제시한 바도 있다. 요컨대 이 시에서 창계는 誠明을 통해 철리를 확인하는 것은 물론 성인의 길로 나아가고자 한 구도자의 정서를 유감없이 보여주고 있다.

69) 誠明은 『中庸章句』 제21장의 "自誠明, 謂之性, 自明誠, 謂之敎, 誠則明矣, 明則誠矣."라 한 데서 온 말이다. 明誠은 가르침을 통해 선에 밝아진 뒤에 그 선을 실천하여 진실함에 이른다는 성리학의 공부법으로 賢人의 학문하는 방법이다. '성명'을 天道라고 하고 '명성'을 人道라 한다.

70) 『창계집』을 보면, 이 문제를 두고 3차례 편지를 주고받았음을 알 수 있다.

71) 『滄溪集』 권7, 「上玄江 戊午」, "다만 자신의 덕을 안으로 길러 매일 明誠을 지극히 해야 합니다. 그리하여 성현의 宗旨를 찬란하게 一新하여 명예를 구하고 이해를 따지는 말단의 학설에 어지럽혀지지 않아서 후배들도 참여하여 들을 수 있게 하는 것이 바로 오늘 할 수 있는 일입니다(惟有內養己德, 日致其明誠, 使聖賢宗旨燦然一新, 不復爲末路聲名利害之說所汩亂, 而後來者亦得與聞, 乃今日之所可爲者.)."

이 외에도 창계는 「山居雜詠」[72]에서 "옛날 나는 현성의 경지 희망하여, 몸과 마음 깨끗이 씻기를 바랐지(夙昔希賢聖, 身心庶澡雪)라 읊조린 바 있다. 여기서 창계는 송대 이후 성리학자의 삶의 좌표인 '希賢聖'[73]을 시어로 제시하여, 스스로 賢聖을 추구하려는 자신의 심정을 선명하게 드러내는가 하면 끊임없이 구도를 향해 매진하였다. 이어지는 구절에서 창계는 이렇게 자신의 심정을 드러내었다.

(……)	(……)
顔生年少我	안생은 나보다 나이가 적었건만
百世光愈烈	후세에 그 빛이 더욱 강렬하네.
望道未涉藩	도를 바라보며 울타리에도 못 가니
況論堂與室	하물며 대청과 방을 말하겠는가?
沈憂亦累心	너무 근심해도 마음 해칠 뿐이니
更捨春風瑟	다시 봄바람 아래 비파 놓으련다.

1구와 2구에서 顔生은 공자의 제자인 顔回를 말한다. 그는 32세에 요절하였지만, 공자가 그의 죽음을 두고 하늘이 자신을 버렸다고 탄식한 바 있거니와, 안회는 이후 공자 다음의 亞聖으로 칭송받아 후세에 더욱 강렬한 빛을 발한다고 하였다. 창계가 이 시를 지을 당시의 나이가 38세 무렵이었기 때문에 자신보다 안회가 나이가 적다고 말하며 자신을 성찰하고 있다.

---

72) 『滄溪集』 권2, 「山居雜詠」.

73) 周敦頤의 『通書』를 보면 "성인은 하늘이 되기를 희망하고, 현인은 성인이 되기를 희망하고, 선비는 현인이 되기를 희망한다(聖希天, 賢希聖, 士希賢.)."라 하였다. 주돈이가 『通書』에서 제시한 이 말은 이후 송대 이후 학자들이 추구하는 삶의 지향이 되었다.

3구와 4구에서 창계는 여전히 공자와 안회가 추구하던 도를 탐구하며 실천하고 있지만, 적지 않은 시간이 지났음에도 入道를 위한 실마리조차 잡지 못했다고 고백한다. 이는 구도의 어려움을 제시한 것이자, 어떤 어려움에도 구도의 길로 나아가리라는 자기 다짐이다. 위에서 언급한 '堂與室'은 공자가 子路를 꾸짖은 뒤에 門人들이 자로를 공경하지 않자, 공자가 "자로는 당에는 올랐고, 아직 실에 들어오지 못한 것"의 포착이다.[74] 구도의 길에 자신의 역량이 미치지 못한 것을 겸양한 것이기도 하지만, 여전히 본격적 구도의 단계에 이르지 못했음을 인정한 당시 창계의 심정이기도 하다.

그런데도 근심하며 포기하기보다 마음을 해치지 않게 자신을 다잡으며, 다시 구도의 길로 나아갈 것을 다짐한다. 曾點의 기상을 본받아 다른 곳에 한눈팔지 않고 다시 구도의 길로 매진할 것임을 드러낸다. 이것이 5구와 6구에서 포착한 창계의 정감이다.[75] 여기에서도 구도를 향한 구도자의 모습을 여실히 확인할 수 있다.

5. 맺음말

창계는 시인으로 자처하지 않았지만, 그가 보여준 시는 자신이 걸

74) 『論語』「先進」에 다음과 같은 내용이 나온다. "子曰 : '由之瑟奚為於丘之門?' 門人不敬子路. 子曰 : '由也升堂矣, 未入於室也.'"라 되어 있다.

75) 『論語』「先進」에 다음과 같은 내용이 나온다. 공자가 子路 · 曾點 · 冉有 · 公西華 등 네 사람에게 각자의 포부를 말하게 했는데 대부분 정치 관련한 내용으로 대답했는데 오직 증점이 "莫春者, 春服旣成, 冠者五六人, 童子六七人, 浴乎沂, 風乎舞雩, 詠而歸."라고 답하자 공자가 칭찬하며 "나는 증점을 허여한다."라고 하였다.

어나간 삶의 이력과 삶의 자세를 고스란히 담고 있다. 창계시는 한 구도자의 구도를 향한 실천 의지와 정서를 가장 잘 보여준다. 창계시는 哲理를 노래한 여느 시에서 볼 수 있는 경직성과 무미건조함보다 오히려 격조와 품격의 높이와 깊이를 보여주고 있다. 이는 그의 삶의 자세와 聖學을 향한 학문을 배경으로 그의 시가 탄생한 것과 관련이 있다. 이 점에서 창계시는 기존 작가들의 성취와 사뭇 다른 모습을 보여준다. 發憤求道의 자세로 성학을 통해 성인의 길로 나아가고자 한 시인의 정서는 17세기 漢詩史에서 독특한 위상을 보여준다.

흔히 시를 통해 시인의 삶의 자취를 일부 확인할 수 있지만, 창계처럼 삶의 이력을 통해 시의 지향을 오롯이 알고, 시의 지향을 통해 한 작가의 삶에 바로 연결할 수 있는 경우는 드물다. 창계의 삶의 이력과 그의 시가 표출하는 정서는 그야말로 '詩如其人'의 전형이다. 일찍이 창계는 "옛사람이 말하기를 '그의 시를 낭송하고 그의 글을 읽으면서도 그 사람됨을 알지 못한다는 것이 될 법이나 하겠는가.'"[76]라 한 바 있는데, 이는 자신을 두고 한 말이기도 한 셈이다.

시와 달리 일부 편지에서 창계는 도학적 면모 보다 인간적인 면모를 보여주기도 한다. 어느 편지에서 식탐이 많아 병이 들었지만 이를 조절하지 못한 고뇌를 드러내는가 하면,[77] 병 치료를 위해 약을 부탁하는 등 인간적 면모를 보여주기도 한다.[78] 이러한 인간적인 모습도

---

76) 『滄溪集』 권16, 「靜觀齋集跋」 "古人有言曰, 誦其詩讀其書, 不知其人可乎?"

77) 한국학중앙연구원, 『왕실도서관 장서각 디지털아카이브』, 「문중고문서」, '簡札' 565, "보통 때는 비록 병자로 자처하면서 모든 일에 마음대로 하지 않지만, 오직 먹는 것을 만나면 배부르게 실컷 먹은 이후에 그만두니, 스스로 이 병을 얻은 것입니다. 먹거리가 가장 거리껴집니다(尋常雖以病人自處, 百事不恣意, 唯於飮食則遇着, 卽喫滿腹而後已, 自得此病, 最妨食物.)."

78) 한국학중앙연구원, 『왕실도서관 장서각 디지털아카이브』의 「문중고문서」를 보면 창

창계가 걸어온 삶의 일부다. 하지만 이 역시 그의 삶의 방향과 전혀 어긋나지 않는다. 창계는 성인이 아니었고, 구도를 향해 나아갔던 학자였다. 그래서 때로는 술을 마시고 酬唱하는 작품을 남긴 바도 있고, 벗과 수창하며 개인의 정감을 나눈 정회를 표출한 작품도 남겼다. 또한, 勝景을 두루 기행하고 그 정감을 한시로 발산하기도 하였다. 창계는 "거처하는 곳의 자연경관이 빼어난 것을 사랑하여 날마다 저녁이면 그곳에서 거닐곤 하였는데, 더러는 말 한 필, 동자 하나와 함께 楓嶽의 명승지들을 두루 돌아보고 돌아오는 경우도 많았다."[79]고 한다. 이러한 산수 기행은 공자가 '知者樂水, 仁者樂山'이라 한 이치를 창계 스스로 깨닫고 이를 평생 실천하려 한 점에서, 求道의 다른 양상이기도 하였다.[80] 사실 창계가 남긴 한시는 일상의 삶과 구도의 정서를 표출한 것이 뒤섞여 있다. 그런데도 성찰과 수양을 통한 구도를 삶의 좌표로 설정하고 구도의 길을 묵묵히 걸어 나오면서 표출한 것은 다른 시인에게서 볼 수 없는 창계시의 개성이다. 이것이 다른 작가와 다른 창계의 시적 능력이기도 하며 창계시의 격조다. 이는 哲理 내지 道學을 추구한 한 시인의 독특한 시적 성취라는 점에서 17세기 한시사에서 하나의 경향으로도 주목할 수 있을 것이다.

계가 병 치료를 위해 관찰사에게 약을 부탁하는 편지도 있다.

79) 조경구 · 하승현 옮김, 『창계집 · 8』, 「滄溪先生家狀草」, 한국고전번역원 한국문집번역총서, 2019, 315면.

80) 『讀書箚錄 · 論語』에서 창계가 『論語』 「雍也」에 나오는 구절을 풀이하면서 "仁과 知의 이치는 정말로 마음에서 터득하면, 자연스럽게 산과 물의 이치와 융합하여 환히 빛이 나므로 기쁨과 즐거움이 무궁하게 된다. 이는 노력으로 되는 것이 아니라, 단지 자연스럽게 체득해야 한다."고 한 바 있다. 박미경 · 이유찬 · 권헌준 옮김, 『창계집 · 6』, 한국고전번역원 한국문집번역총서, 2019, 321면.

滄溪 林泳 자료의 문헌적 검토와 산문 창작의 일면

정우봉
고려대학교
국어국문학과 교수

* * *

1. 문제 제기

滄溪 林泳(1649~1696)에 대해서는 그동안 사상가의 관점에서 연구 성과가 다수 제출되었다. 이 논문에서는 기왕의 연구에서 다루어지지 않은 산문가로서의 창계의 면모를 새롭게 밝히고자 한다.

창계는 당대에 문학적 역량이 뛰어난 인물로서 높은 평가를 받았다. 실록에 기록된 졸기에 따르면, "林泳은 총명함이 남달리 뛰어나서 15, 6세에 문장이 이미 성취되니, 神童이라고 불렀다"[1]고 하였다. 『玄湖瑣談』에서는 "林德涵은 文詞가 넉넉하고 여유로웠는데, 만년에는 학문에 힘써서 경전에 깊은 연구가 있었다."[2]라고 평가하였다. 『左溪裒談』(地) 51화에서는 "林泳은 자질이 뛰어났고 어려서부터 문장

---

1) 『肅宗補闕正誤』, 1696년 2월 6일. "前參判林泳卒. 泳聰悟絶倫, 十五六, 文詞已成就, 以神童名."

2) 任埅, 『玄湖瑣談』, 조종업 편, 『한국시화총편(5)』, 태학사, 1996. "林德涵文詞贍裕, 晚年志于學, 沈潛經傳."

을 잘 지었다[生有奇質, 自幼善文].”고 하면서 김창흡이 산을 유람하고 돌아왔다는 소식을 듣고 가서 만났을 때에 지은 창계의 시를 인용하였고, 임영이 죽은 후에 김창협이 지은 만시를 실어놓았다.[3)]

한편 목판본으로 간행된 『창계집』에 서문을 쓴 農巖 金昌協은 창계의 학문과 문장을 높이 평가하면서 특히 서간문이 퇴계 이후로 보기 드문 글이라고 하였으며, 朴泰初는 「滄溪先生家狀草」에서 창계의 문장과 관련하여 다음과 같이 말한 바 있다.

> 문장을 지을 때에는 꾸밈에 뜻을 두지 않았지만 뜻이 잘 전달되고 정확하면서도 넉넉하였고, 남에게 긴 편지를 보낼 때에도 붓 가는대로 곧장 완성하였지만 자연스럽게 이루어진 것처럼 시원스러워 문장과 조리가 모두 뛰어났다. 시 역시 전아하여 고인의 풍격이 있었다. 그러나 공은 이것으로 자신의 이름이 나는 것을 기뻐하지 않았지만, 당대 문단을 이끌던 사람들은 대개 공을 칭송했다.[4)]

그동안 창계의 문학과 관련해서는 생애와 문학 전반을 다루거나 시 세계를 다룬 논문이 제출되었을 뿐이며, 그의 산문 세계를 구명한 성과는 제출된 바 없다. 여기에서는 창계의 산문 창작과 글쓰기 방식에 초점을 맞추어 논의를 진행하고자 한다.

---

3) 『좌계부담』, 이관성 외역, 문진, 2013, 323면. 한편 沈魯崇이 쓴 『自著實記』에는 나라를 경영하는 관료로서 공정한 마음을 실천한 사례로 창계를 거론하면서, ‘한마음으로 나라를 위하고 사사로운 욕심을 개입하지 않은 사람’으로 평가했다.

4) 朴泰初, 「滄溪先生家狀草」, 『滄溪集』, 성균관대 출판부, 1994. “爲文章, 不經意於工緻, 而辭達而敏贍, 如與人長書, 隨筆卽成, 而浩汗天成, 詞理俱到. 詩亦典雅, 有古人風格. 然公不喜以此自名, 而同時主文苑者, 多讓於公.” 번역은 『국역 창계집』(한국고전번역원 간행)을 참고하여 일부 수정하였음. 이하 동일함.

창계의 산문 세계를 본격적으로 검토하기에 앞서 滄溪家 소장 필사 문헌 자료에 대해 문헌학적 검토를 진행하고자 한다. 그동안의 연구에서는 주자료로 목판본『창계집』만을 활용해 왔다. 하지만 창계가 소장 고문헌 가운데에는 목판본 간행 과정에서 刪削된 다량의 필사 자료들이 존재한다.

예전에 성균관대 출판부에서 1994년『창계집』을 영인하여 간행하면서 일부 자료를 '拾遺'의 형태로 실었는데, 그 습유에는「兵制說」,「辛酉日錄」, 한글편지,「滄溪先生年譜草」,「滄溪先生家狀草」,「滄溪先生神道碑銘」,「書院營建通文」 등이 들어있다. 최근에 한국고전번역원에서『창계집』을 국역하면서 '창계집 습유' 속에 산삭된 글들을 일부 수록해 놓았다. 그 중에서 창계의 작품으로「論書法長短」,「裘葛說」,「主靜說」,「慈孝堂序」,「觀海亭序」,「三浦石橋重修文」 등이 새롭게 소개되었다.

하지만 이들 자료는 간행본 문집 과정에서 산삭된 것들 중에서 극히 일부에 지나지 않는다. 현재 성균관대 존경각에 창계가 소장 필사 자료가 대량으로 존재하는데, 이들 필사 자료를 전면적으로 확인하고 검토하는 작업이 긴요한 과제 중의 하나이다.[5] 이에 따라 이 논문에서는 창계의 산문 세계를 검토하기 위한 사전 작업의 일환으로 창계가 소장 필사 문헌을 함께 다루고자 한다.

---

5) 滄溪家 소장 고문서에 대해서는 장서각에서 편찬 간행한『고문서집성』(67)으로 정리되었다. 그리고 창계의 간찰 중에서 일부 자료가『장서각 수집 필첩 해제』(민속원, 2008)에 소개되었다. 하지만 창계가 남긴 자료 전반에 걸쳐 목판본 간행 문집에서 누락된 자료들에 대한 문헌학적 검토는 제대로 이루어지지 못하였다.

2. 滄溪家 소장 필사 문헌과 문집 간행

滄溪는 생전에 자신이 지은 글들을 따로 정리해 두지 않았다. 그의 사후에 동생 林淨이 문집 간행을 주도하여 1708년 淸道郡守로 재직하였을 때에 목판본『滄溪集』(27권 13책)을 간행하기에 이르렀다.

현재 성균관대 존경각에는 滄溪家 소장 고문헌들이 다수 소장되어 있다. 낱장 고문서를 제외하고 古書類만 하더라도 200여 종이 넘을 정도로 방대한 규모이다. 이 가운데에는 창계가 쓴 초고본 또는 그것을 淨書하거나 선별하고 재정리한 자료가 대략 50여 종을 상회한다. 이들 자료는『창계집』문집의 편찬 간행의 구체적 과정을 알려주는 자료라는 점에서 중요하다. 또한 창계의 초고이거나 초고에 가까운 자료라는 점에서, 그리고 문집 간행본에서 작품 자체가 刪削되거나 일부 刪略된 자료들이 포함되어 있다는 점에서 창계의 사상과 문학을 이해하는 데에 긴요한 기초 자료를 제공해 준다. 遺文 수집 과정에서의 누락이 아니라『창계집』을 편찬 간행하는 과정에서 의도적으로 산삭되거나 산략된 것들이다.『讀書箚錄』『論語』에서 주자의 해석에서 오류가 있는 것 같다고 한 부분[集註諸處皆明白, 而此條獨如此, 恐有誤]은 당시로서는 민감한 부분이라고 여겨서 산략된 것으로 보인다.

창계가 소장 필사 문헌 자료를 통해 간행본『창계집』에 수록되어 있지 않은 신자료들을 풍부하게 발굴할 수 있으며,『창계집』문집 간행의 과정을 구체적으로 해명할 수 있을 것이다. 遺文 수집 과정에서의 누락이 아니라 문집 간행 과정에서 어떤 작품들이 의도적으로 산삭되었는지, 그리고 작품의 어떤 부분이 산략되었는지, 그리고 문집 편찬에 어떤 사람들이 참여하여 어떤 과정을 거쳐 간행에 이르렀는지 등에 대해 중요한 정보를 얻을 수 있다.

먼저 언급할 자료는『滄溪遺稿』이다.[6] 권1과 권2에 한시가 수록되어 있는데, 권1의 표지 뒷면에 다음과 같은 기록이 墨書되어 있어 주목된다.

黃點 : 崔相

紅點 : 西溪

靑點 : 仲和

黑點 : 仲和追添

여기서 崔相은 明谷 崔錫鼎(1646~1715)을, 西溪는 朴世堂(1629~1703)을, 仲和는 農巖 金昌協(1651~1708)을 각각 가리킨다.[7] 이들 세 사람은 창계의 한시 작품에 評點을 하였는데, 그 실물이 전해오고 있는 것이다. 이 자료는 문집 편찬 과정을 알려주고 있으며, 평점 비평의 실례를 보여주고 있다는 점에서 주목할 만하다. 최석정이『창계집』편찬에 관여한 정황은 존경각에 소장된 창계가 필사 자료에 문집 편찬과 관련한 편지글이 묵서되어 있는 것을 통해서도 알 수 있다.[8] 최석정, 박세당, 김창협의 圈點과 관련해 朴世堂은 다음과 같

6) 滄溪家 소장 필사문헌들 가운데 창계의 시문을 모아놓은 책들에서 그 제목이 두 가지로 나온다. 문집의 제목이 '滄溪遺稿'로 되어 있는 것도 있으며, '滄溪先生集'으로 되어 있는 것도 있다.

7) 崔錫鼎은 1699년 4월에 좌의정에 임명되었고, 1701년 6월에 영의정에 임명되었다. 최석정이 창계의 한시 평점 작업에 참여한 것은 대략 1699년, 1700년을 전후로 한 시기였을 것으로 추정된다.

8) 林淨은『창계집』발문에서 이렇게 말하였다. "그렇게 한 다음 이것들을 모두 明谷 崔

은 기록을 남겼다.

『滄溪遺藁』를 막 다 읽었네. 보내온 원본을 그대로 돌려보냈는데 그 가운데 영구히 전할 만한 하자가 없는 어구를 가려서 모두 붉은 점을 찍어 표시하였고, 다시 위의 찌와 아래의 찌로 같고 다름의 구애를 삼지 않았네. 이 또한 모두 비루한 나의 소견대로 한 것이지 구차히 그렇게 하라는 것은 아니라네. 나의 의견을 따르거나 어기고 버리거나 취하는 것은 오직 선택을 주관하는 자가 하는 바에 달려 있을 뿐이네.[9)]

박세당이 南鶴鳴(1654~1722)에게 보낸 편지로서, 작성한 시기는 1698년 4월 27일이다. 박세당은 『창계유고』를 읽고서, 그 중에서 일부 전할 만한 어구에다가 붉은 점을 찍어 표시를 하였다. 붉은 점을 찍어 표시를 했다는 박세당의 언급은 현재 존경각에 소장된 『창계유고』의 한시 작품에 찍혀 있는 紅點과 일치하는 것이다.

相國 錫鼎과 農巖 金尙書 昌協에게 보내어 교정을 청하였는데, 두 분이 반복하여 따져 보아 그 착오를 증명하고 편질을 바로잡은 이후에 草集이 비로소 완성되었다. 詩文은 모두 26編이고 부록과 만사, 제문이 1編이다."

9) 朴世堂, 「與南教官鶴鳴」, 『西溪集』 권19, 『한국문집총간』 134, 402면. "『滄溪遺藁』, 亦纔卒業. 故此完璧, 而就其中語句無疵可選足傳久遠者, 皆朱點以識之, 蓋不復以上籤下籤爲同異之拘. 此亦悉從陋見, 不欲苟然. 若其從違去取, 唯在主選者所爲耳. 戊寅四月廿七日." 『한국문집총간』에서 인용할 때에는 『총간』으로 약칭함.

〈『滄溪遺稿』 권1〉

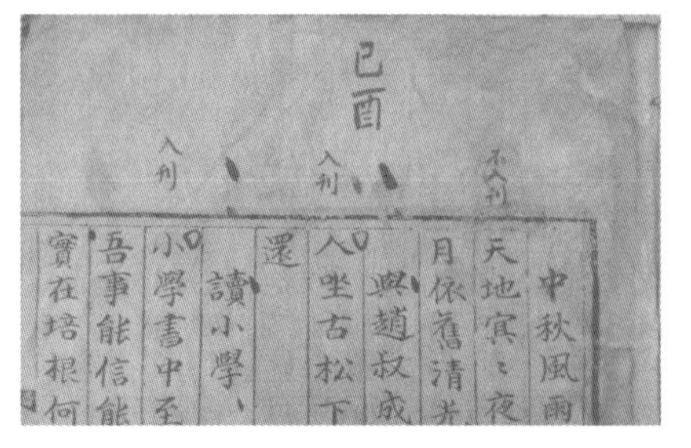

농암 김창협 또한 『창계집』 편찬 간행에 많은 부분 관여를 하였다. 임정은 농암 등에게 遺文의 산정을 부탁하였으며, 농암은 『창계집』에 서문을 쓰기도 하였다. 농암은 『창계유고』 권1과 권2에 수록된 한시 작품에 靑點을 먼저 하였고, 이후 일정 시간이 지난 뒤에 黑點을 추가로 진행하였다. 문집 간행자는 이들 세 사람의 圈點을 충분히 참고하여 이들 권점에 찍혀 있는 것들을 중심으로 작품을 선별하였다. 권점이 찍혀 있는 작품은 대체로 '入刊'으로 표기하였고, 그렇지 않은 작품은 '不入刊'으로 표기하였던 것이다. 이와 같은 선별 과정을 거쳐 목판본 간행 『창계집』에는 한시 480여 수가 수록되어 있다. 하지만 산삭된 한시 작품이 훨씬 많은 분량을 차지하고 있는 만큼 앞으로 창계의 한시를 연구할 때에는 간행본에서 산삭된 작품들을 함께 검토해야 할 것이다.

『창계집』에서 가장 큰 비중을 차지하고 있는 것이 간찰인데, 여기에 수록되지 않거나 일부분이 산략된 자료가 창계가 소장 필사 문헌에는 많이 들어 있다. 『창계집』의 발문을 쓴 임정에 따르면, 書牘은 가장 많은 분량을 차지하지만 家藏된 것이 매우 적으며 대부분 친구들이 보관하고 있었다고 하였다. 친구들이 보관하고 있던 것을 가지고 다시 정서하여 필사한 것이 현재 존경각에 소장된 자료일 것이다.

『장서각 수집 필첩 해제』를 통해 일부 미수록 간찰 자료가 소개되기도 하였는데, 보다 본격적이며 전면적인 조사 및 정리 작업이 필요하다. 하나의 실례로 필사본 『滄溪先生集』 중에서 南九萬과 南鶴鳴의 간찰을 한 권으로 묶은 것을 보면, 간행본 문집에 수록된 간찰이 일부분임을 알 수 있다. 간찰을 작성한 시기별로 정리되어 있는데, 간행본에 수록할 글과 빠져야 글을 구분하여서 표시해 두었다. 간행본에 수록할 글은 '入刊'으로 표시하고, 간행본에 수록하지만 삭제할 부분에 대해서도 표시를 하였다. 간행본 문집에 수록된 편지가 언제 작성되었는지를 이들 자료를 통해 정확하게 추정할 수 있다.

예컨대 목판본 『창계집』 권14에 수록된 편지(「答南子聞」, 『총간』 159, 335면)의 경우 작성 시기가 나와 있지 않다. 하지만 필사본 『창계선생집』을 보면, 편지 끝에 '謹謝狀上, 甲寅五月二十七日. 誌文只蒙諾, 而不及製來耳.'라고 적혀 있다. 이 부분은 붉은 색으로 삭제 표시가 되어 있어서 목판본으로 간행할 때에 빠지게 되었다. 이 편지의 작성 시기는 1674년 5월 27일이다. 이처럼 간찰의 경우에는 편지의 투식에 해당되는 부분이나 날짜 등이 산략되었다.

그리고 간행본에 수록하는 글의 경우에도 산략할 부분이 표시되어 있어 목판본 문집과의 비교 작업이 필요하다. 필사 문헌자료에서 문집 편찬자들은 간행본에 포함할 글에는 '入刊'이라고 적어 놓았으며, 간행본에 포함시키지 않을 글에는 '不入刊', '移書次' 또는 '拔' 등으로 표시하였다. 그리고 책별로 검토가 완료되어 더 이상 교정할 필요가 없는 경우에는 '別無考次', '不必更考' 등을 표시하였고, 다시한번 교정 작업이 필요할 경우에는 '更考次' 등으로 구분하였다.

〈『滄溪先生集』 南鶴鳴에게 보낸 편지〉

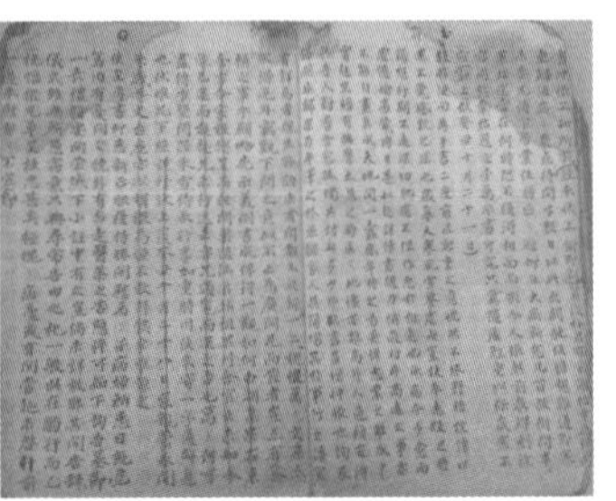

창계가 소장 필사 문헌 중에는 간행본에 미수록된 글들이 많은데, 다른 실례로 『雜著』라는 책을 들어본다. 이 책에 수록된 글 가운데 간행본에 빠진 것을 예시하면 다음과 같다.

「叢岩新居上樑文」, 「祈雨文」, 「盤龍山祈雨文」, 「內弟趙亨甫哀辭幷敍」(甲寅), 「祭族叔父靑巖察訪林公文」, 「祭趙司諫昌期文」, 「祭玄江朴先生文」, 「祭外舅李公文」, 「再祭玄江朴先生墓文」, 「兵制說」, 「裘葛說」, 「主靜說」, 「慈孝堂序」, 「觀海亭序」, 「三浦石橋重修文」[10]

上梁文, 祭文, 說 등 여러 장르의 글들이 간행할 때에는 누락되었다. 위의 목록 중에서 「兵制說」은 성균관대 대동문화연구원에서 간행한 『창계집』 영인본에 부록으로 실려 있으며, 「裘葛說」, 「主靜說」, 「慈孝堂序」, 「觀海亭序」, 「三浦石橋重修文」 등은 최근 완간된 『국역 창

10) 이들 자료 중에서 『국역 창계집』을 간행할 때에 '습유'에 다음 작품을 수록했다. 「兵制說」, 「裘葛說」, 「主靜說」, 「慈孝堂序」, 「觀海亭序」, 「三浦石橋重修文」.

계집』의 「拾遺」에 수록되었다.

창계의 저술 중에서 많이 연구되었던 자료 중의 하나가 『日錄』이다. 『일록』은 창계 자신이 매일의 일상과 독서 등을 기록해 둔 일기 자료이다. 그런데 간행된 문집을 살펴보면, 『일록』에는 날짜가 표시되어 있지 않으며, 창계의 일상 생활, 독서 체험의 기록 등이 보이지 않는다. 실제로 일록에 대해 문집 편찬 관련하여 다음과 같은 언급이 있다.

> 箚錄은 대체로 온전히 남아 있지 못한 문장에서 수집한 것이고 간혹 확정되지 않은 논의도 있으나, 문집 속에 남겨 두어 공의 독서가 구차하지 않았음을 볼 수 있게 하였다. 日記에는 본디 글을 외고 읽은 과정이 기록되어 있었으나, 지금 그러한 부분은 모두 삭제하여 간결하게 하였다. 남겨 둔 일기는 모두 경계하고 반성한 절실한 말들이니, 뒤에 공을 알고 싶은 사람이 있으면 여기에서 많은 것을 알게 될 것이다.[11]

농암 김창협이 『창계집』에 쓴 서문이다. 일기는 『일록』을 가리키는데, 글을 외고 읽은 과정을 모두 삭제하여 간결하게 하였다고 증언하였다. 간행본에 수록된 『일록』은 문집 편찬 과정에서 상당 부분 간추려진 것들이다. 또한 임정이 쓴 창계집 발문을 보면, 원자료에는 讀誦課程 등이 모두 기록되어 있지만 이 가운데 스스로를 警責한 말을 중

11) 金昌協, 「滄溪集序」, 『農巖集』 권22, 『총간』 162, 159면. "箚錄槩多得於斷簡, 間或有未定之論而存之, 以見其讀書不苟. 日錄, 本有誦習程課, 今並刊削, 以從簡約. 其存者, 皆警省切要之語, 後有欲知公者, 宜多得於此焉."

심으로 10분의 1만을 추렸다고 하였다.

현재 성균관대 존경각에 기탁된 창계의 일기 자료를 일별해 보면, 창계가 쓴 원고본으로 짐작되는 것도 있고, 그것을 1차 정리한 자료도 있으며, 다시 2차 정리한 자료가 있다. 1차 정리본에서는 창계의 일상 생활-예컨대 어디를 외출하거나 누구를 방문하고 누구의 방문을 받는 등-은 삭제하고 독서 기록만을 남겨 두었다. 그리고 다시 2차 정리를 할 때에 어떤 책을 읽었는지를 다시 삭제하고 창계의 사유를 보여주는 부분만을 취사선택하였다. 『일록』의 경우에는 이러한 과정을 거쳐 최종적으로 간행본에 수록되었다.

〈『滄溪先生語錄』 日記抄錄〉

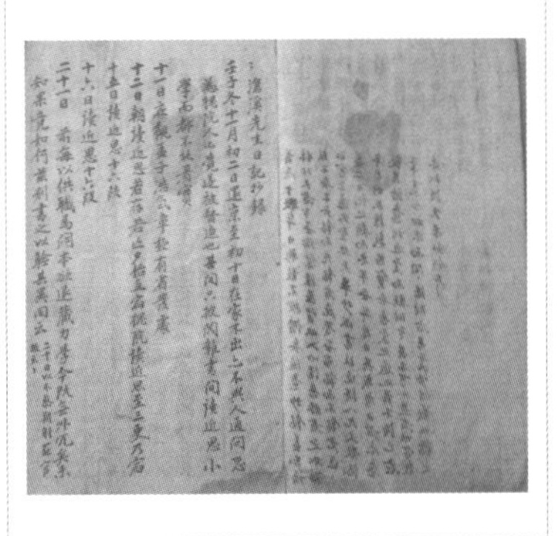

〈『滄溪遺稿』 日記〉

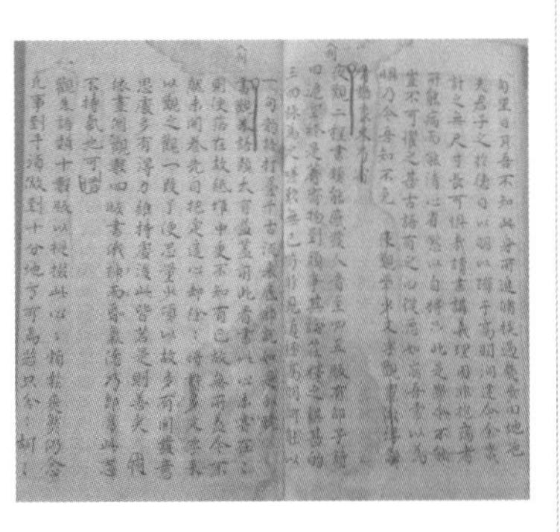

먼저 '日錄'이라는 명칭은 '日記抄錄'을 줄인 말이다. 문집 편찬자가 일기 원자료를 취사선택하여 초록한 것이 현재 간행본에 수록된 일록인 것이다.

① **初三日己巳晴. 朝**有牽駝羅馬數十過下宅者, **叔丈要余來看, 余旣下去.** 人皆以余無馬, 勸余買一馬. 余不自量, 欣然有欲買之

意, 將擬推移假貸以辨其直, 亦旣倩人擇出一駿骨矣. 至夕思之, 非余所宜, 乃謝不買. 其始不能審思, 隨人動念, 雖云細事, 亦可見其虛疎也. **授二姪課, 許朴兩生傳九章, 養吾唐詩. 答濟牧書附贈藥物. 宗兄澂氏來過, 因與在座人小飮酒, 夕罷. 叔丈來話, 夜又憊痛.**

② (행을 바꾸어 한 칸 아래로 내려씀) 比常念道體無窮, 吾心之用, 亦無限量, 而乃不能體當展拓, 茫昧若遮障, 蹴躃如羈絆, 心常悒悒不快. 今日自朝擾攘, 至夕意尤無聊, 仍思從前荒墜, 每多自無聊之頃, 須於無聊大悶之中, 更着精采, 益自振奮, 庶有接續之理. 故乃復提撕整頓, 意思稍別矣. **是日建屋於巳初, 欲往見, 未果.** (굵은 글씨는 문집 간행시에 산삭한 부분)[12]

위의 인용문은 1689년 4월 3일자 일기의 전문이다. 본래 일기의 원자료는 날짜와 날씨를 맨 앞에 쓰고, 그날 있었던 일들, 읽었던 책들에 대해 서술한다. 그리고 행을 바꾸고 한 칸 아래에다가 창계 자신의 생각이나 의견 등을 밝혔다. 그런데 간행본 문집에서는 여러 군데 삭제를 하였다. 간행본 문집을 편찬하면서 산삭한 부분을 굵은 색으로 표시했다. 날짜와 날씨를 삭제했고, 일상사의 모습들을 여러 군데 삭제하였다. 간행본 문집에는 날짜 표시 없이 ①과 ②가 별도의 항목으로 분리되어 있지만, 실제로는 4월 3일의 하루치 일기이다.

12) 林泳, 『日錄』(己巳), 성균관대 존경각 소장본. 1689년 4월 3일.

〈『日錄』(己巳) 4월 1일 및 4월 3일자 기록〉

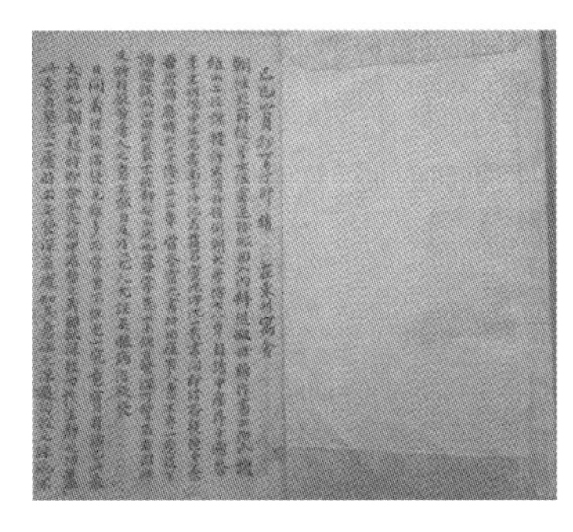

창계는 일기를 작성하면서 그날그날 있었던 일상을 기록하고, 독서한 것에 대해 적어놓고 나서, 그날그날의 일상에서 느꼈던 점이나 새롭게 깨달은 점에 대해서는 행을 바꾸어서 기록하였던 것이다. 그렇기 때문에 그날에 일어났던 어떤 일이나 읽었던 책 등과의 연관 속에서 살펴보아야 하는데, 문집이 편찬되는 과정에서는 날짜와 일상의 모습 등이 삭제됨으로써 이러한 연관을 찾을 수 없게 되었다. 위의 일기에서 ②는 ①을 통해 작자가 깨닫고 새롭게 알게 된 점을 정리해 놓은 것이다. 이 둘을 함께 연결시켜 보아야만 창계의 사상 형성의 과정을 제대로 이해할 수 있을 것이다. 이러한 점에서도 필사본 자료의 중요성이 크다고 할 수 있다.

일록의 많은 부분이 간행본 문집에는 산삭되어 있다. 창계의 개인적 일상에 해당되는 부분들이 대부분 실리지 않았으며,[13] 독서의 과정 또한 생략되어 있다. 어떤 책을 읽었는지를 창계는 매일매일 자세

13) 이때 창계는 벼슬에서 물러나 會津에 머무르고 있었다. 백씨와 중씨도 근처에 살고 있었는데, 일기를 보면 백씨, 중씨와의 왕래가 많이 보인다.

하게 기록해 두었는데, 문집 간행 시에 이 대목 또한 모두 산삭되었다. 문집 편찬 간행을 주도한 사람들은 창계의 사상적 면모를 집중적으로 부각시키기 위해 일기 자료를 활용하였다고 할 수 있다. 매일의 일상을 어떻게 보냈으며, 어떤 책들을 읽었는지 등에 관한 정보는 대부분 산삭하였고, 그러한 일상과 독서의 과정에서 획득된 창계의 사유 부분만을 집중적으로 선별함으로써 사상가로서의 창계의 모습을 더욱더 부각시키고자 하였던 것이다. 하지만 오늘날의 연구자에게 문집 간행 과정에서 산삭된 창계의 일상 및 독서 과정에 관한 구체적 정보는 매우 소중한 것이다. 창계가 소장 필사 문헌에 있는 많은 일기 자료를 통해 창계의 일상생활 및 독서 범위 및 그 과정에 대한 보다 풍부하고 상세한 정보를 얻을 수 있을 것이다.

창계가 소장 필사 문헌 중에는 일기 자료가 많이 보인다. 이들 필사 자료들은 창계 개인의 일상을 파악하는 데에 소중한 정보를 제공해 준다. 가족, 친척, 친구들과의 왕래, 눈병 등과 같은 질병 등을 기록해 놓았다. 또한 창계의 독서 경험의 구체적 정보를 제공해 준다. 어떤 시기에 어떤 책들을 읽었는가를 필사본 일기 자료들을 통해 확인할 수 있다. 이러한 독서 체험의 구체적 정보는 창계의 사유, 사상이 형성되는 배경, 정황을 이해하는 데에 중요한 실마리를 제공해 줄 것이다. 또한 작품의 창작 시기 및 배경을 파악하는 데에도 유용한 정보를 제공해 준다. 예컨대『日錄(己巳年)』(존경각 소장본)의 1689년 4월 2일 일기를 보면, 許生이 방문하여 그에게 준 한시가 한 수 실려 있다. 간행본 문집에도 이 시는 수록되어 있는데, 언제 지었는지 여부를 알 수 없지만,『일록(기사년)』자료에 의거하여 그 창작 시기와 배경을 확인할 수 있다.

이 논문에서는 창계가 소장 필사 문헌 중에서 몇 가지 중요한 자료에 대해서 지적하였는데, 이들 필사 문헌 전체에 대한 체계적인 정리와 검토가 무엇보다도 중요한 과제 중의 하나이다. 간행본 문집에서 누락된 글들이 어떤 것들이 있으며, 간행본에 수록되었다고 하더라도 필사 자료와의 대비를 통해 일부 삭제된 부분을 확인하는 작업이 필요하다. 그리고 이들 필사 문헌들은 창계의 친필 원고 혹은 이에 가까운 것, 이것을 다시 정서한 것, 그리고 정서한 것을 대상으로 재정리한 것 등이 혼재되어 있다. 필사 문헌들을 전면적으로 재정리하고 간행본 문집과 면밀하게 대조하는 작업을 거쳐 새로운 형태의 『창계집』을 편찬 간행하는 것이 필요하다고 생각한다. 50여 종에 이르는 필사 문헌 가운데 선별하여 『筆寫本 滄溪集』을 편찬하는 것도 하나의 방법일 것이다.

3. 滄溪 林泳의 산문 창작과 글쓰기 방식

창계의 산문 세계를 크게 세 부분으로 나누어 고찰하고자 한다. 첫째는 그의 문집에서 많은 비중을 차지하는 서간문을 국가 정세에 대한 관심과 가족에 대한 애도의 측면에 초점을 맞추어 다룰 것이다. 아내와 어머니의 죽음을 애도하는 작품 지향과 관련해 창계가 아내를 위해 지은 行狀을 함께 살필 것이다. 그리고 일기 자료를 중심으로 자아 성찰 및 格言 창작을 언급하고자 하며, 산수유기와 상량문을 중심으로 광대한 정신 경계와 은거 지향을 살펴보고자 한다.

1) 서간문 : 국제 정세 및 가족에 대한 애도

창계의 서간문 가운데 대부분은 師友들과 주고받은 것들이며, 대체로 학문과 處世를 중심으로 논의한 내용들이 주를 이루고 있으며, 특히 국제 정세와 관련하여 오간 편지들이 주목된다.

> 기억하건대 을묘년(1675, 숙종1) 가을 사이에 사신의 왕래로 인하여 題奏로 보고한 내용을 얻어 보니, 이미 "吳三桂의 병력이 陽平의 관문을 나와 陝西에 당도하였다."라고 하였습니다. 그 뒤에 또 진격하여 太原에 당도하였다는 소식을 들었으니, 이는 오삼계의 병력이 漢中을 거쳐 나왔다는 말입니다. 남방에서부터 곧장 중원을 취한 자들은 을묘년의 소문에 의하면 이미 荊州와 湖州 및 襄州와 鄧州 사이에 있고, 동남쪽에 있는 자들은 바로 鄭錦 집안의 수군으로 또한 이미 溫州와 台州에 당도했다고 들었습니다. 그런데 이번에 다녀온 使行이 얻은 제주에 의하면 西路의 병력이 아직 한중을 떠나지 않았다고 하니, 전날 들은 "양평을 나와 섬서 및 태원에 당도하였다."라는 말과는 매우 어긋납니다. …… 오삼계가 만일 황제라 칭했더라도 耿精忠과 鄭錦의 입장에서는 기꺼이 마음으로 복종하려 하지 않을 듯한데, 지금 이 제주 가운데 오히려 결탁하였다는 말이 있는 것은 더욱 이해할 수 없습니다. 여기서 전하는 말이 과연 거짓이 아니라면 천하가 안정되는 것은 그 언제가 될지 또한 모를 일이니, 군사를 파견하는 데 관한 물음은 형세로 볼 때 마땅히 조금 늦추어야 할 것입니다. 그 말을 끝내 신뢰할 수 없는데다가 몽고의 오랑캐들 또한 별종의 긴밀한 근심거리이니 이러한 때 안으로 두려워하는 것은 실로 마땅합니다. 그러나 한갓 겁내기만 하고 환란을 막을 조치가 있다는 말을 듣지

못했으니, 이 점이 매우 걱정스럽습니다.[14]

창계가 芝村 李喜朝에게 보낸 편지의 일부이다. 중국 연행사들의 보고서를 통해 중국 대륙에서의 동향을 예의 주시하고 있는 것을 알 수 있다. 오삼계 반란 세력의 동향에 관한 보고 내용이 얼마나 정확한지에 대해 의문을 표하였다. 오삼계 및 정금의 반란 등에 의해 대륙 정세가 긴박하게 움직이는 동향을 주시하면서 창계는 몽고의 남하 가능성을 걱정하는 한편 조선 군사의 파견에 대해 신중한 입장을 취하였다. 창계는 이희조와 대륙 정세의 동향에 대해 여러 차례 편지를 주고받고 있었다. 이희조 또한 대륙의 정세에 대해 큰 관심을 갖고 있었는데, 창계에게 보낸 편지를 통해 이를 확인할 수 있다. 그는 이 편지에서 국가 민생에 대해 큰 관심을 갖고 현재 크게 걱정해야 할 사안이 네 가지가 있음을 강조하였다.[15] 청나라의 이동과 관련된 소문, 몽고가 우리나라를 공격해 올 가능성, 대만에 거점을 둔 鄭錦이 우리나라를 쳐들어올 가능성, 정금이 일본과 결탁하여 일본이 침략할 가능성 등을 들면서 국가의 위기적 상황을 부각하였다.

---

14) 林泳, 「答李同甫」, 『滄溪集』 권13, 『총간』 159, 297면. "記得乙卯秋間, 因使价往來, 得見題奏所報. 已云吳兵已出陽平關到陝西, 其後又聞進到太原, 此吳兵由漢中出者也. 其自南方直取中原者, 乙卯所聞, 已在荊湖襄鄧之間, 其在東南者, 乃鄭家舟師, 而亦聞已到溫台矣. 今行所得題奏, 則西路之兵未離漢中, 與前日所聞出陽平到陝西及太原者甚相左. …… 吳若稱帝, 自耿鄭輩似不肯甘心服從, 而今此題奏中尙有結連之語, 尤不可曉也. 此所傳果不虛, 天下之定, 又不知果在何時, 而移兵之問, 勢當稍緩矣. 其言終不可信, 而蒙寇又是別種緊憂, 則此時內怯固宜, 而但徒惕而未聞有防患之擧, 此甚可悶也."

15) 李喜朝가 창계 임영에게 보낸 이 편지는 이희조의 간행본 문집 『芝村集』에는 실려 있지 않다. 『장서각 수집 필첩 해제』에 소개되어 있다. "今日我國之憂有四, 而移兵之問不與焉. 虜旣日敗, 將返其窟穴, 則自瀋陽至建州亦順矣, 而蒙寇竊發而窺作梗, 則自山海關, 由海邊至義州, 由曷朔至建州, 路尤甚捷, 而勢尤甚易. 旣入西路, 則必當先以兵拒我矣. 此一也." (『장서각 수집 필첩 해제』, 민속원, 2008, 249면 참고)

존장께서 행차하셨을 때 반드시 그곳의 사정을 상세히 들었을 것이고 형께서 侍奉할 때 반드시 들은 말이 있을 터이니, 부디 그 개략적인 내용을 은밀히 알려 주시기 바랍니다. 그곳의 군신과 인물은 과연 어떠합니까? 將相 가운데 의지할 만한 사람은 그 재주와 성품이 어떠합니까? 기강은 어떠하며 民情은 어떠하며 西獺의 형세는 어떠합니까? 海鄭이 귀순했다는 말은 그 허실이 어떠합니까? 그 강약과 衆寡는 또 어떻게 정해졌습니까? 무릇 이 모든 것을 상세히 알고 싶으니, 자세히 알려 주시기를 간절히 바랍니다. 학술과 문장에 능한 海內의 선비 가운데 뚜렷하여 드러나게 일컬어지는 사람은 있습니까? 또한 모름지기 알려 주시기 바랍니다.

병으로 궁벽한 산속에 누워 한 줄기 목숨을 근근이 연명하고 있어서 문밖의 일도 다 살피지 못하는데 만 리 밖의 여러 가지 일에 대해 듣고 싶어 하니, 또한 가소롭습니다. 그러나 반드시 자세하게 알려 주시기를 간절히 바랍니다.[16)]

晦隱 南鶴鳴에게 보낸 편지의 일부이다. 정확한 작성 연대는 불확실한데, 벼슬자리에서 벗어나 은거하고 있을 때에 쓴 것은 분명하다. 관직에 없는 처지이지만 국가의 앞날을 걱정하는 창계는 대륙의 정세가 어떻게 전개되고 있는지에 대해 큰 관심을 기울이고 있었다. '海鄭'은 대만의 鄭成功과 鄭經을 지칭한다. 吳三桂와 정성공 등에 의해

16) 林泳, 「與南子聞」(別紙), 『滄溪集』 권14, 『총간』 159, 338면. "尊丈行次, 必當詳得彼中事情, 而兄於侍奉之際, 必有與聞者, 幸乞密示其梗槩也. 彼中君臣人物果如何? 將相中所倚仗者, 其才性如何? 綱紀如何, 民情如何, 西獺形勢如何? 海鄭歸順之說, 虛實如何? 其彊弱衆寡, 又定如何? 凡此皆欲詳知, 切冀細及. 海內學術文章之士有表表著稱者否, 亦須示及也. 病臥窮山, 縷息僅延, 戶外事亦不能盡察, 而欲聞萬里外諸事, 亦可笑矣. 然必須子細示之切仰."

중국 대륙이 격변의 시기를 보내고 있는 것을 예의 주시하면서 대륙 정세에 관한 최근 소식을 알려줄 것을 남학명에게 청하였다. 중국 정세의 동향을 정확하게 알고자 하는 창계의 심정은 '~如何'를 연속해서 활용함으로써 더욱더 극대화되어 표현되어 있다.

창계의 서간문에서 우리가 또 하나 주목할 것은 어머니와 아내의 죽음에 대한 개인적 슬픔과 회한을 매우 진솔한 언어로서 표현한 내용이다. 다음 인용문을 들어본다.

> 오늘 이른 아침에 겨우 成服을 마치고 나니 心緖가 참담하여 자못 스스로 감당할 수가 없습니다. 이러한 때에 삼가 위무하는 서한을 받았는데 말뜻이 매우 절실하여 사람 의중의 일을 말해내는 것이 지극히 정밀하였으니, 펼쳐 읽고 난 뒤로 더욱 슬퍼집니다. 의약과 관련한 아쉬움은 형께서 전후로 곡진하게 돌보아 주신 덕분에 거의 크게 유감스러운 일은 없습니다. 다만 10년을 함께 생활하는 데에서 마침내 한 줄기 氣息이 모자라서 아득한 이 세상에 쓸어버린 듯 종적이 사라졌으니, 나는 저어컨대 비록 上智의 자질을 가진 이로 하여금 이런 일을 당하게 하더라도 반드시 상심하지 않을 수는 없을 듯합니다. 또 나의 성품은 더욱 세상과 맞지 않아서 연래 실로 萊婦와 宣妻의 약속이 있었는데, 이 뜻을 이루기도 전에 인사가 갑자기 이와 같이 되고 말았습니다. 지난 일을 회상하며 슬퍼하매 더욱 스스로 견디기 어려우니 어찌하겠습니까? 어찌하겠습니까?[17]

---

17) 林泳, 「答南子聞 甲寅」, 『滄溪集』 권14, 『총간』 159, 334면. "今早纔經成服, 心緖慘愴, 殊不自堪. 此際伏蒙手翰慰撫, 辭意切至, 說出人意中事, 極其精到. 披讀以還, 尤增悲咽. 醫藥之悔, 賴兄前後曲軫, 庶無大憾, 而秖是十年居室, 竟欠一息, 悠悠此世, 蹤跡如掃. 吾恐雖使上智當之, 亦未必不爲之疚懷也. 且鄙性益畸於世, 年來實有萊婦宣妻之約, 此志未就,

창계는 1665년, 나이 17세 때에 曺漢英의 손녀 昌寧曺氏와 혼인을 올렸다. 창계는 妻祖父가 되는 조한영의 『晦谷集』에 발문을 썼다. 창녕 조씨와 혼인을 한 지 10년의 세월이 흐른 1674년 2월에 부인이 세상을 떠났다. 이 편지는 부인이 세상을 떠난 뒤에 얼마 되지 않은 시점에 작성되었다. 창계는 남학명에게 보낸 서간에서 부인의 죽음과 관련된 언급을 많이 하였다. 그 이유 중의 하나는 남학명 또한 1673년 11월에 부인상을 당한 것과 관련되는 것으로 보인다. 남학명에게 보낸 다른 편지에서 창계는 "저 규방의 사사로움으로 치부하여 말하는 자들과는 이 회포를 더불어 이야기할 수 없을 것입니다."[18]라고 한 바 있다. 아내의 죽음에 대해 규방의 사사로움이라고 하여 이를 언급하기를 꺼리는 부류와는 다르다고 하는 점을 창계는 강조하였다.

존경각에 소장된 창계가 소장 필사 문헌 중에서 『창계선생집』이 있는데, 이 중에 남학명에게 보낸 편지로서 간행본에 미수록된 것이 여러 통 존재한다. 1674년 2월 이전에 쓴 미수록 편지글에서 창계는 병든 부인의 위독한 상황을 걱정하면서 약을 구하기 위해 분주하게 돌아다녔던 것을 언급하기도 하였고, 병세가 하루가 다르게 위독해져서 매우 고통스러운 상황이라고 말하기도 하였다.

창계는 남학명에게 보낸 다른 편지에서 이렇게 말한 바 있다.

> 이곳에서는 죽은 아내의 啓殯이 단지 하루 앞으로 다가왔으니, 비통한 마음이 다시 한 번 새롭습니다. 어찌겠습니까, 어찌겠습니까. 죽

人事遽如許矣. 撫事悲愴, 尤難自抑. 奈何奈何."

18) 林泳, 「答南子聞」, 『滄溪集』 권14, 『총간』 159, 335면. "彼直以閨閤之私言者, 蓋不足與語此也."

은 아내가 임종 때에 약물을 보내 주신 형의 은근하고 곡진한 마음에 감사하여 누차 이야기하며 사례하였는데, 사람의 정이 여기에 이르니 서글픈 생각과 근심스러운 마음이 더욱 더해집니다.

죽은 아내는 자못 뜻과 행실을 수양하여 참으로 세상에 전해지지 않게 할 수 없는 점이 있고, 또 어린 나이에 죽어 자식이 없는 점이 가슴 아파서 차마 거듭 그 자취가 사라지게 할 수가 없었습니다. 그래서 이미 행장을 대략 얽어 두고 玄江 朴丈(朴世采)에게 銘을 청하여 허락을 받았습니다. 그러나 사는 땅이 멀어 형과 마주 앉아 한번 읽고 그 시비를 검토할 길이 없으니, 한스러운 마음이 자못 지극합니다. 조만간 誌石을 굽는 날에 만일 받들어 주선할 수 있다면 그 다행함을 이루 말할 수 있겠습니까?[19)]

앞서도 언급했듯이 창계는 남학명과의 왕복 편지에서 아내의 질병 및 죽음에 대해 진솔하게 자신의 감정을 표현한 바 있다. 위의 편지 또한 아내가 죽은 지 얼마 지나지 않아 아내의 임종 시 약물을 보내준 것에 대해 감사의 인사를 올리는 한편, 아내가 자식도 없이 일찍 세상을 떠난 점을 가슴 아파 하면서 아내의 행실을 세상에 전하고자 하여 행장을 지었으며, 별도로 박세채에게 묘지명을 청탁했음을 밝혔다. 실제로 박세채의 문집에는 「安人曹氏墓誌銘」이 실려 있으며, 앞서 언급한 성균관대 존경각 기탁 창계가 고문헌 가운데 그 실물이 전하고

19) 林泳, 「與南子聞」, 『滄溪集』 권14, 『총간』 159, 335면. "此中亡婦啓殯, 秖隔一宵, 痛傷之私, 又一番新矣. 奈何奈何? 亡婦臨死, 感兄惠救藥物之勤曲, 屢言稱謝. 人情到此, 益增悲想拳拳也. 亡婦志行頗修, 誠有不可無傳者. 又傷其少死無子, 不忍重滅其跡, 已狀梗槩, 請銘玄江朴丈, 旣蒙惠許矣. 地遠, 末由相對一讀, 證其是非, 爲恨殊至. 早晩燔土之日, 若得奉以周旋, 其幸可勝言?"

있다.

아내인 安人曺氏(1651~1674)의 죽음을 애도하는 창계의 글로 주목되는 것이 「亡室安人曺氏行狀」이다.

> 오호라, 이 또한 슬프도다. 대체로 부인의 덕은 원래 유순하고 선량함을 꼽는다. 그러나 높은 식견과 넓은 도량과 굳센 뜻이 있어서 그것으로 근본을 삼는 경우가 아니라면 대부분 작은 일에 얽매이는 것을 면치 못하여 이른바 유순하고 선량하다는 것이 결과적으로 고식적이고 잗달게 되니, 참으로 이른바 부인의 덕이 아니다.
>
> 安人의 경우는 본가에 있을 때부터 남편을 섬기고 시부모를 섬기는 일에 이르기까지 모두 善으로 자신의 뜻을 확립하였고, 처음부터 끝까지 평탄한 때나 험난한 때나 義를 잃지 않았다. 이는 타고난 천성이 선량하고 아름다워서일 뿐만 아니라 식견과 도량이 원대하고 의지가 굳세어서 안으로 확고하게 서고 밖으로 미루어 행한 것이 있어서 그렇게 된 것이다. 만약 더 오래 살아서 그 뜻을 끝까지 이루었다면 그가 어찌 옛날 女士라고 일컬어졌던 사람들만 못하였겠는가? 애석하다. 뜻이 참으로 아름다웠는데 다 채우지 못하였고, 행실을 한창 닦고 있었는데 다 드러나지 못하였으니 이 또한 운명인가 보다.[20)]

위의 인용문에서 창계는 부인의 德에 관해 자기 나름의 새로운 관

---

20) 林泳, 「亡室安人曹氏行狀」, 『滄溪集』 권17, 『총간』 159, 400면. "嗚呼! 其亦可哀也已. 大抵婦人之德, 固主乎柔良. 然非有高見曠度彊志以爲之本, 率不免規規於細故, 而其所謂柔良, 或歸於姑息纖細, 而非眞所謂婦德者也. 若安人之自在室, 以至事夫事舅姑, 咸以善自立, 不失義於始終夷險之間者. 蓋不但天賦之馴美也, 固其識度之遠志力之彊, 有以植於內, 而推乎外者然也. 使假之年, 卒究其志, 何渠不若古所稱女士乎哉? 惜也, 志固美而不及充, 行方修而未盡著, 此亦命也耶!"

점을 제시하였다. 보통 부인의 德은 유순함과 선량함을 으뜸이라고 생각하기가 쉬울 것이다. 시부모 및 남편에게 유순하며 주변 사람들과의 관계가 선량한 것을 최고의 덕목으로 인정하는 것이다. 그런데 창계는 식견과 도량, 그리고 의지를 그 근본으로 삼아야 함을 강조하였다. 세상을 떠난 부인은 "타고난 천성이 선량하고 아름다웠을 뿐만 아니라 식견과 도량이 원대하고 의지가 굳세"었기 때문에 '女士'로서 일컬어질 수 있는 행실을 보여준 것이라고 하였다. 이러한 점에서 '부인의 덕'을 온전하게 실천한 인물로서 형상화되었다. 하지만 애석하게도 그 덕을 한창 닦고 있는 도중에 그것을 다 드러내지 못한 채 세상을 하직하였으니, 이것이 또한 운명이라고 한탄하였다.

> 임종하려 할 때에 시어머니와 친정어머니를 오시라고 해서 양쪽으로 손을 잡고 종일토록 잠시도 놓지 않았다. 울면서 시어머니에게 말하기를 "사랑해 주신 은혜를 갚지 못하고 이제 죽게 되었습니다. 시어머니께서 저를 불쌍히 여겨 잊지 않으신다면 원하는 것은 우리 어머니를 돌봐 주시는 것뿐입니다."라고 하였다. 또 그 친정어머니를 돌아보고 말하기를 "누군들 죽지 않겠습니까마는 나의 죽음이 가장 슬픕니다. 우리 어머니가 더욱 의지할 데가 없게 되었으니 어쩌면 좋습니까. 어찌하여 우리 어머니의 운명이 한결 같이 이런 지경에 이른단 말입니까."라고 하였다. 또 그 남편을 불러서 앞으로 오라고 하고서 말하기를 "내가 죽더라도 당신은 우리 어머니를 잊지 마십시오."라고 하고, 또 말하기를 "만난 지 10년 만에 부부의 의가 끝날 줄은 생각지 못했습니다. 본래 당신과 시골에서 함께 살고 싶었는데 어찌 그렇게 될 수 있겠습니까?"라고 하고 끊임없이 눈물을 흘리니 사람들이 모두 참담하여 차마 보지 못하였다.

자주 시각이 얼마나 되었는지 묻고 말하기를 "내 기력으로 보아 필시 오늘을 넘기지 못할 것입니다."라고 하였다. 숨이 끊어지려고 할 때에도 오히려 곁에 있는 사람들에게 물러나 쉬라고 권하였고, 얼마 뒤에 세상을 떠났다. 그 정신이 흐트러지지 않고 은혜로운 뜻이 각각 극진한 것이 이와 같았고, 殮襲의 일에 대해 분부한 것이 매우 상세하였다. 목숨이 간당간당하여 끊어지려고 하는 때에 겨우 애써 소리를 냈는데도 한 말이 조금도 흐트러지거나 빠뜨린 것이 없이 모두 그대로 실행할 수 있는 것이었으니, 슬프다. 죽음에 임하여 뜻이 어지럽지 않은 것은 장부라도 어렵게 여기는 것이다.[21]

임종할 때의 장면을 매우 인상적인 필치로 묘사한 대목이다. 죽기 전에 아내는 시어머니와 친정어머니, 그리고 작자에게 마지막 당부의 말을 유언처럼 건네었다. 이를 작자는 직접 인용의 화법을 빌어 아내의 절절한 목소리를 들려주었다. 특히 친정어머니에게 들려주는 아내의 목소리는 더욱 안타깝게 들린다. 아내는 조건주와 평산 신씨 사이에서 두 딸 중 장녀로 태어났다. 6살의 어린 나이에 아버지를 잃은 그녀는 홀어머니와 함께 살았다. 창계와는 15세에 혼인을 올려 아들 하나를 낳았지만 일찍 죽었고, 죽기 이틀 전에 딸을 낳았으나 바로 죽었

21) 林泳, 「亡室安人曹氏行狀」, 『滄溪集』 권17, 『총간』 159, 401면. "臨且死, 請其姑若母左右執手, 終日不暫舍, 泣而謂其姑曰, '未報憐愛之恩, 而今且死矣. 姑若憐我不忘, 但願軫恤吾母而已.' 又顧其母曰, '人孰無死? 我死最悲. 奈吾母益無依何? 何吾母命道一至此耶?' 又呼其夫使前曰, '我死, 君其勿忘吾母.' 又曰, '不意相遇十年, 乃竟義終. 本欲與君共居鄉曲, 詎可得耶?' 仍涕下不止, 衆皆慘然不忍視. 數問時刻如何曰, '吾氣力必不過今日.' 垂絶時, 猶勉傍人退休, 俄頃而逝. 其精神之不爽, 恩意之各盡, 有如此者, 分付襲斂諸事甚詳悉. 當奄奄就盡之際, 廑廑自力出聲, 而所言無少錯遺, 皆可按行. 嗟乎! 臨死而志不亂, 雖丈夫或難之矣."

다. 홀어머니를 두고 세상을 떠나야 하는 아내는 자신이 맞이하는 죽음이 가장 슬프다고 하였다. 왜냐하면 더욱 의지할 곳이 없는 어머니를 두고 세상을 하직해야 했기 때문이었다. 아내는 "우리 어머니가 더욱 의지할 데가 없게 되었으니 어쩌면 좋습니까? 어찌하여 우리 어머니의 운명이 한결 같이 이런 지경에 이른단 말입니까?"라는 말로 죽음을 눈앞에 둔 자신의 아픈 마음을 절절하게 토로하였다. 아내가 작자에게 마지막으로 건넨 말은 "본래 당신과 시골에서 함께 살고 싶었는데 어찌 그렇게 될 수 있겠습니까?"라는 말이었다. 시골에서 한적하게 살자고 약속했던 평생의 소원을 이루지 못한 채 10년이라는 짧은 결혼 생활을 마감해야 했던 아내의 안타까운 마음이 절실하게 전달된다고 하겠다.

이처럼 임종 시 아내가 마지막으로 남겼던 말들을 직접 들려주는 방식을 통해 일찍 세상을 뜬 아내에 대한 작자의 슬픈 심정을 매우 인상적으로 묘사하였다. 더 나아가 작자는 목숨이 끊어지는 마지막 순간에 힘겹게 소리를 내면서도 말이 조금도 흐트러지거나 빠뜨림이 없다는 언급을 통해 굳센 의지와 높은 도량을 갖춘 여장부로서의 이승에서의 마지막 모습을 독자에게 강한 인상으로 각인시켰다. 아마도 이 부분이 이 행장 작품에서 가장 정채롭다고 평가되며, 여타의 망실 행장에서는 잘 보이지 않는다.

그리고 행장의 마무리 부분에 이르러 작자는 높은 식견과 넓은 도량, 굳센 뜻을 지녔음에도 후사도 없이 세상을 일찍 떠난 것과 관련해 '선한 일을 하면 보답을 받는다'는 말에 대해 회의를 품는 것으로 끝맺었다. '선한 일을 하면 보답을 받는다'는 말에 대한 회의는 죽은 아내에 대한 안타깝고 슬픈 작중화자의 심정을 암시하면서 작품의 여운을 가져다준다. 앞서 지적한 점을 통해 창계의 망실 행장은 문학적 성취가 빼어난 작품의 하나로 평가된다.

다음으로는 어머니에 대한 그리움을 다루고 있는 작품을 살펴본다.

저의 원통하고 가슴 아픈 정황을 감히 모두 하소연하여 외람되게 선생님께서 듣게 할 수는 없습니다. 다만 돌아가신 어머님의 德善과 精力으로는 의당 이 정도에 그치지 않을 터인데, 하루아침의 작은 병으로 갑자기 돌아가시게 되었으니, 보잘것없는 불초가 신과 하늘에 죄를 얻었기 때문이 아님이 없습니다. 게다가 병수발을 든 이래로 약물로 치료하고 사당에 병이 낫기를 기도하는 일을 대체로 제대로 하지 못하였으니, 이 때문에 원통함과 후회가 가슴에 꽉 차 잠잘 때라도 혹 떨쳐 버릴 수 없습니다.

인생에 이런 통한을 품고서도 오히려 즉시 죽지 못하고 殮殯과 引葬의 절차를 지낼 때에 견디기 어려운 슬픔을 참고서 마치 보통 있는 일처럼 처리하였는데, 지금은 이미 옛집에 反哭한 지도 어느덧 또 10일이 되어 갑니다. 눈에 와 닿는 강과 산의 나무 한 그루, 돌 하나가 모두 평소에 어머니께서 가리키며 감상하던 것들인데, 저 홀로 숨만 겨우 붙은 채 살아남아서 완연히 이 사이에 있으니, 다만 제가 매우 미련하지만, 어찌 이를 견딜 수 있겠습니까. 어릴 때부터 學文과 立心은 어머님의 지도를 많이 받았고, 古今에 대해 보고들은 것들은 제가 들어가면 반드시 말씀드렸는데, 오늘은 어떤 마음이겠습니까. 다시 옛날 책을 정리하려니 애통한 마음이 또 어머니께서 사용하시던 물건을 사용하지 못할 뿐만이 아니니, 어이하겠습니까, 어이하겠습니까.[22)]

---

22) 林泳, 「上玄江」, 『滄溪集』 권7, 『총간』 159, 166면. "泳區區冤若痛迫之情事, 不敢盡訴以傷長者之聽, 而惟是先慈德善精力, 宜不止此, 一朝微恙, 奄至大故, 無非不肖無狀, 獲戾

스승이었던 玄石 朴世采에게 보낸 편지의 別紙에 적혀 있는 것으로, 1683년 모친상을 당한 해에 썼다. 어머니 林川趙氏(1626~1683)는 趙錫馨의 따님으로, 1683년 1월 12일에 세상을 떠났다. 앞의 간찰과 유사한 내용을 담고 있는 다른 자료를 하나 더 인용해본다.

> 돌아가신 어머님은 평소 정신과 기력이 남보다 뛰어나셨는데, 하루아침에 급병으로 인하여 갑자기 돌아가시게 되었으니, 이것은 인사에 다하지 못함이 있어서 그러한 것일 따름입니다. …… 저는 文字와 問學에 있어서 한두가지 길을 조금 엿보았으니, 대개 돌아가신 어머님이 이끌어주신 힘 때문입니다. 어머니의 恩愛 뿐만 아니라 제 자신 운명이 기구하여 젊어서 아내를 잃고 집안에 대를 이을 자식이 없었는데, 어머님께서 어루만져주셔서 지금까지도 품 안의 자식 대하듯 하셨습니다. 오늘 이 몸이 다시 무슨 말을 하겠습니까? 다시 무슨 말을 하겠습니까?[23]

문집 간행본에 미수록된 것인데, 위 인용문의 생략된 부분에서는 서울에 거처하지 않아서 어머니 병환에 의약을 제대로 잘 쓰지 못하

神天之致. 加以侍疾以來, 醫藥禱祠, 率多未遑. 以此恨悔塡臆, 雖寢夢之頃, 未能或舍矣. 人生抱此痛毒, 猶不卽滅, 斂殯引葬節次經過, 忍所難忍, 若行常事. 今旣反哭舊寓, 忽忽又迫旬. 觸目江山, 一木一石, 皆平日所指點而賞愛者. 獨留視息, 宛在此間. 顧雖甚頑, 何以堪此? 自幼學文立心, 多稟先慈指授, 古今聞見, 入必以告. 今日何心? 更理舊書, 私懷痛怛, 又不但在杯圈飮食之間矣. 奈何奈何?"

23) "先慈平日精力過人, 一朝因一急病, 奄至大故, 此殆人事有未盡而然耳. …… 不肖於文字問學, 粗窺一二蹊逕, 大抵多先慈勸誘之力, 不但爲慈母之恩愛, 而自以命巇少喪室, 家尙無嗣息, 先慈撫視, 至今如懷中兒. 今日此生, 更何言? 更何言?" 창계가 작성한 이 간찰은 수신인과 발신 시기가 불분명하다. 이 간찰은 한국학중앙연구원 편, 『장서각 수집 필첩 해제』(민속원, 2008)에 수록되어 있다.

였음을 자책하면서 돌아가신 어머니에 대한 그리움을 토로하였다. 창계는 돌아가신 어머니를 기억하면서 문자를 익히고 학문을 하는 데에 어머니의 힘이 컸음을 고백하였다. 젊어서 아내를 잃었고 집안에 대를 이을 자식이 없는 처지에서 어머니는 자신을 품속의 자식처럼 항시 어루만져 주었음을 기억하였다. 앞서 본 인용문에서 창계가 "어릴 때부터 學文과 立心은 어머님의 지도를 많이 받았다"고 토로하는 것과 같은 맥락이다.

돌아가신 어머니에 대한 추억과 관련해서 또 하나 주목해야 할 글이 한글 간찰이다. 『임창계선생묵보국자내간』에는 한글 간찰 총 18건이 수록되어 있다. 발신자는 모두 임영이며, 수신자는 막내 누나가 15건, 어머니 임천 조씨가 2건이며, 다른 하나는 임영이 누나에게 편지를 받고 세월이 지나 그 누나의 딸에게 당시 편지를 동봉해서 보낸 편지로 추정된다. 이 한글 간찰은 발신자, 수신자가 분명하며, 작성 시기가 17세기 후반으로 이른 시기에 해당되고, 남동생이 누나에게 보낸 편지가 매우 희소하다는 점에서도 창계의 한글 간찰은 매우 주목된다.

어머니가 살아 계시는 동안 애틋한 마음을 담아낸 한글 간찰을 먼저 들어본다.

ᄒᆞᆫ번 편지 ᄒᆞ온 후 일졀 왕ᄂᆡ 업ᄉᆞ와 다시 쇼식을 통티 못ᄒᆞ오니 섭섭 답답ᄒᆞ옴 ᄀᆞ이 업ᄉᆞ오며 몽치 올 제과 형님 힝듕ᄋᆡ 년ᄒᆞ여 하셔ᄂᆞᆫ ᄌᆞ시 보ᄋᆞᆸ고 못내 든든 반갑ᄉᆞᆸ더이다. 이ᄯᅢ 긔후 대되 엇더ᄒᆞᄋᆞᆸ시니잇가. ᄌᆞᄂᆞᆫ 계유 무ᄉᆞ히 잇ᄉᆞ오나 여섯 번 슈망ᄋᆡ 낙뎜을 좋시 아니ᄒᆞ시니 각별 대단히 오지ᄒᆞᆫ 일 업시 그려ᄒᆞ오니 ᄂᆞᆷ대되 고이히 녀기ᄋᆞᆸ 마치 ᄂᆞ려 가려키예혹 아르시고 믜이 녀기시

ᄂᆞᆫ가 의심이 잇ᄉᆞ오나 어이 짐쟉으로 아오리잇가.[24]

슈원 형님 오ᄋᆞᆸᄂᆞᆫ ᄃᆡ 하셔 밧ᄌᆞ와 못내 알외오며 됴셔방집 말 드르니 긔운이 평안티 못ᄒᆞ신 ᄃᆡ 잇ᄂᆞᆫ가 시브오ᄃᆡ 아니 긔별ᄒᆞ여 겨ᄋᆞᆸ시니 답답ᄒᆞᄋᆞᆸ ᄌᆞᄂᆞᆫ 젼후 아홉 번 슈망ᄋᆡ 낙뎜을 아니 ᄒᆞ시니 황공은 ᄒᆞᄋᆞᆸ거니와 오래 이셔도 마치 아모리 ᄒᆞ여 그리ᄒᆞ시ᄂᆞᆫ 줄은 알 길히 업ᄉᆞᆸ고 본ᄃᆡ 쉬이 가오려 ᄒᆞ엿다가 또 오래 머므오면 그 ᄉᆞ이 또 아모 난편ᄒᆞᆫ 일이 이실 줄 아디 못ᄒᆞ오니 아흐랜 말믜 바다셔 열 이튼날 길나랴 ᄒᆞᄋᆞᆸᄂᆞ이다. 여라가지로 혜고 ᄉᆡᆼ각ᄒᆞᄋᆞᆸᄂᆞᆫ 일이니 그르디 아닐 법 잇ᄉᆞᆸᄂᆞ니이다.

1682년 어머니에게 쓴 한글 간찰이다. 한 통은 1682년 3월 21일에 작성되었으며, 다른 한 통 또한 정확한 시기는 미상이지만 이 무렵을 전후로 하여 작성된 것으로 추정된다. 이 당시 창계는 한양에서 왕의 낙점을 기다리고 있는 중이었다. 당시 실록과 승정원일기를 살펴보면, 1681년 10월에 이조좌랑에 임명되었고, 1683년 2월 16일에 副司果로 임명되었다. 1682년 4월 10일자 실록에는 都承旨 李師命이 임영과 오도일에게 낙점을 아낀 일을 아뢰는 대목에서 저간의 상황을 짐작할 수 있다.[25] 그리고 1682년 4월 27일자 실록을 보면, 閔鼎重이 "林泳은 文學으로 동배에게 추앙받는데, 근일 정사의 啓目에

24) 한글 편지의 판독은 한국학중앙연구원 편, 『조선후기 한글 간찰(언간)의 역주 연구(3)』(태학사, 2005) 참고. 이하 동일함.

25) 『肅宗實錄』 권12, 1682년 4월 10일. "都承旨李師命陳林泳吳道一靳點事, 錫胄仍言, '近來文士乏絶者, 實由於培養未盡而然. 宜令大提學, 抄擇年少文臣, 賜暇湖堂, 使之讀書, 而時出御題, 試其才學, 如有超等者, 拔擢而用之, 庶有實效.' 上然之."

서는 오래 성상의 落點을 받지 못하니, 아랫사람들의 심정이 모두 의혹 됩니다."라고 말하는 대목이 나온다. 그리고 金壽恒 또한 "古事를 많이 아는 것으로는 林泳만한 사람이 없으니, 經幄에 두면 반드시 보탬이 있을 것입니다."[26]라고 하였다. 이러한 건의를 받아들여 창계를 修撰으로 임명했다는 기록이 나온다. 이를 통해 보면, 어머니에게 보낸 위의 두 한글 간찰은 숙종으로부터 오랫동안 낙점을 받지 못하면서 서울에 머물러 있던 자신의 상황을 알리는 것이라고 할 수 있다.

시예ᄂᆞᆫ ᄒᆡ가 쾌히 비최니 그ᄂᆞᆫ 극(極)ᄒᆞᆫ 다ᄒᆡᆼ(多幸)이레 장ᄉᆞ(葬事) 디낸 날 ᄃᆞᆯ도 ᄇᆞᆰ던 거시어니와 새베 ᄣᅢ 뇌뎡(雷霆)이 진동(振動)ᄒᆞ니 그ᄣᅢ 셟고 안심티 아니키를 어이 다 니를고 비 ᄌᆞ로 오ᄃᆡ 죵시(終是) 일의 해롭긔 아니ᄒᆞ니 그ᄂᆞᆫ 더옥 공교로온 듯하여 다ᄒᆡᆼᄒᆞ데 디내ᄂᆞᆫ 일이 다 ᄎᆞᆷ아 못ᄒᆞᆯ 일이나 그 듕의 낭패(狼狽)ᄒᆞᄂᆞᆫ ᄆᆞᄃᆡ나 업서 송둉대ᄉᆞ(送終大事)ᄂᆞᆫ 그리 미진ᄒᆞᆫ 일이 업ᄉᆞ니 이ᄂᆞᆫ 어마님 젹션(積善)ᄒᆞ신 덕인가 ᄒᆞᄂᆡ 나도 실노 견ᄃᆡ여 나디 못ᄒᆞᆯ□□더니 길희셔 눈믈과 ᄯᆞᆷ의 ᄂᆞᆺ가족이 부뤄셔 다 버서디고 산소(山所)□□□간 날은 밤의 오좀을 다 ᄡᆞ되 원긔(元氣) 각별(各別) 대패(大敗)ᄒᆞ든 안니ᄒᆞ여시니 몸숨이 질긔거나 도으시ᄂᆞᆫ일이 잇ᄂᆞᆫ가 그런 의외 업ᄂᆡ …… 장ᄉᆞ(葬事) 디내온 날 ᄭᅮᆷ의 분영(墳塋)이 흐므시 뵈오니 밧 가온ᄣᅢ발 벗톄누어 겨시거늘 내 ᄂᆞᆺᄎᆞ로 발을 부븨숫츠니 초상(初喪) 적과 달라 발이 부드러워 겨시니 그ᄂᆞᆫ 길ᄒᆞᆫ ᄭᅮᆷ인 듯ᄒᆞ데[27]

---

26) 『肅宗實錄』 권12, 1682년 4월 27일. "鼎重曰: '林泳文學, 流輩所推, 而近日政目間, 久未蒙天點, 下情莫不疑惑矣.' 壽恒亦言: '多識古事, 莫如泳, 若置經幄, 則必有所補.' 上然之."

27) 박부자, 「임창계선생묵보국자내간 수록 언간에 대한 연구」, 『국어사연구』 21, 국어

1683년 4월 19일 막내 누나에게 보낸 한글 간찰이다. 어머니의 장례를 무사하게 마치게 된 것이 다행이라고 하면서 장사 지낸 날 밤에 꿈에서 어머니를 뵈었던 것을 들려주었다. 밭 가운데 발을 벗은 채 누워 계셨는데, 내 얼굴로 발을 부비고 문지르니 초상 때와 달리 발이 부드러웠다는 내용이다. 돌아가신 어머니에 대한 애틋한 마음이 꿈속에 형상화된 어머니의 모습을 통해 잘 드러나 있다. 꿈속에서 돌아가신 어머니와 해후하는 장면, 특히 작중 화자가 꿈속에서 돌아가신 어머니의 발을 얼굴로 부비고 문지르는 대목이 가장 인상적으로 묘사되어 있다. 돌아가신 어머니에 대한 그리움이 인상적 장면 묘사를 통해 진솔하게 형상화되어 있다.

2) 자기 성찰의 일기 쓰기와 格言 창작

창계는 개인의 일상 및 독서 체험을 일기에 나날이 기록하는 것에 머물지 않고, 자신의 내면을 수양하는 하나의 중요한 방법으로 일기 장르의 쓰기 행위를 활용하였다는 점이 특별히 주목된다. 朴泰初는 「滄溪先生家狀草」에서 “성찰하는 일에도 특히 각고의 노력을 더하여서 생각마다 일마다 잠시도 소홀히 하는 것이 없었다. 그래서 분노를 억제하고 욕심을 억누르며 선을 보면 옮겨 가고 허물이 있으면 고치는 일에 최선을 다했다. 처음 배울 때부터 날마다 기록을 남겨 스스로 철저히 점검했는데, 그 경계하며 정진하는 뜻이 죽을 때까지 조금도 해이해지지 않았다.”[28]고 기록한 바 있다.

사학회, 2015 참고.

28) 朴泰初, 「滄溪先生家狀草」, 『滄溪集』, 성균관대 출판부, 1994. “其於省察, 尤益刻苦,

아침에 음식 때문에 갑자기 화를 냈다가 서종형 濍이 옆에서 나에게 충고를 하자 즉시 활연히 깨달았다. 지금부터는 통렬히 경계하여 다시는 이런 일이 생기지 않게 하고자 한다. 이 일을 기록하여 스스로 반성한다.[29]

음식 때문에 갑자기 화를 내었던 하루의 일을 작중 화자는 반성하면서 이를 일기로 기록하고 있다. 일기 쓰기라는 행위 자체가 '自省'의 의미를 지니고 있음을 보여준다는 점에서 위의 인용문은 흥미롭고 중요하다.

물론 일기 쓰기가 기본적으로 자기반성 및 성찰의 기능을 하지만, 창계에게서 특히 중요한 것은 이러한 자기 성찰적 기능에 대해 그 자신이 분명한 장르 인식을 갖고 있었으며, 매일 매일의 일상생활과 독서 과정에서 이를 의식적으로 실천하고자 하였으며 자신의 부족한 모습과 반성할 점을 일기 속에 구체적으로 기록해 두었다는 점이다. 요컨대 임영은 일기 장르가 지닌 성찰적 의미에 대해 명료한 인식을 하고 있었으며, '自省錄으로서의 일기 쓰기'를 적극적으로 실천하고 이를 일기 속에 기록하였다.[30] 위의 인용문에서 임영은 하루를 정리하는 일기의 마지막 부분에 자신의 부족한 점을 반성하고 앞으로의 각오를 분명한 어조로 밝혀놓았다. "이 일을 기록하여 스스로 반성한

念念事事, 無一刻放過, 以之懲窒遷改, 靡不用極. 自始學以來, 日有所記, 以自考覈, 而其警惕進進之意, 至死而不少懈焉."

29) 『滄溪先生語錄』(성균관대 존경각 소장) 1685년 6월 15일. "六月十五日. 朝因飮食, 猝發嗔恚. 庶從兄濍在傍進戒, 卽時豁然. 自今欲痛懲, 不使復動, 記此以自省."

30) 이 점과 관련해 벽사 선생은 창계집 해제에서 日錄에 대해 설명하면서 '日記體를 빌린 自省錄'이라고 규정한 바 있다. 이우성, 「창계집 해제」, 『창계집』, 성균관대 출판부, 1994 참고.

다.”는 언급이 창계 자신이 보다 뚜렷하게 자기반성과 성찰의 기능을 일기 쓰기라는 행위 속에서 구체적으로 실천하고 있음을 보여준다.

위의 인용문 다음날에 쓴 일기에서도 창계는 비슷한 경험을 이렇게 기록하였다. “16일에 밥을 먹을 때 갑자기 또 화를 냈다가 바로 깨닫고 고쳤다. 그러나 어제 잘못을 뉘우쳤던 일이 지금 벌써 일어났으니, 심히 성실하지 못하다.” 밥을 먹다가 갑자기 화를 내었던 일상의 작은 사건을 통해 철저한 자기반성을 수행해 나가는 자신의 모습을 일기 쓰기 속에 구체적으로 보여주었다.

이들 일기 자료를 통해 우리가 또 하나 주목할 부분은 창계의 이와 같은 자기반성과 비판의 태도는 독서 경험을 통해 진행되기도 하지만 매일매일 일어나는 일상사의 작은 사건들을 계기로 이루어지고 있다는 점이다. 앞에서 인용한 자료를 다시 들어본다.

初三日己巳晴. 朝有牽耽羅馬數十過下宅者, 叔丈要余來看, 余既下去. 人皆以余無馬, 勸余買一馬. 余不自量, 欣然有欲買之意, 將擬推移假貸以辦其直, 亦既倩人擇出一駿骨矣. 至夕思之, 非余所宜, 乃謝不買. 其始不能審思, 隨人動念, 雖云細事, 亦可見其虛疎也. 授二姪課, 許朴兩生傳九章, 養吾唐詩. 答濟牧書, 附贈藥物. 宗兄澂氏來過, 因與在座人小飮酒, 夕罷. 叔丈來話, 夜又憊痛.

(한 칸 아래로 내려씀) 比常念道體無窮, 吾心之用, 亦無限量, 而乃不能體當展拓, 茫昧若遮障, 蹶躃如羈絆, 心常悒悒不快. 今日自朝擾攘, 至夕意尤無聊, 仍思從前荒墜, 每多自無聊之頃, 須於無聊大悶之中, 更着精采, 益自振奮, 庶有接續之理. 故乃復提撕整頓, 意思稍別矣. 是日建屋於巳初, 欲往見, 未果.

간행본에는 빠져 있는 『日錄(기사년)』(존경각 소장본)의 1689년 4월 3일 일기이다. 주변 사람의 권유를 듣고 제주에서 온 말을 구입하려고 했던 자신의 일상 경험을 서술한 대목이다. 주변 사람들로부터 말을 한 필 구입하라는 말을 듣고 처음에는 자신의 형편을 헤아리지 않고 나중에 어떻게든 돈을 빌려 갚을 수 있으리라고 생각하고 준수한 말 한 필을 사려고 마음을 먹었다. 그런데 저녁 무렵 다시 한 번 생각해 보니, 자신에게 마땅한 일이 아니어서 없던 일로 돌렸다는 일화이다. 이 일상의 일화에 대해 작자는 깊이 생각하지 못하고 남의 말에 따라 마음을 움직인 점에 대해 스스로 반성하는 기록을 일기에 남겼다.

『日錄(기사년)』(존경각 소장본)의 1689년 4월 2일 일기를 보면, 伯兄이 자신을 위해 집을 짓는 일화가 실려 있다. 간행본 문집에는 이 날짜의 일기가 모두 빠져 있다. 집을 짓는 데에는 伯兄뿐만 아니라 여러 사촌형제들도 와서 함께 도왔다. 집을 짓기 시작한 지 5,6일이 지나서 창계는 집을 짓는 현장에 나가 보았는데, 그때 목공일을 하는 사람이 혼잣말로 "이 양반님은 책만 볼 줄 알고 다른 일은 생각하지 않으신다"고 하는 이야기를 들었다. 이를 들은 창계는 그날 일기의 마지막에 "사실 책은 보는 것이 실제 일과 부합하지 않으니, 이것이 몹시 부끄러운 일이다. 이로 인하여 스스로 몹시 깨우치고 돌아보았다."고 적어놓았다. 이 일기에서 우리가 주목할 부분은 창계의 자기 검열의 태도와 자세가 매우 엄격하였다는 점, 그 같은 자기 성찰과 비판은 하루하루 살아가는 일상의 삶 속에서 철저하게 수행되었다는 점이다.

이렇게 보았을 때 창계의 일기 쓰기는 일종의 신앙 고백처럼 보이기도 한다. 날마다 자신의 행동과 마음에서 어떤 실수나 잘못이 있는가를 스스로 지적하고 반성하는, 엄정한 자기 검열을 보여주고 있다.

물론 기본적으로 일기는 글 쓰는 이의 성향과 상관없이 그 형식에 있어서 자기의 삶을 기록하고 반성하는 자기 성찰의 측면을 지니고 있다. 하지만 우리가 더욱 주목하는 것은 창계에게 있어 그 같은 인식과 성향이 매우 분명하고 확고하게 자리잡고 있다는 점이다. 신앙 고백과 참회의 기록과 비슷한 창계의 일기에는 일기를 쓰는 자아와 행동하는 자아의 비판적, 반성적 거리가 매우 뚜렷하다. 일기를 쓰는 자아는 일종의 심판자, 체벌자의 입장에서 행동하는 자아의 일거수일투족을 감시하고 지적하며, 처벌을 내린다. 달리 말하면 이상적 자아와 현재적 자아의 대비와 비교를 통해 현재를 점검하고 미래를 향해 나가고자 하는 태도를 보이고 있는 것이다.

> 열흘 동안 태반이나 병들고 피곤하였으니 깨달음을 구하고 수양하는 공부를 병들었을 때에는 전혀 하지 못했다. 또한 옛사람의 문자 체제를 살펴보고자 하여 문장들을 많이 열람하였으나 뜻은 또 범범해졌다. 10일 밤에 이르러 비로소 다시 두려워하여 강제로 폐한 일을 수습하였다. 대체로 혈기가 피곤할 때에는 뜻을 지키기가 어렵다. 이러할 때는 더욱 조용하고 바르게 심성을 닦아야 하며, 또 절실하고 긴요한 글을 보는 것이 도움이 될 것이다. 요사이 기운이 연이어 노곤한 데다 한가하고 잡스러운 글을 읽느라 정양할 시간이 전혀 없다. 마음이 들떠서 거의 수습할 수 없었던 것이 당연하다. 이후로는 의당 이 점을 깊이 경계해야 할 것이니, 그래야만 전일하게 뜻을 이어가기를 바랄 수 있을 것이다.[31]

---

31) 『滄溪先生語錄』(존경각 소장본) 1679년 2월 10일. "右十日太半病困, 發心修勅之功, 病時全然放倒. 又欲考古人文字體制, 多看閱文字, 意思又泛泛. 十日之夜, 始復瞿然, 强廢

간행본 문집에는 '혈기가 곤할 때에는 ……' 이후만 수록되어 있다. 위 인용문은 1679년 2월 1일부터 10일까지 10일간을 묶어서 기록한 것이다. 병이 들고 피곤하다는 이유로 깨달음을 구하고 자신을 수양하는 공부를 제대로 실천하지 못한 자신을 반성하면서 앞으로의 각오를 굳게 다짐하고 있다.

이와 관련해서 창계의 일기를 읽어보면, 미래에 대한 의지와 각오를 자주 드러낸다는 점이다. 그날그날 무엇을 '했다'에 초점이 맞추어져 있는 것이 아니라, 앞으로는 무엇을 '해야겠다'는 미래 시제의 표현, 자기 선서 및 맹세의 언명이 자주 눈에 띈다. 그렇기 때문에 창계의 일기는 신변잡기에 머물지 않고 일종의 철학적 자기 탐구를 위한 기록으로서의 의미를 지닌다.

창계의 일기 자료에서 우리가 주목해야 할 또 하나는 格言의 문제이다. 격언은 짧은 글 속에 독자를 일깨우는 의미를 담고 있는 것을 가리킨다. 간결하지만 뜻이 풍부한 언어로서의 格言은 학자에 따라 그 개념 규정이 다양하다. 여기에서는 초세속적이며 한가로운 정취를 추구하는 문학적 성격이 강한 淸言과는 구분되며, 일상 체험, 독서와 사색 등을 통해 교훈적이며 철학적인 함의를 짧은 문장으로 표현한 글로서 설명하고자 한다. 요컨대 격언은 광의의 개념으로 포괄하고, 淸言은 그 가운데에서 특정 시기의 특정한 성향과 지향을 보이는 글로 한정한다. 격언에는 인생에 대한 교훈도 있으며, 심성 수양 및 학문 탐구 등을 목표로 하기도 한다. 특히 창계의 경우에는 자기 성찰적

收拾. 大槪血氣困時, 志益難持, 此時尤宜靜正涵養, 且看切要文字, 庶幾扶策. 近者氣連困頓, 而又看閑雜文字, 全無靜養之頃, 宜其泛泛, 幾不能收拾也. 後宜深戒, 乃可望其專一接續也."

의미를 담은 일종의 철학적 잠언이라는 성격이 보다 강하다.

> 아침에 『대학』 序文을 묵송하였고, 『대학』 傳 四章을 읽었다. 낮에는 『朱子語類』와 『栗谷集』을 보았고, 밤에는 『大學』 傳 五章을 읽었다. 이에 스스로 경계하여 다음과 같이 말했다. "행동은 내 몸에서 나오는 것이니, 구차히 해서는 안 된다. 작게 구차한 일에서 시작한 것이 쌓여서 크게 구차한 일이 된다. 말은 내 입에서 나오는 것이니 장난으로 해서는 안 된다. 말하는 사람은 장난으로 하더라도 듣는 사람은 장난으로 받아들이지 않는다." "책을 읽을 때에는 반드시 그 말을 총괄하고 작자의 뜻을 찾아야 한다."[32]

1674년 10월 26일자의 일기이다. 간행본 문집에는 독서한 내용은 빠져 있다. 자신의 독서 경험을 통해 스스로 터득하고 깨달은 내용을 몇 개의 格言으로 압축 요약하였다. 행동과 언어에서 유의해야 할 점을 대구 형식을 갖추어 표현하였다. 즉, 행동은 내 몸에서 나오니 구차해서는 안 되고, 언어는 내 입에서 나오니 장난으로 해서는 안 된다고 하였다. 대구 형식을 적절하게 활용한 格言으로서 다룰 대상이다.

> 3월에 『啓蒙』을 읽고, 또 「壬午封事」와 「貨殖傳」을 읽었다.
>
> 5월에 비로소 『周易』을 읽었는데, 차록한 것이 있다. '정신을 집중하여 내면을 향하면 마음이 곧 전일하게 된다.' '어린아이는 하루에 그

32) 『滄溪先生語錄』(존경각 소장본) 1674년 10월 26일. "朝默誦大學序, 又讀傳四章. 晝看『朱語』·『栗集』, 夜讀傳伍章. 仍自警云, '行發乎身, 不可苟. 始於小苟, 積爲大苟. 言出乎口, 不可玩. 出者雖玩, 聽者不玩.' '看書, 必總其言, 而求作者之意.'"

> 래도 몇 글자를 새로 알지만, 어른은 하루에 아는 것이 몇 가지나 되는가?' '어떠한 것이 참된 마음인가? 공변되어 사사롭지 않고, 밝아서 어리석지 않으며, 곧아서 굽어지지 않는 것이 참된 마음이다.' '命이 있음을 알아서 굳게 믿고, 또 인사를 잘 닦아야만 한다.' '오늘 살면서 내일 죽을 것을 근심할 필요가 없고, 오늘 음식을 먹으면서 내일 굶주릴 것을 근심할 필요가 없다.'[33]

1679년 3월 5월에 해당되는 일기이다. 이때에는 날짜가 명기되어 있지 않고, 3월과 5월로 묶여져 기록되어 있는데, 원래 원고본이 그러한지 혹은 정리하는 과정에서 축소되었는지는 정확하게 알 수 없다.『周易』을 읽고 차록한 것이 있다는 것은『독서차록』의 주역 부분을 가리킨다. 그 뒤를 이어 몇 개의 문장이 연이어 적혀 있다. 아마도 그 무렵 창계가 독서를 하면서 그때그때 떠오른 생각들을 모아두었던 것으로 짐작된다. 간행본 문집에서는 이 문장을 특정한 날짜나 연도를 표시하지 않고 '散錄'에다가 모아 두었다. 창계가 소장 필사 문헌 자료를 통해 이들 문장이 1679년 5월 무렵의 독서 경험과 관련하여 창계가 적어놓은 것임을 확인할 수 있다. 이들 문장 또한 대구의 형식을 활용하여 언어적 세련성을 일정하게 갖춘 격언이라는 점에서 주목된다.[34]

---

33) 『滄溪先生語錄』(존경각 소장본) 1679년. "三月, 讀『啓蒙』, 又讀「壬午封事」·「貨殖」. 五月, 始讀『易』, 有所箚錄. '收斂向裏, 則心便一.' '小兒一日, 猶新知幾箇字, 長者所知幾何.' '如何是眞心? 公而不私, 明而不暗, 直而不撓.' '知有命, 而篤信之, 又須修人事.' '今日生, 不須憂明日死. 今日得食, 不須恤明日飢餓.'"

34) 앞으로 格言의 구체적 양상과 의미 및 영향 관계 등에 대해서는 보다 면밀한 검토가 필요하다. 讀書錄, 自警編, 言行錄 등의 저술이 格言 창작에 영향을 주었던 것으로 보인다.

3) 광대한 정신 경계와 은거 지향

현재 확인되는 창계의 산수유기는 「白雲峰登遊記」가 유일하다. 이 작품의 제목은 버클리대학 아사미문고에 소장된 『臥遊錄目錄』에 보인다. 『와유록목록』이라는 책은 한국 무속 연구로 이름이 있었던 아유카이(鮎貝房之進)가 소장하고 있던 『와유록』(13권)을 보고 아사미 린타로가 그 목록을 필사한 것이다. 이 목록집에 창계의 작품 「백운봉등유기」가 권1 경기도편에 실려 있다. 용문산을 다룬 산수 유기로서의 대표적 작품이라는 인식이 작품 수록의 배경으로 작용하고 있다고 생각된다. 그리고 18세기 후반에 활동했던 朴景兪[35]가 용문산에 거처하던 元重擧에게 보낸 편지에서 과거 문장을 공부하던 중에 창계의 「백운봉등유기」을 베껴 적으면서 용문산을 유람하고자 하는 소망을 언급하기도 하였다.[36] 창계의 산수유기가 뒷세대에 의해 읽히고 있던 정황을 알려준다는 점에서 주목된다.

백운봉은 경기도 양평읍과 옥천면 경계에 있는 용문산의 최고봉으로, 높이가 940m에 이른다. 용문산 백운봉을 유람한 산수유기는 현재 많이 전하지 않는다는 점에서도 창계의 작품은 일정 부분 의미를 지닌다.

---

35) 연암 박지원이 朴景兪의 아내와 누이의 烈을 칭송한 글(「李烈婦事狀」, 「烈婦李氏旌閭陰記」)을 지은 바 있다. 이 글에서 한 집안에서 두 사람의 과부가 순절하는 일은 매우 드문 일임을 언급하였다.

36) 朴景兪, 「答元玄泉(重擧)書(丙申)」, 『澹寧文稿』, 일본 천리대 소장본. “頃者矻矻作應擧文, 時錄出林滄溪所作龍門山白雲峰登遊記, 自語于心曰, ‘闈中之捷, 以我鈍拙, 雖不可期, 按此記, 遍覽龍門之勝, 其不可必乎?’” 또한 『晦谷遺稿』(국민대 소장)을 남긴 朴泰恒은 滄溪를 위해 지은 祭文과 창계 가문 인물들과 주고받은 글을 지었다. 아쉽게도 「祭滄溪林公文」은 목차만 전해지고 있다. 이들 자료는 성균관대 김영진 교수를 통해 열람하였다. 이 자리를 빌어 감사를 전한다.

이 작품을 통해 본 창계의 의식지향의 일단을 광달한 정신경계의 추구라는 점에서 살펴보도록 한다. 「백운봉등유기」는 창계가 1673년 25세의 젊은 나이에 아우 임정과 함께 경기도 용문산 백운봉을 유람했을 때에 지은 작품이다. 작자는 19세 때에 배를 타고 지나가면서 용문산을 바라보았던 때를 떠올리면서 작품의 서두를 시작하였다. 이 산수유기는 서정, 서사, 의론이 교묘하게 결합되어 있다는 점이 우선 주목된다. 용문산 백운봉에 오르기까지의 험난한 등산 과정이 핍진하게 서술되어 있는 동시에 백운봉에 오르기 전에 하룻밤을 묵었던 암자에서 그 다음날 새벽에 맞이하는 눈앞의 풍경을 매우 서정적으로 묘사해 놓았다.

> 밤이 되어 암자에서 묵었다. 새벽에 일어나서 보니, 가을 달이 휘영청 밝았다. 옷을 걸치고 문을 나왔는데, 강줄기는 흰 깁을 펼쳐 놓은 듯하고 산 빛은 어슴푸레하였다. 때때로 엷은 구름이 모였다 걷혔다 하고 고깃배의 불빛이 깜박거리는데, 진실로 기묘한 경관이었다. 이른 아침이 되자 또 산의 이내와 강의 안개가 온통 자욱하게 깔리어 마치 바다와 같았다. 높은 봉우리와 먼 산등성이가 이따금씩 모습을 드러내어 마치 바다의 섬과 같은 모양이 되더니 순식간에 천태만상으로 변하였다. 晦翁이 雲谷의 기묘한 경관을 묘사한 말을 볼 때마다 단지 상상만 하였는데, 오늘 그 광경을 직접 볼 줄은 생각지도 못하였다.[37)]

37) 林泳, 「白雲峯登遊記」, 『滄溪集』 권16, 『총간』 159, 368면. "夜宿庵舍. 曉起, 霜月正明, 披衣出門, 則江派如練, 山色微茫. 時有輕雲開合, 漁火明滅, 眞奇景也. 平朝, 又有山嵐江霧, 鴻洞瀰漫, 如大洋海. 高岑遠岫, 往往出頭, 作海中島嶼狀. 頃刻變幻, 氣態千般. 每覽晦翁雲谷奇觀之語, 但有想象, 不謂今日親見也."

섬세한 묘사가 인상적이다. 작자는 현재 용문산 정상 봉우리의 아래에 있는 水月庵이라는 암자에서 하룻밤을 묵었다. 이튿날 새벽에 눈앞에 펼쳐진 풍광이 시시각각 변해가는 모습을 묘사하였다. 한강 물줄기가 흰 깁을 펼쳐 놓은 듯하고, 어슴푸레한 산 빛이 비추는 가운데 엷은 구름이 흩였다가 모이고 고깃배의 불빛이 깜박거리고 있다. 해가 뜨기 이전에 시야가 흐릿한 가운데 언뜻언뜻 보이는 새벽녘 풍광을 묘사하였다. 아침이 되자 산의 이내와 강 안개가 자욱하게 바다처럼 깔려 있고, 햇살을 맞이하여 높은 봉우리와 먼 산등성이가 조금씩 그 자태를 드러내기 시작하였다. 이때의 광경을 바다 위에 떠 있는 섬에 비유를 하였다. 시시각각 변해가는 물상들의 모습에 초점을 맞추어 새벽에서 이른 아침으로 이어지는 시간대의 풍광을 섬세한 언어로 표현하였다.

인용문 마지막 부분에서 창계는 천태만상으로 변화하는 기묘한 경관을 주희가 쓴 글과 연관시켰다.

> 동북쪽으로 가서 높은 바위를 붙잡아 오르고 기울어진 길을 밟고 동쪽 봉우리 꼭대기로 갔다. 아래로 갔다가 다시 올라가니 곧 정상에 이르렀다. 평평한 곳이 한 길이 되지 않았으며 사방이 모두 깎아지를 듯하여 그 아래가 수백 길이었다. 눈이 어질어질하게 만들고 두근거려서 스스로 지탱할 수가 없었다. 그러나 사방을 굽어 내려다보니 각각 사백 리로 연이어 봉우리가 보일락말락 하고 원근으로 둘러 있고 비취빛 운무가 밤중과 새벽으로 온갖 모습을 연출하니, 또한 세상 사람의 눈과 귀로 일찍이 보지 못한 것이었다.[38]

---

38) 朱熹,「雲谷記」,『晦菴集』 권78. “東北行, 攀危石, 履仄徑, 行東峰之巔, 下而復上, 乃

> 해가 西山을 가까이 다가가자 빛이 가로로 비추어 보랏빛과 푸른 빛이 번갈아 들어 헤아릴 수 없었다. 아침에 일어나 아래를 보니 흰 구름이 시내에 가득한데 마치 바다물결이 솟았다가 가라앉았다가 하는 것 같았다. 그 사이에 있는 멀고 가까운 여러 산들은 모두 다 마치 떠있고 오가는 것 같은데 어떤 것은 용솟음치고 어떤 것은 가라앉으니 순식간에 천만가지로 변하였다.[39]

위의 인용문은 송나라 朱熹가 초당을 짓고 독서하던 雲谷山을 유람할 때에 지은 「雲谷記」, 그리고 「百丈山記」의 일부이다.[40] 운곡은 중국 복건성 건양현 서쪽에 있는 산으로, 주희가 이곳에 회암초당을 짓고 기거하였다. 창계가 용문산의 백운봉에 오를 때 새벽 아침에 맞이한 풍광의 기묘함을 주희가 쓴 「운곡기」에 빗대어 표현하였는데, 아마도 첫 번째 인용문에 있는 묘사 같은 것이 이에 해당된다고 생각된다.

> 내가 앉은 곳에서 세 방면은 모두 막힘이 없이 훤히 트여 있었는데, 오직 뒤쪽의 한 방면만이 이 작은 봉우리에 막혀 있으므로 남의

至絕頂. 平處劣丈餘. 四隤皆劖削, 下數百丈, 使人眩視, 悸不自保. 然俯而四瞰, 面各數百里, 連峰有無, 遠近環合, 彩翠雲濤, 昏旦萬狀, 亦非世人耳目所嘗見也."

39) 朱熹, 「百丈山記」, 『晦菴集』 권78. "日薄西山 , 餘光橫照 , 紫翠重迭 , 不可殫數. 旦起下視 , 白雲滿川 , 如海波起伏, 而遠近諸山出其中者 , 皆若飛浮來往, 或涌或沒 , 頃刻萬變."

40) 조선시대 문인들은 朱熹가 쓴 「雲谷記」를 많이 읽었다. 그 한 예로 寒岡 鄭逑가 쓴 「遊伽倻山錄」을 보면, 가야산을 유람하는 중에 밤중에 「운곡기」를 읽는 장면이 나온다. 孤山 尹善道는 「次韻寄呈松坡居士」라는 시(『孤山遺稿』 권1)에서 "이따금 고정의 雲谷記를 펼쳐 읽으면 / 흉중은 물론 피부까지 한번씩 새로워진다네[時閱考亭雲谷記, 胸中與囊一番新]"라고 읊었다. 또한 金壽增이 편찬한 『臥遊錄』의 별책 한 권은 주희의 「운곡기」를 포함해 모두 주희의 글로만 구성되어 있다. 이에 대해서는 김영진, 「조선후기 와유록 이본 연구」, 『고전문학연구』 48, 한국고전문학회, 2015 참조.

말을 듣고 상상해 볼 수밖에 없었다. 얼마만큼 도달하지 못한 곳에 꼭 그만큼 제대로 보지 못한 곳이 있는 법이니, 진실로 억지로 할 수 없다는 것을 비로소 알았다.

내가 본 것 중에서 작고 가까운 것은 생략하더라도 멀리 있고 큰 것을 들면 다음과 같다. 原州의 雉嶽山과 호서의 俗離山, 영남의 鳥嶺 등이 그 동쪽에 있고, 連山의 鷄龍山과 天安의 廣德山이 그 남쪽에 걸쳐 있으며, 송도의 天磨山, 聖居山, 松嶽山이 서쪽에 우뚝 솟아 있으니, 이 산이 그 중앙에 위치해 있다는 것을 이에 근거해서 알 수 있다. 그 외에 종종 멀리 푸른 산 빛을 비스듬히 드러내고 있으면서도 딱히 가리켜 말할 수 없는 것들, 즉 네 고을[四郡]의 여러 산과 같은 것들은 다 볼 수는 있었으나 높고 큰 명산이 없어서 알 수가 없었다.[41]

백운봉 정상까지는 길이 끊어져 가지 못하고 바로 그 아래에 올랐을 때의 감흥을 쓴 부분이다. 창계는 議論의 삽입을 통해 미처 정상에까지 오르지 못한 아쉬움을 표현했다. "얼마만큼 도달하지 못한 곳에 꼭 그만큼 제대로 보지 못한 곳이 있는 법"이라고 하여, 직접 답사하고 경험하는 것의 중요성, 달리 말해 실천의 중요성을 강조하였다. 창계는 작품 중간 중간에 의론을 적절하게 삽입하였는데, 작품 마무리 부분에서도 창계는 금강산을 여행한 경험이 있는 승려와의 대화를 통

41) 林泳, 「白雲峯登遊記」, 『滄溪集』 권16, 『총간』 159, 368면. "蓋余所坐處三面, 皆通豁無碍. 獨其後一面, 爲此小峯者所阻, 未免借人言而槩想. 始知一分行未到處, 必有一分見不徹處, 眞不可强爲也. 余所望其小而近者可略, 其遠而大者, 如原州之雉嶽, 湖西之俗離, 嶺南之鳥嶺, 在其東. 連山之鷄龍, 天安之廣德, 經其南. 松都之天磨 , 聖居 , 松嶽, 峙于西, 處其中者, 可據而知. 其外亦往往有遠翠橫露, 而莫有能指言之者, 如四郡之諸山, 盡可領略, 而以無高大名山, 不可知也."

해 금강산과 용문산을 대비시킨 다음 이렇게 말하였다. "사람의 마음이란 쉽게 볼 수 있는 것에 대해서는 대수롭지 않게 여기게 마련이니, 이 중의 말을 들으면 당연히 몹시 해괴하게 여기지 않겠는가? 그러나 실제로 행해보고, 깊이 살핀 사람이 아니라면 그 경중을 쉽게 간파하지 못할 것이다." 산을 유람하는 데에 있어서도 '實踐과 深察'이 무엇보다도 중요함을 역설하였다. 서울 도성에서 가까운 곳에 위치한 용문산에 대해 사람들은 대수롭지 않게 생각하겠지만, 그것은 선입견에 불과한 것이며 '實踐과 深察'을 통하지 않은 결과이다.

창계는 백운봉 정상 근처에 서서 그 아래에 펼쳐진 모습을 내려다보았다. 작품 마무리에서 금강산을 여행했던 승려와의 대화를 하는 장면이 나오는데, 그곳에서 창계는 승려의 말을 직접 인용하였다. "시야가 끝없이 훤히 트인 것으로 말하면 비로봉은 실로 이 산에 미치지 못합니다."라는 승려의 말을 통해 창계는 백운봉이 비로봉과 비교해서도 결코 손색이 없음을 부각시켰는데, 그 이유는 끝없이 확 트인 시야에 있었다. 막힘없이 펼쳐진 광대한 장관을 창계는 백운봉에서 바라보는 특색으로 강조하였다. 창계는 백운봉 위에서 바라다 보이는 여러 산들의 이름을 구체적으로 호명하였다. 용문산에서 가장 높은 봉우리들은 迦葉峯, 鷹峯, 白雲峯인데, 그 중에서 백운봉이 가장 험하고 가파른 곳이다. 발아래 펼쳐진 무수한 봉우리들 가운데 멀리 보이고 크게 보이는 것들을 중심으로 그 산들의 이름을 열거하였다. 결론적으로 실천을 통해 광대한 정신 경계의 추구와 관련해 백운봉 유람의 의미를 해석해 볼 수 있다고 생각한다. 이 작품의 끝에는 백운봉 정상에서의 감회를 읊은 시 한 수가 실려 있다. 그 시에서 창계는 '눈에 가득 구름 산이 이렇게도 광활하니 / 이 몸 靑丘가 작다는 것을 알았네'라고 읊었다. 광활하게 펼쳐진 산 정상에서의 드높은 기상을 잘 표현하였다고 생각된다.

광대한 정신 경계의 추구와 직접적으로 연관되는 것으로 은거 지향 의식을 담은 상량문을 예로 들어본다.

임영은 상량문을 3편 창작하였다. 간행본 문집에는 「通川龍淵新居上樑文」, 「扶餘巖棲齋上樑文」이 실려 있으며, 간행본 문집에는 실려 있지 않은 「叢岩新居上樑文」도 남겼다. 창계는 1675년 27세 때에 양친을 모시고 嶺東 通川으로 들어가 우거하였다. 이때 지은 상량문이 「通川龍淵新居上樑文」이다. 그리고 1678년 30세 때에는 扶餘 藻溪村으로 이주하였는데, 「扶餘巖棲齋上樑文」은 이 무렵에 지은 것이다. 1680년 32세 때에는 叢岩精舍를 짓고 양친을 모시고 거처하는데, 문집 미수록분 「叢岩新居上樑文」은 이 무렵에 창작된 것이다.

새로 지은 집을 소재로 하여 짓는 이른바 '新居上樑文'은 한국문집총간을 검색한 결과 총 27건이 검색되었는데, 모두 17세기 이후에 지어진 것들이다. 대개 상량문은 건물을 짓게 된 緣起와 그 보존에 대한 당부, 덕업의 계승에 대한 훈계를 주제로 내세운다. 상량문 중에서 자신의 집에 대해 지은 상량문에는 작자의 인생 철학이 선명하게 드러난다는 점에서 주목된다.[42] 새로운 장소로 이사하여 집을 짓고 그 장소에서 맞이하는 감회와 인생 철학을 담고 있는 것이 '신거상량문'이다. 창계와 교유가 있던 인물들 중 김창협, 박세채 등도 '신거상량문'을 남겼다. 문집에 대개 1,2편 정도의 신거상량문이 전하고 있는데, 창계는 3편의 상량문을 남기고 있다는 점에서도 주목된다.

---

42) 이 점에 대해서는 심경호, 「상량문의 문학성 재론」, 『한문학보』 20, 우리한문학회, 2009 참고.

금강산의 북쪽 기슭이요, 푸른 바다의 서쪽 물가이니, 명산의 영기가 뻗치어 천하에 그 명성을 드날리고, 큰 바다가 둘러싸서 만국의 동쪽에 경계를 열었도다. 아름다운 풍광은 천 년 세월 속에서 신선이 왕래한 이야기가 전해지고, 연하 자욱한 골짜기는 실로 은자가 소요할 만한 곳이로다. 땅이 連州와 비슷하여 잔치를 베풀어 즐거워하기에 이만한 곳이 없으니, 하늘이 盤谷을 남겨 주어 李愿의 거처가 된 격이로다. 이 좋은 곳에 마침내 작은 집을 지었다.

주인은 마천령 북쪽 지방을 떠돌았고 집은 한강의 남쪽 지방에 있었다. 중원에서 나고 자람으로써 성현의 옛 자취를 두루 돌아볼 기회를 얻지 못하고, 이제 다만 명산에 깃들어 살면서 臺佟, 尙長의 유풍에 부치고자 하노라. 온 가족과 함께 산을 유람하는 것은 옛사람이 본래 기이한 일이라 칭찬하기도 하였거니와 나라에 보답할 재주도 없는데, 몸을 깨끗이 한들 어찌 인륜을 어지럽히는 데 이르겠는가. 신세는 고향 떠난 王粲과 같고, 뜻은 바다를 건너 은둔한 幼安과 비슷하다. 연로하신 부모님은 菽水의 봉양에 편안하시니, 까짓 五斗米야 말할 게 뭐 있으랴. 그렇지만 쓸모없는 이 몸은 깊은 산중에서 달갑게 늙어갈 터이니, 몇 이랑 택지 정도는 없어서는 안 되리로다.[43]

「通川龍淵新居上樑文」의 일부이다. 새 집이 자리한 입지적 조건을 작품 서두로 시작한 다음 작가는 자신이 새로 거주하게 된 곳이 韓愈

43) 林泳, 「通川龍淵新居上樑文」, 『滄溪集』 권16, 『총간』 159, 381면. "金剛北麓, 碧海西洲. 名山炳靈, 馳聲於九域之內. 大瀛環抱, 開境於萬國之東. 風月千秋, 或傳神仙之來往. 烟霞一洞, 正合隱者之盤旋. 地似連州, 莫直燕喜之處. 天留盤谷, 故作李愿之居. 玆爲勝區, 遂成少築. 主人客遊嶺外, 家在江南. 旣不得生長中原, 遍覽聖賢之遺躅. 今只欲棲遲名岳, 竊附臺尙之餘風. 盡室游山, 昔人固稱其奇事. 無才報國, 潔身何至於亂倫. 身同王粲之離鄕, 志似幼安之浮海. 鶴髮已安於菽水, 五斗米何足道哉. 龍鍾甘老於雲巖, 數畝宅不可無也."

가 쓴 「送李愿歸盤谷序」에 묘사된 李愿의 거처에 비정하였다. 이원이 벼슬길에서 좌천된 채 끝내 뜻을 얻지 못하고 태항산 남쪽의 반곡으로 은거하려고 할 때에 한유가 送序를 지어 그를 위로하였다. 한유는 세속적인 권세와 호화로운 생활을 탐닉하는 세상의 대장부와 달리 유유자적한 은거 생활을 택한 이원의 삶을 칭송하였다. 창계는 새로 조성한 집을 이원이 숨어사는 반곡에 빗대어 은거 지향의 삶을 택한 자신의 처세적 입장을 드러내었다. 더 나아가 은자로 이름이 난 臺佟, 尙長의 고사, 그리고 고향을 생각하며 「登樓賦」를 지은 王粲과 조정의 부름에 응하지 않고 학문 탐구에 힘을 썼던 幼安의 삶에 빗대어 자신의 현재 처지와 앞으로의 삶의 방향을 제시하였다.

4. 마무리

이상으로 滄溪 산문의 주요 국면을 크게 세 부분으로 나누어 살펴보았다. 산문 작품의 분석에 앞서 滄溪家 필사 문헌 자료의 현황 및 문집 편찬의 과정을 분석하는 문헌학적 검토를 진행하였다. 현재 성균관대 존경각에 기탁된 창계가 필사 문헌 자료들은 창계 작품의 전모를 밝히는 데에 있어 매우 귀중한 자료적 가치를 지닌다. 기탁 자료 중에서 대략 50여 종에 이르는 문헌들이 창계의 자료로 파악된다. 이들 자료를 문헌학적으로 검토한 결과 상당수 작품이 문집 편찬 과정에서 산삭되었으며, 작품 가운데 일부가 산략된 경우도 많이 있었다. 앞으로 이들 필사 문헌들을 체계적으로 정리하여 학계에 널리 활용하기 위해서 '筆寫本 滄溪集' 또는 '滄溪集 補遺'를 편찬 간행하는 것이 앞으로의 과제이다. 필사 자료가 다양한 층위에 걸쳐 있기 때문에 이들 필사 자료 중에서 중요한 것을 선별하여 '필사본 창계집'을 편찬하거나 간행본 문집에서 빠진 것들을 중심으로 '창계집 보유'를 편찬하는 일은 창계 연구의 기초 자료를 제공한다는 점에서 중요하다.

창계의 산문 세계를 크게 세 부분으로 나누어 고찰하였다. 첫째는 그의 문집에서 많은 비중을 차지하는 서간문을 국가 정세에 대한 관심과 가족에 대한 애도의 측면에 초점을 맞추어 다루었다. 아내와 어머니의 죽음을 애도하는 작품 지향과 관련해 창계가 아내를 위해 지은 行狀 및 한글 간찰을 함께 살폈다. 그리고 일기 자료를 중심으로 자아 성찰 및 格言 창작을 다루었으며, 산수유기와 상량문을 중심으로 광대한 정신 경계와 은거 지향을 살펴보았다.

창계 산문 중에서 이 논문에서 다루지 못한 부분들은 추후 보완해 나가도록 할 것이다. 師友들과 주고받은 서간문 및 여타 장르(예컨대 疏箚, 祭文, 序跋, 雜著 등) 등에 대해서는 앞으로 보완이 필요하다.

滄溪 林泳의 疏箚

송혁기
고려대학교 한문학과 교수

• • •

1. 학자 임영의 소차

滄溪 林泳(1649~1696)은 18세에 학문의 방향을 확립한 이래 평생 경전 연구와 자기 성찰로 일관한 '求道者'였다.[1] 『창계집』에 실려 전하는 6권의 讀書箚錄과 2권의 日錄, 그리고 심도 높은 학문 토론이 담긴 편지 10권을 일별하면 임영이 평생 얼마나 진중하고 철저한 태도로 학문에 매진했는지 확인할 수 있다.

임영은 西人이 집권하던 시기 내내 관직에 제수되었다. 32세 되던 1680년 庚申換局 이후 바로 천거되어 성균관 전적에 제수된 이래 1689년 己巳換局에 이르는 시기 가운데 親喪을 치른 2년여를 제외한 모든 시기에 관직이 끊이지 않았고, 1694년 甲戌換局과 함께 다시 제수가 시작되어 1696년 48세로 숨을 거둘 때까지 이어졌다. 하

1) 이우성, 「滄溪集 解題 - 求道者의 사색과 철학」, 『국역 창계집』, 한국고전번역원, 2015.

지만 임영이 관직에 실제로 나아간 것은 드물다. 대개 아예 나가지 않았고 나가더라도 오래 머무르지 않았다.

『창계집』 권3~5에 수록되어 전하는 소차는 모두 39편인데 그 가운데 21편은 辭職을 청하는 상소다. 사직 상소라고 해도 특정한 사안에 대한 논의를 겸하는 경우가 많고, 사직 자체도 일종의 정치 행위라 할 만하다.[2] 그 외에 論事疏 3편은 각각 淸 使臣 접견 문제, 戶布法의 시행 문제를 논한 것과 求言 敎旨에 응하여 올린 萬言疏[3]로서, 모두 임영이 관직으로 서울 및 교외에 머물던 1680~1682년에 쓴 작품들이다. 그리고 홍문관에 있을 때 올린 箚子 10편과 擬進言藁 1편, 그리고 代作 4편이 전한다.

본고는 학자 임영이 끊임없이 관직에 제수된 배경, 완전한 處로 일관하지 않고 出과 處의 긴장을 유지한 사정과 실상 등에 대한 논의에서 출발하여, 그가 疏箚를 어떻게 인식했으며 그 내용을 이루는 辭職과 論事에 어떤 의도와 배경이 있는지 살피는 데로 나아가고자 한다. 그리고 임영의 정치적 견해가 집결된 만언소를 분석하고 이 작품과 관련되는 본인과 주변의 언급을 통해 그 정황과 맥락을 고찰할 것이다.

임영은 17세기의 학자로서 일찍이 주목받았고, 한국고전번역원의 『滄溪集』 완역을 계기로 보다 심화된 연구가 이루어지고 있다.[4] 다만

---

2) 송혁기, 「사직상소문의 문학적 연구를 위한 일고」, 『한국한문학연구』 48, 한국한문학회, 2011.

3) 1682년에 올린 1만 2천여 자의 「應旨言事疏」(『滄溪集』 권4)를 가리킨다. 이하 본고에서는 이 작품을 萬言疏로 지칭한다.

4) 임영 관련 선행 연구는 다음과 같다. 김광순, 「창계의 생애와 문학」, 『퇴계학과 유교문화』 14, 경북대 퇴계학연구소, 1986; 오종일, 「창계 임영의 학문과 학술사적 위치」, 『고문연구』 12, 한국고문연구회, 1999; 오종일, 「창계 임영의 학문과 性理說」, 『동양철학연

그의 疏箚 작품을 주된 대상으로 한 연구는 아직 제출되지 않았다.[5)]

2. 임영의 出處觀과 出仕 경위

1) 出處에 대한 세간의 평판과 임영의 입장

出處는 사대부 누구에게나 주어진 중요한 문제였다. 임영은 사직 상소를 통해 물러나야 하는 이유를 왕에게 설명해야 했을 뿐 아니라, 의문과 비판을 제기하는 주변의 인사들에게 그때그때의 상황 혹은 상대와의 親疏에 따라 침묵으로 감내하거나 이런저런 답변을 내놓기도 했다.

그에게 계속 주어진 질문은 科擧 응시와 관련된다. 관직에 나가지

구』 20, 동양철학연구회, 2000; 박래호, 「창계 임영 선생의 생애와 사상」, 『향토문화』 21, 향토문화개발협의회, 2001; 이영호, 「조선후기 주자학적 경학의 변모양상에 대한 일고찰 - 창계 임영과 식산 이만부의 『大學』 해석과 異端觀을 중심으로」, 『한문교육연구』 17, 한국한문교육학회, 2001; 임형택, 「퇴계선생어록 해제」, 『퇴계학보』 119, 퇴계학연구원, 2006(「큰 스승의 일상과 하신 말씀, 『퇴계선생어록』_임영」, 『우리 고전을 찾아서』, 한길사, 2007); 이종범, 「창계 임영의 學問과 政論」, 『한국인물사연구』 9, 한국인물사연구소, 2008; 최재남, 「창계 임영의 삶과 시 세계」, 『한국한시작가연구』 12, 한국한시학회, 2008; 이연순, 「창계 임영의 「日錄」에 나타난 독서 기록의 특징」, 『한문학논집』 35, 근역한문학회, 2012; 조정은, 「창계 임영의 개인 수양서로서 『논어』 읽기」, 『한국실학연구』 37, 한국실학학회, 2019; 함영대, 「창계 임영의 내면적 성찰과 경학」, 『한국실학연구』 37, 한국실학학회, 2019; 이영호, 「창계 임영의 因文入道論 고찰」, 『민족문화』 56, 한국고전번역원, 2020; 정우봉, 「창계 임영 자료의 문헌적 검토와 산문 창작의 일면」, 『민족문화』 56, 한국고전번역원, 2020; 진재교, 「창계 임영의 한시 연구」, 『민족문화』 56, 한국고전번역원, 2020.

5) 이종범의 「창계 임영의 學問과 政論」(『한국인물사연구』 9, 한국인물사연구소, 2008)에서 政論의 자료로 일부 소차를 활용하기는 했으나 소차 작품을 주요 연구 대상으로 삼지는 않았다.

않고 평생 학문에 전념하기로 마음먹었으면 애초에 과거에 응시하지도 말거나, 기왕에 과거로 출사했으면 그 직분에 충실해야 하는 것 아니냐는 의문이다.

임영은 23세 되던 1671년 庭試에 응시하여 亞元으로 급제했다. 당시 朴世采에게 보낸 서신에서 임영은 "얼마 전 과거에 급제한 일은 참으로 우연히 얻은 것이라 본디 기뻐할 만한 것이 없습니다. 그래도 다행스러운 것은 부모님의 마음을 조금이나마 기쁘게 해 드리고 과거 공부를 그만둘 수 있게 되었다는 점입니다."[6]라고 자신의 마음을 피력하고, 과거 급제 이후에도 학문에 대한 초심을 잃지 않겠노라고 다짐하며 가르침을 청했다.[7]

그런데 박세채는 이에 대한 답신에서 과거에 응하여 관직을 얻었으면 常調로 처신해야 한다는 朱熹의 말을 인용하여 임영의 태도를 문제 삼았다.[8] 뜻밖의 지적을 받은 임영은 자신의 출처 입장을 설명하는 장문의 답신을 보낸다. 과거에 응시한 것은 부모님의 바람을 이루어 드리려는 마음 때문이었을 뿐,[9] 앞으로도 관직에 연연하지 않고

---

6) 林泳, 『滄溪集』 권6 「答玄江【辛亥】」, "向日科事, 眞是偶得, 本無足喜, 猶幸其少悅親情而可遂謝擧業耳." 번역은 권헌준 외 10인 공역, 『국역 창계집』 1~8(한국고전번역원, 2015~2019)을 따르되 일부 수정하였다.

7) 같은 글, "向日科事, 眞是偶得, 本無足喜, 猶幸其少悅親情而可遂謝擧業耳. 此後禍福毁譽, 固已付之度外, 蓋不能長往而深藏, 已動脚於險道, 則自覺非明哲之至義. 到此又生計較分別底心, 豈非晩計耶? 唯當倍厲初心, 以求吾之所大欲, 凡世之榮辱歡怨, 一切不動於心, 冀少答平日敎誨之盛指, 而只恐做說不似也. 然此與常時談說意思自別, 若蒙痛加提撕, 讀書次第 · 窮理要法 · 飭身大方, 幷皆一一詳說, 使此一朝慨然者終能接續感發, 則泳雖凡卑, 安知其必不可移也?"

8) 朴世采, 『南溪集』 권31, 「答林德涵【壬子】」, "至於出處君臣之際, 自古以爲難. 晦菴先生亦嘗謂應擧得官者, 便當以常調自處. 審到今日, 始欲深莊遠引, 不犯世患, 比倫於巖穴處士, 毋亦與此指刺謬而終無所就乎?"

9) 임영이 1671년 실시된 庭試에 응시한 데에는 실제로 부친의 영향이 컸다. 1669년부

학문에 전념하겠다는 다짐을 재확인하는 내용이다.[10)]

임영은 "설령 구하지 않았는데 절로 저에게 온다 해도 마땅히 재능과 학식과 시세를 스스로 헤아려서 할 만한 상황이 된 연후에 바야흐로 가서 명을 받을 것이요, 끝내 科場에 발을 들여놓았다는 이유만으로 스스로를 낮고 가볍게 여겨서 아무렇게나 진퇴하는 일은 하지 않겠다."라고 다짐했다.[11)] 관직을 목적으로 과거에 응시한 것은 아니라는 점을 분명히 하면서도 자신의 역량과 시대적 상황이 맞는다면 진출할 수 있다고 밝힌 점에 주목할 필요가 있다. "나라에서 실시한 과거의 급제를 단지 절취하여 어버이를 기쁘게 하는 사사로운 계책으로 삼기만 하는 것은 신하 된 의리로 문제가 있다."라는 지적을 인정하면서, 지금 물러나 자신을 수양하려는 것은 후일 나라에서 부릴 때를 대비하고자 하는 것이라는 뜻을 분명히 한 것도 같은 맥락이다.[12)] 요컨대 관직 진출의 뜻을 완전히 닫아둔 것은 아님을 알 수 있다.[13)]

터 임영은 부친을 모시고 임지인 함흥에 머물러 있었고, 부친의 권유로 서울을 오가며 別科와 會試, 그리고 庭試에 응시해서 亞元으로 합격했다. 부모님의 마음을 기쁘게 해 드리고자 응시했다는 임영의 언급은 관습적 수사에 그치지 않고 사실에 부합하는 것으로 보인다.

10) 林泳, 『滄溪集』 권6, 「答玄江【壬子】」, "當初固是爲親命所迫, 不免强就. 後來又思旣不能它有孝養, 得一第以副老親至望, 誠所不忍不爲者. 而又古之大賢固有初間由科目發身, 向後一進一退, 皆以禮義, 粹然爲吾儒正法者亦非一二. 其跡具在, 歷歷可效, 則今之赴擧, 似於情義, 無甚大戾."

11) 같은 글, "向來心跡不過如此, 此後唯欲親師友講道義, 脩身補過, 察物觀理, 以求初志之所欲爲者. 而至於仕宦榮祿, 本不敢一毫萌求之之意, 政使不求而自來, 亦當自量才學時勢, 可以有爲, 然後方去受命, 終不以濡迹科場之故, 輒自卑薄, 作胡亂進退也."

12) 같은 글, "近日親舊間爲泳謀者, 其論說頗多, 而皆非區區本心平日所自期者, 故一無所入於心. 其間有謂'徒竊取國家科第, 爲悅親私計, 更不念策名委質之義爲未安'者, 此言則極可警省. 而但今日欲退藏自修, 正所以備使令於他日, 非如潔身長往之徒忘世以亂倫者, 則其於策名委質之義, 又未見其有害也."

13) 박세채가 주희의 말을 인용하여 이의를 제기한 것에 대해서, 임영은 박세채의 인용

다만 이미 과거에 급제했으므로 山林의 處士와 입장이 같을 수는 없었다. 임영에 대한 비판 역시 이 지점에 가해졌다.[14] 그가 출처 문제를 평생 상의했던 박세채도 과거를 거치지 않은 山林이었고, 조정에 머물며 영향력을 발휘하기를 기대했던 宋時烈 역시 산림이었다. 그들과 입장이 다르면서 지향과 태도는 겹쳤던 것이 출처에 대한 임영의 근본적인 문제였다.

과거 응시 이외에도 임영의 출처에 대한 세간의 평판은 다양했다. 임영이 가장 부담스러워한 것은 더 높은 관직에만 응한다는 혐의였다. 1680년 李世龜에게 "지난번 관례대로 사면하던 때에 淸職과 顯職의 지위가 차례로 점점 더 높아졌기에 오늘 소명을 받들면 또한 낮은 관직을 사양하고 높은 관직을 차지하게 되는 혐의가 있다."[15]는 우려를 표명했고, 1686년 송시열에게 보낸 서신에서도 "부모님을 여의고 홀로 남은, 잔약하고 병든 몸으로 다시는 세상에 대한 생각이 없는데다 지금에 와서는 또 전후로 '낮은 관직은 사양하고 높은 관직은 받으려 한다'는 혐의가 있으니 또한 작은 일이 아닙니다."[16]라고 썼다. 숙종에게 올린 소차에서는 "신이 과거에 급제한 뒤 망령되이 멀리 떠

이 주희의 본뜻을 잘못 이해한 것이라고 조심스럽게 반론을 폈다. 실제『晦庵集』의 해당 부분을 보면 程頤가 강연에서 봉록이나 봉작을 구하지 않은 일을 두고 과거에 응하여 관직을 얻었으면 常調로 처신해야 하는 것 아니냐고 한 것은 鄧絅이 질문한 내용이고 이에 대해서 주희는 오히려 보통의 경우는 그렇지만 程頤의 경우는 다르다고 답변한 것으로 보아 박세채의 인용에 착오가 있었던 것으로 보인다.(朱熹,『晦庵集』권58,「答鄧衛老」)

14) 林泳, 앞의 글, "蓋山林之士, 朝廷待之以禮, 故以禮自處, 人亦不怪. 科目之人, 朝廷待之不以禮, 故稍欲以禮自處, 則群譏衆疑, 已不勝其苦."

15) 林泳,『滄溪集』권15,「答李壽翁【庚申】」, "向來因循辭免之際, 官位淸顯, 節次層加, 今日受命, 亦有辭卑居尊之嫌."

16) 林泳,『滄溪集』권6,「答尤齋【丙寅】」, "泳區區去就, 本無足道. 只以孤露殘疾, 無復世念, 到今又有前後辭受卑尊之嫌, 亦非細故."

나고자 하여 10년을 종사하지 않다가 경신년에 성상의 은혜가 거듭 더해지고 어버이가 날로 연로해지자 공사 간의 상황에 떠밀려 마침내 顯官의 자리에 올랐습니다. 전후의 행적을 통틀어 살펴보건대 낮은 자리는 사양하고 높은 자리는 받는다는 혐의가 없지 않습니다."라고 언급하며 이에 대해 스스로 해명할 말이 없다고 하였다.[17)]

그 외에 고상한 체 한다는 지적이나[18)] 한마디 말이 수용되지 않았다고 발끈 성을 내는 것이라는 비난[19)] 등이 있었고, 붕당을 지으려 한다는 의심까지 받았다.[20)] 특히 붕당의 혐의는 평생 극단적 대립을 조정하는 역할에 충실했던 임영으로서 받아들일 수 없는 것이었다. 임영은 李師命에게 보낸 서신에서 서인이 득세한 경신환국에 대해서조차 "사람들이 기대했던 일은 크게 위로하지도 못한 채 형의 무리가 공훈으로 봉작되는 혜택을 누리고 우리 무리가 좋은 벼슬을 차지하는데 지나지 않았을 뿐이니, 이것이 또한 이 백성들의 休戚과 국가의 治亂에 무슨 관계가 있겠습니까."[21)]라고 비판적으로 언급할 정도로

---

17) 林泳, 『滄溪集』 권5, 「辭黃海監司疏」, "且臣決科之後, 妄欲遠引, 十年不調, 及至庚申年間, 上恩沓加, 親年日老, 公私牽迫, 遂躋顯仕, 合前後觀之, 已不無辭受尊卑之嫌. 況在今日, 私情公義, 兩無所當, 而乃以經年退伏之餘, 忽叨方面重任, 揚揚以往, 則是臣平生行止, 皆歸於飾詐沽名, 以退媒進, 而無復廉恥, 有同龍斷. 此不待當官曠闕, 而淸議唾罵 · 有識嗤笑, 已不可勝言矣, 臣將何辭以自解哉?"

18) 林泳, 『滄溪集』 권7, 「答玄江【庚申】」, "要是率意直書, 全昧時規, 故前疏之說, 頗有引高之譏云, 推此究之, 後出者亦不無招惹此等譏議處. 未論當官, 只一再辭官已, 不能無取譏, 其不可涉世亦明矣."

19) 林泳, 『滄溪集』 권11, 「答崔汝和【辛酉】」, "或謂悻悻於一言之不售, 則又甚非弟意也."

20) 林泳, 『滄溪集』 권9, 「答李尙書【辛酉】3」, "近日浮議左右先後之標榜, 侍生亦不得免, 侍生自聞此語, 不勝寒心. 自夏來, 卽不敢受祿, 蓋爲材識空疎, 無所報效, 猶是公罪. 若於儕流之間, 敢有毫髮私相朋比之意, 此其病國誤事之罪, 實不容於滅死矣. 惟有斂迹田里, 不復干涉名塗, 則庶可得免於此罪, 此又區區之意也. 萬一無根之說, 自就消滅則已. 不然, 此身不敢望復廁於朝端矣."

21) 林泳, 『滄溪集』 권14, 「答李伯吉【庚申】」, "蓋聽鄕里游談, 其想望歆動之意, 非復今夏

국가 통치의 본질에서 벗어난 정권 다툼에 반대했기 때문이다.

또한 계속 사직을 청하는 와중에 정작 나주에 있던 가족이 서울로 올라온 일도 구설에 올랐다. 1681년 1월 임영의 부친 林一儒는 나이 70으로 通政의 품계에 올라 사은하러 와야 하는 상황이었다. 임일유는 당시 임영이 객지에서 사는 것이 불편할까 염려하여 집안 식구들을 모두 이끌고 서울로 올라왔고, 한동안 임영이 모시고 살았다. 이 점이 실제로는 관직에 오래 있으려는 속내가 있다는 오해를 산 것이다. 이 사실을 언급하며 임영은 낭패하여 어찌해야 할지 모르겠다고 토로하기도 했다.[22] 주변의 평판도 문제였지만, 관직에 나가기 전 師友들에게 늘 "벼슬하여 훌륭한 일을 하기란 실로 쉽지 않겠지만, 할 수 없다면 벼슬을 그만두는 것은 누구나 힘쓸 수 있다."[23]라고 말하곤 했음에도 자신이 생각보다 오래 관직에 있는 것을 부끄러워했다.

李端夏, 崔錫鼎 등은 보다 적극적인 출사를 권했지만 임영은 자신이 감당할 바가 아니라고 답했다.[24] 최석정의 경우 임영이 취하고 있

間氣象, 頗有觖望之言, 大概無實惠端的及民者. 鄕里人情, 固宜如此. 此又不待聞而可知者也. 時稱更化, 人顒至治, 于今半年有餘. 而殊未有大慰人望之擧, 不過兄輩享勳封, 弟輩爲好爵而已. 則是亦何關於斯民之休戚·國家之治亂耶?"

22) 林泳, 『滄溪集』 권11, 「答崔汝和【辛酉】」, "向來老人之入洛, 蓋爲湖中亦客土, 而舍兄官滿將歸, 一家形勢有難孤寄, 故遂決居洛之計耳. 其時亦固知弟之未必能長係官而在京也. 家間本計, 雖自如此, 違離累月, 定省久曠. 此其情事之切迫, 不待言而可諭也. 初意殿最當得居下, 果爾, 入城省覲, 可以自在. 謂於私計, 無甚難便矣. 事會參差, 謂當居下者居中, 而居中亦旣蕩滌, 又自史局連有促召之啓, 若不入京供仕, 則省覲亦不可得爲矣. 狼狽到此, 實未知轉身之路也."

23) 林泳, 『滄溪集』 권9, 「答李尙書【辛酉】2」, "故頃來未仕之時, 每於士友間, 妄輒發言以爲'仕而有所爲, 固不易矣, 不能則止, 人皆可勉'. 此爲平素之恒言, 而去年初辭官時疏辭, 亦微露此意. 到今百無裨補, 而仍冒榮官, 不但有愧於其心, 實亦不堪朋友四面之譏責矣. 欲在朝而自勉, 則材智素下, 有難猝變, 欲退而遂初, 則長帶職名, 苦無下鄕之便, 每以爲悶矣."

24) 같은 글, "侍生前書之云, 雖出於片片赤心, 自他人觀之, 未必不哂其迂闊而疑其矯飾矣. 乃蒙台慈獨深見諒, 辱與酬酢傾倒, 反復諄悉如此, 此固侍生之所仰期於座下, 而不敢以

는 진퇴의 양태에 대해서 의미가 없다고 비판하기도 했는데, 이에 대해 임영은 李滉이 奇大升에게 준 出處를 논한 서찰을 인용하며 "아주 떠나가서 돌아오지 않거나 나아감은 있고 물러남은 없는 길 외에도 그 사이에 또 머리를 낮추고 걸음을 물리는 한 가지 길이 있음"을 알았으며 자신이 관직에 나간 것은 전적으로 그 원칙에 의한 것이었다고 변론했다.[25] 이른바 '學優仕優'의 일반론에 기댄 논의이지만 그 이면에는 이런저런 비판에도 불구하고 出과 處의 사이에서 평생 긴장을 놓지 않은 임영의 고뇌가 담겨있다. 그리고 그 결정의 이면에는 실제 출사했을 때의 여러 정황이 간단치 않게 얽혀 있었다. 이를 이해하기 위해서는 出仕 시기 임영과 숙종의 관계를 세밀하게 살필 필요가 있다.

2) 出仕의 전말과 귀결

임영은 지속적으로 관직을 제수받았다. 『肅宗實錄』, 『承政院日記』, 「年譜草」, 「辛酉日錄」[26] 등의 자료를 종합하여 정리한 이력은 다음과 같다.

望於他人者也, 幸甚幸甚. 第屬意過重, 至以長往爲戒, 展布爲勉, 則殆非侍生之所敢當也."

25) 林泳, 『滄溪集』 권11, 「答崔汝和【辛酉】」, "至於區區近日行止, 來諭見責以無意義. 此則似未深察鄙劣前後處身之節度也. 記昔初決科後, 嘗讀退陶與高峯論出處書, 始知於長往不返 · 有進無退之外, 中間又自有低頭退步之一路, 區區之心蓋竊庶幾焉. 而去年已來, 感激恩寵, 因仍數歲, 幾爲盡忘初心者. 今因褫職之暇, 優游閑地乃其素計然也, 豈是全無意思者耶?"

26) 규장각장본을 영인한 한국문집총간 159집 『滄溪集』(1995)에는 「年譜草」와 「辛酉日錄」이 실리지 않았으나, 성균관대학교 대동문화연구원에서 임형택 소장본을 대본으로 영인 간행한 『滄溪集』(1994)에 수록되었고, 이후 『국역 창계집』에 포함되었다.

1672년(현종13), 윤7월 25일 사변가주서

1673년(현종14), 2월 12일 권지부정자

1674년(현종15), 2월 29일 부정자

1679년(숙종5), 11월 9일 비변사 추천으로 6품 승급

1680년(숙종6), 4월 19일 성균관전적, 4월 29일 병조좌랑, 5월 18일 정언, 6월 13일 부수찬, 8월 4일 실록개수청낭청, 8월 23일 정언, 8월 24일 부수찬, 윤8월 18일 지평, 윤8월 28일 수찬, 9월 8일 문과정시시관, 9월 10일 지평, 9월 18일 병조정랑, 9월 21일 수찬, 9월 24일 교리

1681년(숙종 7), 1월 7일 지평, 1월 27일 교리, 2월 6일 지평, 2월 9일 교리, 3월 12일 서학교수, 5월 9일 헌납, 5월 14일 교리, 7월 24일 부교리, 전라좌도경시관, 9월 14일 헌납, 9월 24일 교리, 10월 16일 이조좌랑

1682년(숙종 8), 2월 16일 부사과, 4월 9일 겸 교서교리, 4월 28일 수찬, 5월 2일 독서당초계, 5월 13일 이조좌랑, 6월 16일 부사과, 6월 21일 수찬, 7월 17일 헌납, 7월 22일 이조좌랑, 7월 29일 척후관, 8월 4일 이조정랑, 11월 2일 수찬, 11월 7일 부사과, 12월 22일 부사직, 12월 26일 부교리

1683년(숙종9), 1월 11일 이조정랑

1686년(숙종12), 3월 17일 이조정랑, 4월 5일 검상, 4월 10일 사인, 4월 22일 헌납, 4월 27일 집의, 윤4월 10일 동학교수, 9월 14일 사간, 9월 20일 부호군, 10월 5일 사복정, 110월 8일 사간, 10월 17일 승지, 11월 9일 부호군

1687년(숙종13), 3월 14일 예조참의, 3월 25일 부제학, 10월 14일 대사성, 5월 13일 부호군, 10월 14일 대사성, 10월 17일 황해감사

1688년(숙종14), 5월 25일 대사성, 7월 13일 이조참의, 9월 26일 전라도관찰사

1689년(숙종15), 7월 21일 성주목사

1694년(숙종20), 4월 3일 공조참판, 4월 17일 대사성, 5월 14일 승문제조, 윤5월 27일 대사헌, 9월 13일 대사간, 10월 20일 개성유수, 7월 8일 부제학

『승정원일기』에 의하면 임영은 현종 때에도 문과 급제 이듬해인 1672년 윤7월 25일 승문원 事變假注書에 제수되었다가 9월 8일 改差된 바 있고, 1673년과 1674년에도 승문원 副正字 직책을 제수받았다. 다만 임영이 현종대에 관직에 나갔다는 언급은 연보와 문집에 보이지 않는다. 임영이 숙종대의 관찬 사서에 처음 등장하는 것은 숙종 5년인 1679년 비변사에서 올린 薦目에 金錫冑의 추천으로 6품에 올랐다는 기록이다.[27] 현종 때 주어진 가주서는 임시직이었고 부정자는 종9품에 해당하는 것에 비하면 파격적인 승급이라 할 수 있는데, 당시 숙종은 보통의 예를 따르지 말고 각별히 거두어 쓰라고 명했다.

승급에 이어서 임영에게 제수된 숙종대 첫 관직은 1680년 成均館 典籍이다. 이어서 兵曹 佐郞과 司諫院 正言이 제수되었다. 현전하는 임영의 첫 번째 사직 상소문이 바로 이때 작성되었다. 그 서두이다.

---

27) 「年譜草」에는 1676년(숙종 2) 가을에 6품으로 올라 典籍에 제수되었으나 나아가지 않았다고 했고 "연전에 추천 명단에 들었으나 지금에 와서 비로소 6품으로 오른 것이다." 라는 간주까지 달려 있으나 이는 오류로 보인다. 『숙종실록』 및 『승정원일기』의 기록과 일치하지 않을 뿐 아니라, 임영 본인이 1680년에 올린 「辭校理疏」에 "지난해 겨울 6품에 제수되는 은명을 입었다."는 언급이 보인다.

삼가 아룁니다. 신이 지난달 28일에 삼가 성상의 有旨를 받아 보니, 신을 사간원 정언으로 삼고 신에게 속히 역마를 타고 올라오라는 내용이었습니다. 신은 명을 듣고 황송하여 어찌할 바를 몰랐습니다. 신은 본디 科擧로 출사한 사람이라 山野에서 자중자애하는 선비와는 이미 처지가 다를 뿐 아니라, 분에 넘치게도 다행히 밝고 성대한 시절을 만나 聖主께서 거두어 불러 주시는 은혜를 입었습니다. 그러니 명을 받으면 응당 즉시 행해야지 어찌 쉽사리 사양하고 피하는 기색을 드러낼 수 있겠습니까.[28]

출사할 수 없는 이유를 피력하기 위해 작성한 상소문에서 임영은 자신이 사직을 쉽게 입에 올릴 수 없는 입장이라는 사실을 먼저 인정한다. 전술한 것처럼 이른바 山林이 아니라 이미 과거로 출사한 사람이었기 때문이다. 임영이 유지를 받은 것은 5월 28일이었고 이 상소가 조정에 진달된 것은 6월 12일이었는데, 당시 숙종은 "경의 문학은 내가 이미 들어서 안다. 지나치게 사양하지 말고 속히 올라와서 직임을 보라."는 비답을 내리고[29] 이튿날 다시 副修撰에 제수했다.

당시 나주 회진에 있던 임영은 縣과 道를 통해 연이어 소장을 올리는 것도 적절치 않은 사정이라서 일단 召命에 응해 도성 밖까지 올라갔다.[30] 사양하면 할수록 더 받아들여지지 못할 것이라고 보고, 직접

28) 林泳, 『滄溪集』 권3, 「辭正言疏」, "伏以臣於去月二十八日, 祇受有旨, 以臣爲司諫院正言, 令臣斯速乘馹上來者. 臣聞命悸恐, 罔知所措. 臣本由科目入仕, 旣異山野自重之士, 濫幸遭明盛之際, 蒙聖主收召之恩, 唯當祇命卽行, 豈宜輒形遜避?"

29) 『承政院日記』 肅宗 6년 6월 12일, "答曰, 省疏具悉. 爾之文學, 予已聞知, 宜勿過辭, 從速上來察職."

30) 林泳, 『滄溪集』 권7, 「答玄江【庚申】2」, "一向退伏, 連因縣道陳疏, 或恐漸有難安之勢, 而前頭收煞, 漸益不易. 故妄輒趨命, 來到城外, 陳疏而連呈見阻, 方切惆悔. 似聞承宣諸公之

대면해서 조정의 君臣에게 자신의 실상을 보여주는 방법밖에 없다고 판단한 것이다. 도성 밖에 당도해서 다시 올린 사직 상소가 받아들여지면 다행이지만 그러지 못할 경우, 성심을 다해 奉職한 뒤 군신 간에 부합하지 않는 일이 있고 나서야 비로소 떠날 수 있을 뿐이라는 생각이었다.[31)]

도성에 올라와서 올린 7월 7일 사직 상소에도 역시 같은 비답이 내려왔다. 결국 임영은 7월 9일에 肅拜했고, 이어서 召對에 따라 經筵에까지 入侍하게 되었다. 그때의 상황과 심정을 임영은 박세채에게 보낸 서신에서 상세하게 서술했다.

> 본래는 면전에서 사직을 청하려고 하였는데, 듣건대 조정의 사체는 大臣만이 탑전에서 사직을 청할 수 있고, 六卿 이하는 분의로 볼 때 감히 할 수 없다고 하였습니다. 따라서 이미 상례로 조용된 관리인 저로서는 조정의 예를 감히 따르지 않을 수 없었습니다. 다만 강설하는 기회에 오활한 저의 견해를 전부 말씀드린다면 성상께서 제가 애당초 출세에 적합한 사람이 아니라는 점을 살피셔서 사직할 계획을 쉽게 이룰 수 있을 듯하였습니다. 한편으로는 처음 君父를 알현하였기 때문에 어리석은 저는 절로 감격하여 이에 안배할 필요도 없이 제 마음

意, 從當捧入云. 庶幾天鑑或賜矜從耳."

31) 林泳, 『滄溪集』 권15, 「答李壽翁【庚申】」, "居職之後, 豈敢不竭誠自勉? 而素無自家積累之功, 亦豈一朝勉强所能稱塞? 惟有固避不就, 庶無大過. 而今日事勢實有甚難, 上自聖諭, 下逮朝議, 皆未燭此空疏之實狀. 向日疏事, 皆自發其不學無才之底裏, 而聖批至謂過辭, 此其勢將有愈辭而不可得者. 唯有早自呈身, 庶朝廷上下實見其迂闊無用而舍之. 不然, 坐擁虛名, 久誣朝聽, 誠有不敢一日自安者. 反復思惟, 遂決趨命之計. …… 到城外, 當以此力辭本職, 如不得, 則只得隨分自勉, 幸君上知其無用而許其退藏, 則乃遂素願. 如又不得, 則又只得盡誠爲之, 而事有不合, 乃可去耳."

을 모두 토로하게 된 것이기도 합니다.[32]

임영이 경연에 입시했을 때의 정황은 『숙종실록』과 문집의 「經筵錄」에 상세하게 기록되어 있다. 한번 왕을 만나 자신의 부족한 실상을 보여드린 뒤 고향으로 돌아가겠다는 임영의 바람과는 달리 그의 첫 입시는 매우 성공적이었다. 무엇보다 숙종의 칭찬이 지대했다. 임영은 이어진 비답과 경연에서의 칭찬에 감격하며 일말의 기대를 품게 된다.

그 기대를 가능하게 한 것은 숙종의 태도였다. 첫 입시 뒤에 임영은 "유생이 함부로 하는 말을 듣기 싫어하시는 뜻이 조금도 없었습니다. 이 점은 성상의 덕이 前代의 왕보다 특출한 것이니 경사스럽고 다행스러움을 형언하기 어렵습니다."[33]라는 인상을 전하기도 했다. 이에 임영은 본인의 애초 의도와 다른 상황이 되긴 했지만 이를 기회 삼아서 평소에 생각해 온 경세의 사업을 조금이라도 실현할 수 있다면 진퇴로 인한 어려움을 감내할 수 있다고 생각하게 된다. 다만 관건은 자신의 의견이 관철되어 실제로 시행되는지 여부였다. 2, 3개월이라는 기한을 정해 두고 관직에 있으면서 숙종의 마음을 살피겠다는 것이다.[34] 이것이 임영이 出仕하게 된 이유였다.

---

32) 林泳, 『滄溪集』 권7, 「答玄江【庚申】2」, "本欲面乞退去, 聞公朝事體, 惟大臣得於榻前乞退, 自六卿以下, 分義不敢云. 旣是常調蹤跡, 不敢不循朝例. 惟因講說之際, 畢陳迂闊之見, 則庶幾聖鑑得察其初非適世之人, 而求退之計, 易以得遂矣. 亦以初見君父愚誠自激, 蓋有不待安排而底裏自傾者."

33) 같은 글, "儒生廣肆之言, 略無厭聞之意, 此則聖德之超出前代者也, 慶幸亦難言."

34) 같은 글, "旣已猥蒙聖主褒奬, 求退之計, 姑難遽成, 私計悶蹙不可言. 然自此漸蒙信嚮, 或有絲髮裨補之實益, 則平生志業, 庶可少展, 區區淹滯狼狽, 有不足卹. 而若其累進瞽言, 終無着實施用之事, 則進退之義, 於此可決, 要不出二三月, 去留之幾見矣. 卽今惟思積誠竭智, 冀或有發於聖心而已."

그러나 경연에서의 인정과 달리 현안에 대한 건의에서 숙종은 임영의 의견을 따르지 않는 모습을 여러 차례 보인다. 기록에 보이는 첫 번째 사례는 1680년 11월 22일 임영이 홍문관 교리로서 부수찬 宋光淵과 함께 올린 차자[35]에 대해 숙종이 엄하게 꾸짖는 비답을 내린 일이다. 이 차자는 鄭載嵩이 부친 鄭太和의 禮論을 변호하는 상소를 올린 일에 대해서 11월 19일 李宏이 정재숭을 탄핵하고 자신도 체직해 달라고 청하자 숙종이 격분하여 이굉을 노골적으로 꾸짖고 청한 대로 체직해 버린 일을 배경으로 한다. 임영은 이굉이 옳고 정재숭이 잘못되었다는 취지의 입론을 펼쳤고, 이에 대해 숙종이 다시 격노하였다.[36] 임영은 이튿날 바로 동료들과 함께 대죄하는 소[37]를 올렸다. 이어서 올린 사직 상소에서 임영은 엄한 비답으로 인해 대죄하는 한편 숙종이 선입견을 내세워 공론을 막는 데 힘쓰는 점에 대한 우려를 표명하였다.[38] 이후에도 1681년 3월 國舅 閔維重의 유임이 부당하다는 상소[39]를 올렸다가 엄한 비답을 받고 체차된 일이 있었다. 그러나 소차에 대한 연이은 엄한 비답에도 불구하고 임영에 대한 제수는 계속 이어졌다.

숙종에 대한 임영의 기대가 크게 꺾인 것은 1681년 5월 3일 올린 소차에 대한 숙종의 반응이었던 것으로 보인다. 임영은 교리로서 홍

---

35) 林泳, 『滄溪集』 권3, 「玉堂論事箚」.

36) 『肅宗實錄』 6년 11월 19일; 22일.

37) 林泳, 『滄溪集』 권3, 「承嚴批後同僚員待罪疏」.

38) 林泳, 『滄溪集』 권3, 「辭校理疏」, "伏以臣自承日昨嚴批, 狼狽慙惶, 忘寢與食, 蓋不唯懼罪名之至重, 尤所深憂者, 吾君之主先入而拒公論, 如此之力, 幾何其不至於上下不交而天下無邦也? 臣之所以累違嚴召, 連闕禁直, 必以得罪斥退爲期者, 固出於惶怖窘迫之意, 而區區微誠, 亦庶幾聖明於此或有所動悟, 不復以此待進言之臣耳."

39) 林泳, 『滄溪集』 권3, 「引疾乞免兼請勿令國舅仍帶兵判疏」.

문관의 여러 신하들과 함께 올린 차자에서 國舅인 金萬基가 병조 판서를, 外戚인 金錫胄가 이조 판서를 맡고 있는 것이 부당하다는 의견을 피력했다. 숙종은 김만기와 김석주를 지적한 내용에 대해서 "진실로 괴이하다"라며 인정하지 않았다. 5월 12일 임영 등이 망언한 죄를 받고자 상소하자 숙종은 다시 "부박한 무리가 침공하는 데에만 급급하니 한 번 웃을 거리도 못 된다"라고 답했다. 승정원에서 적절치 못한 표현을 거두어달라고 청했지만 숙종은 "부박하다는 표현은 본래 연소한 무리를 가리켜 으레 하는 말이니 문제될 것 없다. 번거롭게 하지 말라"는 답으로 일관했다.[40]

이후 임영의 사직 상소에는 자신이 올린 의견이 대부분 시행되지 못했다는 점을 사직의 이유로 들곤 했다. 예컨대 "신이 전날 올린 차자에서 주장한 몇 가지 일들 가운데 한 가지는 이미 성상께서 단행하시어 告廟하는 데 이르렀고, 그 나머지는 한 가지도 시행된 것이 없습니다. 비록 자애로운 성상께서 진노를 거두어 주기는 하셨으나 신이 한 말과 생각한 일들 가운데 채택할 만한 것이 하나도 없음이 또한 분명해진 것입니다."[41] 같은 언급이 대표적이다.

임영이 숙종에 대한 기대를 접은 결정적인 계기는 1682년 8월 求言에 응하여 자신의 정견을 종합하여 올린 萬言疏에 대한 숙종의 비답과 조처였다. 박세채에게 보낸 서신에서 임영은 다음과 같이 그 속내를 털어놓았다.

---

40) 『肅宗實錄』 7년 5월 3일; 5월 12일.

41) 林泳, 『滄溪集』 권3, 「辭校理疏」, "抑臣前日箚中所論執數事, 其一旣已斷行而至於告廟矣, 其他未有一施用者, 雖蒙聖慈還收威怒, 臣之發言慮事, 無一可採, 亦已明矣, 此尤臣之不宜仍冒於三司之列者也."

> 소장에 대한 비답을 삼가 보건대 성상의 정성스럽고 간절한 뜻이 이전만 크게 못하여 사람을 실망시키니, 뭐라 말해야 할지 모르겠습니다. 만약 성상께서 큰일을 처리하는 즈음에 우연히 照管을 잘못하신 것이 아니라면 이치에 어두운 저의 말이 도리어 좋은 기회를 망친 듯합니다. 조관을 잘못하셨다는 앞의 말은 감히 바라는 바가 아니고, 후자에 해당한다면 저의 죄는 죽음으로도 스스로 속죄할 수 없으니, 어이하겠습니까, 어이하겠습니까. 다만 생각건대 본래 성상께서 마음을 비우고 기다리는 뜻이 불과 이 정도일 뿐이라면 어찌 끝내 큰일을 이룰 수 있다고 감히 기대할 수 있겠습니까. 다만 스스로 천장을 바라보며 탄식만 할 뿐입니다.[42]

만언소에 대해서는 4장에서 다룰 예정이지만, 위의 토로를 통해 숙종에 대한 임영의 기대가 얼마나 크게 꺾였는지 알 수 있다. 이후에 올린 사직 상소에서는 일체의 論事도 보이지 않는다는 점이 이를 입증한다. 가장 공을 들인 상소를 올린 뒤 임영은 상소를 통해 자신의 경세 의견이 실현될 수 있다는 기대를 접은 것으로 보인다. 다만 1694년 갑술환국 이후 다시한번 시도해 볼 기회가 올 수도 있었으나 박세채가 밀려나는 상황에서 다시 좌절해야 했고, 박세채의 죽음에 이어서 본인이 48세에 생을 마감함으로써 끝내 뜻을 이루지 못했다.

42) 林泳, 『滄溪集』 권7, 「答玄江【壬戌】4」, "但卽伏見疏批, 勤懇之旨, 大不及前, 使人缺望, 不知所言. 若非大事之際, 偶失照管, 似是無狀瞽言反壞了好機會也. 由前之說, 亦非所望, 而萬一如後慮, 則泳之罪死不足以自贖矣. 奈何奈何? 但念本來虛佇之旨不過如此, 則豈敢望終有所濟耶? 只自仰屋竊歎而已."

3. 임영의 소차 인식과 작품

1) 임영의 소차 인식과 작문 태도

어려서부터 文才가 뛰어났고 博覽强記로 이름났던 임영은 일찍부터 詩와 騈儷文에 두각을 나타냈다. 16세 때『文選』을 배워 賻, 表, 策을 능수능란하게 짓게 되었고 17세에 李端相의 문하에 가면서 文名이 널리 알려졌다. 18세 때 생원시에 수석으로 합격한 이후로는 문장보다 학문에 전념하기 시작했지만, 임영이 경연에서 숙종을 처음 대면하여 강독과 논의를 마친 뒤 승지가 언급한 첫 마디도 "임영은 글 쓰는 재능이 있다."는 평판이었다.[43)]

이처럼 탁월한 문장력을 갖추었을 뿐 아니라, 임영은 일찍부터 疏箚를 어떻게 써야 하는지에 대해 지대한 관심을 기울였다. 다음은 1666년 18세에 기록한「日錄」의 일부이다.

> 며칠 전에 나타났던 雷霆의 변고에 관해서 논한 一公二卿의 疏箚를 살펴보건대 그 말은 진부한 것을 주워 모은 것으로, 애당초 하나씩 폐단을 말하고 하나씩 대책을 건의하여 임금으로 하여금 제대로 시행할 데가 없게 한 것이 儒生이 과거에 응시하여 짓는 글과 다름이 없었으니, 심히 개탄스러운 일이다. 책상 위에 澤堂이 쓴 글이 있기에 그 중 疏箚編을 뽑아서 살펴보니, 말한 내용에 시행할 만한 것이 많아서

43) 林泳,『滄溪集』권7,「答玄江【庚申】2」, "林泳非但文才, 多有儒家書工夫, 世之所知. 今聞勸講之說皆當, 而自上特下惕念之教, 不勝幸甚."

단지 문장이 정밀하고 아름다울 뿐만이 아니었지만 그의 주장과 견해는 종종 功利의 함정에 빠져 있었다. 이런 경륜 있는 분도 이와 같을진댄, 세간의 허다한 식견 없는 사람들이야 어떠하겠는가. 마침내 물러 나와「王道解」를 지어 소차의 그릇된 점을 밝혔다.[44]

임영이 지목한 一公二卿이 누구인지는 명확하지 않고,[45]「王道解」가 남아있지 않아서 임영의 생각을 더 구체적으로 알기는 어렵다. 다만 위의 서술을 통해 볼 때 다음의 몇 가지 방향성을 유추할 수 있다. 진부한 말을 주워 모아서 쓰지 말 것, 폐단과 대책을 우선순위 없이 열거하지 말 것, 시행할 만한 내용이 많을 것, 功利를 추구하는 데에 빠지지 말 것, 그리고 정밀하고 아름다운 문장을 구사할 것 등이다.

임영은 1685년 관직에 나간 申琓에게 보낸 서신에서, 세무와 시사를 익히고『陸宣公奏議』,『自警編』,『宋名臣錄』등의 책 및 우리나라의 栗谷 선생의 글을 반드시 숙독해야 한다고 권고했다.[46] 이는 바로 임영이 경세의 지식을 얻고 상소문의 전범으로 삼았던 글들이기도 했

---

44) 林泳,『滄溪集』권25,「日錄 · 丙午」, "觀一公二卿疏箚論日昨雷霆之變, 其言掇拾陳腐, 初未嘗道一弊建一策, 使人主有着實下手處, 與儒生赴擧文字亡異, 可慨之甚也. 案上有澤堂稿, 乃抽其疏箚編以觀, 所言多底可行, 不寧文辭之精麗而已. 顧其論議見解, 往往落在功利臼窠, 此老猶如是, 況世間多少面墻底人耶? 遂退而作王道解, 以明其不然."

45) 1666년 11월 1일 밤에 우레와 번개가 크게 치는 변고가 있었고, 그 이튿날 호조 판서 김수흥과 대사헌 김수항 등이 箚子를 올린 사실이『현종실록』과『승정원일기』에 기록되었다. 이때 올린 김수항의 차자가 문집에 실려 전한다.(金壽恒,『文谷集』권10,「因冬雷之變 請加修省箚」) 같은 해 겨울 우레의 변고에 대한 기록으로는 12월 11일 대사헌 이상진이 상소를 올린 일이『현종실록』7년 12월 11일조에 보인다.

46) 林泳,『滄溪集』권11,「答申公獻」, "吾人出身事主, 官秩亦已不卑, 世務時事, 尤當深究. 昔魏相好觀漢便宜故事, 卒爲漢名相, 趙汝愚編次前世名臣奏議, 皆有定論, 雖其設施未究, 亦不爲凡俗宰相矣. …… 如『宣公奏議』·『自警編』·『宋名臣錄』等書及吾東栗谷文字皆所當熟考. 若果着力於此數書, 務致實用, 不爲泛看, 則似必有所得矣."

다.

나아가 임영은 상소문의 내용과 표현에 신중을 기하기 위해서 박세채와 수시로 상대가 쓴 글을 검토하곤 했다.

> 소장의 초본을 보내 올립니다. 바빠서 깨끗이 베껴 쓰지 못하였으니, 송구합니다, 송구합니다. 읽어 보신 뒤에 잘못되거나 망녕된 부분을 지적해 주시는 것이 어떻겠습니까? 이전의 소장도 베껴 써서 올리려고 하였지만 바빠서 그럴 겨를이 없었습니다. 요컨대 제 생각대로 곧장 쓰고 시속의 법규를 전혀 몰랐기 때문에 이전 소장에서 한 말에 대해 고상한 체한다는 비난이 많았다고 합니다. 이를 미루어 생각해 보면, 뒤에 올릴 소장도 이런 비난을 초래할 곳이 없지 않을 것입니다.[47]

임영은 만언소를 올린 뒤의 급박한 상황에도 박세채에게 소차의 내용에 대한 의견을 물었다. 당시 숙종은 임영의 소장에 문제가 있다고 보아 궁중에 두고 관계 기관에 내려 보내지 않았는데, 소장이 留中되어 다른 사람에게 유출해서는 안 될 상황에서도 박세채에게는 은밀하게 보내서 질정을 구한 것이다.[48] 또한 임영 자신이 박세채의 상소문을 보고 논평을 보내기도 했다. 임영은 1688년 박세채가 올린 소차

---

47) 林泳, 『滄溪集』 권7, 「答玄江【庚申】」, "疏草送上, 忙未淨寫, 悚惕悚惕. 下覽後指教謬妄處如何? 前疏亦欲謄上, 悤悤不暇矣. 要是率意直書, 全昧時規, 故前疏之說, 頗有引高之譏云, 推此究之, 後出者亦不無招惹此等譏議處."

48) 林泳, 『滄溪集』 권7, 「答玄江【壬戌】5」, "疏本留中, 旣非偶然, 或言'明朝言及閹豎之疏章, 例皆留中, 今日之事, 亦專由於此', 果爾則自下傳看, 尤涉未安. 故親朋及長者多求見之, 而一例謝却矣. 獨不敢仰違勤教, 輒此密呈. 伏望下覽後, 卽付此便之還, 如何? 其中紕謬處, 詳賜指教, 則庶有益於向後進說之際, 或遂泯默徑退, 猶可以祛此茅塞矣, 切冀垂念焉."

에 대한 숙종의 반응이 기대에 미치지 못하는 데 대해 아쉬워하는 내용의 서신을 보냈다.[49] 그러면서 소차의 논지가 아무리 정당하더라도 인정하지 않으려 하는 사람을 격렬하고 엄하게 논박하기보다는 지속적으로 주장을 견지하면서 잘 타일러서 적절히 調劑하는 것이 중요하다는 견해를 보였다.[50] 다음은 박세채가 1694년에 올린 계차[51]에 대한 논평이다.

> 문하께서 올린 啓箚 4本을 삼가 보니, 모두 시대에 절실하고 중요한 도리였습니다. 공평하고 적합하며 자세하고 곡진하니 지금 사람이 말하지 못한 것일 뿐만 아니라 또한 前賢들도 미처 말하지 못했던 것이 많으니, 저의 마음에 위안이 되고 만족스러웠습니다. 어떠합니까? 중요한 도리를 먼저 말하지 않고 범범하게 원대한 계획을 언급하셨다면 필시 절실하지 않을 염려가 있었을 것인데, 지금 이미 이것을 갖추었습니다. 깊이 연구하고 널리 물어서 한 개의 규모를 확정하여 군신상하로 하여금 지키며 따를 바를 알게 하는 것은 생각건대 역시 다음에 할 일입니다.[52]

---

49) 林泳, 『滄溪集』 권8, 「答玄江別紙【戊辰】」, "今早始得伏見三疏謄本, 蓋自引之義, 特在於罪在則難進一款而已. 雖是過謙自貶之辭, 旣以此爲言, 則聖批合有開釋, 終每放過, 此甚鬱人意也. 抑想聖旨必非有所靳惜, 豈以辭疏簡深, 不比朝行間常用文字, 故聖鑑於此或未洞察而然耶?"

50) 같은 글, "再疏事, 理固爲正當, 縱或有不快者, 惟當堅持善喩, 俾漸同歸, 豈以此爲衅哉? 但自古峻激易爲, 而調劑難成. 況當今日, 尤何可易言?"

51) 朴世采, 『南溪集』 속집 권3, 「進別單啓箚四本箚」. 이에 대한 상세한 기록이 『肅宗實錄』 20년(1694) 6월 4일 기사에도 보인다.

52) 林泳, 『滄溪集』 권8, 「答玄江【甲戌】3」, "四箚竊得伏見, 蓋皆切時之要道. 平允的當, 精詳曲盡, 非但今人之所不能言, 亦多前賢之所未及發, 下情慰滿, 如何如何? 蓋不先要道而泛及遠猷, 則必有不切之患, 今旣辦此矣. 深究博訪, 立定一箇規模, 使君臣上下曉然知所持循, 想亦是次第事也."

원대한 계획을 범범하게 말하기에 앞서서 중요한 도리를 먼저 짚음으로써 절실하게 읽힐 수 있게 되었다고 하는 대목에서, 소차의 설득력을 높이기 위해서는 그 구성에 심혈을 기울여야 한다는 생각을 읽을 수 있다. 이 소차에서 박세채가 이전에 올린 만언소를 스스로 다시 언급한 데 대해서는 "비록 구비되지 않은 것은 없지만 그 사이에 시행할 것과 버릴 것, 천천히 시행해야 할 것과 빨리 시행해야 할 것들은 다시 자세하게 상고할 만한 것이 있다."고 하면서 우선순위에 따라 차례를 정하지 않고 그냥 만언소 전체를 들어서 언급했기 때문에 실효가 없게 되었다고 지적하기도 했다.[53)]

임영은 문장에 대한 재능과 관심을 일찌감치 각고의 학문 연마로 돌렸다. 하지만 문장을 위한 문장이 아니라 경세의 실현을 위한 문장인 소차에 대해서는 각별한 관심을 보였고 지대한 공력을 쏟았다. 어려서부터 이름날 정도로 탁월했던 임영의 문학적 재능이 가장 지속적으로 순도 높게 발휘된 문체가 소차라고 할 수 있다.

2) 辭職과 論事 : 임영 소차의 실제

문집과 『숙종실록』, 『승정원일기』를 종합하여 파악한 임영의 소차 작품은 다음과 같다.

---

53) 林泳, 『滄溪集』 권8, 「上玄江【甲戌】」, "且萬言疏雖無所不備, 然其間施舍緩急, 儘有可更詳者. 此宜更加熟察, 深度時宜, 擇其尤切要者, 明定序次, 灼見歸宿, 使一箇現成規模, 先自了然, 無少可疑, 然後以此上告下諭, 庶幾感通, 期於必行, 雖因以去就爭之可也. 今直擧全疏而言, 則自上泛然宣付, 朝議槪稱難行, 亦無足怪."

〈표1〉 임영의 소차 작품 목록

연번	제목	저작 시기 및 관련 기록	비고
1	辭正言疏	1680년 5월 19일 제수, 6월 12일 비답. (승정원일기)	5월 29일 受旨
2	辭副修撰疏	1680년 6월 13일 제수, 7월 7일 비답, 숙배, 9일 소대. (승정원일기)	
3	玉堂請勿退視事之期劄		
4	引疾乞退仍論聖學疏		
5	玉堂請廣言路劄		
6	玉堂請勿以鞫獄停講劄		
7	玉堂應旨進言疏		
8	玉堂論服制劄	1680년 10월 30일 상소. (숙종실록)	
9	玉堂論喪次群臣成服劄	1680년 10월 30일 상소. (숙종실록)	
10	請告廟文中勿添入追錄一事疏		
11	玉堂論服制劄		
12	玉堂論事劄	1680년 11월 22일 상소, 비답. (승정원일기/숙종실록)	
13	承嚴批後同僚員待罪疏	1680년 11월 23일 상소, 비답. (승정원일기)	
14	辭校理疏		
미수록	校理林泳在鄕上疏以星變陳戒	1681년 1월 1일 정치의 대요와 궁궐·관청의 비용을 줄이기를 청한 상소. (승정원일기)	
15	乞歸養疏	1681년 3월 28일 상소, 비답. (승정원일기)	
16	辭校理疏		
17	辭校理疏		
18	請勿親出迎勅疏	1681년 4월 2일 상소, 비답. (승정원일기/숙종실록)	
19	引疾乞免兼請勿令國舅仍帶兵判疏	1681년 3월 26일~4월 1일 관련 기사. (숙종실록)	國舅 민유중 유임 문제
20	辭校理疏		
미수록	應旨上劄七條	1681년 5월 3일 국구와 외척의 서용 문제 언급하고 엄한 비답 받음. (승정원일기/숙종실록)	
21	辭副校理疏	1681년 7월 24일 제수, 27일 상소, 비답. (승정원일기)	

연번	제목	저작 시기 및 관련 기록	비고
22	辭校理兼論文廟陞黜疏	1682년 봄	
23	論戶布疏	1682년 (연보)	
24	辭校理疏	1682년 7월 5일 상소, 비답. (승정원일기)	승정원일기에는 "修撰林泳疏曰"로 되어 있음.
25	辭校理疏		
26	應旨言事疏	1682년 8월 14일 상소, 비답. (승정원일기/숙종실록)	萬言疏
27	辭同副承旨疏	1686년 10월 제수. (승정원일기)	
28	辭副提學再疏	1687년 5월 (승정원일기)	
29	辭黃海監司疏	1687년 10월 17일 제수, 25일 奉旨, 11월 9일 상소, 비답. (승정원일기/숙종실록) 12월 17일 다시 상소.	승정원일기, 실록에 인용된 상소문과 다름
30	辭大司成疏	1688년 5월 25일 제수, 28일 비답. (승정원일기)	
31	再疏		
미수록	辭全羅監司疏	1688년 9월 28일 직임을 감당할 수 없다고 罷職을 청하는 상소. (승정원일기)	
32	辭大司憲疏	1694년 윤5월 27일 제수, 8월 5일 상소, 비답. (승정원일기, 불일치)	
미수록	辭大司憲疏	1694년 8월 5일 질병을 이유로 憲職의 遞職을 청하는 상소. (승정원일기)	
33	辭副提學疏	1695년 가을 (연보)	
34	乞還收留住京邸藥物賜給之命疏	1695년 10월 13일 약물 특사 윤허. (숙종실록보궐정오)	
35	請故持平朴光玉·忠勇將金德齡贈諡疏【代述】		
36	請羅州五賢書院竝享牛·栗兩賢疏【代述】		
37	咸興六賢書院請額疏【代述】		
38	館學儒生伸救朴玄石疏【代述】	1688년 7월 13일 박세채의 封箚로 인한 숙종의 격분. (승정원일기, 숙종실록)	
39	擬進言藁【庚午所錄】	1690년	

『숙종실록』과 『승정원일기』에 인용되거나 중요하게 언급된 사직 상소 가운데 문집에 수록되지 않은 작품이 존재하는 것으로 볼 때, 문집 편차 과정에서 모든 소차가 망라되지는 못했음을 알 수 있다. 발문을 쓴 林淨은 "소차도 亂藁에서 모은 것이고 세월이 이미 오래 되어서 실제로 올렸던 것인지 확인하기 어려운 것도 있지만 모두 수록했다."[54]라고 했다. 문집에 실린 소차들이 임영 본인이 그때그때 정리해놓은 것은 아님을 알 수 있다.

임영 소차의 내용은 크게 辭職과 論事의 두 주제로 나뉜다. 임영은 첫 번째 올린 사직 상소에서 이미 본인이 사직할 수밖에 없는 이유를 분명하게 밝혔다.

> 다만 신이 생각하기에 감히 나아갈 수 없는 점이 있습니다. 첫째는 재주가 부족한 것이요, 둘째는 학문이 완성되지 못한 것이요, 셋째는 명성이 실제보다 과장된 것이요, 넷째는 직책을 제대로 수행하기 어려운 것입니다.[55]

이어지는 내용은 이 네 가지 이유에 대한 설명이다. 문장으로 이름났지만 이미 그만두었고 학문에 종사하려 마음먹긴 했지만 아직 매우 부족하다. 그런데 헛된 명성이 나게 되었다. 더구나 諫官의 직책은 갑자기 승급하여 時務에 통달하지 못한 자신이 감당할 수 없다는 것이다. "가령 신이 처음 과거에 급제했을 때 즉시 스스로를 헤아려 보지

54) 林泳, 『滄溪集』, 「滄溪集跋(林淨)」, "疏箚, 亦取於亂稿, 歲月旣久, 或不能詳其上徹而竝錄焉."

55) 林泳, 『滄溪集』 권3, 「辭正言疏」, "第臣竊有所不敢進者, 一則才不足, 二則學未成, 三則名過實, 四則職難稱, 其他疾病情勢之私又在所略也."

않고 뭇사람을 따라 출사했다면 오히려 괜찮았겠지만, 이미 헛된 명성으로 외람되이 陞品된 뒤에는 더욱이 함부로 나아가서는 안 되는 것입니다."[56]라고 하여 중대한 직책을 맡을 수 없는 사정을 피력했다.

이후 홍문관에 있으면서 올린 소차들은 주로 服制 문제, 國舅와 外戚의 서용 문제, 言路를 넓혀야 하고 經筵을 지속해야 한다는 진언 등이 주를 이룬다. 이들을 제외하고 임영이 단독으로 올린 소차 가운데 사직이 아닌 논사를 표방한 것은 淸 사신을 왕이 직접 나가서 맞으면 안 된다는 주장을 편 「請勿親出迎勅疏」와 호포법을 시행하는 것이 야기하는 문제를 논한 「論戶布疏」, 그리고 災異로 인한 구언 유지에 응하여 올린 「應旨言事疏」의 세 편이다.

임영은 숙종에게 특정한 사안에 대한 견해를 진달할 때 왕이 받아들이지 않을 것을 정황상 충분히 예상할 수 있는 상황에서도 굽히지 않고 바로 그 문제를 언급하는 양상을 보인다. 이러한 모습을 여실히 보여주는 것이 임영이 숙종을 처음 만난 1680년 7월 7일 경연에서의 장면이다.

임영이 처음부터 論事를 할 생각은 아니었다. 『資治通鑑綱目』을 강독한 뒤 함께 입시한 吳道一이 공주의 집을 수선하는 것이 지나치게 사치스러우니 줄여서 검소하게 해야 한다고 아뢰었는데 숙종은 말을 돌리며 머뭇거리는 태도를 보였다. 이를 본 임영이 백성의 稅를 경감해주기 위해서 비용을 절약해야 한다는 권면을 했다. 이에 대해 숙종이 "추수의 상황을 보아서 변통하게 할 것이다."라고 답했지만, 경

56) 같은 글, "使臣初決科時, 卽不自量, 隨衆入官則猶可也, 而及旣以虛名猥得陞品之後, 則尤不可以冒進矣. 旣猥陞品矣, 所叨職事不至緊重, 則一出以謝天恩之隆, 亦猶可也, 而至於今日, 則益有所不敢進者矣."

감은 추수 뒤에 하더라도 절약은 당장 실시할 수 있다고 말했다. 이에 숙종이 "대신들과 의논하여 변통하겠다."고 답했는데, 임영은 그만두지 않고 다시 말했다.

> 예로부터 신하가 進言할 때에 학문의 방법에 대해 범범하게 진달하면 군주가 메아리처럼 호응하다가 조정의 실제 일을 언급하면 흔쾌히 따르는 경우가 드물었으니, 이것이 예로부터 있었던 근심거리였습니다. 지금 신이 학문을 논한 말은 다행히 받아들이셨으나, 오도일이 아뢴 공주의 집에 관한 일과 신이 아뢴 크게 절약해야 한다는 말은 모두 조정의 실제 일인데 성상께서 끝내 흔쾌히 받아들일 뜻이 없으시니 성상께 바라는 바가 아닙니다."[57]

이에 숙종은 "받아들이지 않으려는 것이 아니라 차분히 대신과 의논하여 처리할 것이다."라고 답했다. 이 대화를 나눈 뒤 임영은 박세채에게 "유생이 함부로 하는 말을 듣기 싫어하시는 뜻이 조금도 없었다."라고 숙종에 대한 기대감을 표했지만,[58] 이날 임영을 처음 만난 숙종에게는 자신의 긍정적인 대답에도 불구하고 재차 삼차 다시 아뢰는 임영의 인상이 집요하게 느껴졌을 법하다.

임영은 표면상 사직을 청하는 소차에서 논사를 겸하여 아뢰기도 했다. 1681년 3월 말에 올린 것으로 보이는 「引疾乞免兼請勿令國舅

---

57) 林泳, 『滄溪集』 권18, 「經筵錄」, "自古人臣進言, 泛論學問之方, 人主酬酢如響; 言及朝政實事, 鮮能夬從. 此自古所悶. 今臣論學之說, 則幸蒙聽納, 而吳道一所奏主第事及臣所達大爲節用之說, 皆朝政實事, 而自上終無快納之意, 非所望於聖上."

58) 林泳, 『滄溪集』 권7, 「答玄江【庚申】2」, "儒生廣肆之言, 略無厭聞之意, 此則聖德之超出前代者也, 慶幸亦難言."

仍帶兵判疏」에서는 國舅 閔維重의 유임 문제를 거론하였고, 1682년 봄에 올린 것으로 보이는 「辭校理兼論文廟陞黜疏」에서는 文廟에 선현을 모시는 문제에 대해 논했다. 그러나 전술한 것처럼 1682년 8월 14일 만언소를 올린 뒤로는 더 이상 사직 상소에서도 논사를 겸한 사례가 없다. 모두 본인의 무능력이 이미 시험에 의해 드러났다는 언급과 질병을 호소하는 내용으로 이루어져 있다. 이는 한편으로 임영이 만언소에서 자신이 할 수 있는 論事의 정수를 다 쏟아냈다는 것을 의미하기도 한다.

4. 임영의 萬言疏

1682년 8월 3일, 재위 8년차의 숙종은 연이은 天災가 자신의 허물로 인한 것임을 천명하고 널리 直言을 구했다.[59] 災異와 人事의 관련에 대한 언급은 儒家 最古의 경전들인 『詩經』과 『書經』에서도 찾을 수 있다. 災異를 人事의 잘못에 대한 하늘의 경고로 보는 관점을 구체적으로 명문화한 것은, 漢代 학술을 주도한 董仲舒였다.[60] 재이가 발생하면 왕이 '자신의 부덕을 반성해야 함[遇災修省]'을 요구하는 것

59) 『肅宗實錄』 8년 8월 3일, "上下敎求言曰: 嗚呼! 眇予否德, 忝位六七年之間, 水旱風霜之災, 式月斯生, 而豈有如今日之荐疊孔慘者乎? 噫! 連歲飢饉, 倒懸方急, 加以前月風水之災, 實是近古所無之大變. 豈但禾穀之損傷 · 民事之罔極而已哉? 矧玆星文之示警, 疊臻於數年之內, 未知何樣禍機, 伏於冥冥之中, 而仁天之譴告, 若是其丁寧耶? 古語云: '事作於下, 象動於上.' 靜思厥由, 咎實在予, 一倍兢惕, 寧欲無吪也. 廣求直言, 以匡不逮. 咨爾大小臣僚, 體予警懼之意, 精白一心, 恪勤乃職, 克去己私, 恢張公道, 少答天譴."

60) 董仲舒, 『春秋繁露』 권8.

이 당연한 논리적 구도로 이해되어 왔다.[61] 왕이 자신의 부덕을 반성하는 방법 가운데 하나가 求言이었다. 구언이란 왕이 정치의 잘못된 점이 무엇인지를 묻고 시정하고자 교지를 내려 조정과 재야의 상소를 받는 제도이다.[62] 관료 지식인들이 왕의 통치에 이의를 제기할 수 있는 이론적 방편으로서 災異 관련 求言과 그에 응하는 上疏가 지니는 정치적 기능은 오랫동안 이어져 왔다.[63]

숙종의 구언 역시 이러한 전통과 관습에 따른 것이었다. 당시 강한 바람과 극심한 가뭄의 재앙이 겹쳤는데, 숙종이 주강에서 이를 임진년과 병자년 병란의 징조와 연결하여 강화도와 남한산성의 군량미를 걱정하는 언급을 할 정도였다.[64] 숙종의 구언에 응하여 8월 9일 金壽興, 10일 朴世采, 12일 吳道一과 金萬吉, 19일 李翔 등이 소차를 올렸다.[65] 당시 이조 정랑의 직함에 있던 임영은 8월 14일 12,081자에 달하는「應旨言事疏」를 올렸다.

이 상소문은 임영이 그동안 가지고 있던 經世에 대한 견해를 총집

---

61) 허남진 · 박성규,「신유학의 현실문제 인식 - 격물론, 귀신론, 재이론을 중심으로」,『인문논총』45, 서울대학교 인문학연구원, 2001; 이동린,「許穆의 春秋災異論에 나타난 漢學的 경향」,『한국사론』49, 서울대학교 국사학과, 2003.

62) 이석규,「朝鮮初期의 求言」,『한국사상사학』15, 한국사상사학회, 2000;「朝鮮初期 應旨上疏에 나타난 制度論」,『조선시대사학보』39, 조선시대사학회, 2006;「연산군 · 중종대 求言의 성격 변화와 그 의미」,『사학연구』88, 한국사학회, 2007.

63) 송혁기,「災異 관련 應旨上疏文의 관습과 수사」,『동아시아고대학』33, 동아시아고대학회, 2014.

64) 『肅宗實錄』8년 8월 9일, "御晝講. 上曰: '今年風水二災, 振古所無. 考見《政院日記》, 乙亥年七月十三日大風, 丙子兵起. 其時筵臣洪瑞鳳 · 趙緯韓奏曰: 曾在辛卯年七月大風, 十朔之內有壬辰之兵云. 以此觀之, 辛卯 · 乙亥俱爲已往之明驗也. 冥應之必如前日, 雖未可知, 而卽今中國方亂, 邊憂未弛, 脫有事變, 則糧餉最重, 而江都 · 南漢之穀, 移轉列邑, 趁未收捧, 事甚可慮. 或以戶曹所儲綿布, 出貿作米, 或以他道別樣措置, 充備糧餉之意, 言于大臣, 斯速講究稟處.'"

65) 『承政院日記』肅宗 8년 8월 9일, 10일, 12일,『肅宗實錄』8년 8월 19일.

결하여 써 내려간 작품이다. 분량은 방대하지만 매우 명확한 논지로 단락을 구성해서 일목요연한 구성을 보여준다. 임영은 박세채에게 보낸 서신에서 만언소의 내용을 다음과 같이 정리하여 언급했다. 단락별 주제를 명확하게 세우고 작성했음을 확인할 수 있다.

> 畏敬과 儉約을 근본으로 삼고 당대의 심한 병폐를 먼저 제거하는 것으로 그다음을 삼았습니다. 여기서 말한 당대의 심한 병폐라는 것은, 첫째 聖心의 치우침이 아직 제거되지 못한 점이고, 둘째 조정의 명령에 신뢰가 없다는 점입니다. 內需司와 近習, 勳戚에 관한 내용은 모두 성상의 치우친 마음에서 비롯된 것입니다. 현재의 병폐를 먼저 제거한 뒤라야 治規를 정하여 힘써 도모할 수 있습니다. 그러므로 大進聖學, 大肅朝綱, 大得民心, 大修軍政을 4가지 주제로 삼았습니다. 조정의 기강에 대해 논한 부분은 또 4개의 작은 절목을 두었으니, 첫째는 責勉大臣이고, 둘째는 選任官長이며, 셋째는 庶官勤仕之規를 확립하는 것이고, 넷째는 胥吏弄權之弊를 혁파하는 것입니다.[66)]

만언소는 집필 이유를 밝히고 왕의 구언을 칭송하는 서두에서 시작하여, 국세가 얼마나 위급한지를 경고하고 나서 敬畏와 儉約을 根本要務로 제시했다. 이어서 2가지 病弊와 4가지 治規를 綱目으로 설정하고 각각 세부적인 項目들을 위계에 따라 논리적으로 구성했다. 단

---

66) 林泳, 『滄溪集』 권7, 「答玄江【壬戌】4」, "大槪以畏敬 · 儉約爲本, 而又以先祛一時之所甚病次之, 所謂時之所甚病者, 一則聖心偏係之未祛, 二則朝廷命令之無信. 蓋內司近習勳戚之說, 皆在偏係之中矣. 旣先祛時病而後, 方可講定治規而力圖之. 故以大進聖學 · 大肅朝綱 · 大得民心 · 大修軍政爲四條之說. 其論朝綱處, 又有四箇小節目, 其一責勵大臣, 其次選任官長, 次立庶官勤仕之規, 次革胥吏弄權之弊."

락별 요지를 더 세분해 볼수록 이 작품이 얼마나 치밀하게 구성되었는지를 알 수 있다. 그 구성의 묘미를 보이기 위해 번다함을 무릅쓰고 전편의 단락별 요지를 아래와 같이 제시한다.

1 서두

1-1 집필 이유: 청요직에 있으면서 구언에 응하지 않을 수 없음.

1-2 왕의 求言 칭송

1-2-(1) 國家危亂에도 두려움 모르는 세태 우려 (2) 왕이 罪己求言하니 크게 다행

2 國勢의 危急함에 대한 警懼 강조

2-1 왕의 警懼가 未盡함 지적

2-2 警懼가 未盡함을 아는 근거

2-2-(1) 進宴의 거행 (2) 正殿 修改 진행 (3) 잔치와 건설을 중지해야 함

2-3 國勢의 危急을 몰라서 警懼가 未盡한 것

2-3-(1) 警懼가 未盡하면 危急한 國勢를 구할 수 없음 (2) 國勢의 危急은 겉으로 알기 어려움 (3) 警懼가 未盡한 이유는 國勢의 危急을 모르기 때문

2-4 時勢를 통해 患亂 경고

2-4-(1) 立國이 오래되어 憂患 올 수 있음 (3) 역사의 事勢로 볼 때 外侵 가능성 있음 (3) 天災物怪로 인한 亂의 가능성 있음 (4) 현재 국가 역량으로 환난 감당 못함 경고 (5) (小結) 國勢의 危急함에 대한 각별한 警懼가 필요함

3 금일의 根本要務: 敬畏와 儉約

3-1 敬畏하고 儉約해야 天命 얻을 수 있음

3-2 至誠敬畏: 인심과 만사, 국가의 흥망이 敬畏에 달림

3-3 刻苦儉約

3-3-(1) 進宴과 正殿 修改 중지하고 10년 기한으로 경비 절반 감액 (2) 慈聖과 列聖께 비용 절감 고함 (3) 儉約의 기대효과

3-4 (小結) 畏敬와 儉約은 今日의 本根要務

4 당대의 병폐: 聖心偏私之未祛와 朝廷命令之無信

4-1 聖心偏私之未祛

4-1-(1) 無私財와 無私人

4-1-(2) 無私財 (ㄱ) 內需司 창설의 문제 (ㄴ) 內需司가 백성과 이익 다툼 (ㄷ) 內需司에 관여치 말고 백성에게 은택 내릴 것 (ㄹ) 內需司를 환관이 아닌 사대부가 관리하도록 개정

4-1-(3) 無私人 (ㄱ) 환관의 득세는 망국의 징조 (ㄴ) 환국에 환관이 관여한 정황 (ㄷ) 환관을 엄단하지 못함 지적 (ㄹ) 정사에 환관 배제할 것 (ㅁ) 공훈 있는 척신도 경계할 것 (ㅂ) 공신을 과도하게 대우하지 말 것

4-1-(4) (小結) 왕의 마음에서 私財와 私人 제거

4-2 朝廷命令之無信

4-2-(1) 朝廷命令之無信 사례 (ㄱ) 逃故 조사에 친족 추가하여 毒民 가중 (ㄴ) 逃故 부세 탕척 번복으로 害仁 심화 (ㄷ) 兒弱 기준 연령 낮춤으로써 聚斂附益 (ㄹ) 軍布 升尺 줄였다가 늘려서 疎略顚倒

4-2-(2) 신의가 없으면 민심 잃고 국가 존립 위태

4-2-(3) 해결 방안: 잘못 인정, 逃故 탕감, 兒弱 연령 원복, 軍布

匹數 삭감

5 治規의 定法: 大進聖學, 大肅朝綱, 大得民心, 大修軍政

5-1 병폐 제거를 넘어서 治規의 定法 4가지 제시

5-2 大進聖學

5-2-(1) 君德을 위한 학문 진전 방도: 立志, 致知, 力行

5-2-(2) 立志 (ㄱ) 立志의 정의와 일반 원칙 (ㄴ) 경연 때 왕이 언급한 慕效之意 칭찬 (ㄷ) 왕이 생각만 있고 힘써 구하는 정성이 없으니 立志 부족

5-2-(3) 致知와 力行 중 力行을 먼저 말하는 이유

5-2-(4) 力行 (ㄱ) 力行의 정의와 克己, 居敬 (ㄴ) 왕이 견고한 기상 부족하다며 嗜好 경계하고 克己 강조 (ㄷ) 왕이 할 수 있는 居敬의 방법 제시

5-2-(5) 致知 (ㄱ) 致知의 정의와 효용 (ㄴ) 왕은 지혜가 넉넉하지만 끝까지 궁구하지 않고 판단 흐릴 때 있음 (ㄷ) 왕이 나날이 이치를 끝까지 궁구하면 모든 정사에 막힘이 없을 것

5-2-(6) (小結) 모든 변화의 근본이 학문에 달려 있음

5-3 大肅朝綱

5-3-(1) 大肅朝綱의 정의와 4가지 조목

5-3-(2) 責勉大臣 (ㄱ) 大臣의 바람직한 역할 (ㄴ) 지금 大臣들은 역할을 제대로 하지 못함 (ㄷ) 大臣들이 君德 위한 직언 올리도록 책면 (ㄹ) 大臣들이 관료 관리와 백성 구제, 변경 방어에 전념하도록 책면 (ㅁ) 전직 대신에게 역할 부여

5-3-(3) 選任官長 (ㄱ) 주요 보직에 적임자가 오래 근무하도록 제도 개선 (ㄴ) 변방 안찰 관직 재량에 맡기고 근속시킬 것 (ㄷ) 오래 근무하기 어려운 兩司의 경우도 체직 신중히 할 것

5-3-(4) 立庶官勤仕之規 (ㄱ) 복무 규정 수립의 필요성 (ㄴ) 업무 파악 제대로 해서 下吏에게 맡기지 말 것 (ㄷ) 출근과 휴가 규정 엄정하게 적용

5-3-(5) 革吏胥弄權之弊 (ㄱ) 서리의 권력 농단 막기 위한 방도 세 가지 (ㄴ) 서리 정원 준수하여 감원 (ㄷ) 서리 순환 보직 시행 (ㄹ) 官物 點退 과정의 수뢰 행위 근절

5-3-(6) (小結) 大肅朝綱의 4가지 조목을 반드시 유념하여 시행

5-4 大得民心

5-4-(1) 大得民心의 정의

5-4-(2) 民心을 잃은 현실

5-4-(3) 大得民心의 방법: 薄稅斂 (ㄱ) 身役: 逃故 탕척, 兒弱 연령 원복, 布疋 삭감 (ㄴ) 大同稅 삭감 (ㄷ) 給災 현실화

5-4(2) 大得民心의 방법: 軍政 정비, 경비 절손 병행해야 실효 얻을 수 있음

5-5 大釐軍政

5-5-(1) 大釐軍政의 정의

5-5-(2) 大釐軍政의 방법 (ㄱ) 徒食하는 병졸 감축 (ㄴ) 숙위 병졸 많으면 군량 부족 (ㄷ) 인원 줄이고 정예로 조련 (ㄹ) 도성 병사 감축 (ㅁ) 외방 무관 발탁 제도 개선 (ㅂ) 수군 제도 개선으로 해상 방비 강화 (ㅅ) 장수 자질 갖춘 인물 선임 (ㅇ) 지형 활용한 방비 태세 정비

5-6 (小結) 부족한 治規 定法이지만 정성 다했으니 채택 부탁

6 결어

6-1 國勢의 危急함을 至誠敬畏하여 刻苦의 노력으로 다스림의 정법 구현

[6]-2　遺賢 초치 필요

[6]-3　분량은 길고 부족하지만 愛君憂國의 진정으로 썼음

[6]-4　상소 작성 중 進宴 일시 중지 소식 들었는데 아예 정지할 것 권고

[6]-5　마무리

위의 단락 개요에서 볼 수 있듯이 임영은 자신이 말하고자 하는 내용을 명확하게 전달하고자 단락별로 그 구성을 알 수 있는 주제어를 미리 제시하고 끝나는 지점에 小結을 두었다. 國勢의 危急함에 대한 警懼를 강조한 2단락 소결에[67] 이어서 天命을 언급하면서 “경외하고 검약하는 자는 하늘이 사랑하고 도와주며, 방일하고 사치하는 자는 하늘이 미워하고 버립니다.”라고 명시했다.[68] 이어서 경외와 검약에 대해 논하고 나서 “경외와 검약은 참으로 오늘날에 있어 근본이 되는 중요한 일이요, 한때의 심한 병폐가 또 여기에 달려 있습니다. 그러니 더욱이 먼저 살피고 속히 변화하지 않아서는 안 되니, 그 첫 번째는 성심이 사사로운 것에 치우침을 떨쳐 내지 못하는 것이요, 두 번째는 조정의 명령에 믿음이 없는 것입니다.”라고 3단락을 맺음과 동시에

67) 林泳, 『滄溪集』 권4, 「應旨言事疏」, “[2]-4-(5) 天下之事勢極重者難回, 時已晩則無及. 此時救亡圖存之策, 豈可以容易言之, 安徐爲之哉? 臣誠凡愚, 雖有憂國之心, 實乏救時之才, 晝夜思度, 罔知攸濟, 而區區淺慮, 竊獨以爲殿下必有如履薄氷 · 如坐漏船之念, 而必行常情所甚難之事, 必納平日所厭聞之言, 然後庶可以救此時勢也.”

68) 같은 글, “[3]-1 臣竊觀自古國家興廢之際, 必有天命栽培傾覆於其間, 而人力終莫能勝, 則爲今之計亦莫急於祈天永命矣. 夫敬畏儉約者, 天心之所愛助也; 放肆奢泰者, 天心之所憎棄也. 且國勢方壯 · 天命方新之時, 則雖或間有放肆奢泰之君, 其國不至遽亡, 而若此危急之際, 則必以至敬畏之心, 行至儉約之事, 庶幾其回怒予之天而振垂亡之國. 此理所必然, 可不深念乎?”

이어지는 4단락의 주제를 미리 제시했다.[69] 두 가지 병폐를 제거하는 데에서 나아가 국사를 구제하기 위해서는 君德, 朝廷, 安民, 制兵의 네 가지 분야에 대한 治規의 定法이 필요하다고 하면서 이어지는 단락의 주제어인 大進聖學, 大肅朝綱, 大得民心, 大修軍政의 네 가지 분야를 제시하는 것도 마찬가지이다.[70] 대단락 안에서 소단락을 이어갈 때도 이처럼 전체적인 방향을 제시한 뒤 이어지는 소단락의 주제어를 미리 제시하는 방식을 취하였다.[71]

또한 같은 주제 내에서 정의와 일반론을 제시한 뒤 현실을 진단하고 대안을 제시하는 방식을 반복적으로 구사했다. 예컨대 大臣의 바람직한 역할 네 가지를 제시한 뒤[72] 지금 大臣들이 역할을 제대로 하지 못하고 있음을 지적하고,[73] 그 해결책으로 大臣들이 君德 위한 직

---

69) 같은 글, "③-4 夫畏敬儉約固爲今日之本根要務, 而一時之所甚病者又有在焉, 尤不可以不先察而亟變之也, 一則曰聖心偏私之未祛也, 二則曰朝廷命令之無信也."

70) 같은 글, "⑤-1 噫！聖心之偏係旣祛, 朝廷之命令必信, 則當時之所甚病者固已略去矣. 須先辨此, 可以及他, 而亦非謂只辨此事, 則便可救今日之國事也. 大抵今日國事, 雖使聖賢 · 俊傑當之, 必有難爲之歎, 以今日君臣上下之力量, 雖復竭心圖治, 臣猶恐其未必能濟. 而雖然, 兵戈搶攘之後, 尙有重恢之理, 若及此方內無事之日, 至誠畏敬, 痛自刻苦, 先祛一時之所甚病, 而又必速講治規而力圖之, 則亦豈無撥亂興衰之道哉? 古今爲治之規, 自有定法, 而言其大要, 不過曰君德也 · 朝廷也 · 安民也 · 制兵也. 今雖當危急之時, 亦不可舍此定法, 別求他術. 而但時勢如此其危急, 則須於定法之中, 必下百倍之功, 方有所救濟矣. 故臣敢論治規曰必大進聖學, 大肅朝綱, 大得民心, 大修軍政而後可, 誠以大火將發, 非勺水之能禦, 篤疾阽危, 惟瞑眩爲可救也. 臣請爲殿下, 吏詳陳之. 願殿下無厭其支離而一一詳察焉."

71) 같은 글, "⑤-2-(1) 夫所謂必大進聖學而後可者, 何謂也? 不興至治, 不足以救極亂; 不修至德, 不足以興至治, 而欲修至德, 非大進學, 不可能也. 故今日之事, 臣輒曰必大進聖學而後可, 若論進學之方, 則臣自前歲進見之初, 輒以立志 · 力行 · 致知三者, 反復爲殿下論之, 蓋進學之方其大概不外是矣."

72) 같은 글, "⑤-3-(2) 責勉大臣 ㈀ 其曰責勉大臣者: 今日大臣, 雖皆人望, 論其相業, 不啻未盡, 臣請言之. 宰相之任本在於上輔君德, 下董百僚; 內撫萬民, 外禦隣敵, 而若夫簿書細務 · 循例職事, 雖勤不足貴也."

73) 같은 글, "⑤-3-(2) 責勉大臣 ㈁ 今殿下未免時有偏係之失, 而大臣只務承順, 未聞有正色極諫之事. 卿大夫亦豈無能否之別? 而大臣每拘顔情, 不肯爲嚴明黜陟之事. 生民之苦困

언을 올리고[74] 大臣들이 관료 관리와 백성 구제, 변경 방어에 전념하도록 책면하는[75] 방안을 제시했다. 이러한 서술 방식은 5단락에서 네 가지 정법과 각각의 조목을 제시하는 부분에서 일관되게 견지되었다.

임영은 왕을 설득하기 위한 글인 소차에서 주로 사용되는 수사법인 抑揚法을 이 글에서도 많이 구사했다. [1]-2에서 國家의 危亂에도 두려움을 모르는 세태를 비판하면서 그런 상황에서 왕이 자신의 잘못을 인정하면서 求言한 것을 높이 칭송한 뒤,[76] 그러나 國勢의 危急에 비해 왕의 警懼가 未盡하다고 지적하면서 이하 논의를 여는 부분이 그 사례이다.[77] 숙종이 進宴을 거행하고 正殿 修改를 진행하는 것이 사치스러운 사대부들의 自耽遊衍, 窮極土功과는 차별됨을 인정하고 豐呈을 進宴으로 축소하고 伐材을 아직 시행하지 않았다는 점을 높

日甚, 而曲從有司恤費之言, 致令殿下愛民之德意, 常反汗而不下究; 境外之憂虞已深, 而全無先事防備之擧, 徒以目前尋常之小事, 費日月而不自惜. 至於近日, 天災如此, 而舊例引咎之疏, 亦不復得聞, 此亦可見其自任之淺也. 以此規模氣象, 雖處泰寧之世, 尙猶可憂, 況今時乎?"

74) 같은 글, "[5]-3-(2) 責勉大臣 (ㄷ) 然此非獨一時一人之過漸染風習. 其來蓋久, 而亦殿下責勉之道, 大有所未盡而然也. 臣願殿下一日赫然, 先以朝綱日頹之事, 自反自責, 而又召大臣, 推誠責勉, 若曰"凡寡躬有過失, 無問隱顯巨細, 必以極言, 無或依阿, 以重吾過. 卿等忠告之言, 雖至難之事, 予豈不從乎? 自此虛心敬聽, 一倍前日, 雖或過直, 不少厭若", 則大臣本皆願忠體國之人, 亦豈不以弼違格心爲己任哉?"

75) 같은 글, "[5]-3-(2) 責勉大臣 (ㄹ) 又曰'凡玆六卿及諸大夫賢否功過, 予難徧察. 進退予奪, 將惟大臣是聽, 無或私囑, 以取輕侮; 無或敷同, 以成壅蔽, 使其尊嚴體統, 顯加黜陟, 一如祖宗時名相之爲', 則大臣旣承非常激勵之敎, 必不敢有苟且比周之事矣. 又令盡將細務, 一付該曹, 而惟以極力救民 · 及時固圉爲事, 旣竭心思, 又集衆慮, 日夜措畫, 確實施行, 則民瘼可去, 邊虞亦猶可及備也. 如是責勵, 而猶有不克對揚者, 雖斥退之可也."

76) 같은 글, "[1]-2 臣竊見近者天災孔慘, 國事罔極, 而君臣上下殊無警懼之事, 臣誠過慮以爲國家危亂之機將迫, 故人情如醉, 不復知畏, 以此愈切寒心矣. 今殿下惕然動悟, 罪己求言, 只此警懼之一念乃所以回天怒 · 延國命之基本也. 宗社生靈, 不勝幸甚."

77) 같은 글, "[2]-1但念國勢之危急已到窮極之境, 實非平平警懼 · 略略修省所能救濟其萬一. 臣之所憂, 尙恐殿下警懼之意, 猶有所未盡也. 何以言之?"

이 사고 나서, 그럼에도 불구하고 단호하게 중지하는 모습을 보이지 못함을 비판한 뒤 바로 이것이 왕의 警懼가 未盡함을 알 수 있는 지점이라고 몰아세워 지적하는 부분에서는[78] 孟子의 화법을 연상시키는 억양법을 효과적으로 사용했다. 경연 때 숙종이 언급한 慕效之意를 상기하면서 立志의 가능성을 인정하고 나서[79] 하지만 생각만 있고 힘써 구하는 정성이 없으니 진정한 立志라고 하기에는 부족하다고 지적하는 것도[80] 억양법의 사례다.

이 상소문은 매우 치밀하게 구성되었지만, 일부 반복되는 내용이 보인다. 예컨대 逃故와 兒弱, 軍布 문제를 朝廷의 命令에 신뢰가 없는 사례로 들었는데,[81] 다시 민심을 얻는 방법으로 이 문제의 해결을

---

78) 같은 글, "2-2-(3) 今時士大夫鮮有遠慮, 讌集之樂 · 興作之事, 反有加於昇平之世, 時屈擧贏, 甚非佳兆. 今又自上亦爲此擧, 則雖與自耽遊衍 · 窮極土功者固有差別, 亦豈今日之所當爲乎? 且降豐呈爲進宴, 伐材而姑不始役, 旣出警懼之意, 而其不能卽止不爲者, 何也? 臣以此知殿下警懼之意猶有所未盡也."

79) 같은 글, "5-2-(2) 立志 (ㄴ) 臣尙記去歲春間, 忝侍講席, 一日講《詩》首卷訖, 臣進曰: '殿下見文王齊家治國如此, 意思若何?' 殿下卽下敎曰: '每見聖賢行事, 常有慕效之意.' 臣心竊喜, 至今不能忘. 只此慕效之意卽所謂志也."

80) 같은 글, "5-2-(2) 立志 (ㄷ) 但念臨書覽古之際, 雖有一端慕效之意, 而常時方寸之間, 若無全體親切之志, 則亦豈立志之謂哉? 人苟立志, 則凡事理之所已知者, 必欲力踐, 所未知者, 必欲求知, 不待徵於行事得失, 而卽其辭色談論之間, 必有懇惻可見之意象. 而今殿下未有是也, 此殆殿下之志未立焉耳. 臣願殿下深考孟子告滕公之言, 而體認性善道一之理; 又考程 · 朱戒時君之疏, 而領略正身治世之規, 必以躬修至德 · 身致至治爲志焉. 如此則不待人之指斥, 而自然知己之所不足; 不待人之勸勉, 而自然有奮勵不息之功矣. 此固進學之最初端緖, 而邦之興替亦決乎此而已."

81) 같은 글, "4-2-(1) 朝廷命令之無信 사례 (ㄱ) 至於朝廷命令之無信, 則臣請復得而悉數之. 向在更化之初, 朝廷固有意乎革弊便民之政矣, 首下朝旨, 只令査覈逃故[亟令州縣, 査覈軍保公賤之逃故者, 本其德意, 蓋甚盛也. 然當初朝旨, 只令逃故], 而未嘗使之區別其親族有無也. 及其査覈上聞, 則又令査覈其親族有無, 雖明知其逃故如有四寸以上親屬者, 竝不以逃故論, 而逃故者之役布, 專責於其切族, 則以無多之切族, 應不貲之役布, 受苦偏重, 呼冤倍甚, 反不如偏徵疎族隣里之時, 猶得以衆力分供也. 此其無信者一也, 而其毒民益重矣. (ㄴ) 當初査覈, 固將以永永蕩滌也. 後來只免其年之役, 自翌年, 又徵捧如前. 初不査覈則已, 旣令査覈, 而朝廷已審其爲逃故, 則更以何辭又令依前出役哉? 此其無信者二也, 而其害仁又甚矣.

다시 언급한 것이[82] 그 예이다. 進宴과 正殿 修改의 문제를 숙종의 警懼가 未盡함을 알 수 있는 근거로 제시했는데[83] 根本要務의 하나인 儉約의 절목으로 다시 언급하고,[84] 나아가 비용의 절감을 慈聖과 列聖께 고하라고 강조한 뒤,[85] 결어에서 상소 작성 중에 進宴 일시

㈐ 兒弱之比逃故則差有間矣. 雖其黃口應役, 所不可忍, 應役自幼者, 老除又早, 則民之病之亦稍輕矣. 朝廷若慮經費之難繼, 則初不擧論猶之可也, 今者初旣令査出十五歲以下矣, 俄而又下令曰"前令誤耳", 更令査出十一歲以下, 州縣眩於奉行, 小民不勝騷擾. 俄而又令卽充其査出兒弱[兒弱査出]之代, 州縣誠有公閑丁壯可充兒弱之代者, 當初旣以兒弱爲軍, 此其勢不得不以兒弱代兒弱, 而又不敢明言其爲兒弱也. 彼旣査出之兒弱, (則只過數歲, 亦當應役, 而唯此充闕之兒弱,) 則又不以彼之應役而便得減免也. 其事初若爲民, 其實終成罔民. 此其無信者三也, 而卒難免於聚斂附益之歸矣. ㈑ 軍布升尺本非舊制, 由麤至精, 從短及長, 積至今日, 民不堪苦. 幸而減定升尺之論, 發於元老大臣之箚, 則講究潤澤, 務推實惠斯可也. 朝廷旣慮其必有窒礙, 而姑且聽從, 遽爲頒示, 未經數月, 旋卽寢罷, 使中外顒望之兆庶, 曾未蒙一番寬減之實惠. 其怨望當如何也? 是則不但欺民, 其欺建議之人亦甚矣. 此其無信者四也, 而其疎略顚倒之狀, 益可羞矣."

82) 같은 글, "5-4-(3) 大得民心의 방법 : 薄稅斂 ㈀ 得民心之道無他, 惟當薄其稅斂而已. 今民稅斂槪有兩途, 田役也, 身役也, 而二役之中, 身役尤重. 民心之含痛入骨, 往往至於思亂者, 皆以不堪身役之苦也. 殿下若用臣言, 一依更化初命, 令盡滌逃故, 姑寬兒弱, 而又推減定升尺之論, 特爲半減布匹之數, 使凡應身役者每[一]歲只納一匹之布, 則民心欣然如脫水火, 而樂生之心 · 愛國之念必[益]萬萬矣, 此最得民心之要務也."

83) 같은 글, "2-2-(1) 進宴之擧, 固出於孝愛之至情, 而此時此擧實非其時. 慈旨旣自不安, 群臣亦或爲言, 則殿下何不勉抑聖情, 姑寢成命, 以俟憂虞之少間乎? 2-2-(2) 正殿修改, 雖云本非得已, 旣無朝夕頹壓之慮, 則其視今日國勢, 猶未甚危也. 殿下何不收回工官, 卽罷動民伐材之役乎?"

84) 같은 글, "3-3-(1) 如此而尤須大爲刻苦儉約之事, 如避殿 · 減膳 · 撤樂等事, 雖曰文具, 亦愈於竝與文具而廢之者. 自今竝皆擧行, 而向所論進宴及伐材之役, 亦卽停罷. 又於常規之外, 力行貶損, 自御供器用膳服, 以至宮人宦侍便嬖使令之類, 不謀左右, 斷自宸衷, 皆減元數之半. 若太涼薄, 有難久堪, 則雖限十年權減亦可也. 十年之內, 一意圖治, 則民力必紓, 國勢必固, 量時度禮, 更議經制, 亦未晚也."

85) 같은 글, "3-3-(2) 殿下旣自爲儉約如此, 而又仰告于兩慈聖曰'國勢危急如此, 須大節損, 庶可保國', 則慈聖必不以一時裁省爲難, 而喜殿下有保防之遠慮. 又仰告于宗廟列聖如告慈聖, 而祭享儀物, 限年權減, 則祖宗陟降之靈必且悅豫於冥冥之中, 而嘉殿下之能任負托矣. 如是而又戒飭宮闈, 一切痛禁侈靡之習, 而又召群臣, 具道節約之意曰'自宗廟享祀 · 兩殿供奉, 以及寡躬之服御, 予不得不裁損矣', 則凡爲臣子者誰敢不仰體聖心? 必不敢妄費一毫官物於常祿之外矣."

중지 소식 들었는데 일시 중지에 그치지 말고 아예 정지할 것을 청했다.[86] 이러한 사례들은 구성상의 하자가 아니라 의도적인 강조로 보인다.

임영이 만언소에서 개진한 경세의 견해는 숙종의 구언에 응해서 일시적인 생각을 정리하여 올린 데 그치지 않는다. 節用해야 國勢를 지킬 수 있다는 견해는 두 해 전인 1680년에 이미 강조한 바 있고, 왕에게뿐 아니라 사대부에게 있어서도 중대한 문제로 인식하고 있었다.[87] 그리고 이듬해인 1683년 4월 2일, 박세채가 입시해서 공안을 고치는 것이 근본이고 절용은 말단이라고 말한 것에 대해[88] 이견을 제시하면서 다시 절용을 강조한 것을 보면 이 문제를 임영이 얼마나 중요하게 생각했는지 알 수 있다.[89]

---

86) 같은 글, "6-4 臣方搆疏繕寫之際, 伏聞有進宴聽號姑罷之命, 臣不勝感歎. 夫以聖上孝愛之至情, 必當萬萬有缺然者, 而不待群下之更諫, 乃有是命, 此見聖上警懼之意日益加切也. 夫帝王大孝, 本以安保國家爲主, 一時進宴, 未足爲悅. 願益篤警懼之意, 推及他事, 以爲救時保邦之大計, 以追古聖王達孝, 無爲觖然於此擧之停罷也. 臣又惟姑罷聽號之敎, 尙有未慊於人心者, 豈姑罷聽號而稍待星變之小弭, 卽欲復令擧行耶? 抑以觖然之深, 言語辭令, 自不覺其如此耶? 若眞有姑罷其號, 將復擧行之意, 則此其警懼亦甚不誠實矣, 非但無以感回天心, 消弭災沴, 亦恐聽言臨事之際, 無處不爲病根也. 伏願聖上更下明敎, 快示停罷之意, 而凡事必皆務誠實焉."

87) 林泳, 『滄溪集』 권14, 「答李伯吉【庚申】」, "愚意大節國用, 大施惠政, 此最今日之急務. 而今之士大夫皆有豐亨之意, 都無刻苦之志. 至於與國同休戚之勳戚 · 重臣, 亦方以居第爲事. 其何能以菲宮惡食之義, 上格吾君, 習苦淡於無事之時, 結民心於未亂之前, 以爲國家長久之計耶? 吾儕雖嘗於筵席, 累及此意, 觀今日上下氣象, 恐未易辦此. 極可憂, 極可悶. …… 旣自以寒儉節約之道, 律己正家, 又以此深警當路, 與之合誠同力, 期於動悟淵衷, 一定經制, 俾斯民不失望, 國勢得永固, 豈不休哉?"

88) 『肅宗實錄』 9년(1683) 4월 2일, "司直朴世采詣闕, 上引見, 慰諭甚至. …… 又曰: '我朝貢物太重, 自前論者, 多以改貢案爲第一. 趙光祖 · 李珥力主之, 宋時烈又於孝廟時, 請釐改而未及行. 今者李端夏爲慮經費不足, 與閔維重共掌裁省之事. 其所裁省, 可謂詳盡, 而然改貢案本也;裁省末也. 都下民情, 失其資生, 因此呼冤. 今宜待年豐, 先正貢案矣.' 上是其言."

89) 林泳, 『滄溪集』 권7, 「答玄江【壬戌】8」, "向來進退之說 · 論議之節, 大概無可疑者. 只

임영이 이처럼 절용을 강조한 것은 백성의 마음을 얻기 위함이었다. 이 상소문에서 民이라는 글자는 총 78회 사용되었다. 治規의 定法 가운데 하나로 제시한 大得民心 부분에만 사용된 것이 아니라 문제 제기로부터 모든 부분에 걸쳐 사용되었다. 숙종의 문제의식을 높이기 위해 강조한 國勢의 문제는 "지금 國勢는 기울어 가는 큰 집과 같아 점점 무너져 가고 있다."[90]라고 언급하곤 한 것처럼 임영이 일관되게 피력한 지론이었는데, 이 역시 평소 백성들의 실상을 보며 품은 생각이었다. 다음은 1682년 나주에 머물 때 보낸 서신이다.

> 지난날 조정에 있을 때에는 실로 時事가 위급하다는 것을 알았지만 눈앞에 응대할 일이 많아 시사를 우려하던 마음을 때때로 홀연히 잊었습니다. 그런데 요사이 고향으로 돌아와 백성들이 원망하고 고통스러워하는 실상을 직접 보니, 일없이 한가한 가운데에도 국가의 형세와 시절의 우환을 자연 잊기 어렵습니다. 따라서 국가가, 물이 새는 배나 장막 위에 집을 지은 제비와 같이 위태롭다는 옛사람의 가르침이 실로 실제의 말이라는 것을 더욱 징험하였습니다.[91]

1688년 藥石이 될 만한 말을 해 달라는 남구만의 요청에 의해 보낸 서신에서 임영은 다시 한 번 자신의 경세에 대한 견해를 君心과

是姑寢裁省之議, 終涉苟簡, 未可曉也. 自古裕民之策, 只在於節用. 今得裁減進御之物種, 而乃拘於都民之興怨, 遽爾停罷, 恐非爲國之道. 若如頃年裁奪物價之擧, 事體極不佳, 此等事若許復舊, 則國體自當, 民心亦悅服矣, 何必寢罷今日節用之政耶? 但有待年改貢案之說, 則亦可見其非得已也, 而終似有姑息延拖之弊矣."

90) 林泳, 『滄溪集』 권7, 「上玄江【壬戌】」, "今日國勢, 政如將傾之巨屋, 漸漸向頹."

91) 같은 글, "向來在朝, 固知時事之危急, 而目前應接紛然, 憂慮之心, 亦時忽忘. 比歸, 親見民間怨苦之狀, 閑中無事, 國勢時憂, 自然難忘. 益驗古人漏船幕燕之諭, 眞是實際語."

朝廷, 그리고 士, 民, 兵의 다섯 가지로 서술했다.[92] 그 구성은 만언소의 4단락에서 개선해야 할 병폐로 지목한 聖心偏私之未祛와 朝廷命令之無信, 5단락에서 治規의 定法으로 제시한 大進聖學, 大肅朝綱, 大得民心, 大修軍政과 같다. 만언소 작성 이전부터 이후까지 임영의 경세 견해가 일관됨을 보여준다.

임영의 만언소를 본 숙종은 격노하여, 소장을 留中하고 내려 보내지 않았다.

> 두 분의 慈殿께 바치는 물건은 원래 풍부하고 사치한 것이 아닌데, 하물며 가까스로 헤아려서 감한 후에 또 뒤따라 재량하여 줄여야 한다고 말한 것은 매우 未安한 것이 아니겠는가? 宗廟의 享祀를 임시로 감한다는 말은 이것이 무슨 말인가? 예전에 子貢이 告朔에 희생으로 쓰이는 羊을 없애고자 하니, 夫子께서 이 예식마저도 마침내 없어질까 하여 애석해한 바가 있었다. 실효가 없이 낭비하는 것도 오히려 또한 이와 같았으니, 하물며 大廟의 享祀는 얼마나 큰일이고 어떠한 禮制인데, 재량하여 감하도록 곧바로 청한 것은 더욱 말할 바가 못 된다.[93]

92) 林泳, 『滄溪集』 권9, 「與南領相【戊辰】」, “寄言之敎, 極知不敢當, 而今日之事, 無論尊卑顯晦, 實如同在漏船, 且辱下問, 何敢不竭其愚? 雖未必有助於下風之萬一, 亦庶幾因此請敎, 少紓畎畝之私憂耳. 大抵一世之務, 雖千條萬端, 語其大槪, 上則君心, 中則朝政, 下則士民兵, 在其內, 此三節五事者之得失, 乃國家治亂興亡之所由.”

93) 『肅宗實錄』 8년 8월 14일, “兩慈殿供獻之物, 元不豐侈, 而矧纔量減之後, 又從而裁省云者, 豈非未安之甚者乎? 宗廟享祀權減之說, 是何言耶? 昔者子貢欲去告朔之餼羊, 夫子恐或此禮之遂亡, 而有所惜之. 無實妄費, 尙且如此, 而況大廟享祀, 何等大事 · 何等禮制, 而直請裁減, 尤極無謂矣.”

가장 문제가 된 것은 숙종의 警懼가 未盡함을 알 수 있는 근거이자 根本要務의 하나인 儉約의 조목, 그리고 결어에서까지 강조한 進宴의 문제였다. 검약을 강조하는 단락에서 임영은 "두 분 慈殿께 '국세의 위급함이 이와 같으니 모름지기 크게 節損을 해야 나라를 보존할 수 있을 것입니다.'라고 우러러 고하신다면, 자전께서도 반드시 한때의 감손을 어렵게 여기지 않으실 것이요, 전하께서 나라를 보존하려는 원대한 생각을 지니고 계심을 기뻐하실 것입니다. 그리고 다시 종묘의 열성조께도 자전께 고하신 것과 같이 우러러 고하시고 제향 때의 儀物을 연한을 정해 임시로 절감하신다면, 종묘에 오르내리는 조종 영령들께서도 반드시 하늘에서 기뻐하실 것이요, 열성조께서 부탁하신 이 나라를 맡아 다스려 내심을 기뻐하실 것입니다."[94]라고 썼는데 이 부분이 문제가 된 것이다.

임영 역시 자신의 소차 내용이 상례를 넘어선다는 점을 알고 있었다. 하지만 국세의 위급함을 절실하게 인식하고 발본색원하지 않고는 희망이 없다고 생각해서 "먼저 畏敬하고 儉約하여 天心을 감동시켜 돌리는 의리를" 말했고 그 검약의 일단으로 두 분 자전과 종묘에 바치는 물건까지 절반으로 줄여야 한다고 건의한 것이다.[95] 임영이 보기에 모든 병폐를 개혁할 수 있는 출발점에 놓인 것이 숙종의 결단이었

94) 林泳, 『滄溪集』 권4, 「應旨言事疏」, "③-3-(2) 又仰告于兩慈聖曰'國勢危急如此, 須大節損, 庶可保國', 則慈聖必不以一時裁省爲難, 而喜殿下有保防之遠慮. 又仰告于宗廟列聖如告慈聖, 而祭享儀物, 限年權減, 則祖宗陟降之靈必且悅豫於冥冥之中, 而嘉殿下之能任負托矣."

95) 林泳, 『滄溪集』 권7, 「答玄江【壬戌】4」, "鄙疏大致, 若以近臣常時獻替之規裁之, 則誠有過於急迫者. 但見國勢 · 時憂危急如此, 欲捄此窮極之時勢, 非拔本塞源, 大爲整理, 則終無濟事之望. 故先言畏敬 · 儉約, 感回天心之義. 其間論儉約處推極之說, 至及於兩宮宗廟, 蓋記西山論事, 亦有此意, 故不復以尋常事體有所斟酌."

다. 聖學의 관점에서 왕의 마음이 至公無私하지 않고서는 그 뒤의 어떤 논의도 무의미할 뿐이다. 功利를 위한 다양한 제언들이 당장은 부분적으로 효과를 볼 수 있을지 몰라도 근본을 도외시한다면 결국 空論에 그치고 말 것이기 때문이다. 따라서 임영으로서는 왕의 마음이 公과 私로 갈리는 예민한 지점을 적시했던 것인데, 이 지점이야말로 숙종의 입장에서는 받아들이기 어려웠던 것이다.

숙종이 이 상소를 留中한 이유는 환관의 문제에 대한 언급 때문이기도 했다.[96] 이 부분에 대해서 임영은 "近習 한 조목에 대해서 또한 반드시 진심을 다해 말한 것은, 오늘의 고질적인 폐단이 이미 여기에 있는 듯해서 성심으로 말을 다 하여 혹시라도 살펴보기를 바랐던 것입니다."라고 하면서 朱熹의 모범을 들어서 받은 은혜가 이미 깊다거나 近密의 자리에 있다고 하여 숨기거나 회피하지 않고 모두 찾아내어 말해야 함을 강조했다.[97] 숙종이 이 부분에 예민하리라는 점을 알면서도 분명하게 지적한 것이다. "대개 본래는 과격하게 하거나 비밀을 들춰내려는 의도는 조금도 없었지만 반드시 말해야 하는 일에 대해서는 또한 뜻을 굽혀 회피해서는 안 되기 때문에 자연스레 성상께서 꺼리는 일을 저촉한 부분이 있었을 뿐입니다."[98]라는 말에서 임영의 이러한 생각을 읽을 수 있다.

우의정 김석주가 애초에 부득이하게 환관의 힘을 조금 빌려 쓴 정

96) 林泳, 『滄溪集』 권7, 「答玄江【壬戌】5」, "疏本留中, 旣非偶然, 或言'明朝言及閹豎之疏章, 例皆留中, 今日之事, 亦專由於此', 果爾則自下傳看, 尤涉未安."

97) 林泳, 『滄溪集』 권7, 「答玄江【壬戌】4」, "至於近習一款, 亦必極意言之者, 今日痼弊, 旣似在此, 誠心盡言, 庶或見察. 且念晦菴夫子其於時君, 交際甚淺, 而猶每以此陳戒, 至有擧名辨難之時, 則自以受恩已深, 處地已密, 不容有所隱忍回避, 故不得不索言之耳."

98) 같은 글, "大概本無一毫矯激訐直之意, 而事所當言, 亦不曲爲回避, 故自然有抵觸忌諱處耳."

황을 낱낱이 진달하고 “일이 다 끝난 뒤에 아래에서 만약 환관을 이용해 일을 해결하는 길을 오히려 남겨 둔다면 죽어도 죄가 남을 것입니다. 상께서도 응당 깊이 유념하여 내버려 둔 채 점점 자라게 하는 폐단이 없게 하소서.”라고 고하면서 임영의 상소문을 내려 달라고 청한 뒤에야 숙종은 관계 기관에서 읽을 수 있도록 내려 보냈다.[99] 이로써 임영의 만언소에 대한 처리 절차는 일단락되었지만, 경세에 대한 자신의 의견을 전면적으로 올렸음에도 왕의 분노만 샀을 뿐 시행의 실마리가 보이지 않음을 분명하게 확인한 임영은 더 이상 시무에 대한 간언을 올리지 않았다.

5. 임영 소차의 의의

임영은 평생 성리학에 침잠한 학자였다. 그는 李睟光의 『芝峯類說』에 대해서 “내가 생각건대 배우는 사람은 깊이 연구하여 스스로 깨달은 실질적인 내용이 있지 않으면 글을 짓고 의견을 피력할 필요가 없다. 기상이 경박하여 道와 멀어졌기 때문일 뿐만 아니라 세상에는 원래 안목을 갖춘 사람들이 있어서 코끼리를 더듬듯이 요량한 것

99) 林泳, 『滄溪集』 권7, 「答玄江【壬戌】7」, “泳之疏本, 昨日領右台請對時, 右台建請宣出. 而其間說話極多, 大概歷陳當初不得不少藉中人之力之意. 且曰: ‘事過之後, 自下若尙存此蹊徑, 則死有餘罪矣. 自上亦當深念, 無使有仍因浸長之弊.’ 仍曰: ‘今有知當初事勢之不獲已, 推恕而不復提起者爲一等; 有雖未詳知其時之事情, 以防微杜漸之意爲國家深長慮者爲二等; 有務爲高論, 欲參淸流而不卹國體者, 此則爲最下等.’ 仍以鄙疏爲當於第二等. 領台亦倣此意陳達云. 縷縷之說, 雖難盡擧, 而大概如此云. 卽者始宣下疏本, 不知盡見疏本後諸議復如何耳. 要是右台建白之意, 亦與方外所聞頓異, 意殊平恕, 亦非意慮之所及矣.”

을 가지고 자랑해서는 안 되기 때문이다."[100]라고 논평했다. 自得으로 성리의 道를 추구하지 않고 백과전서식 지식을 나열하는 것은 학문이라고 볼 수 없다는 관점이다. 전술한 것처럼 李植의 소차에 대해 功利의 함정에 빠져있다고 비판한 것 역시, 임영의 경세에 대한 견해가 어떠한 지향을 지녔는지 보여준다. 임영은 결과와 효용보다 동기와 태도를 중시한 전형적인 성리학자라고 할 수 있다.

하지만 이유가 어떻든 간에 임영은 과거로 입신했다. 산림으로 자처할 수 없고 出處의 사이에서 긴장을 유지할 수밖에 없었다. 숙종의 인정을 받으며 본인의 정견을 시행할 가능성이 열렸지만, 그 기대는 얼마 가지 못했다. 3~4년의 짧은 出仕 기간에 임영은 여러 소차에서 時事를 논하여 건의했고 이를 스스로 마무리한 것이 바로 萬言疏였다.[101]

소차는 설득을 목적으로 하는 글이다. 임영 본인도 소차의 내용뿐 아니라 서술 전략이 어떠해야 하는지에 대해 숙고하고 상의했다. 그럼에도 불구하고 끝내 숙종의 마음을 돌리지 못했다는 면에서 만언소를 비롯한 임영의 소차들은 본연의 목적을 이루지 못한, 실패한 글이라고 할 수도 있다. 하지만 임영은 숙종의 감정적 반응을 몇 차례 겪은 뒤에도 그것에 개의치 않고 오히려 뇌관을 건드리는 강도 높은 직설로 일관했다. 그렇다면 임영으로서는 설득 자체보다 더 중요하게 생각한 목적이 있었던 셈이다. 들어주지 않으면 언제든 떠날 수 있다

---

100) 林泳, 『滄溪集』 권25, 「日錄 · 丁未」, "夜觀芝峯類說, 有論學篇. 竊以爲學者非有深造自得之實, 不必著書立言, 不但氣象輕淺, 已於道相遠, 世間自有具目者在, 不可以模象揣量者衒之也."

101) 그 뒤에도 관직 제수는 이어졌고 지방관에 부득이 잠시 부임한 적도 있지만 중앙 관직에는 더 이상 나아가지 않았다.

는 자세로 과감하게 던진 주된 내용은 바로 聖學의 經世 의식이었다.

이는 朱熹의 戊申封事를 모범으로 하고 李珥의 萬言封事에서 趙憲의 6번에 걸친 萬言疏, 宋時烈의 己丑封事, 李惟泰의 己亥封事에 이르는 전통을 배경으로 한다.[102] 임영이 강조한 貢納과 身役의 개혁은 이들 율곡학파의 정견에서 공통으로 보이는 주제이기도 하다. 본고는 비교 분석을 통해서 그 가운데에서 임영의 소차가 지니는 변별적 위상을 구명하는 데에는 이르지 못했다. 다만 그 핵심 주제에 관통하는 爲民과 聖學의 정신을 당대의 현안과 긴밀하게 연결하여 정연한 논리로 구축한 전모를 살필 수 있었다. 임영은 師友 관계에 의해 형성되는 상호 배타적 독선을 경계하고 자득에 의한 절충과 보합을 추구했다. 그러나 각고의 노력과 사색에 의해 얻은 聖學의 지향에 있어서만큼은 한 치의 타협도 없었다. 임영이 만언소에서 숙종이 받아들이기 어려울 것이 분명한 두 자전의 경비 절감과 환관 배제 문제를 반복해서 강조한 것은, 민심을 얻기 위해 節用해야 하며 그 출발은 군주의 公心에 달려 있다고 생각했기 때문이다. 聖學의 근본이 서지 않는다면 다른 모든 논의가 무의미하다는 생각이 소차를 통해 뚜렷하게 드러난 것이다.

본고는 소차의 작성 배경과 주제 구현 방식 및 소통 양상을 통해서 임영이 지녔던 경세의 견해를 종합적으로 살필 수 있었다. 임영의 소차는 그가 평생 엄격하게 매진한 학문의 일관된 표출이었으며, 출사와 관련된 언사와 행보 역시 같은 맥락에서 이해된다. 17세기 후반 조선의 현실을 개혁하는 데에 임영의 이러한 논의가 얼마나 실질적인

102) 박문준, 「율곡학파 경세론의 도학적 경세정신」, 『율곡학연구』 43, 율곡학회, 2020; 오항녕, 「조선중기 경세론의 현안과 그 전개」, 『사학연구』 147, 2022.

효과를 거둘 수 있었을 지에 대해서는 재고가 필요하다. 다만 성학의 엄정한 기준으로 궁중 예산과 환관, 척신, 공신의 문제, 조세와 병역, 인사 제도와 국방 체제 등의 현안에 대해 임영이 내린 세부적인 진단과 대안들은 그것대로 중요한 의의를 지닌다. 임영은 물러난 뒤에도 나주 지역 백성들의 어려운 실상을 보며 국가적 위기의식에 바탕을 둔 자신의 정견을 더욱 절실하게 확인하였다. 그런 면에서 임영의 소차는 爲民을 근간으로 하는 聖學의 경세 의식이 도달한 구체적인 견해가 총체적이고 정연하게 제시된 예라고 할 만하다.

滄溪 林泳의 因文入道論

이영호
성균관대학교
동아시아학술원 교수

1. 들어가는 말

조선후기 유학자 滄溪 林泳(1649~1696)이 세상을 떠나자 사관은 졸기를 남겼다. 창계에 대한 졸기는 두 방면에서 우리의 주목을 요한다. 첫째는 왕조실록의 졸기에서 이루어지는 인물평가는 대체로 박한데 비해, 창계의 졸기는 그 평가가 매우 후하다는 점이다. 둘째는 창계에 대한 졸기가 한 편이 아닌 두 편이 전해진다는 것이다. 바로 『숙종실록』과 『숙종실록 보궐정오』에 비슷하면서도 그 내용과 詳略에 있어 차이가 있는 두 편의 졸기가 있다. 이에 창계의 인물됨과 학문을 중심으로 두 편 졸기의 중요 부분을 적시하면 다음과 같다.

■ 『숙종실록』 졸기

임영은 …… 젊어서 학문에 뜻을 두고 李端相, 朴世采의 문하에 출입하였다. …… 經傳을 연구하여 …… 經筵에 들어가면 講說을 잘 하는 것으로 일컬어졌다. …… 임영은 사람됨이 느리고 둔하며, 見識

도 명철하고 투철한 것이 모자랐으나, 요컨대 학문이 넓고 文辭가 바르고 넉넉하여 함께 출세한 名流 중에서 뛰어났는데, 金昌協이 그와 가장 교분이 두터워서 引重이 매우 컸다. 저작한『滄溪集』이 세상에 유행한다.[1)]

■『숙종실록 보궐정오』졸기

임영은 총명함이 남달리 뛰어나서 15, 6세에 문장이 이미 성취되니, 神童이라 불렀다. 이윽고 詞華를 싫어하고 正學에 뜻을 두어, 李端相에게 배우고 이어서 朴世采의 문하에 출입하여 高弟가 되었다. 經籍을 크게 연구하고 內省도 깊어서 見解의 뛰어남이 오묘하고 투철하였다. 경신년에 更化하자 맨 먼저 經筵에 들어갔는데, 講說이 精博하여 자유자재로 설명하는 것이 모두 타당하니, 한때의 명망이 있는 이들이 미치지 못하였다. 세상에서 眞講官이라 일컬으며, 聖學이 高明한 것은 여기에서 얻은 것이 많이 있다고 하였다. …… (우리 국조의) 前輩名流들이 대체로 문을 통해 도로 들어간 자〔因文入道〕들이 많았는데, 그 資性의 醇厚함이나 志趣의 深遠함이나 학식의 平實함이나 講解의 탁월함이나 言議의 公正함에 있어서 林泳은 실로 그 일인자가 된다.[2)]

---

1) 『肅宗實錄』30卷, 22年 2月 6日 壬辰 1번째 기사, "泳, …… 少有志於學, 出入李端相 · 朴世采之門 …… 遂硏究經傳, …… 登筵以善講說稱 …… 泳爲人遲鈍, 見識亦欠明透, 而要之學問淹博, 文辭典贍, 爲同進名流翹楚 金昌協尤與之交厚, 引重甚盛 有所著『滄溪集』行于世."

2) 『肅宗實錄 補闕正誤』30卷, 22年 2月 6日 壬辰 1번째 기사, "泳聰悟絶倫, 十五六, 文詞已成就, 以神童名. 已而, 厭詞華志正學, 學於李端相, 因出入於朴世采之門, 爲高弟 大究經籍, 內省亦密, 見解超詣, 深妙而通透 庚申更化, 首盛經幄, 講說精博, 橫竪皆當, 一時諸名勝莫及焉 世以眞講官稱之, 聖學之高明, 多有得於此云 …… 前輩名流, 多有因文入道者, 若其姿性之醇厚, 趣致之深遠, 學識之平實, 講解之超卓, 言議之公正, 泳實爲之最焉."

『숙종실록』과 『숙종실록 보궐정오』의 졸기에 보이는 창계의 사승은 이단상, 박세채이며, 그 학문적 기반은 경학이다. 그런데 창계의 인물됨에 관한 평가에서 두 졸기 사이에 미묘한 차이가 있다. 먼저 『숙종실록』에서는 창계에 대하여 고평을 하면서도 '느리고 둔하며, 見識도 명철하고 투철한 것이 모자랐다'라고 비평하였다. 이에 비해 『숙종실록 보궐정오』에서는 '資性의 醇厚함이나 志趣의 深遠함이나 학식의 平實함이나 講解의 卓越함이나 言議의 公正함'을 극찬하였다. 창계의 인물됨에 대한 평가는 왜 이렇게 다를까? 그 사정은 『숙종실록』의 편찬과정, 그리고 창계의 사승에서 살펴볼 수 있다.

『숙종실록』은 숙종의 치세기간에 이루어진 당쟁만큼이나 그 편찬과정에 곡절이 있다. 『숙종실록』은 숙종 사후 경종 즉위년(1720)부터 편찬이 시작되어, 1727년에 인쇄를 마쳤다. 이때까지 실록을 담당한 측은 노론이었다. 그런데 인쇄가 완료될 무렵, 정미환국이 일어나 노론이 물러가고 소론이 정권을 잡게 되었는데, 이때 소론은 노론이 편찬한 실록에 대해 일부러 잘못 기록한 것이 있다며 改修를 요구하였다. 하지만 개수가 불가능해지자, 각 권의 끝에 빠진 기사를 보충해 넣거나 잘못된 기사를 바로잡는 이른바 補闕正誤를 붙이기로 하였다. 이에 實錄補闕廳을 설치하고 보궐정오를 편찬하여, 노론이 편찬한 실록과 합쳐 인쇄를 마친 뒤 각 史庫에 봉안하니, 이때가 1728년 3월이었다. 이렇게 보면, 『숙종실록』은 노론이 중심이 되어 편찬하였으며, 『숙종실록 보궐정오』는 소론의 의견이 적극 반영되어 수정 보완을 거친 것이다.[3)]

---

3) 『숙종실록』의 편찬과정에 대한 연구는, 신계우, 「숙종실록 해제」, 『조선왕조실록』 20, 광주전남사료조사연구회, 1997 참조.

창계에 대한 서로 다른 졸기에서 노론과 소론이 창계를 바라보는 시각을 여실하게 확인할 수 있다. 일찍이 창계는 老少의 禍가 南老의 害보다 클 것이라는 인식을 가졌다.[4] 이는 곧 그가 노소론 어디에도 그 족적을 두지 않았음을 의미한다고 보아도 무방할 것이다. 그러나 창계에 대한 평가에서 노론은 薄하고 소론은 厚하였다. 추론이지만 창계의 사승에서 평가의 상이함에 대한 원인을 찾아볼 수 있을 듯하다. 창계의 스승은 이단상과 박세채이지만, 『창계집』을 보면 실제 가르침의 흔적은 박세채에게서 더욱 뚜렷하다. 그러니 후대의 입장에서 보자면, 창계는 명실상부하게 박세채의 高弟였다. 주지하다시피 박세채의 당색은 소론이다. 이러한 사승이 위와 같은 평가의 상이함을 야기하지 않았을까 추정해 본다. 그런데 사정이 이러함에도 불구하고, 두 실록에서 평가가 공통된 부분이 있다. 바로 창계의 학문과 경학에 대한 평가가 그러하다.

창계의 학문과 경학에 대한 두 실록의 평가는 공히 매우 높다. 특히 『숙종실록 보궐정오』에서, '經籍을 크게 연구하고 內省도 깊어서 見解의 뛰어남이 오묘하고 투철함', '經筵에서의 강설이 精博하여, 당대 명유들이 미치지 못함', '眞講官'이라 일컬어졌는데, 聖上의 高明은 임영에게서 얻은 것이 많음', '文을 통해 道로 들어간 조선 유학자 중에서 일인자'라고 한 평가는 조선 유학의 태두인 이황과 이이에 버금가는 고평이라 할 것이다. 그런데 이 평가에서 유독 주의를 요하는 대목이 있으니, 바로 '文을 통해 道로 들어간 조선 유학자 중에서 일인자'라는 언급이다.

---

4) 박래호, 「창계 임영 선생의 생애와 사상」, 『향토문화』 21, 향토문화개발협의회, 2001, 97면.

실상 조선의 유학자, 특히 명망 있는 주자학자들은 대부분 文을 통해(因文) 道로 들어갔다(入道)고 할 수 있다. 여기서 文은 주자와 그의 후학들의 글이며, 道는 바로 이런 문을 통해 깨우친 어떤 것이다. 이는 퇴계 이래, 구한말에 이르기까지 조선주자학자들의 학문의 전형이었다. 그런데 창계의 학문을 두고 이 방면의 일인자라고 하였으니, 이는 다른 말로 표현하면 창계가 조선주자학들이 근간으로 삼은 학문을 가장 전형적으로 구현하였다는 의미일 것이다.

창계의 이러한 학문에 대해서는 이미 앞선 연구들이 있다. 특히 경학 방면의 이영호, 함영대, 조정은의 연구에서 창계의 『대학』, 『맹자』, 그리고 『논어』 주석학에 관한 접근이 이루어졌다.[5] 그리고 그의 사상에 관해서는 오종일의 연구가 지남의 역할을 해준다.[6] 한편 창계가 남긴 글의 전모를 소개한 이우성 선생의 「창계집 해제」에서는 창계의 학문을 소개하면서 '求道者의 사색과 철학'이라고 고평하였다.[7]

이에 본고에서는 앞선 논의들을 참조하면서, 창계의 학문과 경학의 특징을 고찰해 보려고 한다. 특히 『숙종실록 보궐정오』의 졸기에 창계의 학문을 가리켜 '因文入道의 …… 일인자', 이우성 선생이 창계를 두고서 '求道者의 사색과 철학'이라고 평한 것에 초점을 맞추어서 논의를 진행하고자 한다. 초점을 이렇게 잡으면 문제는 바로 창계가 지

---

5) 이영호, 「조선후기 주자학적 경학의 변모양상에 대한 일고찰-창계 임영과 식산 이만부의 『대학』 해석과 이단관을 중심으로-」, 『한문교육연구』 17, 한국한문교육학회, 2001; 함영대, 「창계 임영의 내면적 성찰과 경학-『일록』과 『독서차록-맹자』를 중심으로-」, 『한국실학연구』 37, 한국실학학회, 2019; 조정은, 「창계 임영의 개인 수양서로서 『논어』 읽기-「독서차록-논어」「학이」편을 중심으로-」, 『한국실학연구』 37, 한국실학학회, 2019.

6) 오종일, 「창계(滄溪) 임영의 학문과 학술사적 위치」, 『고문연구』 12, 한국고문연구회, 1999; 오종일, 「창계(滄溪) 임영(林泳)의 학문과 성리설」, 『동양철학연구』 20, 2000.

7) 이우성, 「『창계집』 해제-求道者의 사색과 철학-」, 『국역 창계집』, 한국고전번역원, 2015.

향한 도의 정체, 그리고 그것에 도달하는 방법, 도가 구현되었을 때의 양상 등에 있을 것이다. 조선왕조실록에서 이우성 선생에 이르기까지 창계의 학문을 지목하는 핵심에 바로 '도'가 있기 때문이다. 그런데 창계의 入道는 因文의 바탕 위에서 이루어지고 있다. 이에 먼저 입도의 전 단계로서 인문의 양상을 살펴보기로 하겠다.

2. '文'을 통하다(因文)

창계 학문의 두뇌처는 '道'이다. 창계는 평생 도를 깨닫고자 노력하였고, 이 悟道의 과정과 체험을 글 속에 녹여 내었다. 그런데 창계의 도에 대한 자각은 선현들의 '文'에 대한 공부에서 시작되었다. 이른바 '因文'인 것이다. 그러면 창계는 어떤 文을 공부하였고, 누구를 師友로 삼아 자기 학문의 근간을 정립하였는가? 일견하기에 주자와 조선의 선현들이었다. 그러나 墨守 일변은 아니었다. 그 정황을 살펴보기로 하겠다.

「滄溪先生家狀草」에서 창계의 '因文'의 공부처를 다음과 같이 언급하고 있다.

을사년(1665, 현종6) 봄에 어버이의 명으로 서울에 가서 靜觀齋 文簡公 李端相의 문하에서 공부를 하였다. …… 靜觀公을 뵙고부터 마음으로 爲己之學을 기뻐하다가 『주자대전』을 보면서부터는 더욱 마음에 느낌이 이는 바가 있었다. 이에 이 책 한 질 가져다 하루 종일 꼿꼿이 앉아 고개 들어 책을 읽고 고개 숙여 생각을 하면서 침잠하여 애써 노력하였는데, 거의 먹고 자는 것도 잊을 정도였다. 정밀하고 은미한 깊은 뜻과 절실하고 요체가 되는 부분은 모두 연구하여 암송하였다. 또 성현의 요체가 되는 가르침 수십 조항을 뽑아 아침저녁으로 일곱 번씩 새겼다. 또 言行에 있어서는 항상 스스로 만족스러운 것과 스스로 속인 것을 반드시 살펴 날마다 표기하여, 만족스러우면 동그라미로, 속였다면 선으로, 만족스러운 것과 속인 것이 반반이면 점으로 표시하여 반성하는 바탕을 삼았다. 그가 독실히 학문하는 것이 이와 같았다. …… 정미년(1667, 현종 8) 이래로 경서 공부에 더욱 힘을 써서 다시 『小學』, 『大學』, 『論語』, 『孟子』부터 순서대로 공부해 나가 濂洛의 책들에 이르기까지 일체를 꿰뚫어 이해했다.[8]

10대의 창계는 이단상을 찾아가 스승으로 모시면서, 『주자대전』을 중심으로 주자학을 공부하였다. 그 공부의 과정은 매우 치열하였다. 하루 종일 먹고 자는 것도 망각하고 공부하였는데, 주자학의 요지는 거의 암송할 정도였다고 한다. 그런데 위의 글을 보면, 단순한 암기에 머물지 않았다. 주자의 말씀에서 새겨야 할 언설은 자신의 삶의 척도로 삼아 실천하고자 하였다. 그 실천의 과정에서 만족스러우면 동그라미, 속였으면 실선, 만족과 속임이 반반이면 점으로 표시하여 자기 점검의 지표로 삼았다고 한다. 이를 보면 창계의 주자학 공부는 읽기를 넘어서 암기로, 암기에 머물지 않고 실천으로 이어진 듯하다. 그리고 조금 장성하여서는 어린 시절 공부하였던, 小學과 四書, 그리고 주자학파의 여러 전적들을 다시 공부하여 이를 일관하는 이해를 도모

8) 『滄溪集』 附錄補 「滄溪先生家狀草」. 이하 창계에 관련된 문헌의 번역은 『국역 창계집』(한국고전번역원, 2015~2018)을 따르되, 필자의 견해에 의거하여 가감하였다.

하였다.

위의 기록을 보면, 창계의 학문에서 '文'은 주자학과 四書를 중심으로 하는 경전이었다. 『창계집』에는 경학 관련 언급이나 주석이 매우 많다. 이는 창계 학문의 근간에 경학이 자리하고 있음을 보여준다. 또한 주자학은, "소싯적에 程朱의 글을 보고 감발되는 단서가 없지 않아, 망령되이 스스로를 헤아려 보지도 않고 학문에 종사하려 마음먹었습니다."[9]라는 언급에서 보다시피 어린 시절부터 종사하였다. 한편 창계는 사서를 중심으로 하는 경전과 주자학 외에, 조선 주자학의 태두인 퇴계의 학문에 대하여 존숭하였기에 퇴계의 글에 대한 선집을 내기도 하였다.[10] 이렇게 보면 창계의 학문에서 대상으로 삼은 '文'은 일차적으로 유교경전(사서), 주자, 퇴계였다. 여기에 더하여 창계는 자신의 학맥에 위치한 선현들의 학문에 매우 주의를 기울였다. 특히 우암 송시열, 정관재 이단상, 남계 박세채, 졸수재 조성기는 창계의 학문 형성에 큰 영향을 미쳤다. 이단상은 창계가 시종일관 극진하게 모시는 스승이었으며,[11] 송시열은 또한 창계가 존모하며 가르침을 바라는 스승이었다.[12]

그런데 『창계집』을 보면, 창계의 학문 형성에 가장 큰 영향을 미친 학자는 박세채와 조성기였다고 할 수 있다. 창계는 이들과 가장 많이

9) 『滄溪先生文集』 卷之三, 「辭正言疏」. "少觀程朱書, 不無感發之端, 妄不自揆, 竊欲從事於學問矣."

10) 임형택, 「퇴계선생어록 해제」, 『퇴계학보』 119, 퇴계학연구원, 2006 참조.

11) 『滄溪先生文集』 卷之十三, 「與李同甫 己未」. "今日是先尊先生諱日, 轉頭之頃, 歲月悤悤, 忽成一紀, 感傷之意, 居然難禁, 無狀在當時, 荷期愛非常. 今者荒墜如此, 俯仰幽明, 跼蹐愧懼, 尤不能爲懷."

12) 『滄溪先生文集』 卷之六, 「上尤齋」. "泳於門下, 雖承誨日淺, 而竊見愛予之旨不泛. 故臨書, 不自覺其煩猥, 伏幸恕其僭率而辱敎其不逮也."

편지를 주고받으면서, 전적으로 그들의 견해를 수용하는 것이 아니라 이견을 제시함으로써 자기 학문의 입각점을 확립하여 나갔기 때문이다. 먼저 박세채와 창계의 서신 교환에서 그 입각점의 차이를 확인해 보기로 하겠다.

■ 남계 박세채

일찍이 그대의 뜻을 살펴보니, 자못 근세 학자들이 文義 사이에 얽매이고 막히는 것을 크게 유익하지 않은 것으로 여기고 있습니다. 또 반드시 自得한 공력이 있은 연후에 바야흐로 학문을 한다고 칭할 수 있다 합니다. 이는 모두 명백하고 통쾌하며 시절의 병폐를 절실하게 맞춘 것으로 자못 사람으로 하여금 부끄럽고 경복하게 합니다. 그러나 이미 문의에 얽매이고 막히는 것을 병통으로 여겼으니 그대가 이미 분명 의리의 관건이 되는 부분을 연구하여 발현함이 있는 것이고, 자득함이 없는 것을 병통으로 여겼으니 그대가 이미 분명코 침잠해서 공부를 쌓고 깊고 넉넉히 완미하여 그 자연을 좇아 터득한 것입니다. 이는 속인들이 자기 개인의 견해를 자득으로 인식하는 행태가 아닙니다. 또 생각건대 그대는 견식이 높고 학업이 넓어 동류배들 보다 매우 뛰어나니, 그대가 이러한 말을 하는 것은 또한 반드시 그 시종의 폐단을 염려하여 절충하려는 것입니다. 이는 참으로 내가 그대의 가르침을 끝내 받들기를 원하면서 감히 스스로 그만두지 못하는 것입니다. 그러나 **일찍이 듣건대 선유가 말하기를 '辭에서 터득하지 못하고서 그 뜻을 통할 수 있는 자는 있지 않다.'라 하고, 또 말하기를 '사람이 학문을 할 때 먼저 기준을 세워놓는 것은 금기이다.'라고 하셨습니다. 진실로 그 의미를 가지고 미루어 보건대 먼저 문의에 종사하고서 자득에 미치지 못하는 자는 또한 그 경우대로 절로 차제와 규모가 있**

는 것이니 일체를 허물과 부끄러움이라 논단하기는 어렵습니다. 그렇지 않다면 그대의 말은 자유가 쇄소응대를 말단의 일로 논단하고 草廬 吳澄이 훈고와 강설을 공박한 것에 가깝지 않겠습니까. 다만 그 귀결점과 수립처를 궁구한다면 응당 끝내 그대가 말한 것에 있을 따름입니다.[13]

■ 창계 임영

제가 지난번 논의할 때에 진실로 세상의 학자들이 대부분 文句 사이에 얽매이고 막혀서 自得의 실제가 없음을 병통으로 여겼으니, 그 말이 진실로 치우쳐 있고 완비되지 못한 듯합니다. 그러나 그 뜻은 다시 말씀드릴 만한 점이 있으니, 대개 저의 뜻은 애초 또한 학자들이 마땅히 **문구 공부를 버려두고 곧장 言意의 바깥에서 자득해야 한다고 말한 것이 아니라, 마땅히 글을 통하여 뜻을 구해서 이치를 얻고 마음을 밝혀야지 그저 얽매이고 막힐 뿐이어서는 안 된다**는 말이었습니다. 어찌 감히 문구에 종사하는 것을 일체 허물과 부끄러움이라 논단하겠습니까. 말세에 도가 쇠미하여 선비들이 학문을 알지 못하는지라, 문구에 마음을 두려고 하는 자도 이미 많이 볼 수 없고, 마음을 두려는 자는 또 그저 천근하고 지엽적인 부분에 얽매여서 마침내는 **말**

13) 『南溪集』 卷31, 「答林德涵」, "曾覵盛意, 頗以近世學者拘滯文義之間爲未大益. 又謂必有自得之功, 然後方稱爲學, 此皆明白痛快切中時病, 殆令人媿服也. 然旣病其拘滯文義則, 已必有以研究發越乎義理肯綮處, 病其無所自得則, 已必潛積優游以聽其自然而得之, 非俗人所以認獨見爲自得者. 且念德涵識高業廣, 夐絶輩流, 其有是言, 亦必慮其始終之弊而有以衷之. 此正不佞所願卒承其敎而不敢自已者也. 然嘗聞之, 先儒之言曰"未有不得於辭而能通其義者", 又曰"人之爲學, 忌先立標準". 苟以義類而推之, 其先從事於文義, 而未及乎自得者, 亦自有次第規模, 難可一切律之以疵吝. 不然, 不幾於子游之論灑掃應對, 草廬之攻訓詁講說乎? 但究其歸趣樹立, 則爲當終在於此耳."

을 통해 이치에 도달하는 실제 공부가 없으니, 이 도가 끝내 밝아질 수 있는 때가 없을까 두려웠으므로 폐단을 염려한 말이 부득불 이와 같았던 것입니다.

지금 初學에서부터 덕을 완성함에 이르기까지, 매양 한 권의 책을 읽을 때마다 먼저 ①**字句의 훈석**을 가지고 말하고 있는 ②**내용의 의미가 어떤 것인지를 파악**하고서, 곧 ③**익숙하게 완미하고 자세하게 사고**하여 ④의리의 귀착점을 자득하기를 힘써야 하니, 이는 그저 문구에 얽매이는 공부와는 의미가 전혀 다릅니다. 이른바 자득하는 것에 대해서는 비록 대번에 논의하기 어려우나, 요컨대 **반드시 이러한 과정을 거친 이후에야 점차적으로 이를 수 있는 것**입니다.[14)]

소론의 영수인 박세채는 125권의 방대한 문집 외에 예학, 경학 등에 관한 전적 20여 책을 남긴 대저술가였다. 그의 학문은 순정한 주자학이 중심이었는데, 특히 경학에도 일가견이 있었다.[15)] 창계는 10대 후반에 박세채를 찾아 뵈온 이래, 한결같이 가르침을 청하였다. 그 교학의 흔적이 『창계집』에 65통의 서간으로 남아 있다. 창계는 당대 여러 인사들과 서신을 주고 받았는데, 그 중 박세채와의 서간이 『창계

---

14) 『滄溪先生文集』 卷之六, 「上玄江 丁巳」, "蓋泳向時言議之際, 固嘗病世之學者, 多拘滯於文句之間, 而無自得之實, 其言誠若偏而不該矣. 顧其意有可復者, 蓋鄙意初亦非謂學者當舍文句工夫, 而直自得於言意之表也, 謂當因文求義, 要使理得而心明, 不當但拘滯而已, 豈敢以從事於文句者, 一切律之以疵吝乎? 世衰道微, 士不知學, 其肯留心於文句者, 已不多見, 其肯留心焉者, 又只繳繞於淺近枝葉, 而竟無因言達理之實功, 則恐此道終無可明之時. 故慮弊之言, 不得不如此. 今自始學, 以至成德, 每讀一書, 先將字訓句解, 看定所說指意之如何, 卽須熟玩詳思, 務以自得乎義理之歸趣, 則此與只滯文句者工夫, 意思迥然不同. 而所謂自得之者, 雖難遽議, 要必由此而後可馴致也."

15) 박세채의 학문적 성향과 경학에 관해서는, 이영호, 『조선중기경학사상연구』, 경인문화사, 2004, 104~139면 참조.

집』에 가장 많이 남아 있으며, 『남계집』에도 창계와의 서신이 다수 존재한다. 그런데 창계는 박세채에게 10대 이후 가르침을 받았지만, 20대 후반에는 학문에 대하여 미묘한 견해의 차이를 가지고 있었다. 20대를 넘어서면서 자기 학문의 목적지가 명확해졌기 때문이다. 그 견해의 차이는 서로 주고받은 위의 편지에 비교적 잘 드러나 있는데, 그 핵심은 '因文'에 있어서 '文'을 어떻게 공부하냐의 방법론에 있었다.

먼저 박세채의 견해는 두 가지로 요약될 수 있다. 첫째는 학문함에 文辭(文義)를 터득하는 것이고, 둘째는 미리 기준을 설정하지 않는 것이다. 이에 비하여 창계는 학문에 있어 자득처를 중시하고 있다. 이 양자의 견해는 순차적으로 이해하면 연속된 논리이기도 하다. 문의를 터득한 다음, 자득을 할 수 있기 때문이다. 그러나 문제는 어느 쪽에 중심을 두는가 하는 점이다. 위의 예문을 보면, 박세채는 명확하게 문사(문의)의 터득에 초점을 두고 있고, 창계는 자득에 중심을 두었다. 그러다 보니, 이 양자를 서로 순차적으로 이해하는 데 동의하면서도 견해의 달라짐을 면할 수 없게 되었다.

박세채는 문사의 정밀한 이해와 습득에 초점을 두었기에 설혹 자득의 경지에 도달하지 못하더라도 그 자체로 학문의 규모가 있다고 하였다. 이는 문장 공부 그 자체를 긍정적으로 평가한 것이라 할 것이다. 이에 비해 창계는 학문은 문장의 공부에만 그쳐서 거기에 얽매여서는 안 된다고 하였다. 학문은 문장의 이해를 바탕으로 자득하는 실제의 공부가 있어야만 된다고 주장하면서, 학문의 차례를 위의 예문에서 보듯이 네 단계로 설정하였다. 첫째는 자구의 훈석이며, 둘째는 의미의 파악이고, 셋째는 자기화하는 과정으로서의 반복과 사고이며, 마지막으로 넷째는 자득이다. 박세채의 학문관도 또한 창계와 아주 길을 달리 하는 것은 아니다. 다만 박세채는 창계가 제시한 학문의 차례에서 ①자구의 훈석, ②의미의 파악에 중점을 두었다면, 창계는 ③반복과 사고, ④자득에 조금 더 비중을 둔 셈이다. 창계는 박세채와 이런 논의를 거쳐서 '자득'에 이르려면 반드시 이 네 단계를 순차적으로 진행해야 된다고 확신하였다. 요컨대 박세채와의 토론에서 창계가 주장하는 학문의 핵심은 자득인데, 이는 체험과 깊은 연관을 가진다.[16)]

한편 창계는 외숙인 조성기[17)]와의 토론에서 자기 학문의 또 다른 중심을 제시하기에 이른다.

■ 졸수재 조성기

> **비록 위태롭고 괴로운 가운데 있으면서도 천하의 치란과 백성들의 고통에 대하여 하루도 마음에서 망각한 적이 없어서, 사려를 극진하게 하여 작은 구제라도 있기를 바랐었네.** …… 그 이른바 **漢唐의 당대를 구제한 규모를 열람하여 오늘날의 치도를 살펴본다**라고 한 것은, 좌우에 권하여 전 시대 일을 고찰한 뒤에 단점을 버리고 장점을 기록하고 나서, 그 쉽게 알 수 있는 것을 통해 알지 못하는 것에 미치고 그 쉽게 실행할 수 있는 것으로 인하여 쉽사리 실행할 수 없는데 미치고자 한 것이니, 이는 **후세의 善政을 배워서 점차 선왕의 도에 이르고자 한 것**이네.[18)]

16) 『滄溪先生文集』 卷之六, 「答玄江」, "若其名義, 則泳於十數年前, 初看朱子大全時, 見其論自得之意, 以爲自者, 乃自然之自, 非獨自之自, 已略知其辨矣. …… 其必欲自求得之者, 蓋亦以泳所自驗者推之耳. 雖無甚關於自得之義, 念亦不可不爲一暴之也."

17) 조성기는 군수를 지낸 趙時馨의 아들인데, 창계의 외조부가 趙錫馨이고 조석형과 조시형은 사촌 간이므로 조성기는 창계에게 외종숙이 된다.

18) 『拙修齋先生文集』 卷之四, 「答林德涵書」, "雖其瀕危苦呻之中, 而天下之治亂, 生民之疾苦, 未嘗一日暫忘於心, 勞思極慮, 冀有以小救. …… 其所謂究覽於漢唐救時之規模, 以審

■ 창계 임영

① 지난번에 삼가 외숙께서 보내주신 편지를 받아보니 앞뒤 총 10여 장에 거의 수만 여자였는데, 실로 우매하고 혼매한 제가 쉽게 답변할 수 있는 바가 아니었습니다. …… 이 편지의 주된 뜻은 다스림에는 규모가 없을 수 없으니, 三代와 漢唐 중에 사람이 어떤 것을 스스로 선택하느냐에 있다는 것입니다. 요컨대 **외숙의 생각은 저로 하여금 한당의 규모를 배우고 나서 논의를 펼치게 하려고 하신 것입니다.** …… 다만 그 요지는 저로 하여금 한당의 재상들이 세도를 구제하여 다스림의 공효를 이룬 것에 나아가 먼저 그들의 마음을 구하고 후에 그들의 행동을 구하며 마지막으로 그들의 일을 구하게 하였습니다. …… **또 근본을 따라 논해보면 정치를 하는 규모는 성현께서 서로 전하신 만고에 변치 않는 정법이 본래 있으니, 또한 대번에 진부한 평범한 말로 간주하고서 반드시 오로지 시폐를 바로잡는 것으로 하나의 큰 규모로 삼아서는 안 됩니다.**[19]

② 어리석은 저는, 외숙께서는 서책과 사색하는 공부를 우선 그만두고 **오로지 虛靈不昧한 마음의 본체를 함양하는 데에 전적으로 힘써서 일상생활에서 증험**해 보시기를 바랍니다.[20]

今日之治道者, 勸左右之考觀前事, 捨短錄長, 因其易知而及其所未知, 因其易行而及其所未行, 學後世之善政, 漸底先王之道."

19) 『滄溪先生文集』 卷之九, 「答趙叔成卿 癸亥」, "向者伏承尊叔所惠誨帖, 凡前後十紙, 殆累萬餘言, 實非愚昧荒迷者所可容易仰報. …… 蓋是書主意, 在於爲治不可無規模, 三代漢唐, 在人自擇如何? 要之欲使泳就學漢唐規模而發之言議耳. …… 但其要歸, 則顧欲使之就漢唐宰相之能救世道而成治功者, 先求其心, 後求其行, 終求其事. …… 又循其本而論之, 則爲治規模, 自有聖賢相傳亘古不易之正法, 亦不可遽視爲陳腐之常談, 而必專以矯時弊, 爲一大規模也."

20) 『滄溪先生文集』 卷之十, 「與趙叔成卿」, "愚意欲吾叔姑捐書冊探思之功, 專務涵養虛明之本體, 而驗之於日用之間."

졸수재 조성기와 창계 임영이 서로 주고 받은 편지는 공히 두 문집에 실려 있다. 『창계집』에는 조성기에게 보내는 서간이 51통이 실려 있고, 『졸수재선생문집』에는 임영에게 보낸 서간이 61통 들어 있다. 『창계집』에는 박세체에 이어 조성기의 서간이 가장 많고, 『졸수재선생집』에는 창계에게 보내는 서간이 압도적이다.[21] 이는 그들의 학적 교류가 두 사람 모두에게 매우 중요하였음을 보여주는 증거이다.

조성기는 주자학뿐 아니라, 서경덕과 관자 같은 다소 주류에서 비켜간 인물들의 학문에도 관심이 많았다.[22] 그의 이러한 관심은 박학, 그리고 경세학으로 뻗어 나갔다. 이에 조성기는 비록 완성을 하지는 못하였지만, 음양의 조화, 천지와 인물의 이치, 이단, 백가를 포괄하면서 예악, 형정의 경세학을 아우르는 방대한 저술을 기획하게 된다.[23] 김창흡에 의하여 전대미문이라 평가받았던 이 책은 조성기의 병고로 인하여 완성을 보지 못하였다.[24]

---

21) 『拙修齋先生文集』 권3~10은 書 90편이다. 林泳에게 보낸 편지가 61편으로 대부분을 차지하고 있으며, 金昌協에게 보낸 편지 7편, 金昌翕에게 보낸 편지 8편, 閔彦輝에게 보낸 편지 3편, 吳道一, 洪禹采에게 보낸 편지 각 2편씩, 崔錫鼎, 崔錫恒, 柳成運, 沈齊賢, 閔以升, 金昌緝에게 보낸 편지가 각 1편씩이다.(『졸수재선생문집』「해제」, 한국고전번역원, 2000 참조)

22) 『拙修齋先生文集』 卷之十二, 附錄, 「附行狀」(趙正緯), “嘗讀退栗兩先生人道四七之說, 心有所未安, 著說而明之. …… 而於花潭徐氏書物名壁上, 三年苦思, 及管子思之又思之, 鬼神克通之語, 深有所說, 常自服膺勉勵.”

23) 『拙修齋先生文集』 卷之十二, 附錄, 「附行狀」(趙正緯), “蓋僕之所欲論著, 自陰陽造化天地人物理道性命之蘊, 吾儒爲學門路工程, 以暨異端百氏邪正虛實同異之辨, 無不該括而無遺. 至於禮樂刑政之具, 治國許多制度文爲, 又必上自唐虞三代, 下訖皇明, 上下數千載間, 率皆融會博考, 折衷損益. 或法出於三代, 而有難一一盡遵於後世者則變而通之, 從其意而略其跡. 或出於漢唐宋而局於小見, 傷於細利, 雖甚可鄙, 而有難盡廢者則曲而暢之, 擴而大之, 救其偏而補其缺, 彌縫三代以後天人之遺闕, 以備一王之制, 冀有補於天下萬世, 此僕書所欲論之規模大略固如是.”

24) 『拙修齋先生文集』 卷之十二, 附錄, 「附誌銘」(金昌翕), “前儒之所未闡, 獨能深究而詳說之. 然而窮焉未及於設施, 病焉未遂其論著. 其化今其傳後, 畢竟乖於人而失諸天者, 非先

비록 완성을 보지 못하였지만, 이 책의 저술과정에서 조성기는 창계와 긴밀한 논의를 주고받는다. 그런데 상호 논의하는 과정에서 학문관의 차이가 드러났는데, 그 차이의 핵심은 위에 인용한 글에서 선명하다. 조성기는 주자학을 신봉하였지만, 주자학 이외의 학문과 경세학에 치중하여 저술을 진행하고자 하였다. 이 과정에서 특히 천하의 치란을 살피면서 백성들의 고통을 구제할 경세학을 중시하였는데, 조선의 학자들이 다소 경시한 漢唐의 제도에도 관심을 기울였다. 조성기는 자신의 이런 의도를 창계에게 장문의 편지를 통해 피력하였다. 여기서 조성기는 치세를 위해서는 한당의 제도에서도 善政의 요인을 발굴하여 배워야 한다고 주장하였다. 그런데 창계의 생각은 좀 달랐다.

창계는 조성기의 경세관에 반대한 것은 아니지만, 그 초점이 다소 어긋났다고 보았다. 창계는 성현들에 의해 이미 경세의 정법이 제시되었기에 이것으로 충분하다고 여겼다. 그리고 성현의 정법을 진부하게 여기고 시폐를 광정하는 한당의 제도를 수용하는 것은 본말이 전도된 것으로 생각하였다. 여기서 창계가 말하는 성현의 정법은 바로 [2] 에서 보듯이 외적 제도가 아닌 내적 심학이었다. 허령불매한 마음의 본체를 함양하는 성현의 심법은 단순하게 개인의 수양에 한정되는 것이 아니라, 이 자체가 바로 경세의 근원인 것이다. 창계는 한당의 제도를 고찰하고 이를 통해 시폐를 바로잡는 것을 경세의 근간으로 삼으면서, 성현의 심학적 경세관을 진부하게 여기는 것은 불가하다고 주장하였다. 경세에 관한 조성기와 창계의 이러한 관점을 단순하게 도식화하면, 바로 경세관에 있어 외적인 제도와 내적인 심학의 대립

生之不幸, 亦斯民之無祿也歟?"

이라 할 것이다.

창계는 조성기가 자신의 학문관(경세관)을 피력한 수만 여자에 달하는 편지를 받아 읽고서, 위에서 보다시피 비판적 관점을 제시하였다. 이 과정에서 조성기와 창계는 서로의 감정이 상하는 지경에 이르렀다. 창계가 외숙인 조성기에게 보낸 편지에서, 자신의 박대정심함을 드러내어 남을 압도하지 말고, 자기 수양에 매진하는 것이 어떻겠느냐고 서신을 보냈다.[25] 창계의 이러한 태도에 대하여 마음이 상한 조성기는 답신을 하면서 절교를 언급하기도 하였다.[26] 후일 창계가 자신의 태도에 대하여 지나쳤음을 사과하여 논란은 수습이 된 듯하다.[27] 그러나 경세에 관한 이러한 논변은 상호 견해의 차이를 좁히지는 못하였다. 창계는 마음의 일대사를 마치는 것이야말로 그 어떤 것보다 중요하다고 하면서 자신의 견해를 여전히 고수하였기 때문이다.[28]

창계는 사서와 주자서를 통하여 공부를 하였고, 주자에서 퇴계, 송시열, 이단상으로 이어지는 주자학자들을 통하여 자기 학문의 입각점을 마련하였다. 특히 박세채, 조성기와의 논의를 통하여 자기 학문의

---

25) 『滄溪先生文集』 卷之十, 「與趙叔成卿」, "向者長牋辭理浩博, 自是希世之宏議. …… 第以淺見言之, 尙似有張皇凌轢之習氣, 顧若患人之不己知者, 終恐非君子盛德以善養人之道, 未知如何? 幸乞益務完養 俾聞風覿德之士, 不待辨告而自然心服, 如何? 識淺言陋, 想又不免大方家一笑, 而區區願忠之愚悃, 亦可以默諒也耶? 還家, 若不甚病, 因山時, 欲赴陵下, 而筋力事勢, 實未易辦."

26) 『滄溪先生文集』 卷之十, 「與趙叔成卿」, "但求絶之云, 是何言耶? …… 無論長少形跡之如何, 敢以管窺之見, 欲爲高明進一步之謀, 其事誠不量, 而其言眞可笑矣."

27) 『拙修齋先生文集』卷之十二, 附錄, 「附行狀」(趙正緯), "林公以書中無理明心正成己成物等語, 有所論卞, 府君又以書報之, 其言幾至萬餘言, 雄深俊偉, 明白痛快, 眞可以明先王制治之大意, 破俗儒拘攣之陋見, 林公亦卒謝之."

28) 『滄溪先生文集』 卷之九, 「答趙叔成卿」, "書成不成, 猶是第二件事. 如此用功, 眞能了得自家一大事於方寸之內, 則政使不及成書, 亦何足爲吾恨."

지향점을 뚜렷하게 확립하였다. 그것은 바로 자득과 심학이었다. 박세채의 문장공부에 대비되는 자득의 중시, 조성기의 외적 제도에 대비되는 내적 심학으로의 경사가 창계 학문의 두 축이었던 것이다. 그런데 창계에 있어서 자득과 심학은 별개의 것이 아니었다. 스스로 체험하는 것으로서의 자득의 대상이 바로 심학의 핵심인 '마음'이었기 때문이다. 그리고 이것이 창계의 학문관에 있어서 文을 통하여 道로 들어가는 과정인 '入道'의 핵심이었다.

3. '道'로 들어가다(入道)

'文'을 통한 창계의 공부는 어디까지나 과정에 불과하였다. 창계는 이 '문'을 통하여 '道'로 들어가고자 하였다. 그것은 그의 생애 전체를 관통하는 일대사였다. 창계는 사적인 자리에서나 공적인 자리에서 항상 이러한 관점을 견지하였다.

■ **명재 윤증에게 보내는 편지**

제가 發心하여 道를 구한 것은 비록 어린 시절부터였지만 다만 타고난 바탕이 우둔하고, 또 힘을 다해 생각하고 노력하지 않았습니다. 그러므로 도의 一端과 一曲에 대해서 또한 깊이 깨닫고 실제로 터득한 곳은 있지 않지만, 대강의 의미는 그래도 그 뜻을 조금이나마 섭렵하지 않은 것은 아니었습니다.[29)]

---

29) 『滄溪先生文集』 卷之九, 「與尹明齋 己未」, "泳發心求道, 雖自少日, 直是天質凡愚, 又不能竭力思勉. 故雖於道之一端一曲, 亦未有深悟實得之處, 而然其梗槩意思, 則抑無不略涉

■ **병을 이유로 물러나기를 청하고 이어 성상의 학문에 대해 논한 소**

그렇다면 이른바 학문이 응당 어떤 것을 좇고 어떤 곳으로 향해야 하겠습니까? '道'에 지나지 않을 따름입니다. 도는 자기 한 몸으로부터 한 집안, 한 나라, 광대한 천지, 번만한 사물에 이르기까지 없는 곳이 없어서 지극히 바르고 지극히 마땅하고 지극히 공변되고 지극히 성실한 것입니다. 이것을 알면 최상의 지혜가 되고 이것을 체득하면 지극한 덕이 되며 이것을 행하면 지극한 다스림이 되나니, 천지간의 높고 크며 존귀한 사물로 이보다 훌륭한 것은 없습니다. 그러나 그 실제는 애초에 은미하고 비밀스러워 알 수 없거나 허망하고 고원하여 행할 수 없는 것이 아닙니다. 도는 곳곳마다 어디에든 있기에 반걸음 내딛는 사이에도 떠날 수 없고, 어느 때건 그러하지 않음이 없기에 숨 쉬는 사이에도 빠뜨릴 수 없는 것입니다. 사람이 학문을 하면서 이 도에 뜻을 두지 않는 자는 모두 자포자기하는 것이요, 학문을 한다 할 수 없습니다.[30]

창계는 명재 윤증에게 보내는 편지에서 자신이 어린 시절부터 발심구도하였음을 고백하고 있다. 깊이 깨닫거나 터득한 것은 아니라고 하였지만, 그 대강의 의미는 섭렵하였다고 하였다. 그런데 『창계집』을 보면 창계의 이런 언급을 겸사로 볼 수 밖에 없다. 창계는 도의 추구

其趣者矣."

30) 『滄溪先生文集』 卷之三, 「引疾乞退仍論聖學疏」, "然則所謂學者, 當何趍而何向哉? 不過曰道而已矣. 道者自吾一身, 以至一家一國, 天地之大事物之繁, 無不有焉, 而至正至當至公至誠者也. 知此則爲上智, 體此則爲至德, 行此則爲至治, 天地間高大尊貴之物, 莫尙於此. 而然其實初非隱暗而不可知, 虛遠而不可行, 隨處皆在. 故跬步之間, 不可離也, 無時不然, 故呼吸之頃, 不可遺也. 人之爲學而不志於此者, 皆是自棄, 未可謂學也."

와 그 과정에서 생성된 깨달음에 확고한 신념을 가지고 있었다. 때문에 숙종에게 올리는 사직상소에서도 이 '도'를 추구하는 학문에 대하여 명료하게 언급하였다. 학문의 목적지는 '도' 하나밖에 없다고 하면서, 이 도는 천지만물에 어느 곳에도 있지 않음이 없으며, 한 걸음 내딛거나 한 숨을 쉬는 사이에도 존재한다고 하였다. 이러한 도는 천지간에 가장 높고 크며 존귀하니, 학문을 하면서 여기에 뜻을 두지 않는다면 학문을 한다 할 수 없다고 단언하였다. 왕에게 올리는 상소에서 이처럼 확언을 하였으니, 창계의 도에 대한 열망과 확신이 어느 정도인지를 가늠할 수 있다.

그러면 창계의 평생을 관통한 '도'의 정체는 무엇인가? 앞서 보았다시피 문장을 열심히 읽는 것도 아니고 제도를 중심에 둔 경세도 아니었다. 그것은 바로 문장학보다는 자각을, 외적 제도보다는 내적 심성을 기반으로 하는 인간 내면의 자각이었다. 창계가 지향하는 도가 인간 내면의 자각이라고 하였을 때, 이것은 창계가 독창적으로 개발한 것은 아니었다. 창계는 유교경전–특히 『중용』, 『대학』–과 주자학에서 이 도의 면목을 파지하고 감발하였으며, 그 속으로 잠겨 들었다. 그 정황을 차례대로 살펴보기로 하겠다.

■ **이동보에게 보내는 편지**

이른바 '아직 발동하기 전의 본체[未發之本體]'라는 말에 이르러서는 대체로 의리를 얻었습니다. 다만 비록 應接할 때라도 만일 사물에 얽매이지 않는다면 또한 그 본체를 잃지 않았다고 이를 만하니, 이와 같고 보면 本體와 本然은 또한 用處를 겸하여 말할 수 있을 듯합니다. 모르겠습니다. 이 뜻이 어떻습니까?[31]

■ **박세채에게 올리는 편지**

삼가 생각한 바가 있으니 한번 아뢰어 보고자 합니다. 지금 감히 알지 못하겠습니다만, 未發과 已發의 즈음에 이 마음이 환하게 어둡지 않아서 아득히 자각하지 못하는 때가 없으십니까? 그리고 서책을 놓고 한가로이 앉아 있는 때와 사물이 번갈아 내 앞에 이르는 사이에 이 이치가 명료하게 항상 존재하여 茫然히 의거할 바가 없는 때가 없으십니까? 이러한 것으로 스스로를 징험해보면 곧 造詣의 깊이를 헤아릴 수 있으니, 만약 이미 환하고 명료하다면 좋은 것이요, 만약 혹 그렇지 않다면 말과 행동으로 드러난 것들이 또한 어찌 홀로 성현의 높은 기상에 다 부합될 수 있겠습니까.[32]

『중용장구』 1장을 보면, 천하의 大本과 達道를 언급하면서, 中과 和를 들고 있다. 그런데 여기서 천하대본으로서의 중은 喜怒哀樂이 아직 발동하지 않은 상태(未發)를 의미하고, 천하달도로서의 화는 희로애락이 이미 발현된 상태(已發)를 의미한다고 규정하였다.[33] 창계는 스승인 이단상의 아들 李喜朝에게 보낸 편지에서, 『중용』에서 말

31) 『滄溪先生文集』 卷之十三, 「與李同甫 辛酉」, "至於所謂未發之本體, 則大槩得之矣. 但雖是應接之際, 若不係着於事物, 則亦可謂不失其本體, 如此則本體本然, 似亦可以兼用處言之矣. 未知此義如何?"

32) 『滄溪先生文集』 卷之六, 「上玄江 丁巳」, "竊有所慮, 願一陳之, 今不敢知未發已發之際, 此心能炯然不昧, 而無悠悠不自覺之時否乎? 釋書閒坐之時, 事物交至之頃, 此理能瞭然常在, 而無茫茫無所據之時否乎? 以此自驗, 便可卜所造之深淺, 如旣炯然瞭然則善矣, 如或未然, 則其見於言語事爲之間者, 亦何能獨盡合於聖賢之高致也."

33) 『中庸章句』 1章, "喜怒哀樂之未發, 謂之中, 發而皆中節, 謂之和, 中也者, 天下之大本也, 和也者, 天下之達道也."

하는 희로애락이 미발한 상태를 마음의 본체로 규정하는 선현들의 언설에 대하여 그 본지를 파악했다고 하였다. 그리고 스승인 박세채에게 올리는 편지에서는 마음 본체로서의 未發之心과 작용으로서의 已發之心을 함께 거론하면서, 이 마음이 본체의 상태로 존재하든, 작용의 상태로 있건 항상 밝게 깨어있는 자각의 경지를 제시한다. 그리고 이러한 경지에 대한 자신의 자부를 은연 중에 드러내고 있다.

창계가 도달한 이런 상태는『중용』에서 제시한 대본인 미발지심의 자각 혹은 체득이라 할 수 있다. 이 미발지심의 자각은 창계의 언급처럼 현실의 삶에서 動과 靜을 막론하고 구현될 때만이 온전한 것이다. 그러나 이 미발지심을 체득하기도 어렵지만, 동정을 관통하여 이 상태를 유지하기는 더욱 지난하다. 미발지심의 자각 이후, 靜의 상태에서의 유지는 가능하지만, 動의 상태로 들어서면 망실되는 것이 다반사이기 때문이다. 이는 곧 미발지심의 견지가 동과 정을 일관하지 못하고서, 단절됨을 의미한다. 이러한 상황을 창계는 윤증에게 올리는 편지에서 다음과 같이 말하고 있다.

이 때문에 조용히 앉아 있을 때나 성현의 말씀을 마주하고 있을 때에는 이 마음이 보존되니, 理와 義의 본체가 모여 들어 어느덧 대략 갖추어지는 듯하였습니다. 그러나 정신과 기운이 혼매하고 피곤하며 사물이 분잡하게 와 닿는 때에 이르러서는 이 마음이 흩어져 없어지니, 경우에 따라 방탕한 데로 흘러 만사가 지리멸렬해지고 흐리멍덩일을 그르쳐 의지할 만한 하나의 선도 전혀 없게 됩니다. 따라서 하루 사이에 생각과 행동들이 흡사 두 사람의 일과 같은 경우가 매우 많습니다. 그 병통이 사람과 만날 때에 가장 심하니 범범한 사람을 만나면 저도 따라서 범범해지고, 말이 많은 사람을 만나면 저도 따라서 말이

> 많아지며 詩文과 方術을 하는 사람을 만나면 또한 저도 모르게 휩쓸려 버립니다. 이는 모두 제 자신의 공부가 실로 중도에 끊어짐이 많아서 스스로 자립할 수 없어서 그렇게 된 것입니다.[34)]

위의 글에서 창계가 말하는 이 마음의 보존이란, 바로 미발지심의 보존을 의미한다고 볼 수 있다. 리와 의의 본체는 곧 마음의 본체인 미발지심을 말하기 때문이다. 창계는 이 마음이 靜의 상태에서는 보존되나, 피곤하거나 혼매할 때 動의 상태로 접어들면 보존되지 못함을 고백한다. 특히 사람을 만날 때 그 사람이 어떠하냐에 따라 자신도 급격하게 변함을 말하면서, 이전의 정의 상태에서 미발지심을 견지하던 때와 비교하면 완연히 다른 두 사람처럼 된다고 하였다. 이는 명백하게 동과 정 사이에서 미발지심의 단절인 것이다. 상황이 이렇게 되자, 창계에 있어 공부의 핵심처는 외적 자극에 의하여 격절된 동과 정의 간극을 없애고 한결같이 미발의 상태로 존재하는 것이었다. 창계는 이 지점을 통과하기 위하여 자기 나름의 공부법을 개발하였으니, 바로 '習專一之法'이었다.

> 존장께서 말씀해 주신 謹獨의 뜻은 본래 절실하고 중요한 공부이니 일찍부터 유념하고 있지 않은 것은 아닙니다만 또한 중단하는 일은 어찌할 수 없었습니다. 집에 돌아와 깊이 생각하여 한 가지 방편을

---

34) 『滄溪先生文集』 卷之九, 「答尹明齋 己未」, "以故靜坐之頃及對聖賢說話之時, 此心存焉, 則理義體段, 如有湊合, 居然略具. 及其神氣昏疲, 事物紛觸之際, 此心散亡, 則隨境流蕩, 萬事潰裂, 冥昧顚錯, 了無一善可據. 一日之間, 意慮云爲, 恰如兩人之事者甚多. 其患最甚於接人之際, 遇泛泛之人則隨而泛泛, 遇多言之人則隨而多言, 遇詩文方術之人, 亦不覺其相與混合. 此皆由自己工夫, 苦多間斷 不能自立而然也."

> 얻었습니다. 대체로 중단하는 병통을 치료하는 방법은 오직 專一함을 익히는 데에 있습니다. 전일함을 익히는 방법은 어렴풋한 마음을 익히는 것이 근거할 것이 있고 성취하기 쉬운 신체를 익히는 것만 못하고, 신체의 전체를 익히는 것이 또 더욱 전일하게 할 수 있고 성취하기 쉬운 신체의 일부를 익히는 것만 못합니다. 곧 머리의 용모에 나아가 공부를 하여 다니거나 머물 때, 앉아있고 누워있을 때와 아침과 저녁, 잠자거나 깨어있을 때에 우선 감히 잠시도 잊지 않아야 합니다. 이와 같이 고수하여 조금 성숙해지면 또 다른 곳에 나아가 공부를 한다면 거의 습관이 전일하게 될 수 있고, 평소 중단하고 해이해지는 습관도 차례대로 줄일 수 있을 것입니다. 이 방법이 매우 졸렬하고 천근하지만 스스로 생각건대 이것만은 근근이 힘써 이룰 수 있을 것 같았습니다. 그러므로 이런 下策을 낸 것이니 어떨지 모르겠습니다.[35)]

애초 창계는 자신의 본심을 찾아가는 공부에 있어 '七省例'라는 방법을 사용하기도 하였다. 칠성례는 아침 식사 전, 아침 먹을 때, 아침 먹은 뒤, 정오, 저녁 먹을 때, 저녁 먹은 뒤, 침소에 든 뒤, 이렇게 하루에 일곱 번씩, 四箴과 敬齋箴, 그리고 직접 뽑은 격언들을 외우면서 스스로를 돌아보는 공부법이다.[36)] 쉼 없이 성찰하는 공부에서 물

---

35) 『滄溪先生文集』 卷之九, 「答尹明齋 己未」, "若尊諭謹獨之義, 自是切要之功, 非不嘗留意也, 但亦無如其間斷何? 還家深念, 得一方便. 大抵治間斷之病, 推在於習專一, 而習專一之法, 其習之於心意恍惚之間, 不如習之於外體之有據而易守, 習之於外體之全, 又不如習之於一體之尤專而易成. 卽就頭容加工, 行住坐臥, 晝夜寐覺, 姑不敢有頃刻遺忘. 如此持守, 覺稍成熟, 又就他處加功, 庶幾可以習成專一, 而平昔間斷放倒之習, 亦可次第減損. 此法至拙至近, 而自量惟此堇可勉成. 故出此下計, 未知如何?"

36) 『滄溪先生文集』 卷之二十五, 「日錄 丙午」, "初起, 誦四箴敬齋箴與手所抄諸格言, 臨食如之, 食後午時,臨夕食, 夕食後, 臨臥, 又如之, 名曰七省例."(칠성례의 공부법에 대한 소개는 임형택, 앞의 논문, 319면 참조)

러나 하루에 일곱 번만 이 공부를 하는 것에 우려도 하였지만, 그래도 창계는 이 칠성례의 공부법을 상당히 실천하였던 것 같다.

그러나 미발지심을 動靜間에 간극없이 유지하는 것은 애초 어느 시간을 설정하고서 거기에 집중한다고 되는 문제는 아니었다. 왜냐하면 이 미발지심은 인간이 의식을 하든 의식을 하지 않든 動과 靜의 모든 시간과 어느 공간에서든 항시 있는 그 무엇이기 때문이다. 다만 이것을 체득하여 자각하고 있느냐 없느냐의 차이만이 있는 것이다. 상황이 이러하기에 하루에 일곱 번 반성한다는 것은, 어찌보면 이 미발지심을 자각하기 이전에는 가능한 공부법이었는지 몰라도 미발지심의 단초를 엿보고 나면 이 공부법은 힘을 잃을 수 있다. 동과 정의 간극이 없이 존재하는 미발지심이 어떤 특정 시간을 설정한다고 해서 거기에서만 존재하고 나머지 시간과 공간에서 현전하지 않는다면, 이는 마음의 본체로서의 미발지심이 아니기 때문이다. 앞서 언급하였듯이 미발지심의 단초를 엿본 창계는 정의 상태에서는 이 속에서 살아갔으나, 동의 상태에서는 이것을 망각하곤 하였다. 이는 어쩌면 純熟의 문제일 수도 있다. 창계는 미발지심을 힐끗 엿봄에서 순전하게 익숙함으로 나아가는 과정에서 靜뿐만이 아니라 動의 상태에서도 이것이 자각된 상태를 원하였다. 창계는 그 방법을 애타게 찾았다.

"살펴보건대, 이 도리는 반드시 生死를 걸고 노력하여야만 깨달을 수 있는 것이니, 古今의 사람들 중에 높은 지위에 올라 위를 쳐다보고 활보하면서 스스로 이 일에 뜻을 두었다고 말한 사람은 수없이 많았으나, 끝내 이 일을 성취한 사람은 얼마 되지 않은 것이 모두 이 때문이다. 그러나 이것은 매우 어렵지만 쉬운 일이기도 하니, 만일 그 방법을 알아서 끊임없이 노력한다면 무슨 어려움이 있겠는가. 유념하고 유념할 일이다."[37)]라는 언급에서 보듯이 평생에 걸쳐 생사를 걸고 하는 공부로 이것을 인식하였다. 그리고 그 방법을 알기를 희구하였다. 명재 윤증은 '愼獨'을 하나의 방법으로 제시하였다. '愼獨'의 '獨'은 남이 모르는 나만의 공간이기 보다는, 新安 陳氏의 말처럼 이는 남이 알 수 없는 내 마음의 홀로인 지점이다.[38)] 남이 못 보는 공간에서뿐 아니라, 타인과 관계없는 나만의 마음속에서도 성찰하는 자세가 신독인 것이다. 신독의 의미가 이러하다면 어쩌면 동과 정을 관통하는 공부로서 상당한 의미가 있고, 또한 많은 유학자들은 여기에서 길을 찾았기에 윤증은 이것으로 창계에게 답한 듯하다. 그러나 이 신독이 창계의 답은 아니었다.

창계는 정신의 오롯한 집중, 즉 專一을 통해 動靜의 간극을 메우고자 하였다. 애초 정신을 오롯하게 집중하는 전일은 주자가『중용장구』「서문」에서 16자 심법을 통해 제시하였다. 주자는 16자 심법의 핵심 구절인 '惟精惟一'에 대하여, 마음의 정밀한 관찰 능력(精察)과 그 관찰자를 전일하게 유지하는 것(一守)으로 해석하였다.[39)] 주자의 이러한 해석을 창계는 더욱 구체화하여 자기만의 공부법을 생성하였다. 그것은 바로 위의 예문에서 보듯이 구체적인 육체의 움직임에서부터 시작한다. 즉 인간의 일상적인 신체의 움직임인 行住坐臥의 순간순간에 의식의 초점을 집중시킨다. 이런 공부를 통해 신체 전반의 움직임으로 그리고 종내는 인간내면으로까지 확장하여 그 의식을 집중함으로써, 현실적 삶에서 움직임의 최소단위에서 광대한 마음의 영역에

37) 『滄溪先生文集』 卷之二十五, 「日錄」.

38) 『大學章句大全』, 「傳六章」, '愼獨'小註, "新安陳氏曰: '此獨字, 指心所獨知而言, 非指身所獨居而言.'"

39) 『中庸章句』, 「序文」, "精則察夫二者之間而不雜也, 一則守其本心之正而不離也."

이르기까지 이 살피는(관찰하는) 마음을 견지하는 것이다. 이렇게 견지된 마음을 가장 미세한 동적 상황에서부터 가장 고요한 정적 내면에 이르기까지 전일하게 유지시키는 것이 관건이다. 이것이 습관화되어 항상 그런 상태에 놓인다면, 바로 미발지심이 靜에서뿐만 아니라 動의 상황에서도 그대로 자각되는 것이다. 그 정밀하게 관찰하는 관찰자가 바로 미발지심이 형상화된 한 공능이기 때문이다.

창계는 자신의 이러한 공부법을 비록 천근한 하책이라고 겸사를 하였지만, 아래와 같은 그의 고백을 들어보면 이 공부법은 성취를 하였다고 보여진다.

> 동쪽으로 館洞에 가서 西湖丈을 방문하였다. 도중에 저자거리를 지날 때 마침 해가 중천이었는데, 저자에 모여 든 장사꾼이 셀 수 없을 정도이고 시끄러운 소리가 온 사방에 가득하였지만, 내 마음이 줄곧 담담하기가 작은 집에 혼자 있을 때와 다름이 없었으니, 다행한 일이다.[40]

창계는 '습전일지법'의 공부를 통하여, 정적인 상태에서 견지한 미발지심이 동적인 상황으로 접어들 때도 생생하게 자각되는 경지에 접어들게 된다. 위의 예문에서 보듯이 시끄러운 저자거리를 지날 때 온 사방이 시끄러운 데도 미발지심이 생생하게 자각되는 상황에 놓이게 된다. 이 마음이 동정에 상관없이 한결같게 된 것이다.

10대 후반, 스승인 이단상과 박세채를 찾을 무렵부터 창계의 학문

40) 『滄溪先生文集』卷之二十五,「日錄 丙午」, "東之館洞, 訪西湖丈, 路過闤闠, 時日正中, 市人聚者無數, 喧聒殷天, 然此心常湛然, 與塊處小齋時無異, 幸也."

적 지향은 뚜렷하였다. 그는 스승과 선배가 중시한 문장학 · 경세학과 다른 지점에서 자기 학문의 목적지를 설정하였다. 그것은 바로 도에 들어가는 것이었으며, 그 핵심은 마음의 본체인 미발지심을 자각하여 이를 익숙한 경지로 고양시켜 정과 동을 막론하고 이 상태에서 지내는 것이었다. 동정이 여일한 미발지심의 상태는 그 드러나는 현상으로 보면 마음의 고요와 안정을 들 수 있다. 이는 본질적으로 깨어 있는 의식이 동정을 막론하고 내면을 비추는 데서 오는 효과이다. 자각된 의식이 내면을 비춘다 함은 인간사의 희로애락이 그 자체로 생명력을 가지는 것이 아니라, 그 자각된 의식 아래 놓인 하나의 객관적 물상이 됨을 의미하기도 한다. 그런데 이러한 상황은 본질적으로 내면에서 일어나는 체험에서만이 진정한 이해가 가능하다. 창계는 자신의 이런 정신 경계에 대하여 다음과 같이 언급하기도 하였다.

> "이내 마음 거울에는 외물 하나도 편안히 놓임을 용납키 어려우니, 이 몸에 관한 일 외에 다시 무엇을 신경쓰랴. 미래는 아직 안 왔고, 과거는 지나갔으니, 단지 지금 당처에서 曾子와 顔子를 체득하노라.[心鏡難容一物安, 手頭事外更何關? 後事未來前事往, 只須當處體曾顔.]"라고 하였습니다. 이 말들이 비록 비속하여 詩語 같지 않지만 보잘것없는 저의 心境을 또한 대략 볼 수가 있습니다.[41]

마음의 본체로서의 미발지심을 자각하여 '습전일지법'을 통해 純熟의 경지로 고양하여 動靜을 막론하고 한결같은 상태를 유지함은 실

41) 『滄溪先生文集』 卷之十五, 「答金叔涵」, "又云心鏡難容一物安, 手頭事外更何關, 後事未來前事往, 只須當處體曾顔. 此雖鄙俚, 不似詩語, 而區區心境, 亦略可見矣."

상 언어로 묘사하기가 어렵다. 언어란 그 지시하는 내용이 추상적이든 구체적이든 어떤 형상의 묘사를 통해서만 성립이 가능하다. 그런데 이 미발의 지점은 희로애락이 발동하기 이전의 상태이기에, 형상의 설정이 불가능하다. 때문에 언어로 이 미발의 상태를 정확하게 묘사하고자 하는 노력은 어찌보면 헛되다고 할 수도 있다. 그러나 이 경지는 자각의 상태에 접어들면, 그 심리를 근사하게 묘사할 수 있다. 위의 예문은 미발지심으로 동정을 관통하여 여일한 경지에 다다른 창계가 자신의 상태를 근사하게 서술한 것이다.

위의 글에서 말하는 마음 거울은 곧 마음의 본체인 미발지심을 가리킨다. 이 미발지심에는 희로애락이 없기 때문에 여기에는 심상에서 형성되는 그 어떤 물건도 놓여있지 않다. 오직 손과 머리에서 행해지는 현재의 동작 혹은 삶만이 감지된다. 이런 상태에 놓이게 되면, 과거에 얽매이지 않고 미래를 불안하게 여기지 않는다. 미발지심의 본체에는 어떤 것도 없고 밝게 인식(관찰)하는 작용만이 있을 뿐이다. 그 밝은 인식이 동과 정을 막론하고 환하게 관찰(작동)하기에, 미발지심의 장막 속에 과거의 잔상이나 미래의 우려가 떠오를 수는 있지만 지속성을 가지지는 못한다. 한편 이런 상황에 도달한 마음의 상태를 창계는 '當處'라고 표현하기도 하였다. '당처'란 미발지심을 언어화했을 때 생성되는 용어로 '과거와 미래를 떠나, 바로 지금 보고 느끼는 이 자리'라고 풀 수 있다.

바로 지금 이 자리에서 환하게 비추는 미발지심의 작용으로서의 인식 기능에는 과거와 미래의 경험이나 우려는 지속성을 잃고서 순식간에 사라져 간다. 그러니 이런 창계에게는 오로지 지금 여기에서의 삶만이 충만한 것이다. 안연과 증자의 경지를 여기에서 체득한다는 것은 바로 이 경계에서 상호 소통함을 의미한다. 안연의 不遷怒의 경지가 곧 과거의 경험이나 상처에 사로잡히지 않음을 의미하기에 창계는 자신의 이 경지를 곧바로 안연과 연결시킨 것이다. 실로 과거와 미래의 어떤 상도 잔류함이 없이 지금 이 자리에서 보고 느끼는 가운데서 살아가니, 손발이 움직이는 지금의 삶만이 있는 것이다.

이는 본질적으로 『중용』에서 말하는 '素位'의 삶을 방불케 한다. '소위'란, 어떤 상황에 놓이든 그 상황 자체를 꺼려하지 않는 삶의 자세이다. 비록 고난의 상황에 처하더라도, 미래의 다른 장소와 시간을 설정하여 기대한다거나 과거의 어떤 상황에 대한 그리움으로 살아가지 않는다. 오직 지금 이 순간에 자족하면서 살아가는 것이다. 때문에 '소위'의 삶은 어떤 시공에 놓이더라도 충만하게 살아가기에 위로는 하늘을 원망함이 없고 아래로는 인간을 탓함이 없게 된다.[42] 고난이 존재하는 현실에서 고난을 극복해야할 대상으로 여기는 것이 아니라, 그 고난 속에서도 충족된 삶을 살아가는 것이다.

창계의 이러한 정신 경계는 인간이 가장 꺼려하는 삶의 최종 고난인 죽음에 대해서도 자득처를 만나게 하였다.[43] 죽음의 고난조차도 자득을 통해 편안하게 수용한 데서 그 성취의 정도를 짐작할 수 있게 한다. 그리고 이것은 어쩌면 10대 시절을 도에 뜻을 두어 일생을 경주한 뒤에 도달한 경지일 것이다. 이렇게 보면 창계의 삶에서 구도의 여정은 그 내면의 본원인 미발지심의 체득에서 본격적으로 시작되어 그것이 창계의 삶에서 익숙해져 가는 과정을 거쳐 마침내 최종 난

---

42) 『中庸章句』 14章, "君子素其位而行, 不願乎其外, 素富貴, 行乎富貴, 素貧賤, 行乎貧賤, 素夷狄, 行乎夷狄, 素患難, 行乎患難, 君子無入而不自得焉. 在上位, 不陵下, 在下位, 不援上, 正己而不求於人, 則無怨, 上不怨天, 下不尤人."

43) 『滄溪先生文集』 卷之二十六, 「日錄 己巳」, "夕間靜坐, 因感俗情忌諱事, 深思到底, 頓覺隱衷釋然, 方寸昭晣, 此可爲窮理硏幾之一驗矣."

관인 생사의 문제까지 해결하게 하였다. 이우성 선생이 말한 '구도자'로서의 창계의 삶의 모습은 바로 이런 것을 두고 한 말이라 여겨진다. 때문에 이러한 구도자로서의 창계의 삶은 어찌보면 지적인 성취의 학문에서 출발하였지만, 그 과정과 종착역은 흡사 종교인의 체험의 영역으로 성큼 다가간 듯한 감을 주고 있다.

4. 마무리

창계는 師友의 복이 많은 분이었다. 이단상과 박세채, 최석정, 조성기, 김창협, 오도일 등과 같은 당대 명유들에게서 가르침을 받거나 상호 학문을 연마하였다. 창계는 이들에게서 영향을 받았지만, 한편으로는 자신만의 뚜렷한 길을 개척하였다. 그것은 바로 도학 세계로의 침잠이었다. 여기서 말하는 도학이란, 인간 내면의 미발지심의 자각과 순숙, 그리고 이 속에서 살아가는 것을 포괄한다.

창계는 스승인 박세채가 강조한 문사, 족숙인 조성기가 치중한 경세를 경시한 것은 아니었다. 유학자인 이상, 文辭를 익혀야 하고 治人을 위한 경세는 필수였다. 그러나 이것은 第一義가 아니었다. 창계에게 있어 제일의는 어디까지나 마음의 본체인 미발지심의 자각과 이 속에서의 삶이었다. 이는 자칫 학문과 종교의 경계를 오가는 위험성을 내포하고 있다. 언어화가 어려운 그 지점에 대한 논의가 주축을 이루는 가운데, 자각 혹은 체험만이 그 어떤 문자보다 중요하기 때문이다. 이에 창계는 문자나 외물에 얽매이는 것은 비판하고 미발지심에 몰입하는 행위에는 높은 가치를 부여하였다. 스승과 족숙의 학문에 대하여 견해를 달리하고, 이단으로 치부되는 불교에 대하여 가치를 존중하는 것은 이 때문이었다.[44] 특히 유교의 미발지심에 대응하는 불교의 심학을 귀중하게 생각하였으며, 그 경지의 상호조응을 인정하기도 하였다.[45] 또한 학맥을 달리하는 퇴계학의 심성론에 대하여서도 일정 부분 수용한 것도 이런 맥락에서 이해할 수도 있을 것이다.[46]

44) 『滄溪先生文集』 卷之二十六, 「日錄 丁卯」, "禪學者坐禪, 肩背骨節豎直, 耳與肩齊, 鼻與臍對, 一坐不動, 專用其心, 雖其學不是, 宜其有成也, 爲吾學者誰能似此乎, 可歎可歎."

45) 『滄溪先生文集』 卷之一, 「題僧軸」, "滄海一番成陸土, 法心千古不灰塵, 沙門欲識吾家境, 天地中間摠是春."

46) 창계는 퇴계 성리설의 핵심인 이발설을 수용하였다. 이에 관해서는 오종일, 「滄溪 林泳의 학문과 성리설」, 『동양철학연구』 20, 2000, 129~130면 참조.

滄溪 林泳의 경학 — 自得과 일상에서의 실천을 중심으로

함영대
경상국립대학교 한문학과 부교수

• • •

1. 문제제기

滄溪 林泳(1649~1696)의 문집은 1707년에 이루어졌다. 그의 아우 林淨이 청도군수로 있으면서 발간한 것이다. 그 문집의 편찬에 시종 관여했던 農巖 金昌協(1651~1708)은 서문을 의뢰받고 "깨달은 것이 크고 간직한 것이 진실하다.[所見者大, 所存者實]"는 말로 창계 문집의 서두를 시작했다. 농암은 스스로 이것을 명도선생 程顥가 종유한 지 오래된 邵雍(1011~1077)의 묘지명을 작성하면서 오래 머뭇거리다 어렵사리 "자연스러우면서도 성취되었다.[安且成]"는 말로 시작한 경우라고 빗대어 말한 바 있다.[1)]

농암은 창계가 중후하고 通明하며 도량이 넓고 사려가 깊어 도를

---

1) 金昌協, 「滄溪集序」, "滄溪林公卒十二年, 文集成. 其季淸道郡守淨, 以余忝有道義契, 又嘗與聞次輯始末宿戒爲序. 余惟昔者明道先生之於邵堯夫, 其從游旣久而知之深矣, 然其爲墓銘也, 須得安且成一語, 然後乃泚筆焉, 蓋立言若斯之難也. 今使余序公之文, 將何以名其學而信於來世, 以是重之久而未有作也. 旣而得一語以爲所見者大, 所存者實"

받아들일 만한 器局과 도를 성취할 만한 자질이 있었다[2]고 기억했다. 비록 그의 풍채와 명망이 남을 깜짝 놀라게 하는 점은 다소 적은 듯하지만 스스로 깨닫고 간직한 것은 참으로 옛 성현이 남기신 뜻과 암암리에 저절로 부합했다고 높게 평가했다.[3] 오랜 시간 곁에서 보고 서간을 주고받으며 권면했던 당대의 엄정한 학자가 내린 평가라는 점을 염두에 둔다면 간과할 수 없는 무게감이 있다.[4]

1708년 농암과 함께 임정에게 문집의 서문을 의뢰받은 藥泉 南九萬(1629~1711)은 문집을 일독한 다음 "세밀한 것까지 자세히 분석해서 명백하고 간절하여, 참된 정황이 충분히 드러났다"고 평가했다. 아울러 그 학문의 독실성과 함께 문장의 아름다움에 주목했다. 그는 이것이야말로 眞儒의 문장으로 '문장으로 立言한 것[以文爲言]'이라고 고평했다.[5] 창계는 남의 의혹을 풀어주지 못하거나 남의 마음을 돌릴 수 없으면 그것을 말이라고 할 수 없다고 여겼고, 그렇기 때문에 말은 반드시 먼저 정성을 들여야 하고 또한 반드시 밝게 분별하여야 한다고 보았다.[6] 흩날리는 말이 아닌 정련된 문장으로 말한다는 약천의 평가는 창계의 노력이 일정한 성취를 거둔 결과일 것이다.

그런데 특히 주목되는 것은 약천이 창계의 문집 대부분이 '講學의

---

2) 앞의 글, "爲人重厚而通明, 寬宏而淵深, 有可以受道之器, 致道之材."

3) 앞의 글, "雖其風力標望, 若少聳動人者, 而所見所存, 固自黙契乎古聖賢之遺旨矣."

4) 『창계집』에는 농암의 서문을 비롯하여 8편의 서간, 제문과 만시가 수록되어 있어 깊은 교유를 증언하고 있다.

5) 南九萬, 「滄溪集序」, "往復百折, 毫分縷析, 明白懇惻, 眞情爛熳, 非但備見其於學用力之勤篤. 雖以文之美言之, 世之操觚者, 孰有加於此哉? 嗚呼! 此眞儒者之文, 此眞古人之以文爲言者也."

6) 林泳, 『滄溪集』 卷26, 「日錄」, "不能解人惑回人心, 不可謂之說話, 先須積誠, 亦須明辨." (이 글에서는 『창계집』의 경우 저자를 따로 밝히지 않는다.)

工程을 논했다'[7]고 지적한 부분이다. 약천의 이러한 지적은『창계집』의 가장 적실하고 중요한 부분이다. 창계가 평생 추구하고 노력한 대목이기 때문이다.『창계집』을 일독해 보면 시와 서간의 가장 중요한 부분은 학문의 차제와 방법에 대한 진지한 토론이다. 그런 점에서 약천의 지적은 매우 경청할 만하다.

창계의 문학과 학술에 대한 논의가 이미 학계에 성과가 제시되어 있어 그의 전체적인 학문상을 이해하는데 적지 않은 도움을 주고 있고[8] 그 대체의 인상을 파악하는 데는 의미가 적지 않다. 하지만 창계가 추구하고자 했던 학문함의 심층적인 측면은 그 자료의 실질적인 측면에서 좀 더 추구될 필요가 있다.

경전을 공부하는 정당한 자세나 自得의 실체에 대한 토론, 훈고와 의리의 조화, 修道之敎와 明德의 실질적인 의미 등 창계가 문제 삼

---

7) 南九萬,「滄溪集序」, "今觀集中之文, 率多論講學工程."

8) 기존의 연구로 함영대,「창계 임영의 내면적 성찰과 경학」,『한국실학연구』 37, 한국실학학회, 2019와 조정은,「창계 임영의 개인 수양서로서『논어』읽기」,『한국실학연구』 37, 한국실학학회, 2019는 모두 창계의 日錄의 자료를 바탕으로 讀書箚錄 가운데『논어』와『맹자』를 다룬 것이고, 이영호,「창계 임영의 因文入道론 고찰」,『민족문화』 56, 한국고전번역원, 2020은 창계의 학문을 평가한 因文入道論에 대해 그 자득적 성격의 일면을 고찰한 것이다. 정우봉,「창계 임영 자료의 문헌적 검토와 산문 창작의 일면」,『민족문화』 56, 한국고전번역원, 2020은 창계집 이외의 자료에 대한 검증으로 문헌적 가치가 높다. 오종일,「창계 임영의 학문과 학술사적 위치」,『고문연구』 12, 한국고문연구회, 1999와 오종일,「창계 임영의 학문과 성리설」,『동양철학연구』 20, 동양철학연구회, 2000은 그 대체적 성격에 대한 파악이다. 이단관에 대해 벽이단적이라기보다는 정학의 부식에 좀 더 주의했던 면모는 이영호,「조선후기 주자학적 경학의 변모양상에 대한 일고찰 ; 창계 임영과 식산 이만부의『대학』해석과 이단관을 중심으로」,『한문교육연구』 17, 한국한문교육학회, 2001 참조. 창계의 글쓰기와 관련해서는 이연순,「창계 임영의 일록에 나타난 독서기록의 특장」,『한문학논집』 35, 근역한문학회, 2012; 이연순「창계 임영의 독서 기록 방식과 그 의의 고찰」,『시학과 언어학』 26, 시학과 언어학회, 2014 참조. 이우성의「창계집 해제 - 구도자의 사색과 철학」,『국역창계집』, 한국고전번역원, 2015는 창계의 학술적 지향에 대한 통찰적인 안목으로 평가할 수 있다.

았던 논점에 대한 진전된 이해는 기존에 진행되었던 학문의 대체적인 성격이나 경학에 대한 논의, 문학적 성취의 양상에 대해 좀 더 근저에서부터 그 이해의 시각을 심화시킬 수 있다는 점에서 일정한 의미가 있다.

이는 학문 자세에 있어서 진지함과 절실함, 나아가 그 학문 태도의 적실성에 대한 비판적 검토로서 탐구할 만한 가치가 있다. 특히 그는 지적인 탐색으로서의 학문 활동에 그치지 않고 흡사 종교인의 체험 영역으로 성큼 다가간 측면[9]이 있다. 그 학문의 진경을 이해하기 위해서는 좀 더 논점의 심층을 살피는 작업이 필수 불가결하다.

2. 학문의 지향과 해석의 두 방향

창계는 27세 즈음에 어버이를 모시고 영동으로 가면서 수 편의 기행시를 남겼다. 포천의 축석령을 오르면서 "평소 세상일 잊은 선비 아니기에 숨어 사는 신세 어찌 편할까마는"[10]이라는 심정을 노래하며 경세의 지향을 말하기도 했다. 하지만 그는 항상 진실하게 공부하기를 원했고 이익과 명예가 자신을 침범하지 못하게 했다. 당세를 속일 수는 있어도 자기 마음의 부끄러움을 속일 수는 없을 것이라는 자각이었다. 아울러 이것이 고인이 주신 가르침의 의미라고 되새겼다. 매사를 삼가려고 한 이유는 그러한 각성의 결과였다.[11] 그는 진심으로

---

9) 이영호(2020), 앞의 논문, 115면 참조.

10) 『滄溪集』 卷1, 「祝石嶺」, "素非忘世士, 棲遁豈所安" 그의 이러한 경세적 자향은 「題僧軸」에서 '避世客中憂世士'로 나타나기도 했다.

11) 『滄溪集』 卷1, 「偶吟」, "常思眞實做, 莫遣利名侵, 縱得欺當世, 其如愧此心? 方知古

참된 선비가 되려 했다.[12)]

그는 20세 이전에 성리서에 대한 독서를 마치고 조숙한 천재로서의 면모를 보였다.[13)] 24세에 이르러 이미 窮理 · 修心의 학설에 깊은 관심을 드러냈다. 창계는 보통의 집에서 文藝와 行事의 사이에서 가르침을 내리는 데 비해 궁리 · 수심이라는 가학 전통이 집안에 내려오는 것을 매우 자랑스럽게 여겼다.[14)] 그는 얼마간의 관직 생활 이후에 다시 찾아온 독서의 시간을 진심으로 다행스럽게 생각했다.[15)] 깊은 신병을 앓을 때에는 술도 끊고 詩作도 멈추었지만 독서만큼은 쉬지 않았다.[16)]

창계는 근거없이 선현의 말을 따르려 하지 않았다. 배우는 사람들

人意, 造次若臨深."

12) 『滄溪集』 卷1,「行過龍津, 三復杜詩 "緬思桃源內 · 益歎身世拙"之句, 分韻成十絶」 八首, "圖書千古意, 宇宙百年身, 不作修眞士, 終成虛住人" 十首 "天地未喪文, 山林可守拙. 歸來抱古書, 優遊畢歲月";「龍淵新居, 次杜詩『東柯』韻」, "與作風塵物, 寧爲麋鹿群. 行藏千古事, 富貴一浮雲.";「謹次家君韻, 奉呈鶴浦新居」, "人情雲變狗, 世道禮輕羊. 不負唯山碧, 相知賴卷黃."

13) 농암 김창협의 「滄溪集序」에서 "公自少爲學, 卽已深懲此弊, 務求聖學之眞, 其於有宋諸儒之籍, 取之博而講之精矣. 然其發端會極, 專在於考亭, 蓋年十歲. 見其論大學格物說, 便有窮盡萬理之意, 及得其全書讀之, 益感憤喜悅, 日夜潛心, 逾年而盡通其旨. 凡書中所有三才萬物之理, 巨細隱顯, 始終散聚, 皆有以見其實, 然而無一不具於吾心, 然後知聖人之必可學而學之, 非至於盡性至命, 吾事爲不終, 於是年甫弱冠矣."라고 하여 10세에 이미 주자학에 전심하여 20세에 이미 일정한 성취를 보인 창계의 조숙한 천재로서의 면모를 묘사했다.

14) 「敬次王考下示韻, 呈次韶 濩 從兄, 幷序」, "竊惟人家父祖訓子孫, 其號爲嚴篤者, 要亦不出文藝行事之間, 其直以窮理修心之法, 開發蒙稚, 則自中古以來, 蓋或尟矣. 吾輩蒙敎及此, 可謂至幸."

15) 『滄溪集』 卷1,「夜坐放言, 次谿谷韻, 亦各言其志也」, "我初有志自童嬰, 中間迷路塞榛荊. 十七八年如狂醒, 幸賴聖言回凡情."

16) 『滄溪集』 卷1,「病中閱『白湖集』, 次『溪村病中』韻【時寓扶餘藻溪】」, "酒知病肺仍全廢, 詩厭關心亦罕吟. 塵世開懷唯簡策, 人生肆志要山林."

은 성인의 말씀을 살피는 데 그칠 것이 아니라 그 행적을 고찰하고 나아가 적용할 곳을 찾아야 성인의 실체를 알 수 있을 것이라 여겼다. 독서는 마땅히 그러해야 하며 이렇게 읽지 않는다면 읽지 않는 것과 같다고 여겼다.[17)]

창계는 경전의 해석에서 이전의 견해에 그다지 구애받지 않고 자신의 견해를 곡진하고 세밀하게 제시했다.『논어』에 대한 다음의 해석은 그 일면을 잘 보여주는 것이다.

> 이는 가난하고 부유한 처지뿐만 아니라 무릇 지위와 권세가 높고 낮은 이들이 교류할 때의 행동에서도 모두 살펴볼 수 있는 것이다. 조금이라도 맞추려는 마음을 먹는다면 이것이 바로 아첨이고, 조금이라도 깔보는 생각을 먹으면 이것이 바로 교만이다. 보통 사람의 마음은 아첨과 교만에서 벗어날 수 있는 경우가 매우 드무니, 만약 여기에서 벗어나지 못하면 비록 순수한 행실과 뛰어난 재능이 있어도 결국은 속물이 된다.
>
> '아첨하지 않는다[無諂]'와 '교만하지 않는다[無驕]'는 말은 절대 쉽게 보아서는 안 된다. 배우는 사람들은 마땅히 여기서부터 기반을 세워야 한다. 그러나 가난해도 즐거움을 느끼고 부유해도 예를 좋아할 수 있다면 아첨하지 않는 것과 교만하지 않는 것은 또 말할 것조차 없다. 대개 아첨하지 않는 것과 교만하지 않는 것은 빈부의 상황에서 노력을 하는 것이고, 가난해도 즐거움을 느끼고 부유해도 예를 좋아하

17) 『滄溪集』 卷21, 「『論』·『孟』讀法【讀書當如此. 不如此, 雖讀, 如不讀】」, "陳氏說 '識聖人之心體, 方知所以用處.' 此言恐無依據, 未易下手. 學者當察言考迹, 以求其用然後, 庶乎其有以識其體矣."

는 것은 근본적인 곳에서 공부를 하는 것이다. 자기 마음속에 정말로 즐거워하는 대상이 있고 좋아하는 대상이 있다면 저절로 사물을 초월하여 가난해도 가난한 줄 모르고 부유해도 부유한 줄 모르니 어찌 더 이상 아첨하고 교만하게 구는 문제가 있겠는가. 이는 또 빈부의 상황에서 성찰하여 공부하는 것보다 더 낫다.

그러나 공부가 지극하지 않으면 아첨하고 교만하게 구는 병폐가 예전처럼 그대로 있다가 틈을 타 발작하니, 만약 가난해도 즐거움을 느끼고 부유해도 예를 좋아하는 공부에 막 몸담고 있다고 자부하다 더 이상 치밀하게 성찰하지 않는다면, 반대로 아첨하고 교만하게 구는 보통 사람이 되기 마련이다. 배우는 사람들이 정말로 아첨하지 않고 교만하지 않는 것으로써 항상 성찰과 단속을 하고, 근본적인 공부에도 게으름이 없이 날마다 발전하여 점점 참된 즐거움을 가지면 내면과 외면이 함께 수양되어 덕이 완성될 수 있다. – 이상은 정사년(1677, 숙종 3)에 기록한 것이다.[18]

이 차록을 남긴 때는 정사년으로 창계의 나이 29세 때이다. 창계는 "대개 아첨하지 않는 것과 교만하지 않는 것은 빈부의 상황에서 노력을 하는 것이고, 가난해도 즐거움을 느끼고 부유해도 예를 좋아하

18) 『滄溪集』 卷21, 「論語箚錄」, "此不惟貧富之間, 凡位勢高下交際俯仰之間, 皆可驗察. 纔有一分陪奉之意, 便是諂 ; 纔有一分簡忽之念, 便是驕. 常人之情, 能免此者極寡, 若未免此, 雖有醇行高材, 終爲俗物矣. 無諂無驕, 切不可容易看, 學者當從此立脚, 然能樂而好禮, 則無諂無驕, 又不足言, 蓋無諂無驕, 是就貧富上着力 ; 樂而好禮, 是就本原處用功. 自家胸中, 實有所樂, 實有所好, 則自當超然於事物, 貧不知貧, 富不知富, 豈復有諂驕之患耶? 此又勝於就貧富上省察加工. 然工夫未至, 則諂驕之病, 依然故有, 乘間而發, 若自恃其方從事於樂與好禮之功而不復密察焉, 則反不免爲諂驕之常人矣. 學者固當以無諂無驕, 常加察治, 而其本原工夫, 日新不懈, 漸有眞樂, 則內外交修而德可成也."【已上丁巳所錄】 (번역은 한국고전번역원의 『국역 창계집』을 따르되 일부 수정한 곳도 있다.)

는 것은 근본적인 곳에서 공부를 하는 것이다."라고 하여, 우선 이 논의가 제기되고 있는 전체상에 대해 조망한다. 대상에 대한 진정한 즐거움이 있다면 빈부는 자연 초월하게 될 것이니 아첨과 교만의 문제가 애당초 발생하지 않을 것이지만 공부가 잠시라도 지극하지 않다면 그 틈을 타 보통 사람들의 병폐가 드러날 것이니 공부는 두 단계로 진행하여 외부로는 성찰과 단속을 하면서 내면 공부도 함께 진행한다면 내면과 외면이 함께 수양되어 덕이 완성될 수 있을 것이라 여겼다.

창계는 외면의 단속을 간과하지 않았지만 내면의 각성을 더욱 강조했다. 그는 『중용』을 읽으며 사람은 자신이 지니고 있는 善을 깨달을 수만 있다면 내면의 성정과 외면의 사물을 깨닫지 못할 것이 없을 것이라고 판단했다. 그는 생각이 감발할 때에 이르러 내면으로는 성정에서 돌이켜 보아 그것이 인인지 의인지 예인지 지인지, 아니면 물욕의 사사로움에 얽매였는지 기질의 편견인지를 살펴보고서 하나하나 분별하여 인의예지를 확충하고 물욕과 기질을 끊어버려야 한다고 했다. 내면적 성찰이 지속적으로 요구되는 것이다. 그리고 외면으로는 사물에서 검증하여 그것이 자연스러운 中道인지 지나친 것인지 미치지 못하는 것인지를 살펴보고서 안팎으로 고찰하고 검증하여 각각 거기에 맞는 분수를 다해야 한다고 주장했다. 이 역시 끊임없는 단속이 지속적으로 요청되는 것이다. 이것이 이른바 "참되게 되려고 노력한다."라는 것이다. 그는 행위 이전의 의지도 단속하려 했다. 창계는 意는 생각일 뿐이니, 실제 행위로 넘어가지 않는 것이기는 하지만 실제 행위는 생각에 바탕을 두는 만큼 여기에서도 그것이 중도에 맞는지 지나친 것인지 미치지 못하는 것인지를 살필 수 있어야 한다고 지적했다.[19]

19) 『滄溪集』 卷21, 「中庸箚錄」, "人能明善, 內之性情, 外之事物, 無不明矣. 及當意慮感

이러한 생각을 지니고 있었기에 창계는 무엇보다 마음을 지키고 사색하는 공부를 그칠 수 없었다. 한편으로는 마음을 지키고 다른 한편으로는 자신의 행위가 이치에 맞는가를 끊임없이 체크해야 했기 때문이다.

창계는 "마음을 잡아 지키면서 이치를 사색하는 것을 잠시도 잊지 않고 한 걸음마다 반드시 이것을 생각하는 것이야말로 실제의 공부"[20]라고 여겼다. 그렇기 때문에 그는 "출입할 때 의지가 느슨해지고 일에 응접할 때마다 일에 얽매이게 되는 상황을 두고 이것이 어찌 학문을 하는 데 뜻을 두었다고 할 것인가?"[21]라고 각성하면서 잠시라도 마음을 한가하게 두어서는 안된다고 여겼다.

그는 남과 교제할 때라도 반드시 사사건건 정밀하게 살펴 天理의 본체를 찾아내야 하며, 저술이나 서찰을 독송하거나 훑어보는 일도 매일 적당하게 과정을 세워야 한다고 주장했다. 비록 남을 응접하는 때라도 반드시 틈나는 대로 정밀하게 살피는 일을 병행하여 이 일이 폐해지거나 느슨해지지 않도록 해야 한다고 역설했다. 그는 마음을 다하여 모시고 받들기 위해 해야 할 일을 버려두면서 이것을 공경을 다하는 도리로 여긴다면 이로 인한 차질이 하루하루 반복되어 결국에는 모든 일이 망가져서 할 수 있는 일이 없게 될 것이라고 진단했

發之際, 內反諸性情, 察其爲仁乎, 爲義乎, 爲禮智乎, 抑爲物欲之私累乎, 氣質之偏見乎, 一一辨別, 充此絶彼. 外驗諸事物, 察其爲自然之中乎, 其過乎, 其不及乎, 表裏參驗, 各盡其分, 是所謂誠之也.【意只是念慮, 雖未涉於事爲, 而事爲本於念慮, 則於此亦可察其中與過不及也】"

20) 『滄溪集』 卷26, 『日錄』, "持守思索, 瞬息不忘, 跬步必念, 方是實功."

21) 앞의 글, "今者纔有出入, 意益悠泛, 隨所應接, 輒爲事物之所累, 如此者, 何可謂有志乎?"

다.[22] 참선과 정좌에서의 天理를 體認하는 것이 아니라 일상 속에서 해야 할 일을 하면서 敬을 간직하고 실천해야 한다고 주장한 것이다. 그는 근세의 선배들 가운데 조금이라도 업적을 이룬 분들은 사람을 대할 때 이 일을 하지 않았던 적이 없었다[23]고 이해했다. 창계는 지극히 훌륭한 행실은 모두 평범한 것이며, 위대한 업적은 애초에 크게 드러나는 일이 없다고까지 했다.[24] 내면의 각성과 성찰을 중시하지만 일상에서의 간단없는 실천을 강조한 것이 무엇보다 주목할 만하다. 그리고 이러한 경전의 의미를 해석함에 있어 자연스러운 주견의 제시 역시 쉽게 볼 수 있는 것이 아니다.

아울러 창계는 경전을 연구함에 있어 무엇보다 자신의 입장을 우선 확립해야 한다고 주장했다.

> 대개 저는 평소에 '정밀한 의리는 모름지기 스스로 구하여 얻어야 하는 것이니, 만약 스스로 힘쓰지 않고 남과 토론하여 얻으려고 한다면 응당 깊이 얻을 이치가 없다. 또 세상에 도를 아는 군자가 있을지는 모르겠거니와, 만약 탐구도 마치지 못한 견해를 가지고 서로 더불어 논변한다면 또한 끝내 큰 이익이 없을 듯하다. 차라리 古書에 침잠하여 스스로 구하는 것이 혹 도리어 직절한 듯하다.'라고 항상 생각하였습니다. 이 때문에 일찍이 여기에 뜻을 두고서, 후일 대략적이나

22) 앞의 글, "心不可頃刻閑度, 雖酬酢紛撓之際, 須是逐件精察. 一一究見天理本體, 是乃不爲閑度者矣. 自家所當爲之事, 如讀誦看覽著述書札之類, 亦宜每日量立課程, 雖當應接之時, 亦須偸隙幷行, 不使至於廢弛可也. 必若專意陪奉, 以舍置所業, 爲盡敬之道, 則如此蹉過, 日復一日, 百事荒墜, 無可爲者."

23) 앞의 글, "近世前輩稍有樹立者, 對人未嘗無事, 此可爲法."

24) 앞의 글, "至行皆是尋常, 大業初無浩穰."

> 마 定見이 생긴 뒤에 문하께 나아가 질정하고 혹 나보다 나은 벗과 다시 서로 증험해 보더라도 늦지 않을 것이라 여겼습니다.[25]

정밀한 의리는 스스로 구하는 것이며 토론으로서 얻는 의견은 한계가 있는 것이다. 그러므로 참된 의론을 가지려면 정견이 확립된 이후에 하는 것이 유익할 것이라는 입장이다. 스스로 탐구를 마치지 못한 견해는 더불어 논변한다고 큰 이익이 될 수 없을 것이라는 입장은 학문토론으로만 여기는 것이 아니라 실질적인 실천을 담보하고자 한 창계의 지평에서는 어쩌면 불가피한 것이다. 29세의 창계는 남계 박세채와의 토론에서 이렇게 자신의 입장을 소신껏 제시했다.

그러나 이 논쟁은 이후 단번에 그치지 않았다. 곧 남계는 자득은 어디까지나 성인의 경전을 따르고 사우의 도움을 받되 그 긴요한 공부에 이르러 나의 심력을 사용하여 익혀가는 것이지 오직 자신의 총명과 생각에만 기대고, 스스로를 믿으며 의심하지 않는 것을 말하는 것이 아니라고 일갈했다. 곧 聞見에 의하지 않고 스스로 깨우치는 것을 자득이라고 하는데 주자가 『맹자집주』「이루하」 14장의 장하주에 '묵묵히 마음으로 통달하여 자연히 자기 몸에 얻어지는 것'이라고 훈석한 사례를 들어 자득은 '獨自의 自'가 아닌 '自然의 自'를 강조한 것이라고 가르쳤다.[26] 이에 대해 창계는 지난 젊은 시절의 긴 구학의 여정을

25) 『滄溪集』 卷6,「上玄江【丁巳】」, "蓋鄙意平日每謂"義之精者, 須是自求得之. 若不自用力, 而欲從人問難而得之, 應無深得之理. 且世有知道君子, 亦未可知, 若以模索未了之見, 相與爲辨詰, 則亦恐終無大益, 寧抱古書而自求者, 或反直截."故竊嘗有意於此, 以爲"俟他日粗有定見, 就正於門下."

26) 朴世采, 『南溪集』 卷31,「答林德涵-戊戌」, "今人例指不由聞見, 己自理會得到者曰自得, 非惟今人言之, 古之大賢如伊洛廣漢諸先生者, 猶且反覆不已. 程子說見性理大全爲學之方, 張氏說略見孟子深造自得章北溪說中, 獨朱子於孟子集註, 旣已嘿識心通, 自然而得之於己爲訓,

고백하지 않을 수 없었는데 그 귀결은 스스로 공부한 결과에 대한 것이다.[27] 여기에서 문제가 되는 것은 자득의 방법이다. 다음 장에서는 창계가 지향했던 자득의 방법론을 좀 더 구체적으로 검토한다.

3. 자득의 방법론과 경전해석의 실제

이와 관련하여 창계는 남계와 경전의 독서와 관련하여 자득의 과정에 대해 심도깊은 토론을 전개한 적이 있다. 곧 경전의 공부에 있어 "한 권의 책을 읽을 때마다 먼저 字句의 훈석을 통해 말하고 있는 내용의 의미가 어떤 것인지를 파악하고서, 곧 익숙하게 완미하고 자세하게 사고하여 의리의 귀착점을 자득하기를 힘써야 할 것[28]"이라는 입장은 선명하게 동의할 만한 것이지만 먼저 字句의 훈석, 곧 辭에 대한 해석을 얼마나 공들여 할 것인가의 문제와 의리의 귀착점을 어느 단계에서 제시할 것인가는 해석자의 선택 문제이다. 창계는 "애초에 학자들이 마땅히 문구에 대한 공부를 버려두고 곧장 言意의 바

而繼以程子一說別錄於章下, 以明其正義之所從述. 因此論之, 士之爲學, 要當以進脩之道, 潛心積慮, 優游厭飫, 以俟其自然而得之, 如水到而船行, 氣至而物長, 方可不差. 其視自恃聰明強探力索, 務以己意而得之, 又不辨其眞僞而謂之自得者, 其相去遠矣."

27) 『滄溪集』 卷6, 「答玄江」, "所認義理, 雖未必是, 然皆在心裏目前, 雖所謂高遠微妙之義理, 實未覺其高遠微妙, 皆是日接於前, 方具於中者, 不待注意想像而可卽此而求之矣. 因其書中論學, 皆以『大學』爲先, 遂取『大學』書, 讀之逾年, 又取考『語類』, 以發其趣, 以致其詳, 則年歲之間, 所見似稍精當. 仍看程子書 · 『性理大全』, 以及東賢論理之書, 若有可據而是非之者. 蓋皆二十前事, 大抵皆自求以致之者." 물론 창계 역시 사우들의 강학이 무가치하다고 주장한 것은 아니지만 자신의 삶의 여정에 그러한 기회가 10년 세월에 한달 남짓에 불과할 뿐이었다고 고백했다. "其間周旋師友之時, 蓋十年不能月餘, 則此不但一暴十寒而已."

28) 『性理大全』 卷53에 수록된 주희의 독서법을 연역한 것이다.

깥에서 자득해야 한다고 말한 것이 아니라, 마땅히 글을 통하여 뜻을 구해서 이치를 얻고 마음을 밝혀야지 그저 얽매이고 막힐 뿐이어서는 안 된다는 말이었다[29]"고 변명하면서도 공부에는 무엇보다 그 공부의 지향처를 분명하게 가지는 것이 중요하다는 것을 거듭 강조했다.[30]

> 이는 立心하여 공부를 시작할 때부터 곧 마땅히 힘을 써야 할 데를 알아서 공력을 쌓아 나가야 하는 것입니다. 그런데 만약 지금 종사하는 것은 단지 章句를 따지는 것이면서 그 종국의 귀숙처를 논하면서는 저편에 있고 이편에 있지 않으려 한다면, 이러한 이치는 없습니다. 이전에 저의 견해가 실로 이와 같았으므로, 담론하는 사이에 말한 것 역시 이와 같았던 것입니다. 이는 참으로 말을 말미암아 뜻을 통하는 일이니, 기준을 세워 놓고서 연연해하는 것과는 진실로 같지 않습니다.[31]

공부를 시작할 때에는 마땅히 힘써야 할 데를 알아서 공력을 쌓아 나가야 한다. 장구를 먼저 따지게 되면 그 종국의 귀숙처에 대해 불분명한 견해를 가질 수 있다는 것이다. 그 선후가 분명하다. 그는 미리 결론을 정해두고 훈고와 강설을 공박한 오징의 경우와 같다는 박세

---

29) 『滄溪集』卷6, 「上玄江【丁巳】」, "蓋鄙意, 初亦非謂學者當舍文句工夫, 而直自得於言意之表也, 謂當因文求義, 要使理得而心明, 不當但拘滯而已."

30) 박세채와의 논변에 대해 이를 자득을 강조한 창계의 입장으로 파악한 것은 이영호(2020) 앞의 논문이 참조된다. 다만 자득의 논리에서 더 나아가 창계는 경전의 독서에 훈고적 방법론이 아닌 사유의 결과로서의 자득을 더욱 강조하고 있음도 눈여겨 볼만한 것이다.

31) 앞의 글, "此自立心下手之初, 卽當知所用力而積累焉. 若今之所從事者, 只在於考較章句, 而論其畢竟歸宿, 乃欲在彼而不在此, 則無是理也. 向來鄙見實是如此, 故其發於談說之間者亦如此, 此正由辭通義之事, 與立標準而懸望者固不侔矣."

채의 비판을 반박했다. 자신은 차라리 문학에 마음을 다하여 실제로 터득하고 헛되게 갖추는 일은 하지 않으려 한 것이라고 변명했다. 이는 오징의 경우와 근사하지 않은 것이 아니라 오히려 상반되는 것이다.[32)]

사실 창계는 경전의 해석에서 훈고의 문제를 응당 중요한 것이며 고수해야 할 과정이라는 데 동의했지만 다양한 다른 구절의 해석에서 창계는 경전에 대한 문헌으로서의 관심이나 훈고적 해석에 호의적이지 않았다. 이를테면『대학』의 해석에서 그 문구의 所從來 등에 대한 견해는 거의 경멸에 가까운 논평으로 거절했다.

> 新安陳氏의 설은 글귀에 집착하여 뜻을 밝힌 부분이 없다. 이 구절은 '하늘이 백성을 내려보낼 때부터 이미 그들에게 모두 인의예지라는 성을 부여하였다.'의 의미를 엄밀히 따져봐야 한다. 육경 중에서 처음 性을 말한 것과『대학』서문이『서경』의 뜻에 바탕을 두었는지의 여부는 더 이상 말할 필요가 없고 더 이상 알려고 할 필요도 없다. 程子가 "이렇게 학문을 하면 정신과 체력만 낭비한다."라고 한 말은 바로 이러한 유형을 두고 한 말인 듯하다.[33)]

훈고적 노력의 경사는 정신과 체력만 낭비한다는 비판은 매우 엄중한 것이다. 창계는 訓詁나 稽考적 이해, 이를테면 의리적이지 않은

32) 앞의 글, "至謂'向來言議幾於吳氏之攻訓說', 則似未深察鄙意之所在, 幸更裁之. 吳說, 專攻問學, 鄙意正欲盡心於問學, 冀有實得而不爲虛具也, 非唯不近, 實相反也, 未知如何?"

33) 『滄溪集』卷21,『大學箚錄』, "新安說, 拘泥而無所發明. 此節當深究'自天降生民, 則旣莫不與之以仁義禮智之性'之意. 若夫六經言性之始, 與此序本『書』意與否, 更不須說, 更不須理會. 程子所謂'似此學問, 徒費心力'者, 正此類之謂也."

해석적 지향에 있어 그 궁극적인 의미가 높지 않다고 냉정하게 지적했다. 그는 延平 李侗이 주자에게 말한 "처음에는 도리에 얽매였는데 지금은 점차 일용 사이에서 融釋해 내고 있다."라는 말이나 주자가 남헌 장식에게 이르기를 "종전에는 다소간 按排를 해 버려서 안착할 곳이 없더니 지금은 마치 물이 불어나면 배가 자연히 뜨는 것과 같은 상태가 되었음을 알겠습니다."라고 전수한 심법의 정수를 논하면서[34] 이러한 성취의 방법은 거경궁리 밖에 없는데 그 요체는 익숙한 誦讀과 정밀한 사고를 통한 자득과 관통이라고 주장했다.

> 그러나 이 일은 또한 다른 단서가 없고, 단지 居敬窮理에 더욱 공력을 다하는 데 달려 있을 따름입니다. 거경 공부는 단지 뜻을 더하는 데 달려 있을 따름이니, 제가 감히 아뢸 바가 아닙니다. 그러나 궁리에 이르러서는 그 요체는 익숙하게 송독하고서 정밀하게 사고하는 데에 있고, 그 궁극은 자득하고서 관통하는 데에서 기필되니, 이러한 뜻을 다시금 깊이 유념하지 않아서는 안 될 듯합니다. 만약 단지 책에서 본 바를 종이 위에 적어 내거나 반드시 稽考에 의지하고 나서야 이해하는 것은, 끝내 익숙히 송독하고서 정밀히 사고하였을 때 자득의 맛이 깊고 관통의 기틀이 용이한 것만 못할 듯합니다. 모르겠습니다만 어찌 생각하시는지요, 어찌 생각하시는지요?[35]

---

34) 『滄溪集』 卷6, 「上玄江【丁巳】」, "李延平謂朱子 : '初間被道理所縛, 今漸能融釋於日用之間.' 朱子謂南軒曰 : '從前是做多少安排, 沒頓着處, 今覺得如水到船浮.'"

35) 앞의 글, "然此事亦無他端, 只在居敬窮理, 益致其功. 而居敬之功, 只在加之意而已, 非所敢聞, 至於窮理, 則其要在於熟誦而精思, 其究必於自得而貫通, 此義恐不可不更深念也. 若只將臨卷所見, 寫在紙上, 必資稽考, 方有領會, 則恐終未若熟誦精思者之自得之味深而貫通之機易也, 未知, 如何如何?"

'책에서 본 바를 종이 위에 적어 내거나 반드시 稽考에 의지하고 나서야 이해하는 것'은 성찰적 이해가 부족한 사례이다. 즉 이전의 해석에 함몰되어서는 자득과 관통의 맛을 음미할 수 없다는 것이다. 이러한 문제의식은 경전해석의 국면에서도 구체적으로 제시된다. 명덕에 대한 실제적 사례의 추구나 修道之敎에 대한 집요한 해석적 접근이 그것이다.

> 대저 '명덕'이 '심'이라는 것은, 개념으로 추론하여 『대학장구』에 질정하고 집주를 참고해 보매 삼가 의심할 만한 점이 없다고 생각됩니다. 다만 모름지기 다시 일용간에 생각하고 보고 듣고 말하고 행동하는 사이에서 어떤 것이 '명덕'인지를 낱낱이 알아야 바야흐로 실제적인 앎일 것이요, 또한 그저 이단인 불가의 이른바 '識心'처럼 그저 실체가 아닌 그림자만 인식하여 이 사이에 크게 할 일이 있다는 것을 대략 알면서도 바야흐로 공부를 아주 엉성하게 하는 병통을 앓아서는 안 될 것입니다.[36]

불가의 識心처럼 실체가 아닌 그림자로만 인식할 것이 아니라 모름지기 다시 "일용간에 생각하고 보고 듣고 말하고 행동하는 사이에서 어떤 것이 '명덕'인지를 낱낱이 알아야 바야흐로 실제적인 앎일 것"이라는 지적은 그 내용을 구체적으로 적시하지는 않았지만 명실공히 이후 제기되는 '명덕은 효제자'라는 인식에서부터 시작하여 조선 후기에

---

36) 『滄溪集』 卷6, 「上玄江【丁巳】-別紙」, "德之爲是心, 推以名義, 質諸『章句』, 參之輯註, 竊謂無可疑者. 但須更於日用思慮視聽言動之間, 一一識得那箇是明德, 方是實見, 而亦非只認影像如異端所謂識心, 略知此間大有事在, 而方病工夫之太草草, 不審以爲如何."

큰 학술사의 하나의 공안으로 등장하는 명덕논쟁[37]의 중요한 효시적 성격을 지닌다고 볼 수 있다. 이는 주희가 설명한 "하늘로부터 부여받은 허령불매한 것으로 뭇이치를 갖추고 모든 일에 응대할 수 있는 것"[38]이라는 설명보다 구체적이고 진취적이다.[39]

『중용』의 修道之敎에 대한 해석 역시 주자의 입장을 대체로 수용하면서도 곡진한 의미를 부연하였다.

> 『중용』의 '修道之敎'를 '禮樂刑政'에 해당시킨 것에 대해 하문하신 것은, 주자의 뜻[40]이 매우 정밀하니 의심할 만한 점이 없을 듯합니다. 계곡(장유)이 '戒懼謹獨'을 '수도지교'에 해당시키고자 한 것은, 문맥을 미루어 파악한 것은 치밀하다 하겠으나, 그 뜻이 그렇지 않다는 것을 삼가 알겠습니다. 대개 '敎'라는 것은 성인께서 이 도를 닦아 밝히시어 천하 만물로 하여금 각기 마땅히 가야 할 길을 가게 한 것입니다. 그렇다면 무릇 성인께서 修己治人하고 만물을 다스리는[理物] 법에 관계된 것은 그 정밀함과 거침, 근본과 말엽을 논할 것 없이 모두

---

37) 조선 후기 명덕논쟁과 관련해서는 이상익, 「조선 후기 명덕논쟁과 그 의의」, 『동양철학연구』 39, 동양철학연구회, 2004; 최석기, 「면우 곽종석의 명덕설 논쟁」, 『남명학연구』 27, 경남문화연구원, 2009 참조.

38) 朱熹, 「大學章句」, "明德者, 人之所得乎天, 以虛靈不昧, 而具衆理而應萬事者也."

39) 물론 그렇다고 해서 창계의 명덕에 대한 해석이 효제자라는 구체적인 물사까지 나아갔다는 것은 아니다. 창계는 명덕에 대해 本心의 善情 정도로 파악하되 각 개인의 개성적인 측면을 짚어 그 수양을 강조했다. 『滄溪集』 卷21, 『大學箚錄』, "'明德'. 只是本心善情, 今愚夫愚婦, 亦皆有之. 但爲氣稟物慾所拘蔽, 故發見甚罕, 一似無之耳. 血氣·私情·名利·俗心, 皆物慾也. 凡人念慮, 大槪皆在此, 先當猛省而痛舍之. 念慮雖不在此, 而其知見之昏明·志氣之强弱·度量之寬窄·本領之粹駁, 人各有一定之分限, 是乃氣稟也. 此當明理而克治之, 此最切要點檢處."

40) 朱熹, 「中庸章句」, "修, 脩, 品節之也. 性道雖同, 而氣稟或異, 故不能無過不及之差, 聖人因人物之所當行者而品節之, 以爲法於天下, 則謂之敎, 若禮□樂□刑□政之屬, 是也."

가 '교'인데, 오직 '예악형정'이 도를 닦아 밝혀 천하 만물로 하여금 마땅히 가야할 길을 가게 하는 의의를 거의 다하므로 주자가 이것을 '수도지교'에 해당시킨 것입니다. 그러면서도 '예악형정' 네 가지 외에 오히려 말할 만한 것이 있을까 염려하여, 곧바로 "예악형정이 이것이다."라고 말하지 않고 "예악형정과 같은 등속이 이것이다."라고 하였으니, 이는 실로 '교' 자가 포괄하는 대상이 지극히 큼을 안 것입니다. '계구근독'과 같은 것은 바로 그중에서도 綱要를 골라내어 요약되게 잡아 지키는 要法입니다. 이것을 '수도지교'에 해당시키는 것은, 정밀한 것은 거론하고 거친 것은 버리며 근본은 거론하고 말엽은 버리는 것이니, 그 뜻이 어찌 협소하지 않겠습니까. 만일 '修道'에 있어 중요한 일을 논하여 '계구근독'을 거기에 해당시킨다면 옳겠지만, '수도지교'를 일러 곧 단지 이 '계구근독'이라고 한다면, 구비되지 못함이 많을 것입니다. 그리고 그 폐해가 혹 '예악'을 거친 부분이라고 여겨 정밀하고 요약된 공부에만 종사하려 하는 데 이를 것이니, 작은 착오가 아닙니다.

삼가 생각건대 계곡은 한 장 안에서의 문맥을 미루어 파악하는 데만 전력하고 '道'와 '교'의 전체가 매우 넓다는 것은 생각하지 않았기 때문에 이러한 견해를 낸 것입니다. 그러나 지금 문맥으로 파악해 보더라도 이와 같지는 않습니다. 대개 『중용장구』 첫머리의 세 구는 천하의 도리를 들어 한마디 말로 다한 것이요, 그 아래 문장은 바로 그 중요한 부분에 나아가 發明하고 미루어 넓힌 것일 뿐이니, 아래 문장을 인하여 위 문장을 역으로 헤아려 마침내 "또한 단지 '계구근독'을 말한 것일 뿐이다."라고 해서는 안 됩니다. 어리석은 생각이 여기에 미치니 또한 다시 다른 뜻이 있을까 두렵습니다. 삼가 바라건대 상세

히 가르쳐 주십시오.[41]

곧 창계는 논의의 초점이 修道에 그치는 것이 아니라 修道之敎에 해당하는 것이기 때문에 戒愼謹獨에 그칠 것이 아니라 禮樂刑政이라는 도를 닦아 확충하는 일에 나아가야 한다고 주장한 것이다. 경전의 문구에 대한 정밀한 해석의 경향성을 확인할 수 있다.

그러나 그 궁극적인 학문의 성취에 대해서는 창계가 37세 때에 연평의 어록을 두고 평한 말에 그 지취가 남아 있다.

> 저는 이제 끝났습니다. 심한 병으로 칩거하면서 실낱같은 목숨을 끝내 연명하였지만 아득히 문하의 가르침을 받을 길이 없으니, 생각할 때마다 다만 매우 슬프고 개탄스럽습니다. 근자에 연평의『語錄』을 보면서 대략 스승과 제자 사이에 문답한 말들을 살피니, 연평이 규모를 확충하고 사업을 성대하게 하는 일은 후인에게 기대한 듯하였습니다. 그러나 靜을 주장하는 공부와 仁을 논한 뜻에 있어서 이치를 궁구한 것이 반드시 완전한 이해에 이르게 하여 일을 만날 경우에 홀로 洒落함을 징험하는 것을 보았습니다. 백세 뒤에 오히려 연평의 공부가 너무도 절실하고 기상이 매우 순수했음을 오히려 상상해 볼 수 있었습니다. 후대에 주자의 문도인 黃榦과 蔡沈 등은 비록 講說이 점

41) 『滄溪集』卷21,『大學箚錄』, "中庸修道之敎, 以禮樂刑政當之, 其義甚精, 恐無可疑. 谿谷欲以戒懼謹獨當之, 其推尋文脈則密矣, 然而竊知其不然也. 蓋敎者, 聖人所以修明此道, 使天下萬物, 各由其當行之路者也. 然則凡係聖人修己治人理物之法, 無論精粗本末, 皆是敎也. 惟禮樂刑政, 庶幾盡之, 故朱子以此當之, 而猶慮四者之外, 尙有可言, 不直曰禮樂刑政是也, 而曰禮樂刑政之屬是也. 蓋實見敎字之義其所包者至大也. 若夫戒懼謹獨, 乃其中撮綱操約之要法, 以此當修道之敎, 則是擧精而遺粗也. 擧本而遺末也, 其義豈不狹小乎? 若論修道之要務, 而以戒謹當之則是矣."

차 상세해져 저술은 전할 만하지만, 학문에 깊이 나아가 자득한 맛을 논할 것 같으면 모두 미치지 못하는 바가 있는 듯하였습니다. 금일 학문은 또한 반드시 本源에 대해 깊이 체험하고 이해하여 이 뜻이 항상 日用事物의 사이에서 우뚝이 어둡지 않게 하여야 성현의 종지가 어긋남이 없게 될 것입니다. 저의 생각은 이와 같지만 스스로 힘쓸 수 없음을 몹시 우려하고 있으니, 모르겠지만 문하께서는 어떻게 생각하시는지요?[42)]

창계는 "靜을 주장하는 공부와 仁을 논한 뜻에 있어서 이치를 궁구한 것이 반드시 완전한 이해에 이르게 하여 일을 만날 경우에 홀로 洒落함을 징험"하는 성취를 이룩해낸 연평이 "학문에 깊이 나아가 자득한 맛을 논"하는 대목에 있어서는 더욱 학문적 성과가 높다고 평가했다. 그는 금일의 학문은 本源을 깊이 체험한 가운데 그 실현이 일상을 벗어나지 말아야 한다고 주장했다. 이는 그 학문의 귀향처를 선언한 것이다.

4. 독서와 일상에서의 학문적 실천

창계는 학문의 목표에 대해 致知를 우선시하고 또 치지는 독서를

---

42) 『滄溪集』 卷6, 「上玄江【乙丑】」, "此生已矣, 疾困潛蟄, 雖使縷命終延, 邈無奉誨之路, 每念之, 只切悲慨也. 近看延平『語錄』, 略窺師生間答問緖餘, 雖其擴充之廣 · 事業之盛. 若有待於後人, 觀其主靜之功 · 論仁之旨, 窮理之必臻於融釋, 遇事而獨驗其洒落. 百世之下, 猶可想見其功夫之親切 · 氣像之深醇. 後來朱門黃 · 蔡諸公, 雖講說漸詳, 著述可傳, 若論其深造自得之味, 恐皆有所不逮也. 今日爲學, 亦須於原本上, 深有所體會, 使此意常卓然不昧於日用事物之間, 方得宗旨無差. 愚慮如此, 苦患不能自力, 不審尊誨, 其以爲如何?"

근본으로 한다고 여겼다. 그렇지만 독서할 책이 없었던 상고시대에 인문이 밝게 드러나고 전적이 많아진 후세에 도가 꽉 막히게 된 것을 의아하게 여겼다. 그렇다면 經書를 통해 도를 구하는 것이 잘못이라고 할 수 있단 말인가라고 창계는 제생들에게 물었으며 창계는 그 문제가 적실하지 못한 독서의 폐단에서 비롯된다고 생각했다.[43] 창계는 말한다.

> 정신을 집중하여 독서한다는 자도 혹 깊은 이해를 구하지 않고 대충 대의를 파악하는 것을 궁극의 공부라고 여기고, 혹 實理를 모르면서도 고증이나 믿는 것을 능사로 삼으며, 정밀한 데 힘쓰는 자는 語句에 매몰되고, 박식한 데 힘쓰는 자는 실속 없이 섭렵하기만 한다. 이 네 가지는 역시 모두 좋은 독서 방법이 되지 못한다.[44]

깊은 이해를 결여한 성긴 독서, 實理에 대한 원숙한 이해가 없는 고증, 어구에 매몰되고 박식에 힘쓰는 것! 이러한 독서는 진정한 독서가 아니라고 판단했다. 창계는 독서는 요컨대 숙독하고 숙독하여 문자와 사실을 분명하게 눈과 마음에 두어 빠뜨리지 않은 연후에야 거울로 삼고 채집하는 일이 바야흐로 시행될 것[45]이라고 보았다.

이러한 창계의 판단은 경전에만 머무르는 것이 아니라 역사서에 대

43) 『滄溪集』 卷16, 雜著 策問, “學以致知爲先, 而致知以讀書爲本, …… 上世之人無書可讀, 而人文宣朗, 後世載籍極博, 而此道晦盲否塞.”

44) 『滄溪集』 卷16, 雜著 策問, “着緊讀了者, 亦或不求甚解, 而以略知大義爲極功；或昧於實理, 而以恃爲考證爲能事, 務精詳者, 溺於言句；務博洽者, 涉獵無實, 四者亦均爲不善讀也.”

45) 『滄溪集』 卷10, 「與趙叔成卿【乙丑】」, “要當熟之又熟, 使其文字事實, 瞭然在心目之間, 不容有遺, 然後鑑勸採取之事, 方有所施之矣”

한 독서에서도 관철되는 것이다. 창계는 역사서를 읽을 때에도 善에서 더 나아가 至善의 도를 구해야 한다고 역설했다. 그는 唐虞와 三代의 至治가 현실적인 정치로 실현될 수 있다고 믿었다.

> 지금 역사서를 進講하고 있기 때문에 신이 감히 역사서를 읽고 감계로 삼는 법을 진달한 것입니다. 만약 정치를 하는 표준을 논한다면 마땅히 聖王을 법으로 삼아야 합니다. 후세의 선악 또한 감계로 삼지 않아서는 안 되지만 그 선에서 더 올라가 다시 至善의 도를 구해야 하는 것이지 그 선을 극진한 일로 여겨서는 안 됩니다. 다만 당우와 삼대의 설은 고금의 儒臣들이 진달할 때에 인용한 자가 참으로 많았지만 당우와 삼대를 끝내 볼 수 없었습니다. 이런 말은 듣기에 현실과 동떨어진 것 같을 뿐만 아니라 말할 때에도 형식적인 것 같습니다. 그러나 그 실상은 그렇지 않은 점이 있습니다. 만약 당우와 삼대가 왜 당우와 삼대가 되었는지를 깊이 연구해서 안으로 자신을 수양하고 밖으로 나라를 다스릴 때에 하나하나 본받고 배운다면 지극히 훌륭한 정치를 참으로 점차적으로 이룩할 수 있을 것이니, 이런 말이 어찌 형식적인 말로 귀결되겠습니까. 성상께서 반드시 깊이 유의하여 성왕의 정치를 오늘날 다시 볼 수 있게 하신다면 국가에도 매우 다행일 것이고 백성들에게도 매우 다행일 것입니다.[46)]

46) 『滄溪集』卷18, 「經筵錄」, "今方進講史書, 故臣敢陳讀史鑑戒之法. 若論爲治之標準, 固當以聖王爲法. 後世善惡, 雖亦不可不鑑戒, 然當於其善之上, 更求至善之道, 不當便以其善爲極盡之事也. 但唐・虞・三代之說, 古今儒臣進說之際, 固多稱引者, 唐・虞・三代卒不可得見. 此等說話, 非但聽之似迂, 言之亦似文具, 而其實有不然者. 若深考唐・虞・三代所以爲唐・虞・三代者, 內之修身, 外之治國, 一一效學, 則至治固可馴致. 此等言語, 豈歸於文具哉! 自上必深留意, 使聖王之治復見於今日, 國家幸甚, 生靈幸甚."

다만 창계는 경서는 응당 궁리해야 할 것이지만 군주의 학문은 치란과 흥망의 자취가 있는 역사서를 읽어야 한다는 최석정의 주장[47]에 대해 치란과 흥망의 자취가 참으로 역사서에 있지만 치란과 흥망의 이치는 경서에 갖추어져 있기 때문에 경서를 잘 연구하면 역사서를 보지 않아도 치란의 이치를 밝힐 수 있다고 주장하며 반드시 경서에서 요약된 이치를 얻어야 하며 역사서는 그런 뒤에 보고 득력하는 것이라는 주장을 펼쳤다. 그렇게 하지 않으면 넓게 보기만 하고 실익은 없게 될 수도 있다[48]는 염려를 숨기지 않았다.

창계는 그 형편과 처지에 걸맞는 독서법을 강조하였는데 1680년 숙종 6년, 8월 2일에 진행된 경연에서 창계는 검토관의 자격으로 선정전 주강에 참석하여『서경』의「多方」을 강연했다. 그는 이 자리에서 제왕의 독서가 지니는 의미를 이렇게 강조한 바 있다.

> 독서하는 법은 매 글자와 글귀에서 그 指趣를 하나하나 정밀히 연구하여야 하고, 또 반드시 전체적인 大旨를 총괄하여 그 핵심을 깊이 살펴야 합니다. 이렇게 한 뒤에야 章句에 얽매이지 않고 받아들여 실천하는 실익이 있게 됩니다. 지금 이 편으로 말하면 天命의 去就가 바로 大旨이고, 그 거취는 군주가 하는 행위의 잘잘못에 달려 있습니다. 군주가 하는 일을 크게 나누면 두 가지가 있는데, '사람을 등용하는 것'과 '백성을 다스리는 것'에 불과합니다. 지금 걸의 악행을 나열

---

47) 앞의 글, "錫鼎曰 : '經固當窮, 人君之學尤以看史爲急. 治亂興廢之蹟, 皆在於史矣.'"

48) 앞의 글, "泳曰 : '治亂興廢之蹟, 固存乎史, 而治亂興廢之理, 則具於經. 苟善窮經, 不待看史, 而治亂之理可明矣. 且必於經中認得要約之理, 然後看史, 亦可得力. 不然, 亦恐泛濫而無實益耳.'"

하면 모두 백성을 학대한 일과 小人을 등용한 일입니다. 이른바 악한 군주의 일이 모두 이와 같은 것에 불과하고, 현명한 군주는 또한 이것과 반대로 하는 것에 불과합니다. 이것이 바로 君道의 큰 節目이니, 성상께서 유념하여 그 시비와 이해의 실상을 깊이 연구하고 일상생활 속에서 상세히 살피소서. 그리고 또 하나의 의리가 있으니, 백성을 보호하고 현자를 등용하지 못하는 것이 또 內亂에서 연유합니다. 내란이 있으면 어진 사람이 반드시 등용되지 못하여 백성이 그 학정을 받게 되니 이 일은 더욱 마음을 써야 합니다.[49)]

창계는 이러한 실질적인 정치와 그와 관련한 예악과 제도에 대해 반드시 功用과 意義를 알아야 할 뿐 아니라 반드시 節文과 音聲이 실제 시행되는 것을 강구해야 경륜과 제작에 통달한 인재가 될 수 있을 것이라고 요청하기도 했다[50)]. 이러한 경세적인 관심에 그치는 것이 아니라 일상의 삶에 대한 관심도 창계는 매우 진지하게 개진했다.

"도의를 탐구할 뿐 생계를 유지할 길을 찾지 않는다."라는 말과 "도의를 얻지 못할까 근심할 뿐 가난을 근심하지 않는다."라는 이런 말이야말로 우리 유학의 正法眼藏이니, 오늘날 마음을 확고히 하여 일에

---

49) 앞의 글, "讀書之法, 固當逐字逐句, 一一精究其指趣, 又須提總大旨而深察其要領. 如此然後不泥於章句, 而有受用之實益矣. 今以此篇言之, 天命去就, 是其大旨, 而其去就只在人主行事之得失矣. 人主之事, 其大端有二, 不過曰用人也 · 臨民也. 今數桀之惡, 皆是虐民之事 · 用小人之事. 所謂惡主之事, 皆不過如此, 賢明之君亦不過反此而已. 此是君道之大節目. 請留睿思, 究是非利害之實, 而致審於日用之間. 且又有一義, 不能保民用賢, 又由於內亂. 內亂則賢人必不見用, 而民受其虐, 此尤當加意者也."

50) 『滄溪集』 卷9, 「答趙叔成卿」, "至於禮樂制度, 亦必不但識其功用意義之間, 必須講究到節文音聲實施用處, 方可爲經綸制作之通材矣."

대처하는 것은 참으로 이렇게 해야 한다. 다만 내 짧은 생각으로 말하자면 끝내는 꽉 막힌 곳이 있는 듯하니, 반드시 후세 현자가 말한 "생계를 약간 도모한다.[略營生理]"라는 것이라야 빈틈없이 극진해진다. 성인의 말씀은 원래부터 관대하고 포용적이어서 애당초 꽉 막힌 곳이 있지 않은데, 이곳에서는 유독 이렇게 딱 잘라 말하여 사람들로 하여금 실천하기 어렵다는 의문점을 갖게 한 이유는 무엇인가? 성인의 말씀은 늘 관대하고 포용적이어서 박절한 말은 없지만, 부귀와 빈천을 취사선택하는 일에 있어서는 그 말씀이 칼로 딱 자른 듯 엄정하지 않은 적이 없었으니, 혹시 이런 부분은 지나친 곳을 딱 잘라야만 그 중도를 얻기 때문인가? 지금 만약 가난을 근심해 생계를 도모하는 일을 비록 완전히 팽개치더라도, 원래 살길을 구할 일이 있어서 끝내 속수무책으로 굶어 죽을 리는 없기 때문에 성인의 가르침이 이렇게 될 수밖에 없는 것인가, 아니면 생계를 전혀 도모하지 않아도 목숨이 다하기 전에는 절대 죽을 리는 없으니 군자다운 도리는 그저 생계를 전혀 도모하지 않아야 할 뿐이고, 생계를 도모하려는 즉시 모두 잘못을 저지르기 때문인가? 삼가 깊이 생각해 보니 반드시 뒤의 말처럼 보아야만 그 의미가 시원하며 명백해지고, 자신의 생각에 끝내 확고하게 믿지 못하면 헤쳐 나가지 못하는 곳이 있게 되니, 이곳은 깊이 생각해서 터득해야 한다.

농사와 학문 중에 어떤 것은 권장하고 어떤 것은 권장하지 않는다는 것은 불가능하다. 다만 농사와 학문에 초점을 맞춰서 보면, 무릇 이익을 구한다고 해서 꼭 이익을 얻는 것은 아니나 의를 위주로 한다고 해도 이익을 얻기도 하니, 이런 곳은 유형을 미루어서 이해해야 한다. 이렇게 이해하면 가난을 근심하여 생계를 도모하려는 마음이 저절로 줄어들 것이다. 그러나 또한 단지 이렇게만 해서는 안 되고, 반

드시 실리에 대한 이해가 점점 확실하고 원대해져야 자연스럽게 놓아 버리게 된다.[51]

창계는 "반드시 후세 현자가 말한 '생계를 약간 도모한다.[略營生理]'라는 것이라야 빈틈없이 극진해진다."라고 주장하여 생계의 문제에 방관하지 말 것을 제안했다. 그는 "농사와 학문 중에 어떤 것은 권장하고 어떤 것은 권장하지 않는다는 것은 불가능하다."고 단언하고 다만 실질적인 형편을 헤아려야 한다고 주장했다. 창계는 그것의 정당한 이해를 위해 '實理에 대한 이해'를 강조하였는데 이는 경전해석 분야에서 조선 주자학의 큰 전환이자 진전으로 평가할 수 있다. 일찍이 벽사 이우성 선생은 창계의 경학을 두고 '실학파의 경학'에 선행하는 경학으로 그 역사적 의의를 부여해야 한다[52]고 그 의미를 짚은 적이 있는데 정곡을 얻은 것으로 판단된다.

---

51) 『滄溪集』卷21, 論語箚義 第三十一章, "'謀道不謀食'·'憂道不憂貧'. 此正吾道門中正法眼藏. 今日立心處事, 固當如此. 但以淺心言之, 終似有窒礙處, 必如後賢所說'略營生理', 方爲周盡. 聖人言語本自包含, 未嘗有窒礙處. 此處獨如是截斷言之, 令人有難行之疑者, 何也？聖人言語雖每包含無迫切之辭, 而至於富貴·貧賤取舍之間, 其辭未嘗不截然, 豈以此等處斷截過度, 方得其中故耶？今如憂貧謀食, 雖十分舍置, 猶自有求生之事, 終無束手餓死之理, 故聖人之訓, 不得不如此耶？抑雖全不謀食, 生命未盡, 必無死理, 君子之道, 直當全不謀食, 纔有一毫營爲, 皆涉罪過耶？竊深念之, 必如後說, 其義方痛快明白, 而自家意念, 終有信不及打不過處, 此當深思得之. 耕學抑揚不可. 只就耕學上看, 凡求利者, 未必得利；主義者, 亦或有利. 此等當推類認得. 如是認得, 憂貧謀食之意, 自當減歇. 然亦不可只靠此, 須於實理上, 見得漸親切高遠, 方是自然放得下耳."

52) 이우성,「창계집」,『한국고전의 발견』, 창비, 2010, 292면.

5. 남는 문제

창계는 경연관으로 입직한 1680년, 32세의 나이에 『심경』을 강론하면서 이 책에 대해 선배들이 表章하고 敬信하는 것이 四書나 『近思錄』과 거의 차이가 없지만 다만 규모가 편협한 것이 유감이라고 하면서 '精一'로 말해보면 단지 '一'의 부분만 언급하고 '精'을 이루는 방법은 언급하지 않았고, '敬義'로 말해보면 단지 '敬' 자에 관한 공부만을 언급하고 義를 모으는 공부는 언급하지 않았다고 지적하였다. 더욱이 이 책에서 아쉬운 것은 흥망치란의 기미와 忠邪枉直의 분변과 是非成敗의 이치와 거조에 대한 완급의 마땅함 같은 것들은 모두 이 책에서 언급하지 않아 매우 아쉽게 생각했다. 물론 근본처에 있어 마음을 다해 계고한다면 향후에 운용할 때 절로 효험이 있지 않겠는가라는 기대가 있었지만[53] 전반적으로 창계는 『심경』을 경연에서 강론하는 것에 대해 만족스럽게 생각하지는 않았던 것으로 보인다.

이로부터 3년 뒤 1683년의 편지에서 창계는 세상을 변화시키는 과정에 대해 자신의 생각을 빠짐없이 피력했다.

> 荀卿이 배워서 儒者가 되었으나 오직 지나치게 자신만을 옳게 여겼으므로 한 번 李斯에게 전해져 焚書坑儒의 화가 있었습니다. 지금

53) 『滄溪集』 卷9, 「答趙叔成卿」, "『心經』一書, 先輩表章敬信, 殆與『四子』·『近思』無異, 而第恨規模偏孤. 以精一言之, 只言一處, 不說致精之方；以敬義言之, 只言'敬'字工夫, 不說集義之功. 尋常雖愛其言言警策, 而亦未嘗不病其偏也. 今方進講, 而竝註親讀, 似當弊日曠久. 若夫興亡治亂之幾·忠邪枉直之辨·是非成敗之理·擧措緩急之宜, 則皆此書之所未言. 奈何？ 惟於根本處, 盡心啓告, 則向下運用, 自有其驗耶？"

통렬히 징계하고 힘써 제거한다는 설을 만일 궁극에까지 미룬다면 말류의 화는 장차 순경에 뒤지지 않을 듯합니다. 가령 홀로 성현의 正學과 선왕의 大道를 얻었다 하더라도 세상에 시행하는 것은 오히려 강요하거나 억제할 수 없는 것이 이와 같은데, 하물며 반드시 그렇지 못한 경우는 어떻겠습니까. 또한 일을 도모하고 법을 만드는 일은 혹 급박하게 할 수 있지만 풍속을 바꾸는 일은 반드시 오랜 세월을 두고 해야 하는 법입니다. 그런데 지금 반드시 돈박하고 관대한 교화가 이미 완성된 뒤라야 비로소 묵은 폐단을 씻어 내고 법제를 개혁할 수 있다고 한다면 일의 선후를 아는 것이 아닌 듯하고, 임시로 시대의 폐단을 구제하는 좋은 계책이 될 수 없음은 또한 분명합니다. 이 때문에 세상의 폐습을 바로잡고자 한다면 반드시 이치에 밝고 마음이 바른 학문을 소유한 뒤라야 거조가 반드시 타당하고 훗날의 폐단이 일어나지 않을 것입니다. 그리고 반드시 자기의 덕을 완성하고 그 덕으로 남을 교화하는 순서를 얻은 뒤라야 사람들의 마음이 스스로 복종하고 쟁단이 일어나지 않을 것입니다. 또 반드시 오랜 세월이 지나기를 기다린 뒤라야 보고 느끼고 흥기하여 권면하며 점점 배어들어 덕과 풍속이 똑같아지는 효험에 대해 비로소 말할 수 있을 것이니, 실로 일체의 엉성한 법으로 억지로 바로잡아 마침내 이겨내려고 해서는 안 됩니다.[54]

---

54) 『滄溪集』 卷9, 「答趙叔成卿 癸亥」, "荀卿學爲儒者, 惟其自是之過, 一傳而有焚書坑儒之禍, 今此痛懲力鋤之說, 苟推其極, 則竊恐其流之禍, 將不在荀氏之下也. 政使獨得大聖賢之正學 · 先王之大道, 其行於世, 猶不可强抑如此, 況未必然者乎？ 且夫圖事設法, 容可急亟, 移風易俗, 要在久遠, 今必謂寬朴之化旣成而後, 始可以掃除宿弊 · 更張法制, 則似亦非知所先後者, 而其不得爲副急救時之良策亦決矣. 是故欲捄斯世之弊習, 則必有理明心正之學而後, 擧措必當而流弊不作矣. 必得成己成物之序而後, 衆志自服而爭梗不起矣. 又必待更歷歲月之久而後, 觀感興勸, 漸漬浹洽, 而一德同俗之效, 始可言之矣. 誠不可以一切之粗法,

창계는 자신만이 옳다는 생각으로는 아무리 성현의 正學과 선왕의 大道를 얻었다고 하더라도 할 수 없다는 입장으로 먼저 올바른 학문을 소유하고 자기의 덕을 먼저 완성하고 오랜 시간을 기다려야 할 것이라고 역설했다. 창계의 학문과 경학은 바로 그러한 학문인식의 기초를 놓아가는 고단한 여정이었다.

强矯而遂勝之也."

존경각 기탁 창계 자료 개관 —
필사본 고서와 고문서를 중심으로

장유승
성균관대학교 한문학과 조교수

1. 머리말

2001년 한국학중앙연구원 장서각은 창계 가문 문헌의 존재를 확인하고 조사, 정리에 착수하였다. 문헌은 약 1만 점에 달하는 방대한 분량이지만 보존 상태도 양호하였다. 장서각은 문중의 초벌 정리를 바탕으로 조사와 정리를 진행하였다. 그러나 이 문헌을 모두 영인하는 것은 현실적으로 불가능하므로, 장서각에서는 이중 자료적 가치가 높은 것을 선별하여『고문서집성 67책 - 나주 회진 나주임씨 창계 후손가편』에 수록하였다. 이 책에 수록된 문헌은 敎令類 8종 104점, 疏箚啓狀類 10종 60점, 牒關通報類 6종 31점, 證憑類 7종 10점, 明文文記類 3종 24점, 書簡通告類 2종 13점, 置簿記錄類 16종 34점, 詩文類 6종 21점, 총 58종 297점으로 전체의 극히 일부에 불과하다. 이후 이 문헌들은 성균관대학교 존경각으로 이관되었다.

존경각에서는 고서 전체와 고문서 일부의 상세 목록을 작성하였다. 고서는 총 215종이며, 상세 목록이 작성된 고문서는 548건이다. 현재 고문서는 인물별, 주제별, 문서종류별로 적게는 10건 미만, 많게는 100건 이상씩 묶음으로 분류되어 있다. 모든 문서에는 라벨을 붙여 문서 묶음 내의 순서를 기재하고 문서 종류를 간략히 구분하였다. 문서 분류와 라벨 작업은 장서각이 수행한 것으로 보이는데, 이에 관한 기록이 남아 있지 않다.

필자가 실사한 결과, 문서 묶음은 일련번호가 있는 것과 없는 것이 있다.[1] 일련번호가 있는 것은 128개인데, 중복 또는 누락된 번호가 있어 어떠한 기준으로 일련번호를 부여하였는지 알 수 없다. 일련번호가 없는 문서 묶음은 정확한 수량을 파악하지 못하였으나 많은 수량은 아니다. 문서 묶음은 도합 150개 미만으로 추정된다. 필자는 본교 한문학과 대학생 및 대학원생들과 함께 창계 가문 고문서의 간략 목록 작성을 목표로 정리를 진행하였으며, 현재 102개 문서 묶음 3,184건의 정리를 마쳤다.[2] 아직 정리되지 않은 문서를 합치면 고문서의 총량은 약 4천 건 정도로 추정된다.

그간 창계 연구는 대부분 간본 문집을 바탕으로 이루어졌다. 필사본 고서와 고문서에 대한 연구는 극히 드물다. 김명균 외(2008)에서 간찰첩 일부를 소개하였고, 정우봉(2020)이 필사본 문집 일부를 검토하고 문집에 수록되지 않은 시문이 상당하다는 사실을 밝혔으나, 일

1) 문서 묶음은 '滄溪公 關聯文書', '陽川公 關聯文書', '龍安公 關聯文書', '參奉公 關聯文書' 등 인물별로 구분한 것도 있고, 분류가 어려운 경우 '諸人簡札', '古文書' 등으로 분류하였다. 라벨에 기재한 문서의 종류는 簡札, 置簿, 明文, 詩文, 輓詞, 慰狀, 稟目, 祭文, 祝文, 牌旨, 物目, 譜牒, 議送, 路文, 用下記, 小錄, 稧案, 稧文書, 秋收記, 弔客錄 등으로 구분하였다.

2) 고문서 정리는 2023년 1학기 본교 한문학과 학석공통과목으로 개설된 「한학기초학특강」 수업 중에 진행되었으며, 참여 학생은 김산, 김혜영, 류현주, 마현민, 문광진, 이동원, 이진서, 전선영, 황지영 등 9인이다.

부 사례를 거론하는 데 머물러 전체적인 현황은 파악하기 어렵다. 창계 문헌 연구의 첫걸음은 문헌의 전모를 파악하는 것인데, 아직 전체 수량조차 파악하지 못하고 있다는 점은 문제다.

창계 가문 문헌 중 목판본, 활자본 고서는 상세 목록을 보면 그 형태와 내용을 파악 가능하다. 본고의 논의 대상은 상세 목록만으로 내용 파악이 어려운 필사본 고서, 그리고 고문서이다.

2. 필사본 고서

1) 장첩본

창계 기증 자료 중 가장 눈에 띄는 것은 호화로운 장첩본이다. 창계 및 그와 교유한 인사들의 친필 간찰 및 시고를 장첩한 것이다.

서명	저자	분량	개요
林滄溪先生臨鵞群帖	林泳	1책	창계가 필사한 왕희지 아군첩
世守帖	吳遂采 外	1책	오수채 등이 창계에게 보낸 간찰
有旨帖	肅宗	1책	창계가 받은 유지를 성책(1680~1681)
御札諭書帖	肅宗	1책	창계가 받은 유서를 성책(1694~1695)
滄溪公手筆師友往復帖	林泳	1책	창계가 조상우 등에게 보낸 간찰 27편. 인장 6과
滄溪公壎篪相和帖	林渙 外	1책	林渙, 林淀, 林濩이 창계에게 보낸 간찰
滄溪公從遊諸賢唱酬帖	朴世采 外	3책	상권에 박세채 외 23편, 중권에 이단상 외 22편, 하권에 이단하 외 22편
滄溪公從遊諸賢唱酬帖	金昌協 外	1책	김창협 등이 창계에게 보낸 간찰 및 시 25편
滄溪先生手墨	林泳	1책	간찰 및 시 48편
洗馬公淵源帖	趙泰億 外	1책	간찰 22편. 조태억 등이 창계 아들 林董에게 보낸 간찰

서명	저자	분량	개요
叢巖公手墨內簡	林一儒	1책	언간첩
林滄溪先生墨寶國字內簡	林泳	1책	언간첩. 창계가 모친, 누이 등에게 보낸 언간
麟鶴譜	林泳		창계가 사용한 흉배를 장정

이상 13종 가운데 『鵞群帖』, 『世守帖』, 『有旨帖』, 『御札諭書帖』을 제외한 나머지 10종은 20세기 이후 장정한 것이다. 이중 『麟鶴譜』는 李家源의 題簽과 발문이 있고, 나머지 장첩본의 題簽은 모두 辛鎬烈이 썼다.

장첩본은 간찰이 대부분이며, 시고가 일부 수록되어 있다. 창계와 관련된 간찰이 가장 많고, 문집에 수록된 것도 보인다. 창계에게 간찰을 보낸 이들은 朴世采, 朴泰輔, 趙聖期, 趙泰億, 李端相, 李喜朝, 金昌協, 金昌翕, 洪受疇, 趙相愚, 申琓, 吳道一, 崔錫鼎, 南九萬, 南鶴鳴 등이다. 이들이 보낸 간찰은 낱장으로도 다수 소장되어 있는데, 장첩본에 수록한 간찰이 어떤 이유로 선발되었는지는 알 수 없다. 친필이라는 점에서 가치가 있으나 특별한 내용은 찾아보기 어려우며, 일상적 간찰이 대부분이다. 장첩본 수록 시문의 내용은 김명균 외(2008)에 자세하므로 여기서는 생략한다.

2) 문집류

『창계집』은 1707년 청도에서 목판으로 간행되었다. 문집의 편차를 거칠게 요약하면 詩, 疏箚, 書, 雜著, 經筵錄, 讀書箚錄, 日錄 순이다. 창계 자료 중에는 이 목판본을 간행하는 과정에서 만들어진 것으로 추정되는 원고가 다수 남아 있다. 필사본 고서 총 93종 가운데 상당수가 여기에 속한다. 표지에 기재된 권차를 기준으로 배열하면 다음과 같다.

연번	표제	권수제	권차	계선	분량	개요
1	滄溪遺稿(第一)	滄溪先生遺稿		有	1책	시 192수
2	滄溪遺稿(第二)	滄溪先生遺稿		有	1책	시
3	滄溪遺稿	滄溪先生文集	文1	有	1책	疏上
4	滄溪遺稿	滄溪先生	文2	有	1책	疏下
5	滄溪遺稿(草本上)	滄溪先生遺稿	文4	無	1책	上玄江書上
6	滄溪遺稿(草本下)	滄溪先生遺稿	文5	無	1책	上玄江書下
7	滄溪遺稿(上)	滄溪先生遺稿文集	文6	無	1책	答拙修書上
8	滄溪遺稿(下)	滄溪先生遺稿	文7	無	1책	答拙修書下
9	滄溪遺稿(乾)	무	文9	無	1책	書(李喜朝 外)
10	滄溪遺稿(坤)	무	文10	無	1책	書(李喜朝 外)
11	滄溪遺稿	滄溪先生遺稿文集	文11	無	1책	書(宋時烈 外)
12	滄溪先生讀書箚錄	무	文12	無	1책	讀書箚錄-小學
13	滄溪遺稿	滄溪先生文集	文14	有	1책	經筵錄, 書 - 적묵
14	滄溪先生集(刊本)	滄溪先生集	文15	有	1책	日錄
15	滄溪先生讀書箚錄	무	文16	無	1책	讀書箚錄-學, 庸, 語, 孟, 附栗谷別集疑義
16	滄溪先生讀書箚錄	무	文17	無	1책	讀書箚錄-詩, 書, 易
17	滄溪先生讀書箚錄	무	文18	無	1책	讀書箚錄-性理大全, 二程全書, 近思錄, 禮記, 儀禮, 家禮, 讀法, 九歌
18	滄溪先生集(四)	滄溪先生文集	文19	有	1책	疏下, 經筵錄
19	滄溪遺稿(印本)	滄溪先生遺稿文集	文20	有	1책	上玄江書上
20	滄溪遺稿(印本)	滄溪先生遺稿	文21	有	1책	上玄江書下

이상의 모든 원고는 상단에 批點을 찍거나 '入刊'이라고 기재하여 간행 여부를 표시하였다. 표지에 "다시 살필 필요 없다[不必更考]", "별로 다시 살필 것이 없다[別無更考]"라고 기재한 것도 있고, 대조를 마쳤다는 의미의 "準" 표시도 보인다. 따라서 문집 간행을 위한 원고가 분명하다. 권차는 표지 우측에 기재되어 있는데, 여러 원고를 수집한 뒤 임의로 부여한 권차로 추정된다. 목판본의 편차와는 맞지 않기 때문이다.

서명의 괄호는 표제 아래의 권차인데, 역시 일관성이 없다. 따라서 이 원고들은 동시기에 체계적으로 작성된 것은 아닌 것으로 보인다. 권수제도 각기 달라 계통을 잡기가 어렵다. 다만 권수제의 '遺稿'를 '文集'으로 수정한 사례가 종종 보이므로, '遺稿'가 '文集'보다 선행한다고 볼 수 있다.

가장 명확히 구분되는 것은 계선의 유무다. 계선이 있는 것은 없는 것보다 완정한 편이다. 다만 계선이 있는 것도 계선의 형태나 필체에 차이가 있어 동시기에 편찬된 단일한 계통의 원고로 보기는 어렵다. 그렇지만 계선 없는 본에서 정리가 진전된 정고본으로 볼 수 있다. 계선 없는 본은 산재한 원고를 전사한 것으로 보인다.

1과 2는 시이다. 초년작부터 말년작까지 망라하였으므로 이것이 창계시의 전부라고 할 수 있다. 여기서 문집 수록작을 선별한 것으로 보인다. 3과 4는 상소이다. 역시 생애 전체의 작을 망라하고 있다. 창계의 시와 상소는 애당초 분량이 많지 않아 비교적 정리가 수월했던 것으로 보인다. 반면 書는 워낙 방대한 탓인지 제대로 정리되지 않았다.

이밖에 권차가 기재되지 않은 원고가 다수 있다.

표제	권수제	계선	분량	개요
滄溪遺稿	滄溪先生遺稿	유	1책	書(金昌協 外)
滄溪遺稿(乾)	滄溪先生簡牘	무	1책	書(申琓 外)
滄溪先生集	무	무	1책	書(南九萬 外)
滄溪遺稿(別)	무	무	1책	雜著
滄溪遺稿	무	무	1책	日記抄錄
滄溪先生遺稿	무	무	1책	行狀, 碣銘
滄溪先生集	무	무	1책	栗谷別集疑義, 讀書箚錄, 兵制說
滄溪先生小牘	무	무	1책	간찰(李楨 등)
簡牘謄本(坤)	무	무	1책	간찰(申琓 등)
滄溪疏箚	무	무	1책	상소, 차자
雜著	무	무	1책	교서, 표전, 상량문, 제문
무제	무	무	1책	책문, 묘갈명, 묘지명, 발문
滄溪先生遺稿草	무	무	1책	시 7제, 편지 26편, 박태항, 박세해 등 반남 박씨 집안에 보낸 것

이상의 원고 역시 대부분 '入刊' 표시 및 산삭 흔적이 남은 것으로 보아, 문집 간행시 참고한 것으로 보인다. 書에 해당하는 문헌이 많은데, 이를 통해 정리 과정을 유추할 수 있다. 우선 인물별로 간찰의 전문을 필사하고, 이후 선별 및 산삭 작업을 진행한 것으로 보인다. 초고에 해당하는 필사본에서는 투식적인 인사말, 날짜 등이 모두 기재되어 있으나, 정고본에 근접한 필사본에서는 이러한 부분이 모두 삭제되어 있다.

다만 『滄溪先生遺稿草』의 경우 문집 간행 이후에 편찬된 것이다. 말미에 수록된 1762년 朴會源의 識에 따르면, 창계 문인이던 그의 조부 朴弼朝는 창계의 시와 간찰을 손수 장첩하여 보관하고 있었다. 『창계집』 간행을 앞두고 이를 필사하여 보냈으나 무슨 이유인지 문집에 수록되지 못했다. 이후 박회원이 창계 가문을 방문하여 이 책을 확인하고 1본을 필사하였다. 『창계선생유고초』는 박회원의 필사본으로 보인다.

3) 일기류 및 기타

필사본 고서 중에는 일기로 분류할 수 있는 것이 많다. 장첩본과 문집류가 온전한 책 형태를 갖춘 데 반해, 일기류 문헌은 표지가 없거나, 있더라도 종이 한 장에 불과한 경우가 많다. 대개 1책에 1년치 일기가 있다. 다른 저술과 섞여 있는 것도 있다. 『창계선생어록』(표지: 일기초록) 표지 이면에 다음과 같은 기록이 있다.

> 和倘에서 보낸 서책 목록. 처음 보낸 21권은 壬癸雜錄, 一唱三歎, 丁巳日錄, 己巳日錄, 辛未曆, 癸酉曆, 月村日錄, 황색 표지 공책[바로 이 책이다.], 청색 표지 공책[이 책에 처음에는 乙丑日記 10여 장이 있었는데, 계유력으로 옮겨 붙였다.], 栗谷語錄[이 책에는 사직소 3장이 있는데, 월촌일록에 옮겨 붙였다.], 詩箚錄, 易箚錄, 雜識, 瑣言, 發端錄, 疾書, 蓂書[이 책과 임자잡록에 처음에는 빈 종이 수십 장이 있었으나 사서차록에 옮겨넣었다.], 程書箚錄, 讀禮標疑, 栗集疑義, 外記.
>
> 나중에 보낸 5권은 思問錄, 草藁, 內紀, 甲戌曆, 山中曆이다.[3)]

---

3) "和倘所送書冊目錄, 初來二十一卷, 壬癸雜錄, 一唱三歎, 丁巳日錄, 己巳日錄, 辛未曆, 癸酉曆, 月村日錄, 黃衣空冊[卽此卷], 靑衣空冊[此卷中初有乙丑日記十餘丈, 移付於癸酉曆], 栗谷語錄[此卷有辭職疏三丈, 移付於月村日錄], 詩箚錄, 易箚錄, 雜識, 瑣言, 發端錄, 疾書, 蓂書[此冊及壬子雜錄中, 初有空丈數十丈, 移入於四書箚錄卷], 程書箚錄, 讀禮標疑, 栗集疑義, 外記. 後來 五卷, 思問錄, 草藁, 內紀, 甲戌曆, 山中曆."

'和衙'는 和順縣監을 역임한 창계의 아우 林淨을 가리키는 것으로 보인다. 임정은 창계의 유문 정리와 창계집 간행을 주도하였으니, 그가 확보한 일기류 저술은 당시 전하던 대부분이었을 것으로 추정된다. 이 기록과 현전하는 일기류 문헌을 대조하면 다음과 같다.

연번	목록상 서명	실제 서명	개요
1	壬癸雜錄	壬癸雜錄	1672~1673년 일기 (입간)
2	一唱三歎	一唱三歎	1674년 일기 제법 자세
3	丁巳日錄	拙齋隨錄	1677년 일기 (입간)
4	己巳日錄	日錄	1689년 일기
5	辛未曆	辛未正月日記	시 50여 제. 입간 표시된 것은 16제
6	癸酉曆		
7	月村日錄	月村日錄	1687년 일기
8	黃衣空冊	滄溪先生語錄	
9	靑衣空冊		
10	栗谷語錄		
11	詩箚錄	詩說	讀書箚錄
12	易箚錄	易說	讀書箚錄
13	雜識	襍錄	1680년 일기, 간찰 文23 (입간)
14	瑣言	瑣言	잡기
15	發端錄		
16	疾書		
17	蓂書		
18	程書箚錄		
19	讀禮標疑	讀禮標疑	
20	栗集疑義	栗谷別集疑義	
21	外記		
22	思問錄		
23	草藁	草藁	간찰
24	內紀		
25	甲戌曆	甲戌6月21日	經筵錄
26	山中曆		

목록에 수록된 문헌의 절반 정도는 현재 문헌에서 확인된다. 확인되지 않은 것은 일실되었을 가능성이 높으나, 현재 문헌의 표지가 손상되어 알아보기 어려운 것도 있으므로 남아 있을 가능성을 배제할 수 없다. 목록 수록 문헌 외에도 다수의 일기류 문헌이 남아 있기 때문이다. 확인되는 문헌들은 모두 곳곳에 '入刊' 표시가 있으므로 간행을 위해 검토한 것임을 알 수 있다. 이밖의 문헌으로 창계 친족 및 하인들의 契會 기록『契案』, 1680년 창계가 사헌부 지평으로 재직시 올린 계사 초고『啓草』, 창계를 제향한 月汀書院 중수 경위를 기록한『先院營建錄』, 창계 연보와 가장의 초고 등이 있다.

3. 고문서

필자는 현재 창계 가문 고문서의 종류, 수신자, 발신자, 작성연도를 기재한 간략 목록을 작성 중이다. 현재까지 정리한 고문서는 3,184건이며, 정리하지 않은 것까지 합쳐도 4천 건은 넘지 않을 것으로 보인다.

4천 건 중에는 原本과 轉寫本이 섞여 있다. 특히 창계 관련 문서는 문집을 간행하는 과정에서 전사한 것으로 추정되는 전사본이 많다. 원본 여부를 파악하기 어려운 것도 다수이다. 문서 종류는 문서를 일별하면 파악할 수 있으나, 수신자, 발신자, 작성연도를 기재하지 않거나 소략하게 기재하여 구체적으로 밝히기 어려운 경우가 많다. 이 경우 같은 문서 묶음에 속한 문서들과 유사성이 있다는 전제 하에 판단하였다. 간찰의 경우 피봉이 남아 있는 것이 많아 수신자, 발신자 파악에 도움이 된다는 점은 다행이다.

특이한 점은 하나의 문서를 조각조각 잘라놓은 경우가 많다는 것이다. 하나의 간찰을 4~5조각으로 나눈 것도 흔하다. 훼손된 것이 아니라 의도적인 행위로 보인다. 어떠한 의도가 있었는지는 알 수 없으나, 두 가지 가능성을 제시할 수 있다.

첫째는 장첩을 위한 편집이다. 창계 가문 고문서 중 연대가 올라가는 것은 주로 창계 부친 임일유의 것인데, 임일유 간찰의 분절이 심한 편이다. 다만 글자가 훼손되지 않도록 정교하게 분절한 점으로 보면, 후손이 그의 간찰을 장첩하려는 의도에서 분절한 것이 아닌가 한다.

둘째는 재활용을 위해서다. 창계 고문서에는 이면지를 활용한 것이 많다. 예컨대 간찰의 뒷면에 讀書箚錄을 기재한 것 따위다. 이처럼 양면을 모두 활용한 문서는 어느 쪽이 후대에 필사된 것인지 확인하기 쉽지 않은 것은 물론, 종이가 얇아 뒷면이 비쳐 보여 판독조차 불가능한 경우도 많다. 원 문서 용지를 그대로 활용하는 것이 아니라 잘라서 활용한 경우가 많은 점으로 미루어보면, 당시 이미 불필요한 문서로 판단하여 재활용을 위해 분절하였을 가능성이 높다.

분절된 문서 중 합칠 수 있는 것은 합쳤지만, 수천 건의 문서더미에서 조각을 맞추는 것은 쉬운 일이 아니다. 따라서 부득이 별건의 문서로 목록을 작성한 것도 많다. 따라서 창계 가문 고문서의 총량은 현재 대략적으로 파악한 것보다 낮춰 잡는 것이 타당하다.

보존 상태가 좋고 자료적 가치가 높은 것은 대형 고문서로, 주로 교지, 상언, 단자, 소지, 시권 등의 공문서이다. 나머지 문서는 대부분 간찰이다. 어림잡아 고문서의 7~80% 이상을 차지한다.

이 간찰들은 林一儒 – 林泳 – 林董 – 林迪夏 – 林弘遠 – 林正鎭 – 林宅洙 – 林胤相으로 이어지는 8대에 걸쳐 수신, 발신한 것이다. 林一儒 선대의 간찰은 확인하지 못하였고, 林胤相 이후의 간찰도

더러 있으나 몇 편 되지 않는다. 향년이 짧았던 林董, 林迪夏 관련 간찰도 드문 편이다. 원본 간찰은 林弘遠 – 林正鎭 – 林宅洙 3대에 집중되어 있다.

시기가 앞서는 것은 林一儒 관련 간찰로, 약 100건이다. 다만 앞서 말한대로 이중 상당수가 조각난 채 전하며, 온전한 형태를 복원하기 어렵다. 창계 관련 간찰은 수적으로 가장 많지만, 역시 상당수는 문집 간행 과정에서 전사한 것이다. 창계의 명성이 높았던 만큼 유명 인사들에게 받은 간찰이 상당수 남아 있다. 朴世采의 간찰은 낱장 외에도 이어붙여 권축 형태로 만든 것이 7건 있으므로 100건을 상회하는 것으로 보인다. 이밖에 趙聖期 약 70건, 李喜朝 약 70건, 南鶴鳴 약 50건이 있다. 林弘遠 관련 문서는 1794년부터 서거한 1799년 사이에 주고받은 것이 가장 많고, 林正鎭과 林宅洙 관련 문서는 대부분 집안사람들과 주고받은 것이다. 임홍원 이후로 이 가문의 교유 범위는 상당히 축소된 것으로 보인다.

4. 맺음말

본고는 창계 가문 고문서 정리 과정의 중간 보고에 해당한다. 필사본 고서는 대부분 창계 관련 문헌으로, 목판본 『창계집』을 보충하는 자료로서 창계의 생애와 교유, 학문과 문학 연구에 활용될 수 있을 것으로 보인다. 고민되는 것은 방대한 고문서의 효과적 활용 방안이다. 약 4천 건의 고문서는 간략 목록 작성만으로도 상당한 시간이 소요된다. 내용 파악에는 얼마나 오랜 시간이 걸릴지 알 수 없다. 학문적 논의의 진행 과정을 파악하거나 생활사적 자료로 이용할 수도 있겠으나, 이 역시 내용 파악 이후에 가능한 작업이다.

따라서 필자는 창계 가문 고문서를 이용한 8대의 네트워크 재구를 우선 연구 과제로 제안하고자 한다. 김학수(2003)의 지적대로 지금까지 고문서 발굴 및 정리 작업은 영남 지역에 편중되어 왔다. 호남 지역 고문서는 부안김씨, 해남윤씨, 남평문씨, 영월신씨, 문화유씨 등 일부에 지나지 않으며, 창계 가문 고문서와 같이 여러 대의 문헌이 비교적 온전한 상태로 남아 있는 것은 드물다.

창계 가문 고문서의 대부분은 간찰이며, 수신자와 발신자, 발신일자를 파악 가능한 것도 상당하다. 누대에 걸친 네트워크 재구가 가능할 것으로 보인다. 나주 회진 일대를 거점으로 삼는 창계 가문의 고문서는 호남 지역 향촌 사족의 네트워크를 보여주는 하나의 사례가 될 수 있을 것이다.

【부록】 창계 고문서 분류(장서각)

Ⅰ-1	滄溪公關聯草本
Ⅰ-2	陽川公 關聯
Ⅰ-5	上言
Ⅰ-6	書院關聯文書
Ⅰ-7	古文書(7)
Ⅰ-7	譜牒類
Ⅰ-8	準戶口
Ⅰ-9	單子(1)
Ⅰ-10	單子(Ⅱ)
Ⅰ-11	田畓稧
Ⅰ-13	洗馬公祭文
Ⅰ-15	古文書(2)
Ⅰ-16	古文書(3)
Ⅰ-17	古文書(4)
Ⅰ-18	古文書(5)
Ⅰ-19	古文書(6)
Ⅰ-20	陽天公衙中記錄
Ⅰ-21	古文書(7)
Ⅰ-22	古文書(8)
Ⅰ-23	古文書(9)
Ⅰ-26	婚書(12)
Ⅰ-28	古文書(14)
Ⅰ-30	古文書(16)

Ⅱ-1	陽川公 關聯文書(1)
Ⅱ-2	古文書(2)
Ⅱ-2	陽川公 關聯文書(2)
Ⅱ-3	古文書(3)
Ⅱ-3	陽川公 關聯文書(3)
Ⅱ-4	陽川公 關聯文書(4)
Ⅱ-6	陽川公 關聯文書(6)
Ⅱ-7	陽川公 關聯文書(7)
Ⅱ-8	陽川公 關聯文書(8)
Ⅱ-9	陽川公 關聯文書(9)
Ⅱ-10	陽川公 關聯文書(10)
Ⅱ-11	陽川公 關聯文書(11)
Ⅱ-12	陽川公 關聯文書(12)
Ⅱ-13	陽川公 關聯文書(13)
Ⅱ-14	龍安公 關聯文書(1)
Ⅱ-15	龍安公 關聯文書(2)
Ⅱ-16	龍安公 關聯文書(3)
Ⅱ-17	龍安公 關聯文書(4)
Ⅱ-18	龍安公 關聯文書(5)
Ⅱ-19	參奉公 關聯文書(1)
Ⅱ-20	參奉公關聯文書
Ⅱ-21	陽川公·龍安公·參奉公關聯文書
Ⅱ-22	五代祖(林宅洙) 關聯文書
Ⅱ-23	四代祖(林胤相) 關聯文書
Ⅱ-24	洗馬公縱班 關聯文書
Ⅱ-25	林濩 縱班 關聯文書
Ⅱ-26	家庭書(1)
Ⅱ-27	家庭書(2)
Ⅱ-28	家庭書(3)
Ⅱ-29	家庭書(4)
Ⅱ-30	家庭書(淳昌叔主書東學洞)(5)
Ⅱ-31	家庭書(6)
Ⅱ-32	家庭書(7)
Ⅱ-33	家庭書(8)

Ⅲ-1	古文書(1)
Ⅲ-3	古文書(3)
Ⅲ-4	滄溪公 關聯간찰(1)
Ⅲ-5	滄溪公 關聯文書(1)
Ⅲ-6	滄溪公 關聯文書(2)
Ⅲ-7	滄溪公 關聯文書(3)
Ⅲ-9	滄溪公 關聯文書(5)
Ⅲ-10	滄溪公 關聯文書(6)
Ⅲ-11	滄溪公 關聯文書(7)
Ⅲ-12	滄溪公 關聯文書(8)
Ⅲ-13	滄溪公 關聯文書(9)
Ⅲ-14	滄溪公 關聯文書(10)
Ⅲ-15	滄溪公 關聯文書(11)
Ⅲ-16	滄溪公 關聯文書(12)
Ⅲ-17	書堂 上梁文
Ⅲ-18	滄溪公 關聯文書(13)
Ⅲ-19	庶尹公關聯文書
Ⅲ-20	梅溪公關聯文書
Ⅲ-21	古文書(4)
Ⅲ-22	古文書(5)
Ⅲ-23	古文書(6)
Ⅲ-24	古文書(7)
Ⅲ-25	古文書(8)
Ⅲ-26	古文書(8)
Ⅲ-26	尹濩 關聯文書
Ⅲ-28	古文書(10)
Ⅲ-29	林董 關聯文書
Ⅲ-30	諸公簡札(滄溪兄弟間)
Ⅲ-31	處士公, 梅溪公 關聯文書
Ⅲ-32	梅溪公 關聯文書(2)
Ⅲ-33	安岳公 關聯文書
Ⅲ-34	古文書(11)
Ⅲ-35	林董 關聯文書
Ⅲ-36	국문간찰

Ⅱ-35	朴世采 關聯文書
Ⅱ-36	趙聖期家 關聯文書
Ⅱ-37	梁克觀 關聯文書
Ⅱ-37	趙聖期
Ⅱ-38	南鶴鳴
Ⅱ-38	朴鐔 關聯文書
Ⅱ-39	金載海 關聯文書
Ⅱ-40	李喜朝 關聯文書
Ⅱ-42	申琓 關聯文書
Ⅱ-43	諸人簡札
Ⅱ-44	遺墨書畫
Ⅱ-45	古文書(1)
Ⅱ-46	古文書(2)
Ⅱ-47	古文書(3)
Ⅱ-48	古文書(4)
Ⅱ-49	古文書(5)
Ⅱ-50	古文書(6)
Ⅱ-51	古文書(7)
Ⅱ-52	古文書(8)
Ⅱ-53	古文書(9)
Ⅱ-54	古文書(10)
Ⅱ-55	古文書(11)
Ⅱ-56	古文書(12)
Ⅱ-57	古文書(13)
Ⅱ-58	古文書(14)
Ⅱ-59	古文書(15)
Ⅱ-60	古文書(16)
Ⅱ-61	古文書(17)
Ⅱ-62	雜帖
Ⅱ-63	雜綴
Ⅱ-64	古文書(18)
Ⅱ-65	公洞關係文書
Ⅱ-66	古文書(19)

Ⅲ-37	古文書(12)
Ⅲ-38	古文書(13)
Ⅲ-39	古文書(14)
Ⅲ-40	古文書(15)

滄溪 林泳 저술 번역의 현황과 과제

권헌준
한국고전번역원 선임연구원

· · ·

1. 서론

본고는 滄溪 林泳(1649~1696)의 문집 『滄溪集』 완역을 계기로 『창계집』의 번역 경과를 학계에 보고하고 창계 저술 번역의 현황과 과제를 검토하는 것을 목표로 설정하였다.[1)]

벽사 이우성 선생이 『국역 창계집』 해제에서 언급한바[2)], '이러한 우리 先哲의 정신 유산이 오늘날 세상에 보급되지 못하고 오직 소수 인사들의 寶藏으로 連綿히 전해 오고 있는 것은 유감스러운 일이다.'라는 지적처럼 창계의 저술은 일반 대중은 물론, 학계의 관심 주변부에 위치해 있었다. 다행스럽게도 '한국문집총간(159집)'에 포함되어 학계의 연구가 연면할 수는 있었으나, 아쉽게도 창계의 저술에 대한 본

---

1) 본고에서는 '한국문집총간' 159집 소재 『滄溪集』과 한국고전번역원 한국문집번역총서 『창계집』 간의 구분을 위해 전자를 『창계집』으로, 후자를 『국역 창계집』으로 간칭한다.

2) 이우성, 「창계집 해제 – 구도자의 사색과 철학」, 『창계집』, 한국고전번역원, 2015.

격적인 번역이 제출되지 않아 대중의 관심과 학계의 활발한 연구를 추동하는 데는 제한이 있었던 것으로 판단된다.

창계의 학문적 성과가 집약되어 있는『창계집』은 당대의 학자 崔錫鼎(1646~1715)과 金昌協(1651~1708)에 의해 교정되어 1708년 그의 아우인 林淨(1654~1710)에 의해 청도에서 판각되었다. 이는 창계 사후 12년만의 일로 매우 빠른 유문의 수습으로 당대 조야에서 창계가 차지했던 학술적 위상과도 무관하지 않을 것[3]이라는 점에 많은 연구자들이 인식을 같이 한다. 창계 자신이 조선조 성리학 연구와 유학사에 커다란 족적을 남긴 대학자이자, 성리학 이론가였기에, 그의 문집『창계집』에는 철학적 언술, 그리고 저자 창계의 유가 경전 및 성리서 등에 대한 탁견을 제시한 부분이 많다. 특히 '書'의 형식으로 '論學論事'한 경우가 많아 일반적인 '文集'의 사례에 비추어 독해의 난이도가 높다할 수 있다.

한국고전번역원에서 진행한『창계집』번역 사업은 2012년 본격적인 논의를 시작하여, 번역대상 확정을 위한 몇 차례의 논의를 거친 후 최근 교점과 번역이 완료되었고, 교점서 4책, 번역서 8책으로 그 성과를 보고하였다.『창계집』번역에 참여한 역자는 총 11명이며, 2012년부터 총 6년에 걸쳐 번역 사업을 수행하였다.

본고에서는 상기한 상황을 종합적으로 고려하여, 창계 임영 저술 번역의 현황과 과제에 대해 검토하였다. 먼저 한국고전번역원 한국문집번역총서『창계집』과는 별도로 제출되었던 창계 저술에 대한 번역 현황을 일별하여 검토한 뒤,『창계집』과『국역 창계집』에 대해 살펴봄

3) 함영대,「창계 임영의 내면적 성찰과 경학-『일록』과『독서차록-맹자』를 중심으로」,『한국실학연구』, 한국실학학회, 2019.

으로써 그 성과와 과제를 어떻게 수용하고 개선하여, 향후 진행될 번역 사업에 기여할 수 있는 지점에 대한 고민을 공유하고자 한다.

2. 滄溪 林泳 저술의 번역 현황

'창계는 17세기 성리학과 유학에 큰 업적을 남겼음에도 불구하고 큰 주목을 받지 못하였다.'는 선행연구의 지적[4]처럼, 창계와 그의 저술인 『창계집』은 조선조 철학사나 유학사의 통사적인 입장에서 성리학 발전과정을 소개하면서 등장하는 인물과 저술 정도로 이해[5]되었던 것도 사실이다. 그러나 학계의 반성적 지적과 관심의 촉구에도 불구하고 창계에 대한 연구는 활발히 진행되지 못하였다. 2000년대 중반 창계의 『퇴계선생어록』을 중심으로 그의 학문 세계와 학술적 위상이 조명[6]되었으나, 이후 지속적인 연구결과가 제출되지는 못한 실정이다.

이와 같은 상황은 창계 저술의 번역에도 반영되어, 그의 학술 전반에 대해 조망할 수 있는 문집인 『창계집』을 완역한 것은 한국고전번역원에서 제출한 것이 유일하다. 한국고전번역원에서 『창계집』이 완역·완간되기 이전, 창계의 저술 중 일부 발췌되거나 생략되지 않고 하나의 작품이 온전한 형태로 번역되어 보고된 사례는 '한국학중앙연구원 편, 『조선시대 한글편지 판독자료집』, 한국학중앙연구원, 2014'

---

4) 최재남, 「창계 임영의 삶과 시 세계」, 『한국한시작가연구』, 한국한시학회, 2008.

5) 오종일, 「滄溪 임영의 학문과 학술사적 위치」, 『古文硏究』, 한국고문연구회, 1999.

6) 임형택, 「큰 스승의 일상과 하신 말씀, 『퇴계선생어록』_임영」, 『우리 고전을 찾아서』, 한길사, 2007.

에 수록 번역된 언문 자료 「國字內簡」이 유일하며, 이외의 저술은 창계 연구를 위한 제재 또는 논거로 사용된 일부에 대해서만 번역이 이루어졌다. 따라서 창계 저술의 번역 현황을 검토하기 위해서는 창계에 관한 기존 연구 자료에서 번역한 자료들을 목록화할 필요가 있다. 아래 표를 통해 창계에 대한 연구 논문과 그 논문에서 번역한 자료들의 목록을 제시한다.

〈창계 관련 연구 목록 및 연구 논문 내 수록 번역문 목록〉

1. 영대, 「창계 임영의 내면적 성찰과 경학-『일록』과 「독서차록-맹자」를 중심으로」, 『한국실학연구』, 한국실학학회, 2019.

번역대상	비고
林泳, 『滄溪集』 卷25, 「日錄-丁未」	한국고전번역원-필자 일부 수정
林泳, 『滄溪集』 卷25, 「日錄-丙寅」	한국고전번역원-필자 일부 수정
林泳, 『滄溪集』 卷26, 「日錄-丁卯」	한국고전번역원-필자 일부 수정
林泳, 『滄溪集』 卷26, 「日錄-散錄」	한국고전번역원-필자 일부 수정
林泳, 『滄溪集』 卷26, 「日錄-辛未」	한국고전번역원-필자 일부 수정
林泳, 『滄溪集』 卷26, 「日錄-庚午」	한국고전번역원-필자 일부 수정
林泳, 『滄溪集』 卷22, 「讀書劄錄-孟子」	한국고전번역원-필자 일부 수정

2. 조정은, 「창계 임영의 개인 수양서로서 『논어』 읽기-「독서차록-논어」 「학이」편을 중심으로-」, 『한국실학연구』, 한국실학학회, 2019.

번역대상	비고
번역자료 없음	번역자료 없음

3. 이연순, 「滄溪 林泳의 독서 기록을 활용한 대학생 서평 쓰기의 순서 제안」, 『한문학논집』 52, 근역한문학회, 2019.

번역대상	비고
林泳, 『滄溪集』 卷25, 「日錄 丙午 · 丁未」	
林泳, 『滄溪集』 卷26, 「日錄 乙丑」	

4. 이연순, 「滄溪 林泳의 독서 기록 방식과 그 의의 고찰-「讀書箚錄」과 「日錄」을 중심으로」, 『시학과 언어학』, 시학과 언어학회, 2014.	
번역대상	비고
林泳, 『滄溪集』 卷21, 「讀書箚錄-論語」	한국고전번역원-필자 일부 수정
林泳, 『滄溪集』 卷22, 「讀書箚錄-小學」	한국고전번역원-필자 일부 수정

5. 이연순, 「滄溪 林泳의 「日錄」에 나타난 독서 기록의 특징」, 『한문학논집』 35, 근역한문학회, 2012.	
번역대상	비고
林泳, 『滄溪集』 卷25, 「日錄 丁未 · 乙卯 · 丁巳 · 丙午 · 壬子」	
林泳, 『滄溪集』 卷26, 「日錄 散錄 · 乙丑」	

6. 이연순, 「『義勝記』의 주제 의식 고찰」, 『서강인문논총』 34, 서강대 인문과학연구소, 2012.	
번역대상	비고
林泳, 『滄溪集』 卷25, 「日錄 丁卯」	
林泳, 『滄溪集』 卷16, 「義勝記」	

7. 유연석, 「牛溪 후학의 栗谷 性理學 이해와 비판 -朴世采,趙聖期,林泳을 중심으로-」, 『율곡학연구』 23, 율곡연구원, 2011.	
번역대상	비고
林泳, 『滄溪集』 卷25, 「日錄 甲寅」	

8. 이종범, 「滄溪 林泳의 學問과 政論」, 『한국인물사연구』, 한국인물사연구소, 2008.	
번역대상	비고
林泳, 『滄溪集』 卷25, 「日錄-丁未」	
林泳, 『滄溪集』 卷25, 「日錄-甲寅」	
林泳, 『滄溪集』 卷25, 「日錄-乙卯」	
林泳, 『滄溪集』 卷26, 「日錄-庚午」	
林泳, 『滄溪集』 卷21, 「中庸箚錄」	
林泳, 『滄溪集』 卷6, 「答玄江 丁巳」,	
林泳, 『滄溪集』 卷26, 「日錄-丁卯」	
林泳, 『滄溪集』 卷14, 「答朴大叔 丁卯」,	
林泳, 『滄溪集』 卷8, 「答玄江 別紙 甲戌」,	

9. 최재남, 「창계 임영의 삶과 시 세계」, 『한국한시작가연구』, 한국한시학회, 2008.	
번역대상	비고
林泳, 『滄溪集』 卷12, 「答金仲和 壬申」	
林泳, 『滄溪集』 卷1, 「與趙叔成卿 聖期 同棲佛巖作 己酉」	
林泳, 『滄溪集』 卷1, 「龍淵村」	
林泳, 『滄溪集』 卷25, 「日錄-丁未」	
林泳, 『滄溪集』 卷1, 「自警」	
林泳, 『滄溪集』 卷1, 「偶吟 壬子」	
林泳, 『滄溪集』 卷1, 「敬次王考下示韻呈次韶 濩 從兄 幷序」	
林泳, 『滄溪集』 卷1, 「楸嶺行」	
林泳, 『滄溪集』 卷1, 「山有花百濟舊曲也有音而無詞戲效憶秦娥體爲之」	
林泳, 『滄溪集』 卷2, 「玉流洞與金仲和 昌協 子益 昌翕 同賦」	
林泳, 『滄溪集』 卷2, 「山齋月夜與族弟得之 世讓 呼韻口占」	
林泳, 『滄溪集』 卷10, 「與趙叔成卿」	
林泳, 『滄溪集』 卷2, 「次趙叔成卿韻」	
林泳, 『滄溪集』 卷1, 「次趙叔成卿韻」	
林泳, 『滄溪集』 卷1, 「次城南隱君趙叔成卿寄示韻」	
林泳, 『滄溪集』 卷1, 「又次隱君韻還贈」	

10. 이동희, 「우계 성혼의 성리설과 조선후기 '절충파'」, 『동양철학연구』 36, 동양철학연구회, 2004.	
번역대상	비고
林泳, 『滄溪集』 卷25, 「日錄 甲寅」	

11. 이영호, 「조선후기 주자학적 경학의 변모양상에 대한 일고찰 : 창계 임영과 식산 이만부의 대학 해석과 異端觀을 중심으로」, 『한문교육연구』 17, 한국한문교육학회, 2001.	
번역대상	비고
林泳, 『滄溪集』 卷14, 「答李君輔」	
林泳, 『滄溪集』 卷16, 「雜著」, '策文'	
林泳, 『滄溪集』 卷26, 「日錄」	

12. 박래호, 「滄溪 林泳 선생의 생애와 사상」, 『향토문화』, 향토문화개발협의회, 2001.

번역대상	비고
번역자료 없음	번역자료 없음

13. 이병찬, 「滄溪와 三淵의 詩經說과 正祖 詩經講義의 相關性」, 『시화학』 3 · 4합집, 동방시화학회, 2001.

번역대상	비고
번역자료 없음	번역자료 없음

14. 오종일, 「滄溪 林泳의 학문과 성리설」, 『東洋哲學硏究』, 동양철학연구회, 2000.

번역대상	비고
林泳, 『滄溪集』 卷17, 「亡室安人曺氏行狀」	
林泳, 『滄溪集』 卷25, 「日錄-丙午」	

15. 오종일, 「滄溪 임영의 학문과 학술사적 위치」, 『古文硏究』, 한국고문연구회, 1999.

번역대상	비고
번역자료 없음	번역자료 없음

16. 김광순, 「滄溪의 生涯와 文學」, 『퇴계학과 유교문화』, 경북대학교퇴계연구소, 1986.

번역대상	비고
林泳, 『滄溪集』 卷25, 「日錄」	
林泳, 『滄溪集』 卷16, 「義勝記 甲辰」	

『국역 창계집』이 출간 또는 DB를 통해 독자 대중에게 공개된 이후 작성된 논문의 경우 『국역 창계집』의 번역을 기반으로 논문의 필자가 일부 수정을 가한 번역문을 제시하고 있다. 한국고전번역원의 번역 공정은 '번역-번역 결과물에 대한 평가-평가를 반영한 번역 결과물 공개'로 이루어지기 때문에 번역 과정에서 발생할 수 있는 오류들을 잡아낼 수 있는 여과 과정이 설정되어 있는 만큼, 번역 결과물의 완정성 제고라는 번역의 목표에 근사하게 접근할 수 있다. 따라서 『국역

창계집』이 출간된 이후 제출된 연구 논문의 경우 논거로 부기한 번역문에서는 큰 오류를 발견할 수 없다.

하지만 『국역 창계집』 공개 이전 제출된 연구 논문의 번역문의 경우 일부 문제가 산견된다. 본고는 창계 저술의 번역 현황을 검토하기 위해 기획된 것으로, 일부 연구 논문에서 논거로 사용한 번역물의 오류를 지적하기 위함이 아닌, 창계 저술 번역의 난맥상을 밝히고 완정성을 제고함과 동시에 여타 한국 고전의 번역물 생산을 위한 기반연구로서, 번역의 정확성과 학술성을 확보하기 위한 시도임을 밝힌다.

是道無幽顯	이 도는 陰陽이 없어서
隨時可察欽	때에 따라 살피고 공경할 수 있네.
常思眞實做	늘 진실을 만듦을 생각하고
莫遣利名侵	이익과 명예가 침범하지 못하게 하네.
縱得欺當世	설령 당세를 속인다 해도
其如愧此心	부끄러운 이 마음을 어찌하랴.
方知古人意	바야흐로 고인의 뜻을 알았으니
造次若臨深	①갑작스레 깊은 물에 임하는 것 같네.

有耳不聞道	귀가 있어도 도를 듣지 못하고
有眼不見理	눈이 있어도 이치를 보지 못하네.
有足不踐禮	발이 있어도 예를 실천하지 못하고
有膺不服義	가슴이 있어도 의리에 복종하지 못하네.
虛生天地間	하늘과 땅 사이에 부질없이 살면서
飽煖眞可恥	배불리 먹고 따뜻하게 지냄이 참으로 부끄러워할 만하네.

時乎不再來	②때때로 불러도 다시 오지 아니하니
勉哉無自棄	힘써서 스스로 포기하지 말라.

위 인용문은 『창계집』 卷1에 수록되어 있는 「偶吟 壬子」 其一과 其二를 번역한 것으로, ①'造次若臨深'은 『論語』의 내용과 『詩經』의 내용을 동시에 가져와 구성한 구절이다. '造次'는 『논어』 「里人」의 '君子去仁, 惡乎成名? 君子無終食之間違仁, 造次必於是, 顚沛必於是.'에 근거하여 '매우 다급하고 위태한 상황'을 표현한 구절이며, '臨深'은 『시경』 「小雅 · 小旻」의 '戰戰兢兢, 如臨深淵, 如履薄氷.'에서 차용하여 늘 조심해야 함을 표현한 구절이다. 따라서 해당 구는 '갑작스레 깊은 물에 임하는 것 같네.'가 아닌 '아무리 다급해도 매사에 조심해야 함'이라는 의미로 풀어야 한다.

'時乎不再來'의 번역 '때때로 불러도 다시 오지 아니하니'는 『史記』 「淮陰侯列傳」에서 蒯通이 韓信에게 "時乎時不再來"라 한 표현과 陶潛의 「雜詩」 12首 가운데 첫 번째 시 末句 "젊은 시절은 다시 오지 않고, 하루에 새벽이 두 번 있기는 어려워라. 제때에 미쳐 마땅히 힘써야 하나니, 세월은 사람 기다려 주지 않는다.[盛年不重來, 一日難再晨. 及時當勉勵, 歲月不待人.]"라는 구절에 근거한 표현으로 시인이 인생의 끝자락에서 터득한 자신의 인생관이 드러나 있는 매우 유명한 구절이다. 따라서 '시간은 두 번 다시 오지 않는 것'의 의미로 번역되어야 한다.

卷裏寒英指點疑	시권 속의 차가운 꽃부리는 점을 가리키는지 의아한데
君詩眞似隴頭枝	은군의 시는 참으로 隴頭의 가지와 같구려.

題封幾日山窓到	題簽을 봉하여 며칠 만에 산의 창에 이르니
辛苦穿雲驛使隨	괴롭게 구름을 뚫고 역의 사자도 따랐네.
香凝雪屋還如見	눈 내린 집에 향기가 엉김을 도리어 보는 듯하고
冷徹氷襟許共知	가슴을 얼리는 냉정하고 투철함은 함께 알기를 허여하네.
別有龜翁藏艶意	①특별히 龜翁이 고움을 감춘 뜻이 있으니
此間春事不嫌遲	②이 사이에 봄 일이 늦어짐을 싫어하지 않네.

위 인용문은 『창계집』 卷2에 수록되어 있는 「次趙叔成卿韻」을 번역하여 제시한 것인데, 창계가 이 시에 사용한 전고를 정확히 알지 못하면 오역이 발생할 수밖에 없는 작품이다. 먼저 ①'別有龜翁藏艶意'의 경우 '특별히 龜翁이 고움을 감춘 뜻이 있으니'로 번역하고 있는데, 이는 龜山 즉 북송의 성리학자 楊時의 작품 「渚宮觀梅寄康侯」(『龜山集』 卷42)에 근거한 표현이다. '남은 섣달 몰아내어 봄바람으로 바꾸려니, 찬 매화만이 있어 선봉이 되었어라. 듬성한 꽃잎으로 경솔히 눈과 다투지 말고, 맑고 고운 그 자태 밝은 달빛 속에 잘 감추기를.[欲驅殘臘變春風, 只有寒梅作選鋒. 莫把疏英輕鬭雪, 好藏清艶月明中.]'이라는 내용으로, 康侯 胡安國에게 국가가 多難하고 政勢가 어수선한 때에 너무 銳氣를 드러내지 말 것을 寒梅에 비유하며 조정에 남아 있으라고 충고하는 내용으로, 호안국이 이 시를 보고 監司에 임명되어 나가려고 하다가 그만두었다고 한다. 따라서 이 구절은 龜翁이 주체가 되어서는 안 되며, '구옹이 고움 감추라고 한 뜻 따로 있으니'라고 번역해야 한다. 이 내용은 8구에도 이어진다. ②'此間春事不嫌遲'의 번역 '이 사이에 봄 일이 늦어짐을 싫어하지 않네.'는 '此間'을

'이쪽, 이곳'으로 번역하지 않고 '이 사이'로 번역함으로써 시의 본의가 훼손되었으며, 의미가 불명하게 되어버렸다.

이상에서 살펴본 바와 같이 학술논문에 인용된 번역의 오류는 학술논문의 장르적 특성상 인용한 문헌에 대한 정확한 번역보다 내용 제시를 통한 작가론적 접근을 위한 개괄이 우선하기 때문에 작품에 대한 정치한 번역, 주석의 부기 등이 누락됨으로써 발생한 것으로 보아야한다.

『창계집』은 철학적 표현, 전고의 사용 등으로 인해 오역의 가능성이 매우 높으며, 독해의 난이도가 상당한 문헌임을 확인할 수 있으며, 따라서 번역 결과물을 도출하는 과정에서 원전의 본의를 확보하기 위해 주석의 역할이 매우 중요하다 지적할 수 있다.

3. 『창계집』과 『국역 창계집』

본 학술대회는 『창계집』의 완역을 기념하는 동시에 창계 문중에서 귀중한 자료들을 기증한 것을 기념하는 의의도 지닌다. 그런데 『창계집』이 완역된 시점에서 그 자료들을 어떻게 처리할 것인가 하는 문제가 남는다.

하나의 온전한 자료로서 '번역 대본'이 갖는 의미는 단순한 번역의 '대상물로서의 존재'와는 그 결을 달리한다. 또한 번역 대본의 체제와 형태를 그대로 완정한 형태로 번역하는 것이 바람직한가?라는 의문도 제기할 수 있다. 한국고전번역원에서 출간해온 번역서는 대중서 또는 기획 출판물의 경우를 제외하면 대개 번역 대본의 체례와 구성을 그대로 번역해 제출하였다. 다만 『明齋遺稿』의 경우처럼 연보 등

저자의 행적을 확인할 수 있는 자료를 부기하는 정도에서 가감이 진행되었다. 『국역 창계집』의 번역 · 출간 과정에도 번역 대본에 대한 일부 가감을 통한 재구성이 이루어졌다. 다만 사업이 종료된 이후에는 추가적인 번역이 이루어질 수 없는 제약이 있는 것 또한 사실이겠지만, 작가의 문집에 완정한 형태로 수록되지 않은 문헌 자료의 번역에 대해, 해당 인물의 사상과 학문에 대한 전체적인 조망이라는 부분에 대해 고민이 필요한 지점이라 할 수 있다.

본 장에서는 『창계집』의 구성과 『국역 창계집』의 번역과정을 검토함으로써 『창계집』이 『국역 창계집』으로 번역된 과정에 대해 검토하고, 『창계집』에 포함되지 않은 창계의 자료 번역의 문제에 대해 고민하고자 한다. 먼저 『국역 창계집』의 번역 현황을 제시하면 다음과 같다.

〈『국역 창계집』의 번역 현황〉

분책	권차	내용	원고량	주석수	역자	출간
『국역 창계집』 1	-	해제	58	-	이우성	2015년
	권수	跋	11	789	전백찬	
	卷1	詩	931		전백찬/변구일	
	卷2	詩, 辭	1,046		변구일	
『국역 창계집』 2	卷3	疏箚	482	325	이승현	2016년
	卷4	疏箚	529		이승현	
	卷5	疏箚	267		이승현	
	卷6	書	599		이승현	
『국역 창계집』 3	卷7	書	369	286	권헌준	2015년
	卷8	書	378		권헌준	
	卷9	書	398		권헌준	
	卷10	書	386		권헌준	

분책	권차	내용	원고량	주석수	역자	출간
『국역 창계집』 4	卷11	書	380	399	이승현	2018년
	卷12	書	412		이승현/전백찬	
	卷13	書	462		전백찬	
	卷14	書	461		전백찬	
『국역 창계집』 5	卷15	書	421	544	변구일	2018년
	卷16	教書 등	634		변구일/정동화	
	卷17	墓文 등	336		정동화/홍기은	
	卷18	經筵錄	328		홍기은	
『국역 창계집』 6	卷19	讀書箚錄	514	771	권헌준	2019년
	卷20	讀書箚錄	536		권헌준/이세형	
	卷21	讀書箚錄	470		이세형	
	卷22	讀書箚錄	313		박미경	
『국역 창계집』 7	卷23	讀書箚錄	512	489	허벽	2019년
	卷24	讀書箚錄	243		허벽	
	卷25	日錄	353		허벽	
	卷26	日錄	376		허벽	
『국역 창계집』 8	卷27	附錄	482	725	조경구	2019년
	권미	序	78		조경구	
	拾遺	論書法長短	110		하승현	
	拾遺	裘葛說				
	拾遺	主靜說				
	拾遺	慈孝堂序				
	拾遺	觀海亭序				
	拾遺	三浦石橋重修文				
	拾遺	辛酉日錄	211		하승현	
	拾遺	退溪語錄	376		하승현	
	附錄補	年譜	209		조경구	
	附錄補	家狀草 등	210		하승현	

『창계집』은 27권 13책으로 구성되어 있으며, 권1~26은 원집, 권27은 부록이다. 『국역 창계집』의 번역 대본으로 사용한 자료는 '한국문집총간' 159집에 수록된 『창계집』이다. 이 판본은 1708년 초간본으로 서울대학교 규장각에 소장되어 있다. 다만 누락된 김창협의 서문은 동일본인 연세대학교 중앙도서관장본으로 보완하여 권미에 추가하였고 권2의 제44, 45판은 상태가 불량하여 동일본인 국립중앙도서관장본으로 대체하였다.

『창계집』 본집은 창계가 생전에 잘 정리해두지 않고 세상을 떠나 아우 林淨이 유문을 수습하였다. 임정은 저자와 교유하였던 김창협, 이희조에게 부탁하여 1705년경 정고본을 완성한 것으로 판단된다. 임정은 南原府使로 있으면서 이 정고본을 간행하려고 하다가 완성하지 못하고 1706년 가을 淸道郡守로 부임하여 1708년에 刊役을 마쳤다. 본집은 이 때 간행된 初刊本만이 전해오고 있는데, 규장각, 장서각, 국립중앙도서관, 성균관대학교 중앙도서관, 연세대학교 중앙도서관 등에 소장되어 있다.

『국역 창계집』 번역에 사용된 번역 대본의 세부 내용은 다음과 같다.

〈『국역 창계집』의 번역 대본 현황〉

권차	소장처
권수~권27, 권미	서울대학교 규장각(奎4121)
습유(論書法長短~三浦石橋重修文)	임형택 교수 소장본
습유(辛酉日錄)	성균관대학교 대동문화연구원
습유(退溪語錄)	퇴계학연구원 퇴계학보
부록보(年譜~家狀草 등)	성균관대학교 대동문화연구원

위 표에서 확인할 수 있듯『창계집』의 번역 대본을 결정하는 과정에서 일부 문헌의 가감이 이루어졌다. 기존에『창계집』이『국역 창계집』으로 번역 · 출간된 경과는 다음과 같다.

2012년 6월 제8차 고전번역위원회(2012) 2013년 신규번역대상서목으로 심의 의결, 7책으로 편간계획을 수립한 뒤, 2012년 말 교점 · 번역을 착수하였다. 이후 2013년 6월, 8책으로 편간계획을 재수립하였는데, 번역 대본인 한국문집총간 159집 소재『창계집』(奎4121) 27권 13책에는 실려 있지 않은 자료를 임형택 교수 소장본 및 필사본 저작에서 취하여 拾遺 및 附錄補로 보충하여 전체 12책(번역8책, 교점4책)으로 편간 계획을 변경하는 내용에 대한 것이었다.

2015년 7월에 다시 7책으로 편간 계획 재수립에 대한 논의가 재개되어, 번역 대본인 한국문집총간 159집 소재『창계집』(奎4121) 27권 13책에는 실려 있지 않은 자료들은 번역대상에서 제외하여 7책으로 편간 변경하는 최초의 안으로 번역 방안을 결정하였다. 이 결정은 다시 2015년 11월 수정되어, 번역 대본인 한국문집총간 159집 소재『창계집』(奎4121) 27권 13책에는 실려 있지 않은 임형택 교수 소장본 및 필사본 저작을 다시 번역대상에 포함하여 8책으로 편간 변경하게 되었다.

이후 2017년 7월 최종적으로 8집 내 수록내용에 대한 검토를 진행하여『창계집』8집 拾遺 4편 중「兵制說」과「國字內簡」을 번역대상에서 제외하고, 임형택 교수 제공「論書法長短」등 필사본 저작 6편을 추가하여 재구성하였고, 2018년 교점서 4책 · 번역서 8책에 대한 작업을 완료하였다.

〈『국역 창계집』 8 수록 내용〉

권차		내용	비고
『국역 창계집』 8 수록 내용	권27	附錄	
	권미	序	
	拾遺	兵制說	제외
	拾遺	論書法長短	추가
	拾遺	裘葛說	추가
	拾遺	主靜說	추가
	拾遺	慈孝堂序	추가
	拾遺	觀海亭序	추가
	拾遺	三浦石橋重修文	추가
	拾遺	辛酉日錄	
	拾遺	退溪語錄	
	拾遺	國字內簡	제외
	附錄補	年譜	
	附錄補	家狀草 등	

상기한 바와 같이 『국역 창계집』의 번역 대본을 결정하는 과정에서 총 4번의 조정이 이루어졌다. 가장 큰 변화가 있었던 부분은 『국역 창계집』 8에 해당하는 부분으로, 『창계집』의 해체와 재조합을 통해 창계의 학술과 사상에 대해 조망할 수 있는 대본을 구성하여 번역을 진행한 것이라 평가할 수 있는 부분이다.

『창계집』에 수록되어 있는 '兵制說'은 趙顯期(1634~1685)가 현종 15년(1674, 갑인년)에 지어 올린 「甲寅封事」 가운데 일부 내용을 창계가 뽑아 편집한 것으로 창계의 저작이 아니었기 때문에 『국역 창계집』에서 제외되었다. 또한 「國字內簡」의 경우, 이미 한국학중앙연구원에서 번역하여 동일 자료에 대한 번역 중복 문제가 있으며, 언문으로 된 저작이므로 한국고전번역원 번역대상 기준에 적합하지 않다고 판단한 것이다.

「論書法長短」, 「裘葛說」, 「主靜說」, 「慈孝堂序」, 「觀海亭序」, 「三浦石橋重修文」 등 필사본 저작 6편은 서울대학교 규장각 소장본 및 성균관대학교 대동문화연구원 간행본에 포함되지 않은 저작들로, 창계의 학문관과 문학적 수준을 구체적으로 확인할 수 있는 자료로 그 높은 학술적 가치를 인정하여 『국역 창계집』에 포함하였다.

이는 『국역 창계집』의 가장 큰 특징으로 선역이 아닌 완역이며, 일부 문헌을 추가 또는 삭제하여 완정한 형태의 『창계집』을 재구했다는 점이다. 한국고전번역원의 전신인 민족문화추진회에서는 중요 고전에 대한 조속한 번역의 필요성을 인식하여, 일부 주요 고전 『退溪集』, 『栗谷集』 등을 선역하여 제출했다. 선역의 경우 번역 주체기관 또는 편자의 감식안 또는 의도가 가미될 수 있으며, 작가에 대한 전체적인 조망을 결여시킨다는 문제가 존재한다. 때문에 문헌 자료의 완역은 대중에게 온전한 형태의 자료를 제공함과 동시에, 이를 통해 향후 해당 문헌 자료 또는 작가에 대한 연구를 견인하는 역할을 한다. 실제로 '한국문집총간'에 포함되어 출간된 문헌의 경우 '한국문집총간' 출간 이전에 비교해 그 연구 업적물의 수량이 향상되었으며, 이와 같은 현상은 해당 문헌에 대한 번역서가 출간된 이후 가속화되었다는 지적[7]을 확인할 수 있다.

7) 한국고전번역원 편, 「1. 2015년 고전번역의 현황과 과제」, 『2016 고전번역연감』, 한국고전번역원, 2016.

4. 한국고전번역원 한국문집번역총서 『창계집』의 의의와 과제

한국고전번역원 한국문집번역총서 『창계집』, 즉 『국역 창계집』에는 총 4,328개의 주석[8]이 포함되어 있다. 이는 일반 문집에 포함된 주석의 숫자를 상회[9]하며, 『창계집』이 詩보다 書 등 文이 더 많은 분량을 차지하고 있다는 점을 상기할 때 『창계집』의 정확한 독해와 이해를 위해 상당부분 각주의 도움이 필요함을 알 수 있다.

한국고전번역원의 '한국문집 번역지침'에는 각주를 부기하는 대상을 다음과 같이 규정하고 있다.

> 각주의 대상: 번역문의 내용이 이해하기 어려워 이해를 돕기 위해 필요하다고 판단될 경우 각주를 단다.

각주에 대한 규정을 자세히 살펴보면 다음과 같이 ① 원문에 대한 각주, ② 고사에 대한 각주, ③ 인물에 대한 각주, ④ 사건과 배경에 대한 각주, ⑤ 어휘에 대한 각주, ⑥ 제목에 대한 각주 등을 부기할 것을 제시하고 있다. 『국역 창계집』 3책의 각주 286개를 대상으로 위의 항목으로 분류하면 다음의 표와 같다.

---

8) 『국역 창계집』 1권, 789개, 2권 325개, 3권 286개, 4권 399개, 5권 544개, 6권 771개, 7권 489개, 8권 725개.

9) 한국고전번역원에서는 매년 발행되는 『고전번역연감』을 통해 각 번역서들의 주석 개수를 제시하고 있으며, 이를 대략적으로 살펴보면, 문체별로 상이하나 번역서 1책 당 300개 내외의 주석이 포함되어 있음을 확인할 수 있다.

〈『국역 창계집』 3책의 각주〉

원문	고사	인물	사건과 배경	어휘	제목
2	103	35	58	75	13

『국역 창계집』의 경우 누락된 주석이 거의 없어 번역문을 이해하는데 어려움이 없다. 각주를 부기함으로써 제반 사항을 이해할 수 있는 예시를 몇 가지 제시하도록 한다. 먼저 전고를 알지 못하면 이해하지 못하는 경우로 한국고전번역원에서 분류한 각주 처리 기준 중 '고사'에 해당하는 내용이다.

> 옛날 현명한 왕은 어진 유자를 초빙할 때에 편안한 수레에 바퀴를 부들로 싸고 使者를 보내 예물을 바치는 예를 두었습니다.[10]

바퀴를 부들로 싼다는 것은 편안하게 탈 수 있는 수레로 만들었다는 말로, 곧 賢士를 우대한다는 뜻으로 쓰이는 말이다. 『漢書』 권88 「儒林傳 申公」에, 漢 武帝가 편안히 앉을 수 있는 수레를 부들로 바퀴를 싸 가지고 가서 신공을 맞이했다는 고사에 근거한 표현이다.

다음 두 사례는 한국고전번역원에서 분류한 각주 처리 기준 중 '사건과 배경'에 해당하는 사례로, 사건과 배경은 그 사건이 발생한 시점을 전후로 한 전체적인 이해가 선행되지 않으면 독해가 어려운 부분이라 할 수 있다.

> 우선 면학하는 방법에 대해 논하고 조정의 일에 대해서는 곧장

10) 『滄溪集』 권7, 「上玄江」, "古之賢王, 招致賢儒, 有安車蒲輪, 遣使聘幣之禮."

언급하지 않으려고 하였는데, 마침 동료가 公主의 집에 관한 일을 논한 것이 있어 이를 발단으로 또 이 일과 관련된 큰 뜻을 아뢰기를 11)

해당 번역은 각주 『숙종실록』 6년 7월 1일 기사에 호조에서 明安公主의 집터가 너무 넓어 재량해야 한다고 아뢴 내용이 있고, 9일 기사에 소대에서 옥당 관원 吳道一이, 공주의 第宅을 짓는 데에 소요되는 비용이 1만여 금이 넘으니 절제하는 것이 좋겠다고 아뢴 내용이 있다.'가 없으면 이해하지 못하는 부분이다.

오늘 동료인 沈君, 吳君, 宋君 등 세 명과 함께 旱災로 인해 請對하여 학문에 부지런히 할 것[勤學], 현자를 초빙할 것[致賢], 간언을 받아들일 것[納諫], 비용을 절약할 것[節用], 죄를 감싸 안을 것[恤罪], 폐단을 줄일 것[省弊] 등 대여섯 절목을 가지고 반복하여 진달하였습니다.[12]

상기 번역은 각주 '1681년(숙종7) 4월 8일에 심한 가뭄으로 인해 옥당이 청대하였는데, 이때 창계와 沈壽亮은 교리로, 吳道一은 부교리로, 宋光淵은 부수찬으로 참석하였다.『承政院日記 肅宗 7年 4月 8日』'의 내용을 함께 독해하지 않으면 동석한 인물이 누구인지 알 수 없는 내용으로, 해당 인물이 누구인지 밝혀지지 않는다면 완정한 번

---

11) 『滄溪集』 권7, 「答玄江」, "鄙意欲姑論勉學之方, 未欲便及事務矣, 適同僚有論主第事, 因其發端."

12) 『滄溪集』 권7, 「上玄江」, "蓋今日與同僚沈 · 吳 · 宋三君, 因旱災請對, 以勤學致賢納諫節用恤罪省弊等五六節目, 反復陳達."

역 결과물로 판단하기에는 상당히 부족한 지점이라 지적할 수 있다.

이상과 같이 『창계집』의 내용을 명확하게 번역 · 이해하기 위해서는 해당 기술이 발생한 상황에 대한 배경 지식이 필수적이다. 이 부분의 기술은 창계가 처한 제반 상황을 이해하는 데 필수적인 것으로 『국역 창계집』의 번역이 주석에 충실한 학술 번역을 지향한 결과물임을 안내해준다.

한국고전번역원에서 한국문집번역총서로 간행한 번역물들은 해당 인물의 학문 · 사상적 성과를 조망하는 데 기여할뿐더러, 당대 역사를 인식하는 데 있어서도 매우 중요한 자료로 활용될 수 있다. 이와 같은 번역의 정확성 제고는 한국고전번역원의 번역 공정에서 그 원인을 찾을 수 있다.

우선 높은 수준의 역자가 참여하여 번역을 진행하고, 이후 번역서 평가 공정을 통해 번역과정에서 발생할 수 있는, 또는 독자에 따라 오해와 오독의 여지가 있는 부분을 개선한다. 또 여러 차례 교열 · 윤문을 거치면서 더욱 정확성과 가독성 높은 번역물로 창출되는 것이다.

『국역 창계집』의 경우도 높은 수준의 번역 완성도를 보임으로써 향후 심층적이고 다각화한 연구 결과를 도출해낼 수 있을 것으로 기대한다. 다만 『국역 창계집』에도 한계는 존재하는바, 학계의 연구와 관심을 통해 번역 성과를 높이고 확대할 수 있기를 기대한다.

그러나 한국고전번역원에서 번역자에게 제시하고 있는 주석 규정에도 나름의 한계가 존재한다. 일례로 '한국고전번역원 한국문집 번역지침'에 포함된 '어휘에 대한 각주' 규정을 아래와 같이 제시한다.

⑥ 어휘에 대한 각주

일반적으로 사용하지 않는 어휘이거나 특별한 의미로 사용된 어휘에 대해 이를 설명하는 주석을 단다.

㉠ 일반 사전에 등재되어 있어 별도의 해설이 불필요한 어휘를 설명하는 주석은 달지 않는다.

상기 규정의 경우, '해설이 불필요한 어휘'라는 다소 모호한 범주를 설정하여 추가적인 설명이 개입되는, 또는 각주가 불필요한 범위의 한계에 대해 충분한 설명이라고는 보기 어렵다. 그야말로 주석이 필요한 부분이라 할 수 있는데, 독해에 도움이 되지 않는 무분별한 주석 달기를 제한함과 동시에 정확한 정보전달을 통해 내용에 대한 이해도를 높이기 위한 방안으로 명확하고 객관적인 지침 마련이 필요하다. 현재 한국고전번역원에서 출간하는 번역서의 서종에 따라 독자층을 설정하고, 각 서종별 각주 규정을 세분화하여 역자들에게 공급하고, 이를 번역서의 평가 항목에도 엄격하게 적용한다면, 독자 대중에게 한층 더 유용한 번역물을 생산할 수 있을 것으로 기대한다.

마지막으로 『국역 창계집』의 역자로 참여하면서 얻은 경험칙을 바탕으로, 몇 가지 번역에 소용될 수 있는 천견을 덧붙이는 것으로 앞으로의 과제에 대한 고민을 공유하고자 한다.

가. 이해도 제고를 위한 독서매체의 다양화 시도

위의 표 〈『국역 창계집』의 번역 현황〉에서 확인할 수 있듯, 『창계집』은 권6에서 권15까지, 번역서로는 2책 이상의 분량이 '書'로 구성되어 있다. 書簡의 경우 일상의 안부를 전하는 경우를 제외한 철학적 담론, 문학과 문장의 본질에 관한 논쟁, 현실 정치에 대한 대응, 사회적 상황에 관한 고민 등을 제재로 대화를 전개한 경우, 수신처와 발신처

간 왕복 서신을 모두 검토하지 않은 채, 일방의 서신만으로는 대화의 맥락과 주고받은 정확한 내용을 파악하기란 불가능에 가깝다.

> 편지에 함께 작은 창에 의지하여 열흘 정도 허심탄회하게 이야기를 나누고 싶다고 하신 말씀은 실로 저의 지극한 소원입니다. 그러나 그렇게 할 방법이 없으니 어이하겠습니까, 어이하겠습니까.[13]

위에 제시한 예문의 경우, 이전에 수신한 서신의 내용을 알지 못하면 해당 발언의 계기를 알 수가 없다. 때문에 번역 결과물에는 다음과 같은 내용을 각주로 부기하여 이해도를 제고하였다. 현재 한국고전번역원 한국고전종합DB에 게재된 주석의 내용을 그대로 아래에 전재한다.

> 『拙修齋集』 권6 「答林德涵書」에 "새로 지은 집이 이미 완성되었으니 조용하게 지내는 기거가 날로 좋으실 것입니다. 편지가 와서 여러 번 반복해 읽어 보니 기쁜 마음 그지없습니다. 한스러운 점은 흙 침상에서 며칠간 같이 자며 함께 작은 창에 의지하여 열흘 정도 허심탄회하게 이야기하지 못한다는 것입니다.[新築已就, 靜履日勝. 書來三復, 喜可知也. 恨不連枕土床, 同憑茅窓, 作十日穩吐也.]"라고 하였다.

물론 수신자를 확인할 수 없거나, 발신-답신의 짝 중 일부가 不全

---

13) 『滄溪集』 권10 「與趙叔成卿」. "書中同憑茅窓作十日穩之論, 眞是至願, 無由可得, 奈何奈何."

한 경우는 어쩔 수 없겠지만, 창계의 경우 대부분 朴世采, 趙聖期와 같은 당대의 名流들과 교유했던 탓에 서신의 상대를 파악하거나, 발신-답신 간 짝을 맞추어 확인하기가 어렵지 않다. 때문에 수신 · 발신 양측의 서신을 확인하여 정확한 의미와 논의의 전개 과정을 파악하기가 용이하다. 물론 이해를 돕기 위해 해당 서신에 대한 답신, 또 본 답신의 원인이 된 서신 중 일부를 주석으로 부기하는 경우도 있으나, 전체 내용이 아닌 일부의 내용만으로 상호 간 전개된 내용을 오롯이 이해하기란 무척 어렵다.

따라서 번역량과 주석량 또는 서적 출판 과정 중 지면과 편집상의 제한으로 양방의 서신을 독자에게 모두 제시할 수는 없더라도, 한국고전종합DB상에서 XML태그, 하이퍼링크 등을 활용하여 주고받은 편지를 상호 참조할 수 있도록 구성한다면, 인물 간 관계도 형성, 사상적 전개의 흐름, 역사적 상황하에서의 개인 또는 집단의 대응에 대한 원인과 결과 등을 규명하는 데 큰 도움이 될 수 있을 것이다.

나. 양질의 번역물 생산을 위한 번역 환경의 개선

『창계집』에 수록된 「讀書箚錄」은 『詩傳』 · 『書傳』 · 『周易』 · 『大學』 · 『孟子』 · 『小學』 · 『栗谷別集疑解』 등에 대한 차록으로서, 朱子의 주해를 맹종하지 않고 창계 자신의 관점을 제시하여, '실학파의 경학'에 선행하는 경학으로 그 史的 의의를 부여해야 할 것'[14]이라는 선행 연구의 지적이 있었다. 때문에 창계의 「독서차록」에는 원텍스트에 대한 주자의 분석, 즉 '朱子注'를 극복하기 위한 논거로서 일반적으로는 접하기 어려운 다양한 小註가 제시되어 있다. 그 결과 「독서차록」에 기술

14) 이우성, 「창계집 해제 - 구도자의 사색과 철학」, 『창계집』, 한국고전번역원, 2015.

된 내용에 대한 번역의 정확도를 제고하기 위해서는 해당 주석가의 저작물을 찾아 전문을 읽어보아야 하며, 번역자의 입장에서 완전한 이해가 가능하다. 나아가 번역 과정에서 주석 혹은 보충역의 제시와 같은 납득 가능한 방법을 통해 번역자 자신의 이해 결과를 제시해야만 행간의 공백에서 발생할 수 있는 원저작자가 의도한 바에 대한 오독을 방지하고 독자의 이해를 높일 수 있다.

> 『退陶語錄』을 삼가 돌려보냅니다. 의심스러운 부분에 표시해 둔 것이 제법 많으니 다시 살펴서 결정하는 것이 어떻겠습니까? 下面에 있는 것은 明齋가 표시한 것입니다. 이 책은 명재에게서 막 돌아왔기 때문에 다시 점검할 겨를이 없었고, 중간에 분류한 것도 정밀하지 못한 부분이 많습니다. 처음에는 별도로 여쭈어 보려고 하였는데 요사이 바쁜 탓에 실행하지 못하였으니, 다시 한 번 유의하여 살펴 주시는 것이 어떻겠습니까? 또 한 가지 말씀 드릴 것이 있습니다. 이 책은『朱子語類』처럼 양이 많지 않은데도 한 권의 책에 대해 조목을 나누어 내용별로 정리한 것이 너무 번잡합니다. 다만 『二程遺書』와『二程外書』의 예에 따라 먼저 黃氏本을 기록하고『記善錄』을 그다음에, 拾遺와 같은 종류를 그다음에 기록하되, 다만 그 가운데 章 아래에 주석으로 표시해 둔 것을 취하여 '이하는 性理를 논한 것이다.', '이하는 학문을 논한 것이다.'라고 한다면 이것이 또 『주자어류』 중에 자세하게 분류하고 명확하게 경계를 정한 예와 같아집니다. 이렇게 한다면 번잡하고 자질구레한 병폐가 없을 것이고 조리도 절로 문란해지지 않을 것이니, 어떨지 모르겠습니다.[15)]

15) 『滄溪集』 권7,「上玄江 己未」, "退陶語錄, 謹此奉還. 標疑頗多, 更察而裁之如何. 在下

상기 예시의 경우『퇴계어록』의 편집 과정에 대해 고민의 단계가 노정되어 있다는 점에서 매우 중요한 사료적 가치가 있다. 그러나 이 예문에 등장한 '황씨본', '기선록'이 가리키는 대상에 대해 정확하게 파악하지 못한다면 오독의 가능성이 큰 사안이라 할 수 있다. 때문에 이 부분은 주석을 통해 행간에 발생한 공백을 메워줄 필요가 있는 부분으로서, 상기 두 서적뿐 아니라『퇴계어록』의 결과물을 검토한 바를 주석으로 기재하여 이해도를 제고할 수 있다. 아래는 현재 한국고전번역원 한국고전종합DB에 게재된 해당 부분에 대한 주석이다.

> 황씨본은 朽淺 黃宗海(1579~1642)가『퇴계어록』을 정리하여 소장하고 있던 사본인『退溪先生言行拾遺』이며,『記善錄』은 퇴계의 문인인 艮齋 李德弘(1541~1596)이 기록한『溪山記善錄』이다. 이 부분은『퇴도어록』의 편차에 대해 창계가 구상하던 것을 말한 것인데, 현재 남아 있는『퇴계어록』의 편차와는 다른 것으로 볼 때 이 구상이 실현되지 않은 것으로 보인다.『南溪集 卷69 跋退溪先生語錄』『朽淺集 卷7 退溪先生言行拾遺序』

그러나 현실적으로는 업무량 증가에 따른 시간의 제한과 번역 원고량 증대에 따른 지면의 제약 등으로 인해 번역 결과물 생성 과정에 이러한 공정을 진행하기란 사실상 불가능하다. 이는 비단『창계집』의 경

方者, 明齋所標也. 此書纔自明齋許還到, 故不暇更點檢, 中間分類, 亦頗有未盡精者. 初欲別稟, 今日匆匆不果爲, 更着意一審如何. 且有一義, 此書本非浩穰如朱子語類者, 而一卷之書, 門類太煩. 只依二程遺書外書之例, 先錄黃氏本, 次及記善錄, 以至拾遺之類, 而只取其中註標章下, 如云以下論性理以下論學, 則此又朱語類中細分界辨之例, 如此則無煩碎之病, 而條理亦自不紊矣, 未知如何."

우에만 발생하는 현상은 아니며, 한국문집에 다수 산견되는바, 수많은 독서비망록, 차기체 필기류의 번역 과정에 공통적으로 제기될 수 있는 문제임을 인식해야 할 것이다. 이를 해결하기 위한 번역 환경의 개선, 다양한 독서 매체로의 변화에 대한 도전 등 우리 한국고전번역원의 고민이 필요한 지점이라 생각한다.

5. 결론

이상 본고는 한국고전번역원에서 완역된 『국역 창계집』의 번역 현황을 살펴보고, 그 의의에 대해 논하였다. 창계는 宋時烈, 宋浚吉, 李端相, 朴世采의 문하를 출입하며 수학하였으며, 金昌協과 매우 가까웠던 인물로 그의 학문과 사상에 대한 이해는 조선조 경학사 이해하는 데 매우 중요하다 하겠다. 그간 그 문집 『창계집』이 번역되지 못하였던 탓으로 그에 대한 연구가 소략할 수밖에 없었다는 상황에서 『국역 창계집』 완역의 성과는 무척 반가운 일일 것이다.

본고는 『국역 창계집』 출간 이전 번역되었던 자료들, 연구 논문의 논거로 제시된 번역자료의 문제점을 살펴보고, 이를 『국역 창계집』 번역과 대비함으로서 나름의 성과를 분석하였다. 이를 통해 『창계집』이 전고의 사용, 철학적 내용으로 인해 그 독해의 난이도가 상당히 높은 문헌자료임을 확인할 수 있었다. 『창계집』 번역의 경험이 철학 또는 성리학자로 분류될 수 있는 문인 학자의 문헌자료 번역에 발전적 계기가 될 수 있을 것으로 기대한다.

또 『국역 창계집』 번역 과정에서 마주했던 문제들을 검토함으로써, 『국역 창계집』의 대본 확정과 번역과정에 대해서도 보고하였다. 『국역 창계집』은 창계의 문집에 수록되지 못했던 문헌자료들을 포함함으로써 그의 학술과 사상을 온전히 조망할 수 있게 되었다는 점에서 가장 큰 의의가 있다 평할 수 있다.

또한 이번 학술대회의 계기가 된 창계 문중의 기탁 자료가 창계의 또 다른 일면을 이해할 수 있게 해준다는 점에서 기대하는 바가 크다. 다만, 그 자료들을 분석하고 분류하여 번역의 대상으로 설정하는 문제는 또 앞으로 남겨진 무거운 과제임이 분명하다. 이와 유사한 상황에 대해 이를 연구자의 책임과 관심으로 남겨 두어야 하는지, 혹 한국고전 번역기관인 한국고전번역원이 새로운 공정을 설정하여 번역을 진행할 것인지 고민이 필요한 지점이라는 점을 지적하고자 한다.

『국역 창계집』 완역이 그간 연구가 미진했던 조선시대의 대학자 창계에 대한 관심과 연구가 지속되는 계기가 되고, 독자 대중들에게도 인지도를 제고할 수 있는 기회가 될 수 있기를 기대한다.

■ 찾아보기

ㄱ

창계 임영의 생애와 사상

초판 인쇄 2024년 11월 25일
초판 발행 2024년 11월 29일

지은이 진재교 · 이영호 외
펴낸이 유지범
펴낸곳 성균관대학교 출판부
등록 1975년 5월 21일 제1975-9호
주소 03063 서울특별시 종로구 성균관로 25-2
대표전화 02)760-1253~4
팩스밀리 02)762-7452
홈페이지 press.skku.edu

ISBN 979-11-5550-648-6 94150
978-89-7986-275-1 (세트)

* 잘못된 책은 구입한 곳에서 교환해 드립니다.

창계 임영의 생애와 사상

초판 인쇄 2024년 11월 25일
초판 발행 2024년 11월 29일

지은이 진재교 · 이영호 외
펴낸이 유지범
펴낸곳 성균관대학교 출판부
등록 1975년 5월 21일 제1975-9호
주소 03063 서울특별시 종로구 성균관로 25-2
대표전화 02)760-1253~4
팩스밀리 02)762-7452
홈페이지 press.skku.edu

ISBN 979-11-5550-648-6 94150
978-89-7986-275-1 (세트)

* 잘못된 책은 구입한 곳에서 교환해 드립니다.